数据中心管理之道

服务能力成熟度优秀实践案例精选

贾俊刚／主编
张　剑　张　凯　王睿斌／副主编

人 民 邮 电 出 版 社
北　京

编写人员

主　编：

贾俊刚

副主编：

张　剑　张　凯　王睿珷

编写人（按案例编者顺序）：

梁桂英　王　雷　白静杰　刘智宏　吴新颖　刘广军

嵇　伟　杨　晓　罗国翔　张晓勇　刘　烨　沈　璟

尚鸿斌　余志刚　李　铎　毕永军　董　闯　付　谦

王建利　张　珣　彭　丽　曾庆辉　王志毅　郑淳瀚

张　宁　刘力岩　米全喜　林　晴　张春雷　李　渊

金双民　蒋　靖　杨玉丽　王培举　李　政　李　纲

黄蜜娜　周　涛　刘广军　白雪彤　吴　璠

序

近年来，随着互联网、云计算、大数据等新兴信息技术的发展，我国数据中心的建设和发展正在提速。信息技术的应用带来网络流量高增长，结合企业及政府的信息化建设，驱动着数据中心不断向大型化、复杂化演进。在此背景下，数据中心不再仅是充当企业的机房，而是成为企业变革加速发展的核心动力及重要战略资产。因此，如何提升数据中心服务能力，直接关系到企业之根本，也给数据中心从业人员带来新的挑战。

数据中心服务能力的提升是一项复杂的系统工程，既牵涉管理层面，也牵涉技术层面，涉及战略发展、组织治理、运维管理、运行操作等方方面面。近年来，国内不少数据中心通过引入 ISO20000 IT 服务管理体系、ISO27001 信息安全管理体系及 ITIL 最佳实践来不断规范和提升数据中心的服务能力。这些体系及最佳实践主要集中于数据中心运营保障领域的流程管理，仅仅解决了数据中心现阶段“如何生存”的问题，较少涉及数据中心战略发展规划和组织治理领域。面对互联网、云计算、大数据等信息技术发展迅猛态势，我们应将目光聚焦于提升数据中心整体服务能力，实现全方位精细化运营管理。

国标 GB/T33136-2016《信息技术服务 数据中心服务能力成熟度模型》在此背景下应运而生。该模型采用成熟度的研究方法，为数据中心提供量化和数字化的评价管理方法，全面地指导数据中心能力建设和提升，弥补了数据中心整体管理效果缺乏量化衡量的问题。

为给国内数据中心实施 GB/T 33136-2016 提供经验参考，促进国标的落地，ITBOM 组织国标工作组相关成员编写了这本书。本书选题经典、题材全面，收录了多个能力项建设的经典案例，每个案例基本按照“管理要求、过程环节、输入输出、能力项接口、绩效考核、相关工具”这一体例展开叙述，避免教科书或论文式的枯燥赘述，努力向读者展现最精练和最有效的信息。

科技无界限，探索无止境，衷心期待本书能带给广大的数据中心同人诸多帮助与启发，同时也希望以本书为契机，促进数据中心同人对提升我国数据中心服务能力的探讨。

李世京

2019 年 1 月

前 言

作为一个在数据中心工作多年的业内人士，我曾经反复问过自己，什么才是有效的 IT 管理。是不出故障吗，是快速恢复业务吗，是令行禁止、防患未然吗？同时，面对业界不断推陈出新的管理理论，我也产生了一系列的思索，这些理论真的适用吗，好用吗，怎么用？

在自问与深思之余，我结合着这些年在招行数据中心走过的发展之路，反复研读了那些广受好评的标准和方法论，颇有些意犹未尽的感觉。招行数据中心沿着这条由标准和方法论铺好的道路，行稳致远，日臻成熟，今天已经走到了历史的岔路口，继续向前，再也没有清晰明确的路标来指引方向了。这也正是我和我的同行们在当前工作中所碰到的困境和面临的挑战。

不断寻找方向是人类永恒的主题。先贤们的不辍探索给我们以深邃的启示：牛顿站在巨人的肩上，发现了宇宙运行的规律；爱因斯坦在经典物理的地基上发明了相对论，黎曼以传统几何为基础创建了非欧几何。作为一群奋斗在数据中心一线多年的 IT 老兵，我们为什么不能将这一路行来的经验和教训、理解与感悟、发现与创新，全部融会贯通起来，自己动手打造指路牌呢？就像站在浩瀚的 IT 管理大海边上，不经意间挖掘出一些贝壳并想着将其美丽展示给众人的孩子所做的那样——这便是我们编写这本书的初衷。

如果说数据中心服务能力成熟度标准是我们呕心沥血铺就的一条 IT 管理之路，那么本书便是我们集思广益、量体裁衣打造的一套指路牌。我们召集了各行各业从事数据中心管理的翘楚，用他们的智慧来为读者解答“什么是有效的 IT 管理”这样一个复杂的、没有标准答案但又需要反复思索的问题。书中一个个鲜活的案例，就像一页页地图一样，把成熟度标准中的要求和规则具体细微地贯彻到可操作的实践当中，像讲故事般娓娓道来。它告诉读者们，在通往 IT 管理理想境地的道路上，每一条可能的路径会经历哪些高山峡谷，将碰到怎样的歧路岔道，要避免多少旋涡暗礁，最终才能翻山越岭，终见彩虹。

我们深知，以成熟度为基础的管理模式代表了过去运维实践总结。在云计算、大数据、区块链、人工智能等技术的深入应用下，数字化运维将成为时代发展的潮流，追求更加精益的运维管理；追求给客户带来极致体验的运维服务；追求风险可控并且足够敏捷的运维过程……数据中心管理的发展和探索是永无止境的，招商银行对此心有戚戚。本书只是这种探索的初步尝试，有了好的开头，离成功便也不远了。我们希望阅读这本书就像参加一场散发着墨香的研讨会，踊跃发言的不仅有那些爬山涉水的过来人，也有求知若渴、虚心请教的后来人。大家在交流中收获，在分享中进步，而最终目的只有一个：推动数据中心这块压舱石量化升级，渐进成熟，确保业务这艘巨轮始终在正确的航道上乘风破浪，使命必达！

贾俊刚

2019 年 1 月

目　录

第1章 关于成熟度

1.1 本书介绍

本章对本书进行简要介绍，主要内容包括本书的编制背景、案例架构和案例来源。

1.1.1 编制背景

当前随着网络时代的来临，互联网精神和互联网产品已经无孔不入地渗透到社会的方方面面，小到日常的就餐、出行、购物、休闲、娱乐、健康、教育、医疗等，大到国家的产业发展如金融、交通、物流、商贸、零售、工业制造等。蓬勃发展的互联网经济极大地促进了云计算、大数据、物联网、移动互联和人工智能等技术的应用与普及，而数据中心为这些技术的诞生和推广提供了基础。

数据中心除了是一个组织的信息系统所处的物理环境、信息资源的物理集中地之外，还是负责环境、设施、网络、系统、应用、数据的运行、维护及安全的保障并持续优化与提升，向相关方提供信息技术专业服务的特定团队。一个数据中心的服务能力代表了该数据中心协调、控制和调配资源以产生价值，并向其利益相关方提供专业服务的能力，是信息技术相关管理能力的集中体现，是多个管理维度、多个管理因素共同发挥作用的结果。因此，如何测量、评价和提升数据中心的服务能力是很多组织长期探索的问题。

招商银行作为最先开展数据中心服务能力评价研究的企业，走在了探索数据中心管理之路的前头。招商银行信息技术部于 2013 年 1 月启动了“运行中心成熟度提升和实验评价项目”，与中国信息安全认证中心、中国惠普有限公司、北京趋势引领信息咨询有限公司、万国数据有限公司等相关单位和行业专家通力合作，深入调研国内外有关数据中心的管理标准和技术标准，形成了通用服务能力成熟度模型和评价体系的基本思路，在此基础上建立了数据中心成熟度评价对象模型，提出了适用于数据中心服务能力成熟度评价的具体评价方法和指标体系。该项目选取招商银行的运行中心（后改名为“数据中心”）作为试点进行了相关实践和测试评价，并最后通过了专家论证。该项目的最终研究成果是，形成了中国认证标准《RB/T 206-2014 数据中心服务能力成熟度评价要求》，并于 2014 年 8 月 20 日正式发布。

在该认证标准的基础上，招商银行股份有限公司、中国信息安全认证中心、中国银联股份有限公司、中国电子技术标准化研究院、中国农业银行股份有限公司、中国电子口岸数据中心、中国移动（深圳）有限公司、中石油数据中心、阿里云数据中心、奇虎 360 等具有行业影响力的单位于 2014 年 10 月 24 日发起并成立了数据中心服务能力成熟度国标工作组，后续又有中金数据系统有限公司、中国银行股份有限公司、国家开发银行、深圳证券交易所、深圳证券通信有限公司、上海证券通信有限责任公司、中国五矿集团公司、中信证券股份有限公司、华夏基金管理有限公司、中国第一汽车集团公司、中央电视台等加入国标工作组，成员单位达到 21 家。经过国标工作组成员单位和相关行业专家历时一年的共同努力，最终形成了《信息技术服务 数据中心服务能力成熟度模型》（GB/T 33136-2016）国家标准，并于 2016 年 9 月正式发布。

国家标准《信息技术服务 数据中心服务能力成熟度模型》（GB/T 33136-2016）定义：数据中心服务能力是数据中心内部相关联的一组包括管理人、执行人、技术、过程、资源、政策、领导、文化等能力管理要素的集合。根据能力管理要素的具体实例不同，该标准形成了 33 个具体的服务能力项，如图 1-1 所示。

数据中心服务能力划分为 3 个能力域，各自对应了不同的管理重点，简要说明如下。

（1）战略发展能力域

数据中心战略发展能力体现在能够按照业务发展需要以及管理要求制定数据中心的战略规划，并贯彻实施。同时通过对数据中心战略资源（人力、财务、技术、知识）的管理来保证数据中心的持续发展和不断创新。

（2）运营保障能力域

数据中心运营保障能力体现在能够保证数据中心所承载的各种 IT 服务安全、稳定、可靠、持续地交付与运行，包括日常的例行检查、故障处理和系统变更、应急处理和质量保障等各种能力。

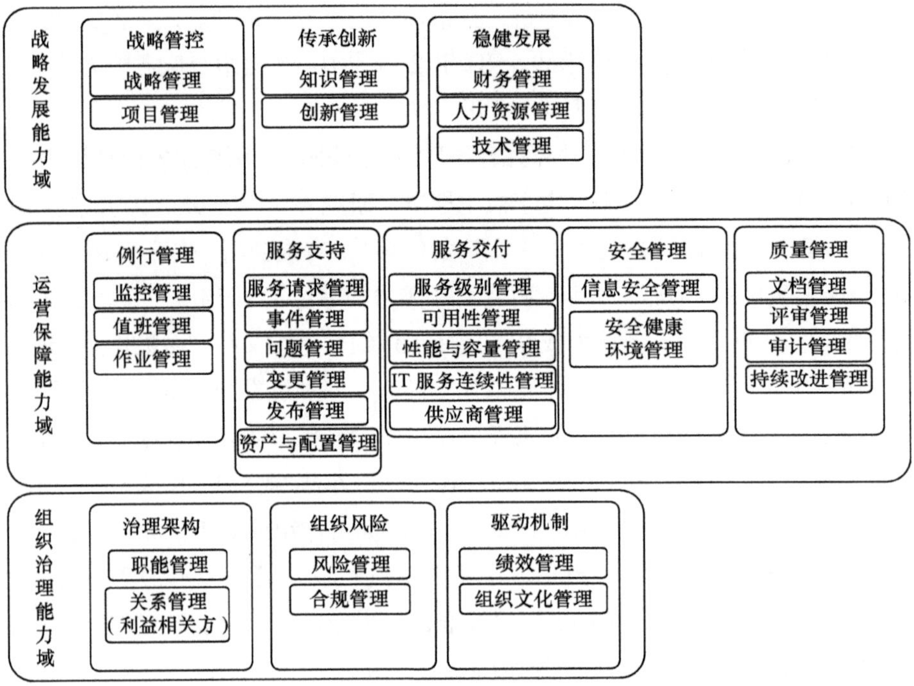

图 1-1　数据中心服务能力成熟度模型架构

（3）组织治理能力域

数据中心组织治理能力体现在从组织层面（职能、内外部关系、文化和绩效）保障数据中心的战略与运营的能力。风险管控能力是组织治理能力的重要组成部分。

国家标准《信息技术服务 数据中心服务能力成熟度模型》（GB/T 33136-2016）定义的数据中心服务能力成熟度可以作为对数据中心单个或整体服务能力管理的效能测量，可以反映出数据中心服务能力管理的充分性、适宜性和有效性的综合水平。该标准采用了业界通用的 5 分制成熟度得分和 5 级成熟度分级方法，对单个服务能力和数据中心整体服务能力规定了成熟度得分的计算方法和成熟度分级标准及特征描述，具体规定如下。

（1）单个服务能力评价模型

单个服务能力的成熟度根据其成熟度特征由低至高划分为五级，分别为起始级、经验级、规范级、量化级和优化级，并额外设定了不存在级。通过计算单个服务能力成熟度得分来判断其所属的成熟度等级。基于客观取证，计算管理人、执行人、技术、过程、资源、政策、领导、文化等能力要素的充分性、适宜性和有效性等评价指标的取值，然后加权平均得出单个能力项的成熟度评价得分，并明确该得分所处的级别。

（2）整体服务能力评价模型

数据中心整体服务能力的成熟度根据其成熟度特征由低至高划分为 5 级，分别为起始级、发展级、稳健级、优秀级和卓越级。通过计算整体服务能力成熟度得分、3 个能力域成熟度得分和特定单个服务能力成熟度得分等，来综合判断其所属的成熟度等级。整体服务能力成熟度得分和能力域成熟度得分均是通过其所包含的多个服务能力成熟度得分加权平均得来的。

《信息技术服务 数据中心服务能力成熟度模型》（GB/T 33136-2016）国标的发布实施是数据中心管理领域的里程碑事件，它宣告了数据中心的 IT 管理从此有法可依、有规可循，为企业和机构自身的 IT 管理成熟度发展提供了实施路径参考。很多行业领域内有影响的单位纷纷启动数据中心成熟度规划与建设，取得了显著成效。为了推动该标准在各个行业的深入应用，在成熟度国标工作组成员单位的大力配合下，我们搜集汇编了能力项管理成熟度较高的代表性案例，希望通过分享这些优秀的管理实践，为读者提供一个参考借鉴的实际操作方法，解决国标在落地过程中存在的“最后一公里”问题。本书旨在为所有有意采纳数据中心服务能力成熟度国标的单位提供参考范本和实施指南。

1.1.2 案例架构

本书中的每一个案例都对应着《信息技术服务 数据中心服务能力成熟度模型》（GB/T 33136-2016）国标中的一个能力项。每一个案例都尽可能地采用相同的叙述结构，以便读者形成统一的阅读印象。

案例的内容原则上包括以下几点。

（1）能力项简要说明

这部分内容通过引用成熟度标准中所定义的相关能力项关键活动、管理要求和管理目标，描述能力项在数据中心管理域中的定位和作用，简要地描述了能力项在运行过程中的一些注意事项。这些内容能够进一步加深读者对成熟度标准及各能力项的理解。

（2）关键控制点

案例编写单位对能力项的关键成功因素进行自我分析和说明，是能力项管理抓手的体现。经过提炼，案例编写单位将关键控制点缩减至不超过三点，试图通过精炼的语言，将本单位对能力项的理解和管理要点传达至读者。

（3）案例概述

包含案例编写单位能力项的现状，以及能力项管理在该单位的发展历程，以便读者可以感受到编写单位的能力项是怎样一步步发展起来的，从而更加深刻地体会到成熟度的提高是一个渐进演变的过程，并且需要数据中心各相关方共同努力才能达到目标。

（4）管理要求

这部分是案例的主体内容，它勾勒出能力项的全貌。角色与职责描述了参与能力项管理与执行的人员角色、定位与职责。过程环节包含了执行能力项的流程及其关键活动，通过这些关键活动，把能力项的输入转换成输出，并达到能力项的目标。触发条件 / 输入 / 输出是描述启动能力项的条件，以及它的要素和结果。能力项接口定义了与其他能力项之间的调用关系和数据交换内容。接口将孤立的能力项连接成能力域和能力框架，形成一个完整的能力项体系。这部分内容是案例的重点所在，读者可以将其与自身的实际情况相结合，可以研发出适合自身的能力项管理要求。

（5）能力项审计

如果说管理要求是对规则的制定，那么审计则是对规则执行的确认。通过能力项审计可以识别能力项管理中的薄弱环节、短板和风险点，以便及时修正改进。在本部分，我们将对审计关注点进行简要介绍。

（6）能力项考核

考核是管理的难点，是管理的抓手，也是保证管理要求得以执行的重要手段之一。在能力项考核这部分内容中，读者可以看到各案例编写单位在能力项考核方面的关注点和实施方式。

（7）能力项工具

能力项工具是指用来实现能力项管理的IT手段，它可以是商业软件，也可以是Excel表格，甚至可以是一种方法。能力项工具是提升能力项执行度的手段，能够减少手工操作带来的理解偏差和行为走样。在能力项工具这部分内容中，案例编写单位将对本单位所使用的工具进行介绍，并将其特色予以归纳和展示。

（8）后续改进

对于数据中心管理来说，不足总是存在的。消除不足的过程就是自我提升和自我实现的过程。在这部分中，案例编写单位将首先对自身在管理中遇到或存在的问题进行自省，并对这些问题制定相应的改进措施或提出相应的改进期望，从而体现出持续改进的精神。

（9）小结

需要说明的是，由于不同能力项的管理要求和关注重点各不相同，每个案例的章节或有不同，但整体体例基本一致。鉴于事件管理与变更管理在数据中心的重要作用，本书特意针对这两个能力项提供了多个案例，但只在对应的首个案例中对事件管理和变更管理进行了能力项简要说明。

1.1.3 案例来源

基于当前业界的整体发展水平和IT管理关注点，我们从成熟度标准中定义的33个能力项中选取了19个能力项，邀请业界有代表性的数据中心根据自身真实情况提供案例，共同编写了本书。本书所包括的能力项案例及其编写单位见表1-1。

表1-1 成熟度案例来源说明

编号	能力项	对应能力域	案例提供单位
1	战略管理	战略发展域	中国银行
2	项目管理	战略发展域	招商银行
3	监控管理	运营保障域	华夏基金管理有限公司
4	值班管理	运营保障域	招商银行

（续表）

编号	能力项	对应能力域	案例提供单位
5	服务请求管理	运营保障域	国家开发银行
6	事件管理	运营保障域	中国农业银行、华为技术有限公司、民生银行
7	问题管理	运营保障域	招商银行
8	变更管理	运营保障域	中国农业银行、国家开发银行
9	发布管理	运营保障域	中信银行信用卡中心
10	服务级别管理	运营保障域	中国银行
11	可用性管理	运营保障域	招商银行
12	IT 服务连续性管理	运营保障域	华润银行
13	容量管理	运营保障域	招商银行
14	供应商管理	运营保障域	中国农业银行
15	信息安全管理	运营保障域	国家开发银行信息科技局
16	安健环管理	运营保障域	中国石油数据中心
17	合规管理	组织治理域	中国银行
18	风险管理	组织治理域	中国银行
19	组织文化管理	组织治理域	中国银行

本书编写者们在繁忙的本职工作之余，无私地贡献出了自己的宝贵时间和珍贵经验，为我们打开了数据中心管理的“藏经阁”大门，在此对这些领路者们衷心表示感谢！

1.2 成熟度解析

经过多年的稳定发展和 ITIL、ISO20000、ISO27001 等规范和标准的广泛采用，国内数据中心业界已经具备了一定的管理基础。但随着以大数据、云计算为代表的新兴技术不断出现，作为信息系统载体和业务运营手段的数据中心的服务能力面临更多的挑战。跨界学习 IT 治理成熟度模型、基础设施运营成熟度模型、集成的软件能力成熟度模型等模型后建立的数据中心服务能力成熟度模型，能够针对当前数据中心缺乏完整的管理框架指导、缺乏量化评价和数字化管理理论等问题，建立一套科学的服务能力评价体系来促进数据中心服务能力的建设、管理与提升。

本章的主要内容包括成熟度模型构建思路介绍、能力框架的设计说明和评价标准设计说明。

1.2.1 构建思路

数据中心服务能力成熟度研究希望通过借鉴相关成熟度及管理理论，吸收包括招行在内的业界代表的良好实践，建立数据中心服务能力管理标准；并通过此标准在业界树立管理最佳实践的标杆，形成以标准引领管理和实践的局面，促进业界数据中心服务能力的共同发展与提升；同时，通过与业界同行一起构建成熟度生态链，在业界建立共同的行业语言并最终实现整个行业的管理升级。

数据中心服务能力成熟度研究通过参考主流的管理成熟度模型，分析数据中心目标、能力、过程和驱动力等管理要素，设计通用的数据中心服务能力框架，建立服务能力成熟度评价模型、方法和指南，形成可供数据中心行业参考的管理规范和最佳实践。

数据中心服务能力成熟度评价模型以数据中心利益相关方诉求为出发点，明确数据中心目标，确定达成目标所需的服务能力。以此为基础，分析得出体现服务能力的管理过程，最终确定分层结构的数据中心服务能力框架。

能力框架对数据中心服务能力的系统化描述并确定评价对象，分析思路如图 1-2 所示。从数据中心的利益相关方诉求出发，通过对利益相关方诉求进行分析，得出数据中心目标；通过对数据中心目标进行分析，推导得出支撑目标所需的服务能力；通过对服务能力进行整合与划分，得出数据中心各级服务能力域，并最终分解为统一的数据中心服务能力要素。

基于上述分析，通过分析利益相关方诉求、明确数据中心服务能力要求以及整合划分服务能力域，最终得到数据中心的服务能力评价对象及要求。

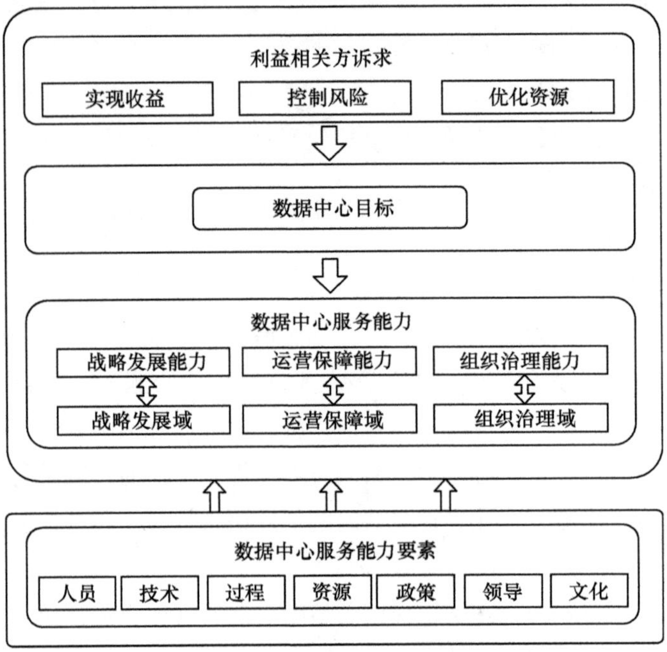

图 1-2　数据中心服务能力评价对象分析思路

1.2.2　能力框架设计

数据中心的最终目的是满足利益相关方诉求。通过对数据中心服务能力评价对象思路的分析，构建数据中心服务能力框架设计方法，具体内容如图 1-3 所示。

围绕实现收益、控制风险、优化资源三大目标对利益相关方诉求进行分析，得出 18 项数据中心目标，从而明确了满足利益相关方诉求的必要条件。在 18 项数据中心目标的基础上，进一步对数据中心达成目标所需具备的能力进行分析，得出数据中心应具备的 18 项能力要求，如图 1-4 所示。

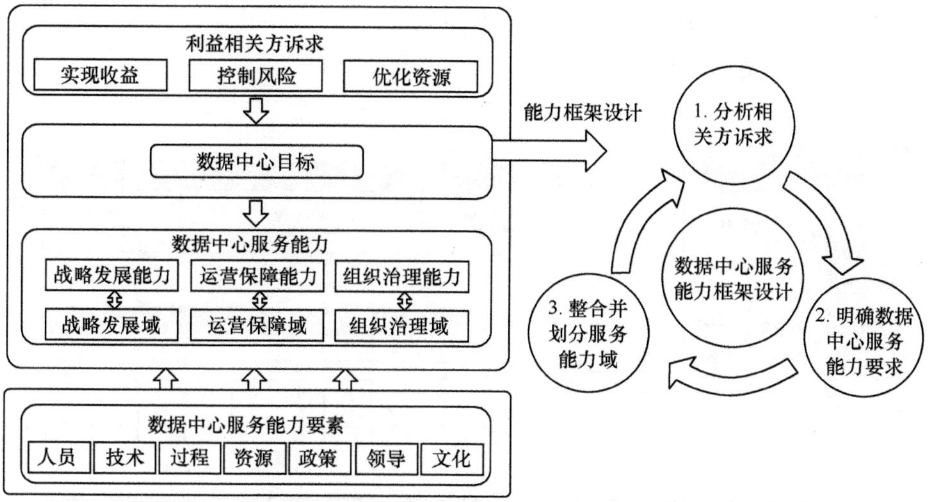

图 1-3 数据中心服务能力框架设计方法

利益相关方诉求	数据中心目标		数据中心服务能力要求
实现收益	1	达成数据中心与业务战略的一致	战略规划能力、战略执行能力
	2	数据中心决策层实现对决策的承诺	战略执行能力、绩效管理能力
	3	从投资和服务组合中实现收益	战略执行能力
	4	满足业务要求的服务支持和服务交付	服务支持能力、服务交付能力、例行管理能力
	5	通过应用和技术的创新，推动业务的发展	创新管理能力、技术管理能力
	6	满足预期收益、要求及质量标准的项目交付	战略执行能力、财务管理能力、绩效管理能力
控制风险	7	实现数据中心合规以及对业务的外部法律法规合规的支持	合规管理能力、关系管理能力
	8	达成数据中心相关业务风险的控制目标	风险管理能力
	9	实现数据、信息、应用及基础设施的安全	安全管理能力、组织文化管理能力
	10	实现成本、收益和风险的透明度	财务管理能力
	11	满足业务要求的服务的可用性与连续性	服务交付能力、安全管理能力
优化资源	12	信息和技术的充分利用	技术管理能力
	13	实现数据中心敏捷性	服务交付能力、技术管理能力
	14	实现数据中心资产、资源和能力的持续优化	技术管理能力、服务交付能力、质量管理能力
	15	组织治理有效支撑业务需要和战略发展	职能管理能力、绩效管理能力
	16	与内外部相关方的有效沟通和协作	关系管理能力
	17	具备胜任岗位要求、积极进取的人员	人力资源能力、绩效管理能力、组织文化能力
	18	实现知识的有效积累与分享	知识管理能力

图 1-4 数据中心目标及服务能力分析

通过借鉴 COBIT、ITIL、ISO20000、ISO27001、PRINCE2® 等国际标准框架，对数据中心 18 项服务能力进行归类、分域及分解，得出 11 个对应的数据中心能力控制点；以 11 个数据中心服务能力控制点作为能力子域，向上归类合并得到服务能力域，向下分解得到能力项，从而得出完整的数据中心能力框架，如图 1-5 所示。

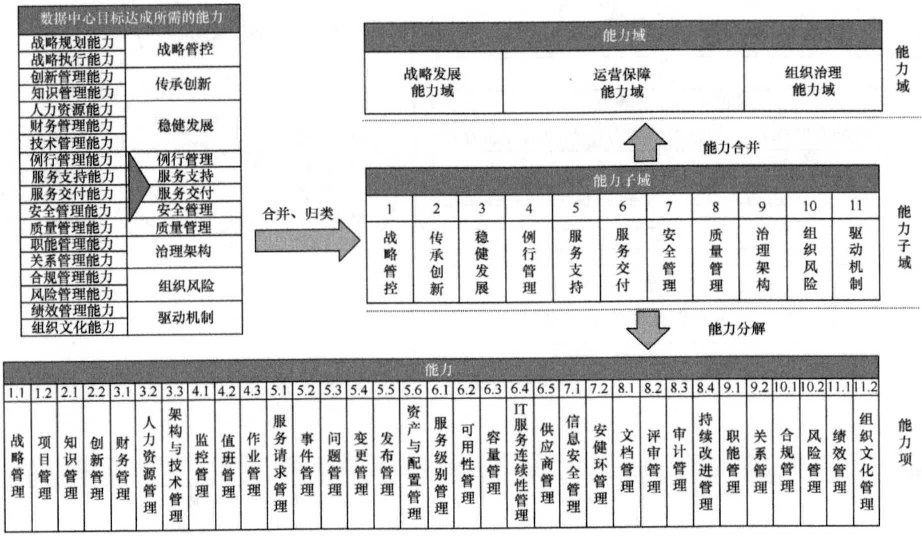

图 1-5　数据中心服务能力域划分

能力域方面，运营保障对应生存能力，它回答了数据中心如何运作和生存（How），用什么样的技术和流程（Which）获取竞争优势等问题；战略发展对应发展能力，回答未来数据中心去哪里（Where），什么时间发展到什么程度（When），以及为什么这样做（Why），靠什么发展（What）等问题。组织治理对应组织能力，回答数据中心人（Who）的问题：包括如何组织与协作，如何提高人员的领导力和执行力，形成怎样的组织文化等。运营保障就像车的发动机，战略发展就像车的方向盘，组织治理就像车的驾驶员，三者相辅相成，缺一不可。和平与发展是数据中心永恒的主题，和平对应运营保障，发展对应战略发展，为了有效保障和平与发展，需要有好的组织治理能力，这就是能力域划分的基本思想，如图 1-6 所示。

能力子域方面，“治理架构”“组织风险”和“驱动机制”是基石；“战略管控”“传承创新”和“稳健发展”是指引；“例行管理”“服务支持”和“服务交付”支撑起整个数据中心目标，进而实现利益相关方诉求。“质量管理”和“安全管理”是运营保障的支柱，贯穿数据中心运营的整个生命周期。“以管理企业方式管理数据中心”是成熟度框架设计的基本思想，如图1-7所示。

图 1-6　数据中心服务能力成熟度能力域说明

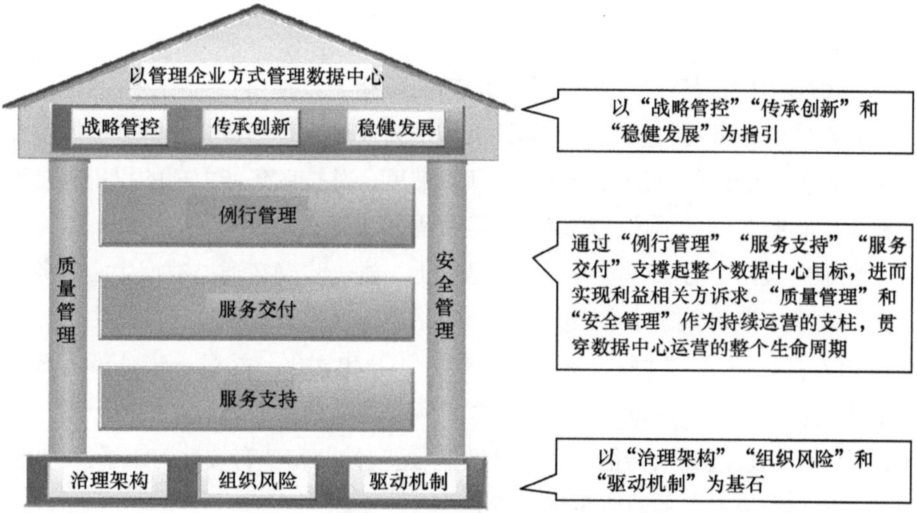

图 1-7　数据中心服务能力成熟度能力子域

能力项方面，成熟度标准将数据中心的服务能力评价与管理转化为 33 个能力项的评价与管理。过程化是成熟度管理和评价的根本出发点，“全面过程管理”是成熟度管理的基本理念。

1.2.3 量化评价方法探究

1. 当前流行的成熟度评价方法介绍

目前在行业内具有广泛影响的 IT 管理理论都将成熟度模型作为一种能力评价和管理进阶的手段，具有代表性的成熟度模型包括以下几种。

➢ CMMI(Capability Maturity Model Integration) 标准：将组织的成熟度分为 5 个等级，从第 1 级到第 5 级分别为：初始级、可管理级、定义级、量化级和优化级，主要用于衡量软件企业的开发能力。

➢ COBIT(Control Objectives for Information and Related Technology)：提出了面向过程的信息系统审计和评价的标准，将成熟度分为 6 个等级，从第 0 级到第 5 级分别为：不完整级、已实施级、已管理级、已定义级、可预测级和优化级。

➢ Gartner I&O ITScore：将组织的 IT 基础设施和运营成熟度分为 5 级，从第 1 级到第 5 级分别为：意识级、已承诺级、积极主动级、与服务保持一致级、业务伙伴级。

2. 数据中心服务能力成熟度评价方法解析

数据中心服务能力成熟度具体评价方法为通过评价要素、评价分级标准及基于结果特征的评价方法推导出能力项成熟度，并按照各能力项的权重整合形成数据中心服务能力整体成熟度。推导过程如图 1-8 所示。

在确定数据中心服务能力框架的基础上，进一步确定通过数据中心服务能力的 7 要素来评价数据中心服务能力，并依此进行评价标准设计。其中能力要素包括人员、技术、过程、资源、政策、领导和文化，并进一步分解为 8 个评价要素：管理人、执行人、技术、过程、资源、政策、领导和文化。对于各个评价要素，通过结果特征的“充分性”“适宜性”和“有效性”来予以对应。评价要素与结果特征的对应见表 1-2。

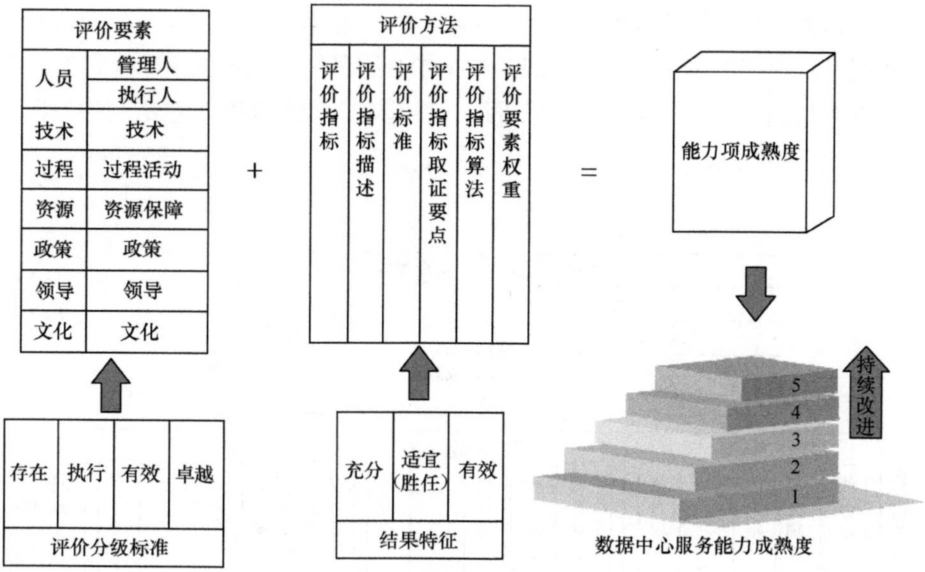

图 1-8　成熟度评价方法推导过程

表 1-2　评价要素与结果特征对应

能力要素	评价要素	结果特征
人员	管理人	充分性
		适宜性
	执行人	充分性
		适宜性
过程	过程	充分性
		有效性
技术	技术	充分性
		适宜性
资源	资源	充分性
政策	政策	充分性
		适宜性
领导	领导	充分性
文化	文化	充分性

能力项成熟度分级标准分为 0 ～ 5 级共 6 个级别，分别为不存在、初始级、经验级、规范级、量化级和优化级。数据中心服务能力成熟度标准分为 1 ～ 5 级共 5 个级别，分别为起始级、发展级、稳健级、优秀级和卓越级。评价模型架构如图 1-9 所示。

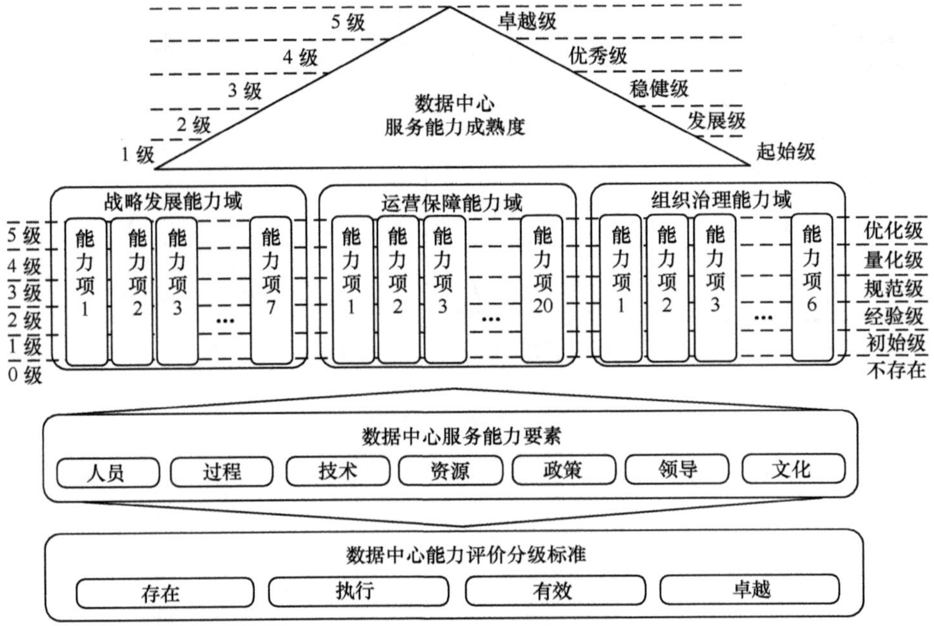

图 1-9　成熟度评价模型框架

1.2.4　成熟度的未来

1. 创新贡献

数据中心服务能力成熟度研究成果是业界的一次理论创新，并且是第一次提出“数据中心服务能力成熟度”的概念。通过取证方式和数学计算对各类成熟度进行定量测量，改变了当前数据中心管理定性评价的现状，实现了量化评价和数字化管理；在传统的递进分级法基础上，创新性地引入了加权平均法来确定成熟度水平，构建出全新的成熟度评价算法；在业界第一次把用于软件过程和治理能力评价的成熟度思想与数据中心过程化管理思想进行跨界结合，将“分级”和“过程化”的成熟度思想创新性地应用到数据中心管理中。

同时，数据中心服务能力成熟度研究成果具备普遍适用性，适用于数据中心行业的所有重要利益相关方，包括大型组织内部数据中心、商用互联网数据中心（IDC）和云服务数据中心，开展数据中心服务能力成熟度咨询与实施的机构，以及国家认证认可监督委员会授权的认证机构。通过打造行业生态圈、建立共同行业语言，来实现整个行业的管理升级。

最后，数据中心服务能力成熟度研究成果具有业界领先性。成熟度研究成果第一次全面、透彻地阐述了数据中心为保持与业务一致性而应该具备的服务能力，以及如何建设、测量、评价和改进这些能力，这对于数据中心的管理具有极大的示范价值；同时，成熟度研究成果对于规范数据中心管理、强化数据中心运营、保证与业务一致性、消除运行风险等方面都有良好的指导作用，具有较强的推广应用潜力，对推动我国数据中心服务能力建设具有较强的促进作用；成熟度研究成果能够指导更多组织采用此标准管理、运营数据中心，帮助社会降低信息系统风险，优化社会 IT 资源，实现社会 IT 价值最大化，具有良好的社会效益。

2. 发展展望

管理 = 科学 + 艺术，艺术是与生俱来、只可意会不可言传的，但是科学却有一条制造业的发展之路可以借鉴，制造业作为效率最高的行业之一，展现了全面过程管理向全面质量管理转化的发展之路。

20 世纪初，泰勒制的出现，对最佳实践进行总结并形成标准，使生产力得到大幅提升，科学管理开始流行；1915 年，福特流水线出现，通过流水线形式将标准进行固化，生产效率进一步提升了 4000 多倍，流水线生产开始流行；20 世纪 50 年代，以丰田为代表的 JIT 生产方式，推进生产效率和质量进一步大幅提升，精益生产开始流行；20 世纪 80 年代，以摩托罗拉、通用为代表的企业提出六西格玛，以客户导向、数据说话和围绕过程进行持续改进的全面质量管理 TQM 开始流行，并影响至今。

回过头来再看数据中心的发展历程，可以清晰地看到制造业发展历程的痕迹，从开始引入 ITIL，到建立 ISO20000 及 ISO27001 管理体系，再到现在的成熟度建设，沿袭了制造业的泰勒制和福特流水线阶段的发展路径；而未来数据中心的发展方向也将是成熟度建设和深入应用六西格玛，通过成熟度建设形成完整的数据中心最佳实践、评价标准和管理标准；深入应用六西格玛，形成数据说话、客户导向和围绕过程来改善的共同方法、语言和文化，从全面过程管理向全面质量管理转化，逐步构建起数据中心的全局管理视野。

1.3 成熟度指数简介

本节将对 ITBOM 发布的成熟度指数进行简要介绍，内容包括成熟度指数定义、当前指数得分和设计原理等。

1.3.1 成熟度指数定义

成熟度指数是数据中心服务能力成熟度指数的简称，由数据中心 IT 建设和运营管理联盟（ITBOM，IT Building and Operation Management of Data Center）于 2018 年发布并负责更新与维护，是当前反映我国整体及各个行业数据中心服务能力成熟度得分情况的指数。成熟度指数分为行业成熟度指数和整体成熟度指数，前者反映了我国各个行业的成熟度现状，后者反映了我国整体的成熟度现状。

成熟度指数是由 ITBOM 按照国家标准《信息技术服务　数据中心服务能力成熟度模型》（GB/T 33136-2016）（以下简称“成熟度标准”）对各组织实施成熟度评价后获得的得分进行汇总，结合相关权重系数计算而得到的。其中，组织一般为各机构的数据中心（以下简称“受评价方”），权重系数取决于受评价方所在行业对 IT 系统普遍的依赖程度、受评价方所在行业的整体成熟度和受评价方的组织规模等维度。

1.3.2 成熟度指数当前得分

按照 ITBOM 制定的成熟度指数得分规则，截至 2018 年 2 月，整体成熟度指数得分为 2.30。其中，应用最为广泛的金融行业的行业成熟度指数得分为 2.54。该行业具体得分如图 1-10 所示。该指数得分来源于完成了成熟度评价的包括金融、通信、政府部门、采矿和制造业在内的共 17 家数据中心的得分。

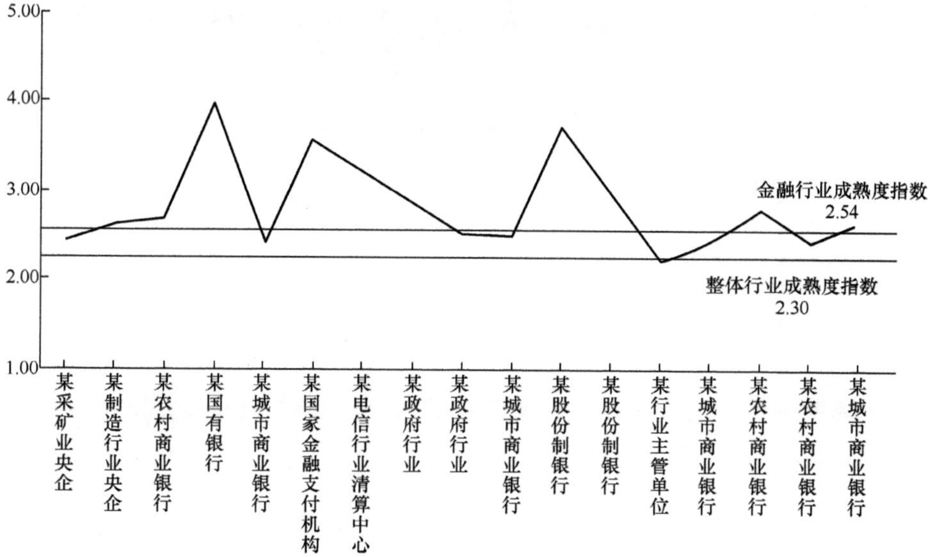

图 1-10 2018 年 2 月成熟度指数得分

1.3.3 成熟度指数设计原理

成熟度指数的计算涉及多个维度，除了各个受评价方的成熟度评价得分外，还包括受评价方所在的行业、受评价方的业务对 IT 系统的依赖程度、受评价方的级别及分支机构数量和受评价方所在行业的成熟度应用比例，具体如图 1-11 所示。

限于篇幅，本书只对成熟度指数进行简要介绍。更加详细的信息请参见 ITBOM 发布的《数据中心服务成熟度指数白皮书》。

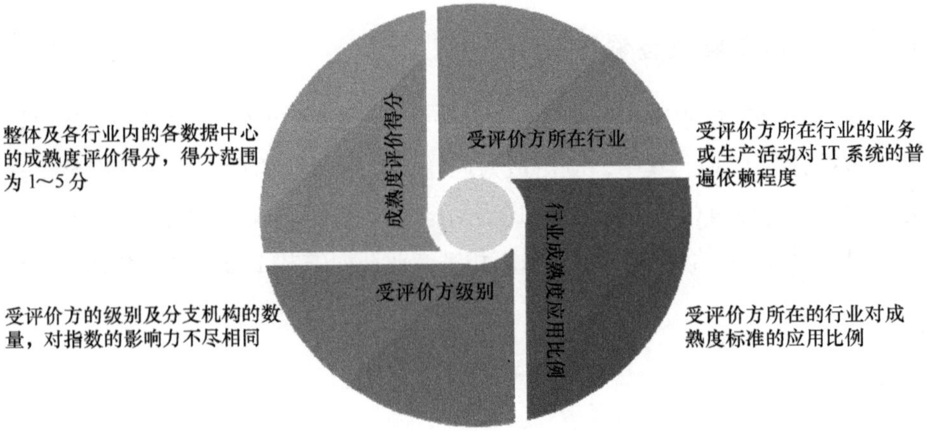

图 1-11　成熟度指数涉及因素

第2章

战略管理——中国银行数据中心

战略管理能力项是成熟度模型中各能力项的基础，它指明了数据中心的发展方向，是推动数据中心各项工作落实的指导方针。战略管理是一个很依赖组织规模的能力项。对于大型组织的数据中心，其战略管理的输入往往来自于组织高层，是自上而下触发的；其战略规划的制定需要遵守整个组织的相关要求，或是在组织划好的框架下进行有限的发挥。

战略管理的目标

通过数据中心相关方诉求的分析，制定符合数据中心目标的战略，并通过战略执行和评价，提升数据中心的战略管理能力，确保数据中心发展合理、科学。

战略规划一般可分为中长期规划和年度规划。其中，中长期规划可通过 3 年或 5 年予以实现。这类规划一般具有两个特点，一是其内容往往不宜过细，二是需要每年滚动更新。而年度规划一般会落实成数据中心的年度工作计划。一个具有优秀战略管理的组织会将其年度工作计划，分解成月度计划，乃至周计划和个人工作计划，并在日常工作中予以跟进和验证。就如同服务级别管理之于可用性管理、IT 服务连续性管理和容量管理。

与战略管理结合较为紧密的一般为项目管理、创新管理和技术管理这类战略发展域的能力项，换言之，战略规划的分解，一般会通过项目或者技术创新等方式来实现。因此，如何切实做好战略规划，确保规划的可执行性和可落地性，并保证数据中心的项目能够与战略规划保持一致，是数据中心需要重点关注的内容。

除了战略管理的通用特点和要求之外，数据中心的战略管理一般应具有如下特点。

1. 战略应充分考虑技术

数据中心的战略管理同样需要以全局为对象，根据总体发展的需要来制定。数据中心作为 IT 行业的运维管理机构，需要确保运维的稳定和对组织业务的持续支撑，又需要面对 IT 行业技术发展的日新月异。数据中心的运作是 IT 技术的集中体现，在制定战略时应充分考虑技术。

2. 资源的合理利用和规划

数据中心业务开展的核心在于对容量的有效管理，而这既包括了对当前容量的有效监控，也包括了对未来容量使用的合理规划。尤其是在IT快速发展的今天，一份优秀的资源规划，能够有效地实现业务需求与成本控制。

战略管理的关键活动与管理要求

（1）战略制定

① 应制定数据中心的中长期规划以及管理方针、策略，在数据中心内发布；

② 战略规划的内容应包括对愿景、使命、方针、策略、定位、目标和计划的阐述；

③ 战略规划宜采用或借鉴专业方法或模型，例如，SWOT模型、卡诺模型、平衡计分卡。

（2）战略执行

① 应根据中长期规划和当年业务目标，依据重要程度对需求进行取舍、优先级排序并合理配置资源，制订年度工作计划；

② 应制定并论证需求实现方案，综合分析形成需求论证结果；

③ 应结合内外部环境变化，持续跟踪战略执行状态，协调需求更新或资源调整；

④ 涉及服务产品调整的，应明确IT服务产品定义，并实施服务产品规划设计、服务上线、运营操作、服务下线等全生命周期的管理活动；

⑤ 需求分析宜包括可行性分析、成本分析、时间进度分析、风险分析、投入与收益分析。

（3）战略评价

① 应按计划时间间隔，每年至少实施一次战略评价，并对战略规划进行回顾和更新；

② 应根据战略执行的实际情况和内外部环境变化，对中长期规划进行调整；

③ 当内外部环境发生重大变化时，应重新评价战略规划并更新。

成熟度标准中规定，每年应至少对战略规划的执行情况进行一次回顾。而很多组织往往会在年中增加一次战略回顾，并根据回顾结果对本年度接下来的战略规划进行更新。战略回顾一般可通过级别较高的会议来实施——年度管理评审会议。

下面将以中国银行数据中心的战略管理为案例，将中国银行数据中心（以下简称“中行数据中心”）战略管理能力项的管理要求、发展历程和关键控制点做一个简要分享。

2.1 关键控制点

战略管理是中行数据中心的关键能力项之一，是提升数据中心的战略管理能力，是数据中心合理、科学发展的保障。数据中心的战略管理有效运行的关键控制点包括有效的战略解码、重点工作督办落实和工作总结。

1. 战略解码

中行数据中心的战略解码是一个将整体战略规划分解成具体工作内容的过程。通过对年度重点工作任务的逐项分解细化，战略解码明确具体的执行措施、责任团队、交付物、执行规程，为后续工作的开展奠定基础，这是战略管理有效运行的支撑。

2. 重点工作督办落实

在中行数据中心，有专业团队组织协调，将数据中心的重点工作任务分解至各条线、团队，并落实到人，并在后续的工作中予以跟进，确保这些工作的实施符合预期，从而避免重点工作无人落实、无人跟进的问题。

3. 工作总结

中行数据中心的工作总结分为半年度工作总结和年度工作总结。在总结中对战略的执行情况进行全面回顾和总结，并及时修正下一步的战略规划，从而有效地实现战略的持续改进。

2.2 案例概述

1. 中行数据中心的战略管理现状

中行数据中心已形成从战略规划编制、重点工作任务分解、督办落实到规划回顾改进的较为完整的管理闭环。中行数据中心战略规划的制定主要包括年度工作要点的制定、战略解码、半年度工作总结和年度工作总结、重点工作任务分解、督办与落实。具体包括每三年滚动编制中心发展规划，每年 10 月启动次年中心工作要点的编制，每年年初将年度重点工作任务逐项分解至各团队，每季度组织对重点工作任务的落实情况跟踪督办，每年编制中心半年和全年工作总结，回顾战略规划整体完成情况。

2. 中行数据中心战略管理发展历程

2016 年，中行数据中心引入数据中心能力成熟度模型。在此基础上，中行数据中心制定《战略管理规范》，把相关工作方法和流程形成制度便于规范执行，近年来一直按照《战略管理规范》中的方法论和流程开展战略规划相关工作。从管理手段上来说，中行数据中心经历了从人工督办到电子化平台督办的转变。

2.3 管理要求

1. 定义和目标

中行数据中心战略管理的目标为：为规范数据中心战略发展规划、年度工作要点编制工作，支持和促进科学发展，数据中心制定战略管理规范，并按照规范开展相关工作。

2. 角色和职责

中行数据中心战略管理的相关角色包括战略管理流程负责人、战略管理经理、人力资源管理团队和数据中心各团队，各角色的职责如下。

➢ 战略管理流程负责人：由人力资源团队主管担任，负责战略管理领域规章制度的设计、推广、监督、报告和改进。

➢ 战略管理经理：又称为战略管理流程承办人，由人力资源团队指定人员担任，其主要责任包括，协助战略管理流程负责人完成战略管理领域规章制度的设计、推广、监督、报告和改进，组织开展数据中心发展战略制定以及发展规划、年度计划编制工作。

➢ 人力资源管理团队：负责按照总经理室统一安排，承担中心发展规划项目管理组（PMO）的工作，组织编制中心发展规划、年度计划、并定期回顾、修订和督办。

➢ 数据中心各团队：根据人力资源管理团队的组织，参加中心发展规划项目组，按时参与完成中心发展规划编制和本团队年度工作计划编制工作。

3. 过程环节

（1）中行数据中心发展规划

编制方法：发展规划编制流程主要包括成立项目管理组（PMO）、分散编写、集中研讨和编写、统稿修改、报总经理室审批、审核与发布等。其流程如图 2-1 所示。

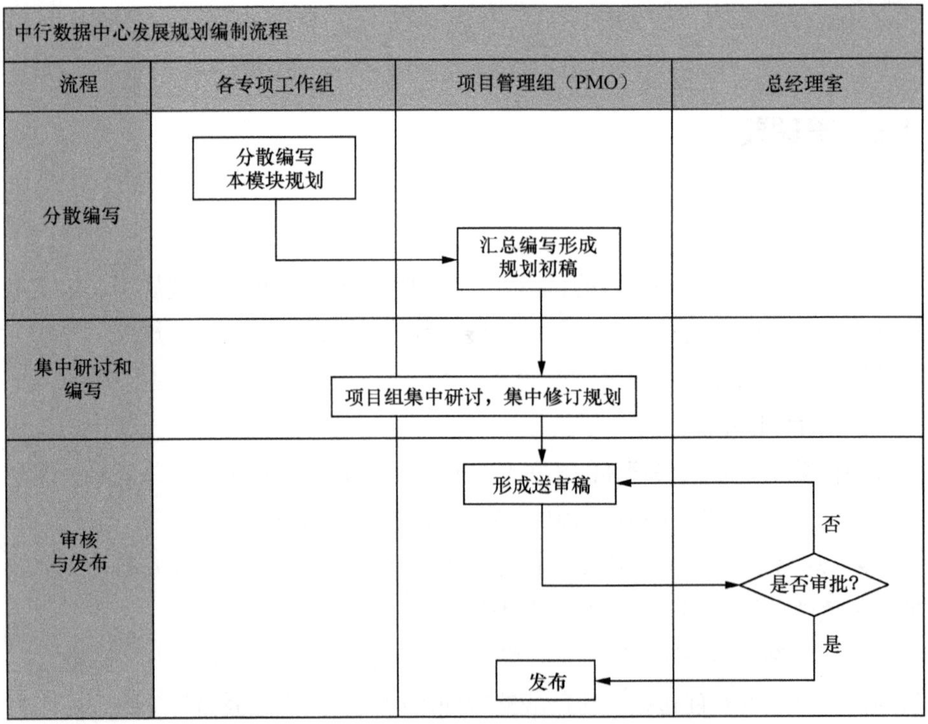

图 2-1 中行数据中心战略发展规划编制流程

（2）中行数据中心年度工作要点

编制要求：年度工作要点要全面贯彻落实全行战略和当年重点工作部署、全行信息科技工作要点、中心发展规划。重点目标、任务要具有一定的进取性，促进中行数据中心工作的进步和提升。

编制方法：中心各团队、各条线分别编写本团队、本条线工作计划并发送人力资源管理团队，人力资源管理团队汇总编写中心工作要点，报总经理室审批后发布实施。其流程如图 2-2 所示。

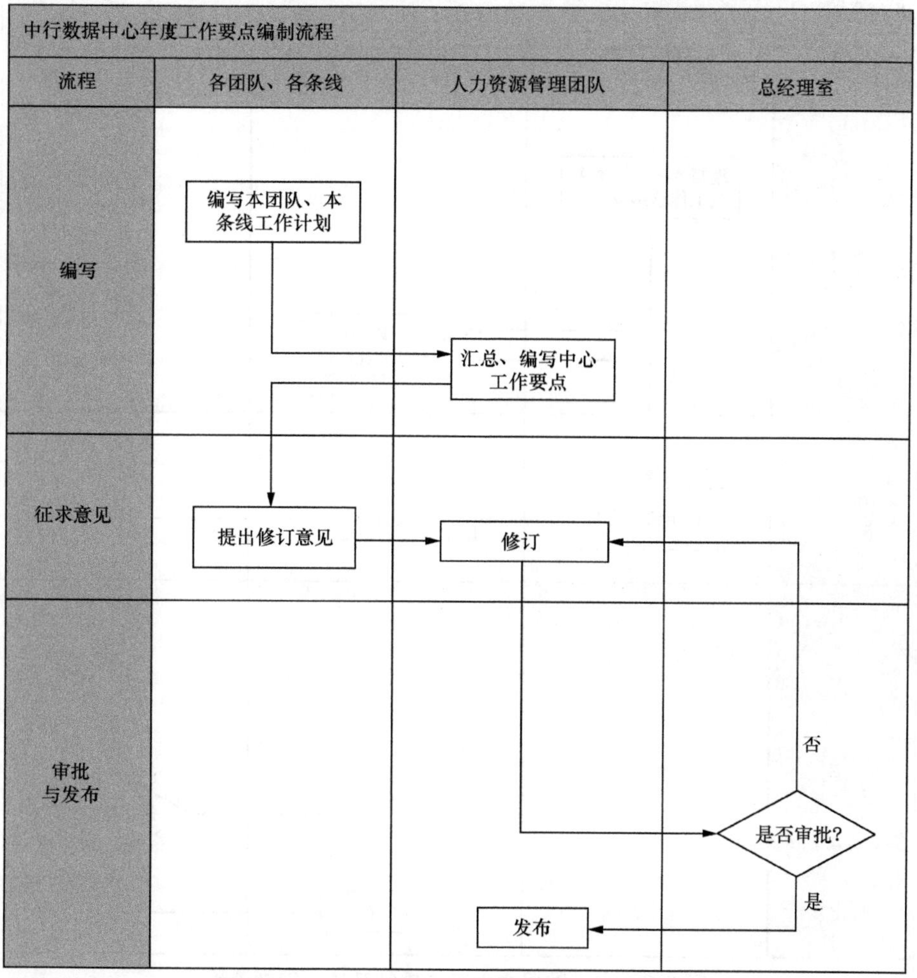

图 2-2　中行数据中心年度工作要求编制流程

（3）中行数据中心工作总结及计划

编制方法：人力资源管理团队发布编写通知，中心各团队、各条线分别编写本团队、本条线工作总结及计划并发送人力资源管理团队，人力资源管理团队汇总、编写中心工作总结及计划，报总经理室审批后发布。其流程如图 2-3 所示。

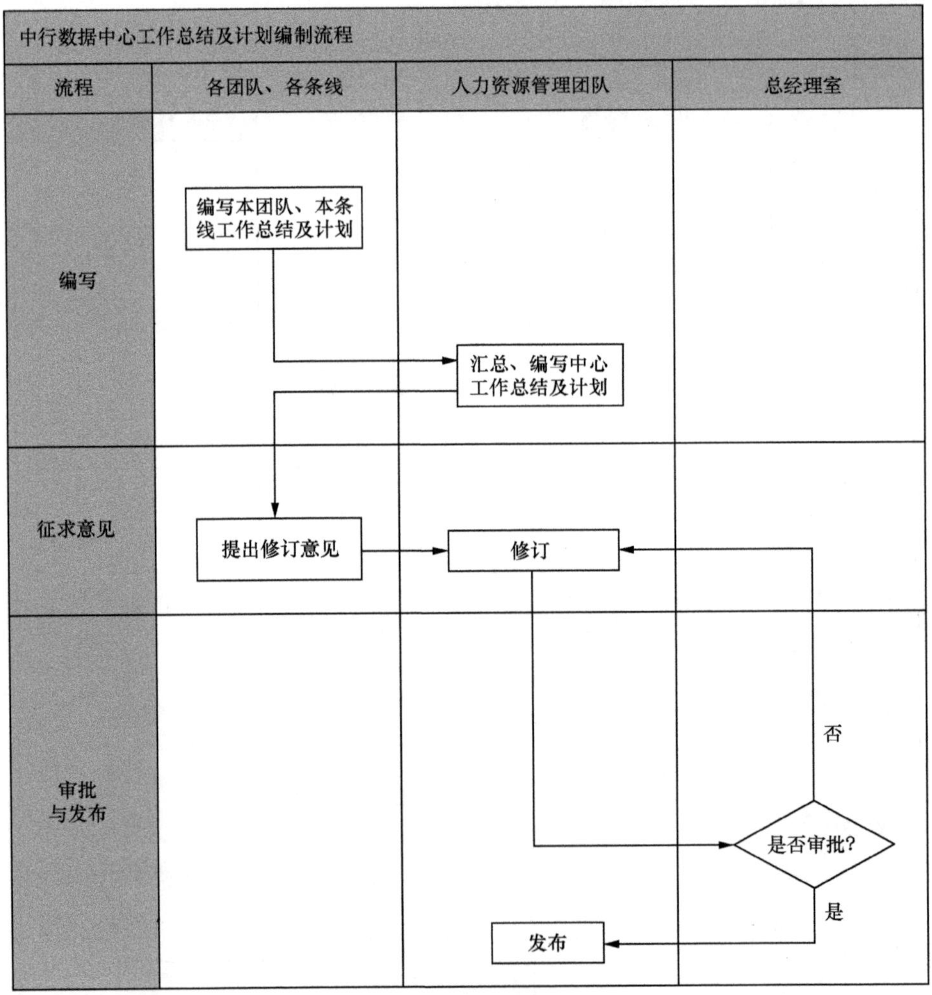

图 2-3 中行数据中心工作总结及计划编制流程

（4）中行数据中心重点工作任务督办

办理流程：人力资源管理团队每年年初对中行数据中心年度重点工作目标和工作任务进行分解（分解至团队），按季度发布督办通知；中心各团队、各条线在督办平台中填写各项工作的进展、人力资源管理团队汇总统计工作完成情况形成工作督办报告、呈送总经理室 / 分总管。其流程如图 2-4 所示。

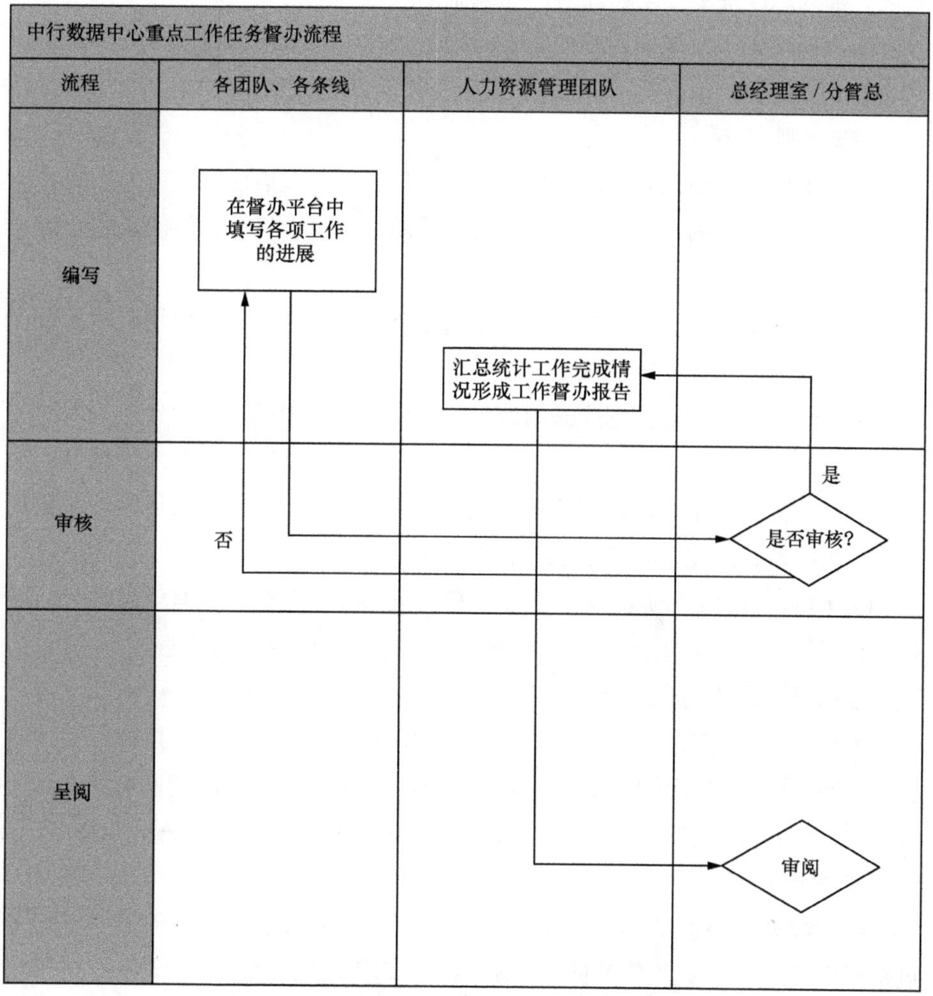

图 2-4　中行数据中心重点工作任务督办流程

4. 战略管理的触发、输入和输出

（1）触发

① 中行数据中心发展规划

中行数据中心发展规划是中长期发展规划，是指导中心 3 ~ 5 年发展的纲领性文件。

中心发展规划原则上每三年编制一次；若外部环境或工作内容等发生重大变化，根据总经理室要求可随时启动编制。

每次编制中心发展规划均成立专门组织架构，包括由总经理室成员牵头的领导小组、项目管理组（PMO），以及若干个专项工作组。

编制原则如下。

（a）指导性：规划要通过指导方针、总体目标、重点任务、重大举措等全面部署，明确中心的愿景、使命、方针、策略、定位、目标，促使全中心统一思想、达成共识。

（b）全局性：发展规划要事先对全行战略、信息科技整体规划全面承接和落实，覆盖中心工作的重要领域。

（c）前瞻性：发展规划应采用或借鉴专业方法或模型，全面分析内外部形式，紧跟信息技术、创新理念、业务模式的发展趋势，充分借鉴人民银行、银监会等监管机构关于金融信息化的发展规划，将行业规划的愿景目标与中心具体实践相结合，强化规划的前瞻性和融合性。

（d）可操作性：发展规划中的重点任务要清晰、明确，具有较强的针对性和可执行性。每一项重点任务要合理分布到规划周期内，制订明确、可执行、可衡量和可检查的实施路径。

发展规划专项工作组定期对规划执行情况进行回顾和评价，持续跟踪战略执行状态，协调需求更新和资源调整，并根据规划执行的实际情况和内外部环境变化，适时进行滚动修订。中行数据中心发展战略概览如图 2-5 所示。

② 中行数据中心年度工作要点

中行数据中心每年 11 月底前启动次年工作要点编制工作。年度工作的要点是根据数据中心发展规划细化的数据中心年度工作计划。

③ 中行数据中心工作总结及计划

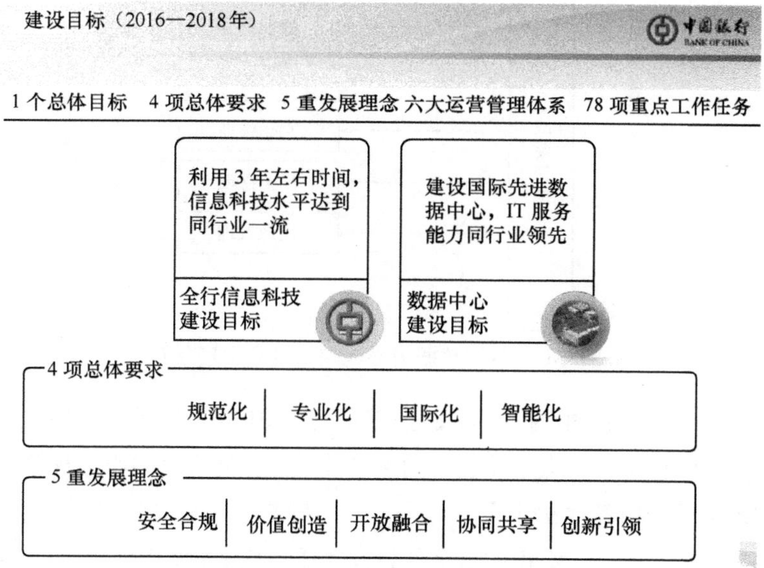

图 2-5 中行数据中心发展战略概览

原则上，每年 5 月启动上半年工作总结及下半年工作计划的编制，每年 11 月启动年度工作总结及次年工作计划的编制。

④ 中行数据中心重点工作任务督办

每季度末启动本季度重点工作目标、重点工作任务督办；一年开展 4 次工作督办。

（2）输入

输入包括全行会议精神、内外部形势、中国银行科技体系整体规划。

（3）输出

输出包括数据中心发展规划、数据中心年度工作要点、数据中心半年度工作总结及计划、数据中心年度工作总结及计划、数据中心工作督办报告。

2.4 能力项接口

在中行数据中心，由战略管理指导其他各个能力项的实施，如图 2-6 所示。

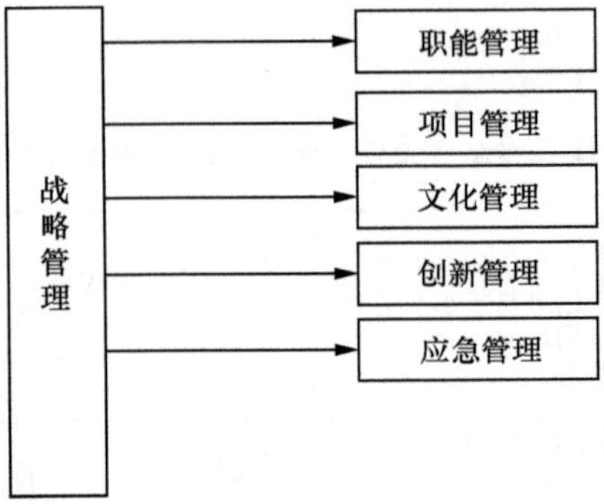

图 2-6 中行数据中心战略管理能力项接口

战略管理所形成的数据中心发展规划、数据中心工作要点，是数据中心一段时期内工作目标、重点工作任务的指导性文件；是数据中心运营管理体系各流程有效运转的指导性文件。

战略管理流程中对数据中心工作目标和重点任务执行情况的督办结果，作为数据中心绩效管理的重要参考和依据。

2.5 相关绩效考核

每年年初，人力资源管理团队根据数据中心年度工作要点，将重点工作目标及重点工作任务逐项分解至团队；团队和员工个人的年度绩效目标中均有相关工作任务的描述，工作任务的完成情况作为绩效考核的依据。

中行数据中心年度绩效考核来源于战略的整体执行完成情况。

2.6 相关工具简介

中行数据中心通过自主研发，建立了工作督办平台，该平台能够直观展现数据中心的工作目标、重点工作任务执行进度，实现了工作进展在线填报和历史记录的有效留存，可以便捷地导出报表、进行对比分析，大幅提升了工作督办的效率，为切实落实数据中心战略目标提供了有力支撑。

2.7 小结

以上是对中国银行数据中心战略管理的一个简要介绍。作为大型国有银行的直属机构，其员工规模达到了 1000 人左右。这样一个规模较为大型的组织，向上需要承接和执行中国银行的各项战略规划，向下需要对各团队、条线乃至人员的战略执行进行管理，其工作的复杂度是不言而喻的。中行数据中心通过自下而上的汇总，确保战略的制定切实符合实际情况，再通过中心层面的督办，确保战略管理切实得到执行，从而增强了有效性。

战略管理是中行数据中心长久高效发展的重要基础，对其的投入和关注会持之以恒地进行下去。

第3章

项目管理——招商银行数据中心

经过多年的发展和总结，项目管理已经拥有了成熟的方法论和成功的实践经验——受控环境下的项目管理（PRINCE2®，Project IN Controlled Environment）和项目管理知识体系（PMBOK，Project Management Body of Knowledge），在业界已经得到了相当广泛的应用。依据这些理论体系，项目管理被普遍认为是“通过对交付项目产出的专业工作加以管控，满足预期的时间、成本、质量、风险和收益等各项绩效指标范围从而保障项目目标实现”的过程。国际知名的组织项目管理协会（PMI，Project Management Institute）将项目管理分为“项目整体管理、项目范围管理、项目时间管理、项目费用管理、项目质量管理、项目人力资源管理、项目沟通管理、项目风险管理和项目采购管理”9 个领域及“启动、计划编制、执行、控制和收尾”5 个过程。成熟度标准在结合理论方面及数据中心的实践基础上，明确了对项目准备的要求。

项目管理的目标

围绕数据中心的战略目标，通过开展项目范围、进度、质量、成本的控制，保证项目有效执行，落实战略目标。

项目准备一般指项目的确认需求和完成商业论证[1]。商业论证包括与相关方（投资方、用户方及实施方）通过相应的技术措施进行确认项目交付的具体价值，项目是否值得做，项目是否可交付以及项目收益是否可获得。这些技术措施可以是投资回报率、投资回收期及净现值的汇报，技术可行性评估及业务可行性评估。

项目管理在运转前，首先需要明确管理策略。

➢ 明确项目的形式。根据项目的规模、影响力和复杂度，对项目实施分级管理，其形式可包括项目组合管理、项目群管理和项目管理。

➢ 明确项目交付的形式。在交付物级别方面，除了明确项目级、里程碑级交付的要求外，月度交付物也需要有相应的要求。在交付物性质方面，这些

[1] 商业论证的术语引自于 PRINCE2®。

要求包括文档类交付物、事件类交付物、软硬件交付物等。

➢ 项目控制要求。这些要求可包括项目基线设置、项目风险管理、项目质量控制、项目沟通和项目变更等。

项目管理的关键活动

（1）项目准备与计划

① 应明确项目需求，识别干系人，确定项目管理方法，并由数据中心管理层授权启动；

② 应制订项目计划，制订项目实施方案，配置项目资源，明确里程碑；

③ 项目计划宜包括范围、进度、成本、质量、风险、人力资源、采购和沟通计划。

（2）项目实施与监控

① 应提供资源并对其进行管理，保证项目交付和实施；

② 应定期报告项目进展、问题、风险和变更；

③ 应根据需要持续验证项目需求的实现情况，当有重大变化时应重新分析和论证需求；

④ 应对项目交付结果和质量进行验证；

⑤ 项目监控宜包括变更监控、范围监控、进度监控、成本监控、风险监控、采购监控和绩效报告。

（3）项目收尾

① 应验证项目交付成果、质量和进度等目标达成情况，并完成项目成果、项目文档的归档和移交；

② 应根据需要对项目交付后的成果和收益进行评价。

（4）项目群管理

相互关联的项目宜组成项目群进行管理，统一目标，统一资源配置，并建立相应的协调机制，整体规划、控制、协调、指导各个项目的实施。

近几年项目管理的关注点从质量、成本和效率，渐渐向用户导向、创新和敏捷上转移，由此以“敏捷管理”和“看板管理”为代表的管理方法论也开始在数据中心得到应用。在项目的实施阶段，往往需要以敏捷管理的方式，依据管理颗粒度在项目的各阶段编制阶段计划，分配阶段任务，并根据项目执行情况，编制项目例行报告，及时反馈项目实施过程中遇到的风险和问题，定期确认项目需求与商业论证的达成情况。

项目交付后，项目的负责人需要根据项目的运营情况，汇总收益数据，提交商业论证验证结果和后评估计划，在完成商业论证验证评审后，根据项目结项材料，完成项目结项。

下面将以招商银行数据中心（以下简称“招行数据中心”）的项目管理为案例，将招行数据中心项目管理能力项的管理要求、发展历程和关键控制点做简要分享。

3.1 关键控制点

招行数据中心目前落实了中心层面的项目管理机制，确保项目管理得以有效运转，项目实施结果符合预期的关键控制点为中心级的项目管理办公室（PMO）、敏控机制的应用和专业的项目管理工具。

1. 中心级的项目管理办公室

招行数据中心的 PMO 是获得中心领导授权对全中心的项目进行综合管控的常设机构。PMO 的职责是对项目进行指导、监控和组织评审，确保项目的实施符合要求，达成项目目标。

2. 敏控机制的应用

招行数据中心的项目管理能力项又称为敏控机制的应用，由 PMO 负责，其管理机制结合了 PRINCE2®、Scrum 和 Kanban 等先进的管理理论。在项目的实施阶段，按照敏捷的思想将任务予以分解和跟进，并通过看板工具予以管控，从而保证了项目管理的效果。

3. 专业的项目管理工具

招行数据中心的专业项目管理工具包括了 ITIL 系统和熊猫看板。其中，前者作为流程管理平台，用于商业论证、采购和验收等项目准备和收尾方面的工作；后者以看板的形式，管理项目实施过程中的 Backlog、Sprint 和 Task。两者相互配合，为项目管理提供了有效的支撑。

3.2 案例概述

1. 招行数据中心的项目管理现状

招行数据中心负责招商银行所有 IT 服务的高保障集中运营，为了保证业务系统的高可用性及先进创新性，每年启动的项目多达数百个，项目类型涉及开发、咨询、工程、预研等。项目数量众多及类型复杂对项目管理带来很大的挑战。招行数据中心的项目管理具备了如下特点。

① OKR 的制定和与项目管理的结合。招行数据中心通过目标和关键结果（OKR，Objective and Key Results）方法，将中心战略分解成有挑战性、有创新性和可执行的中心目标，并通过中心的各个项目予以实现，从而在保证中心战略和目标达成的前提下，提升项目团队的成就感，确保项目管理的持续改进。

② 建立了教练的指导模式。除了项目管理中常见中心指导委员会、项目管理委员会、PMO 和项目经理等角色外，招行数据中心另外设置了敏捷教练这一角色，以辅导项目团队实施敏捷流程，收集、汇总和分析项目的绩效信息，组织项目的可视化评审和后评估工作。

③ 坚持项目管理的可视化。项目的可视化管理覆盖了项目从立项、商业论证到评审、结项的全生命周期。其中，可视化验证评审是可视化管理的重点环节，也是确保项目成果符合预期的重要保障。包括 ITIL 系统和熊猫看板在内的电子化工具为可视化的执行提供了相应的支撑。

2. 招行数据中心项目管理发展历程

招行数据中心的项目管理发展整体上反映了“规范化”“精细化”和“敏捷化”的历程，基本上可分为“单项目管理机制”“多项目管理机制”和“敏控机制”3 个阶段。发展历程如图 3-1 所示。

（1）单项目管理机制：2010 年至 2013 年

在 2010 年之前，招行数据中心已经明确了部分项目管理要求，建立了相应的管理制度，并能够在日常工作中予以落地。自 2010 年开始，随着 ITIL 最佳实践在中心的应用，基于“流程化”和“规范化”的管理思路，招行数据中心按照 PMBOK 建立了项目管理流程。

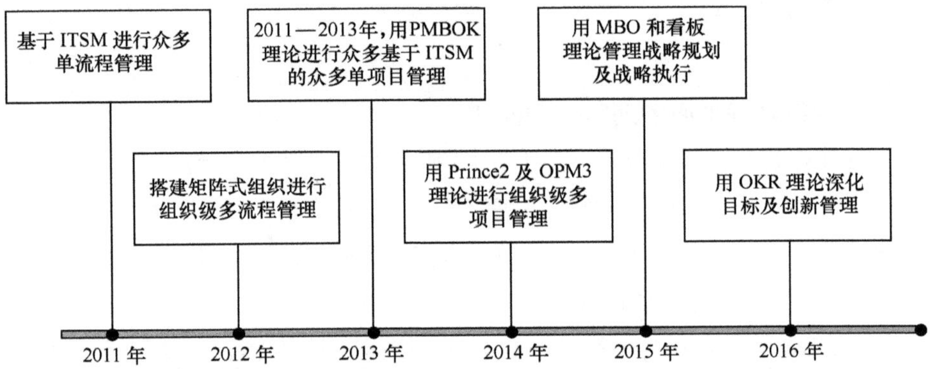

图 3-1　招行数据中心敏控项目管理发展历程

① 以单个的项目管理为管理载体，落实项目管理要求。

② 完成流程化，流程包括项目的计划、项目实施、项目监控和项目结项等环节。

此时的项目管理聚焦于单个项目管理，也取得了一定的管理效果。但随着招行数据中心的业务快速发展，整体架构迅速扩大，项目的复杂度也越来越高。此时，招行数据中心发现当时项目管理机制存在以下缺点：

➢ 关注于单个项目的管理，当存在多个相互关联的项目时，无法建立联调的管理机制；

➢ 缺乏中心层面的管理机制；

➢ 聚焦于项目的实施，而缺乏项目前的理论指导与管理。

为解决上述问题，招行数据中心于 2014 年引入了 PRINCE2® 和 OPM3 理论，以管理单个项目和项目组合来提升自己达成战略目标的能力。

（2）多项目管理机制：2014 年

招行数据中心在这一阶段的项目管理，具备以下特点：

➢ 引入 PRINCE2® 和 OPM3 理论，建立了项目组合——项目群的管理机制，以中心的视角对项目和战略予以落实；

➢ 建立了项目管理的全生命周期管理模式，实现了从商业论证、采购到供应商管理的各环节覆盖。

经过一段时间的试行，招行数据中心发现仍存在如下问题：

➢ 当项目实施存在偏差时，用户和领导往往无法及时获知并予以纠正；

➢ 项目团队的沟通效率和效果不佳，彼此可能处于信息孤岛；

➢ 项目成员更关注自己负责的部分，对项目整体的实施情况不够关心。

因此，招行数据中心通过引入 Scrum、OKR 等管理理论，搭建熊猫看板的方式，建立了敏控的项目管理机制。

（3）敏控机制：2015 年至今

在实现了中心层面的多项目管理机制之后，招行数据中心于 2015 年引入了敏捷管理理论，建立了组织级受控环境下的敏捷管理，于 2016 年建立了用于支撑项目敏捷管理的“熊猫看板”管理工具，逐步实现全中心的自动化敏控项目管理实践。至此，招行数据中心已基本完成“PRINCE2® + Scrum + Kanban”的敏控机制的建立。

为进一步提升项目管理的效率，提升项目人员的团队配合意识，招行数据中心于 2016 年开始使用 OKR 方法，以提升项目目标的挑战性和项目团队的创造性，并于 2017 年将 OKR 与敏控项目管理深度融合，让项目团队在实现敏捷文化习惯的同时发挥整个中心的管理层及项目团队的创新创造意识，实现敏控项目管理的持续改进。

敏控项目管理的措施包括如下内容：

➢ 安排项目成员参加敏捷每日一点通、项目培训及案例分享活动，提高项目成员的敏捷意识和技能；

➢ 创造集中办公区域和可触摸的电子看板，提升沟通效率和环境对敏捷的支持程度；

➢ 将项目绩效与项目成员所在室组或所在供应商的绩效挂钩，加强互相协作。

经过这几年的持续改进，招行数据中心已经完成从单项目管理到敏控项目管理的转变，项目管理的效果也基本能够满足预期。

3.3 管理要求

1. 角色和职责

在招行数据中心，项目实施的方式分为两类，分别是项目形式和任务形式，根据需求指数及需求实施方式分级分类定义，不同实施形式基于交付物级别要求，由对应责任主体进行质量管理。

招行数据中心在以受控为出发点设计的组织架构的基础上，参照 Scrum 框架重构项目管理组织，增设敏捷教练角色来承担 Scrum 指南中的 Scrum Master 的职责，为团队提供项目管理相关的专业辅导。在项目经理专业能力较高，对用户需求了解把握较好的情况下，Scrum 中的产品负责人的部分职责将由项目经理承担。

项目管理委员会着重关注对高层次的需求定义、最终需求决策以及最终验收。招行数据中心项目管理角色包括中心指导委员会、项目管理委员会、PMO、项目经理（含产品负责人职责）、敏捷教练及项目成员，在问题风险级别及变更授权级别的判断上遵循相应的流程路径。

敏控项目管理流程角色职责见表 3-1。

表 3-1　招行数据中心项目管理人员职责说明

角色	职责描述
中心指导委员会	1. 审核确认项目立项申请表，给出项目立项评价； 2. 审核确认结项申请表及后评估计划，并确认项目后评估结果
PMO	1. 沟通确定商业论证，确保相关信息满足要求； 2. 审核确认项目立项申请是否符合流程要求； 3. 每周跟踪、监控项目实施； 4. 审核确认结项申请表及后评估计划，并确认项目后评估结果； 5. 对项目过程进行辅导、考核
项目管理委员会	1. 项目的全程指导及定期跟踪监控； 2. 授权项目变更计划的执行； 3. 参与项目可视化验收评审，并给出评价； 4. 对重大需求进行决策

（续表）

角色	职责描述
项目经理 （含产品负责人 职责）	1. 编写项目立项申请表； 2. 负责项目需求的收集和分析、编写用户故事； 3. 负责对项目团队澄清需求，并对项目需求优先级排序； 4. 负责确认项目交付物的验收； 5. 编制项目整体计划，明确项目管理阶段，识别里程碑交付物； 6. 涉及采购的项目，提交采购申请并协助配合完成采购； 7. 发生例外时，负责向项目管理委员会报告，并根据授权结果执行变更
敏捷教练	1. 负责 PRINCE2® 和敏捷方法的辅导； 2. 辅导项目团队实施敏捷流程，包括站立会、计划会、冲刺会、回顾会； 3. 负责协调处理项目团队发现的障碍； 4. 负责组织各种可视化验收评审会议； 5. 负责收集、汇总、分析项目绩效信息； 6. 编制详细计划，并协调项目任务； 7. 确认项目实施交付状态，定期提交项目例行报告； 8. 负责对项目团队成员进行敏捷相关知识的培训和辅导； 9. 编制并执行项目后评估计划； 10. 处置问题和风险
项目成员	1. 负责在项目实施过程中，交付项目经理分派的待办事项； 2. 和产品负责人讨论需求，并参与估算； 3. 负责持续改进团队的自身绩效； 4. 提交项目结项材料及结项申请表

2. 过程环节

招行数据中心的项目管理分为立项与准备、实施与交付、收尾结项 3 个阶段，各阶段的主要工作如图 3-2 所示。

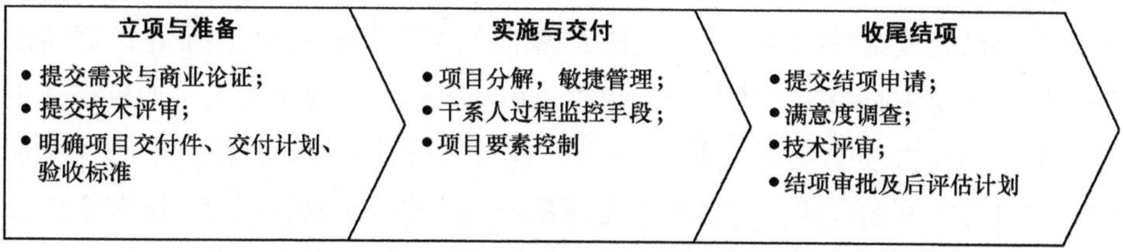

图 3-2 招行数据中心项目管理主要环节简述

结合 PRINCE2®、Scrum 和 Kanban，项目管理的关键活动具体如下。

（1）策划敏捷管理方案

① 商业论证

数据中心敏控项目管理流程要求使用商业论证对项目可行性进行分析，论证内容包括项目需要解决的痛点或者能带来的亮点、期望收益和衡量标准、概要计划、整体设计、资源投入等信息，通过每季度的可视化评审和项目结项评审进行过程评审和最终验收。

② 交付物及验收标准

数据中心敏控项目管理要求对项目有明确的范围，并制订“产品待办项史诗故事”及其验收标准，从用户角度出发，基于项目目标进行产品分解的理念。

③ 项目计划

在定义“产品待办项史诗故事”后，通过需求提炼进行再细化，并在熊猫看板中落地。将目标实现分解为不同时间维度进行，分别是产品待办项（Product Backlog）、冲刺待办项（Sprint Backlog）、工作任务（Task）。产品待办项以每季度打一次基线，由产品负责人负责进行适当的估算、定义优先级和详细验收标准等，对其待办条目运行调整。冲刺待办项的周期是一个月，每月月末对当月冲刺目标完成情况进行审视，并制订下个月的冲刺目标，冲刺待办项条目原则上是不允许调整的，系统对调整有相应日志记录。工作任务主要是指团队成员每周的工作任务，为支撑项目目标对冲刺待办项条目的分解、所遇问题的处理、相关变更的执行等。工作任务分解要求为 3 ~ 21 小时，要做到每周目标达成，由项目成员自己在熊猫看板上移动工作任务完成状态。

④ 风险和问题控制的方法

除了团队对产品待办项进行需求提炼产生冲刺待办项之外，还需要每半年对上半年已完成调整的或下半年仍需调整的产品待办条目执行商业论证周期论证流程，获得中心级指导委员会的组织级审核确认。产品负责人（项目经理兼任）对产品待办项的变更负责，PMO 通过对熊猫看板的产品待办项的变更系统日志进行审阅的方式，实现项目变更系统自动申报机制。同时，所有变更最终会通过电子邮件方式让项目管理委员会知晓，任何一名项目管理委员会成员都有权组织线下变更评审会对变更内容进行评审和评估。

（2）交付过程管控

① 工作安排和执行

在数据中心敏控项目管理中，所有计划工作要求在熊猫看板上得到体现。所有的计划最后都通过每日工作任务来承接，任务流程是原子级别的计划有做（To do）、正在做（Doing）、完成（Done）3个状态，除了项目团队每日对看板上的工作任务进行审视跟进之外，数据中心的PMO也会不定期地对项目团队进行观察和辅导。

② 敏控项目进展控制

项目进展获取实时化。项目进展在熊猫看板上实现项目进展实时反馈的作用，在线实时报告取代原来的周期性报告。通过看板上的项目燃尽图、限制在制品等信息，在办公室楼道的公共电视机上进行轮播展示，中心领导、员工都可以看见，从燃尽图的实时智能更新上了解到工作任务的完成情况。另外，项目整体绩效信息也在熊猫看板上实时汇总分析并展示。中心指导委员会或项目管理委员会可通过看板系统自行查看，看板每周也会发送邮件给干系人，主动推送整体绩效信息，针对项目其他实时信息，数据中心鼓励“走动管理”的方式，采用敏捷方式汇报。

交付物评审可视化。每月月末，项目团队进行冲刺评审会，由项目团队向产品负责人演示冲刺完成的冲刺待办条目。接着由项目组进行会议回顾，总结并落实到下个月冲刺计划会。项目每季度要求进行一次可视化评审，由中心指导委员会、项目管理委员会、用户、技术室组和第三方现场进行实际感受并操作项目交付物，进行可视化实物演示。

结项评审正规化。项目结项评审在项目结项前一个月开始，由PMO统一组织，邀请中心指导委员会、项目管理委员会、技术室组、用户、第三方参与结项评审，基于立项及中期商业论证比对总结，针对中期敏捷计划分解验收标准逐一验收和评价。

③ 风险、问题管理

根据敏捷项目管理要求，项目团队需进行每天站立会，重点是关注阻碍项目进行的各种问题，如站立会现场无法解决，由敏捷教练负责为团队排除问题，并由敏捷教练记录到熊猫看板中管理和追踪。如出现重大问题，上报项目管理委员会，由项目管理委员会负责协调。

④ 例外管理

根据项目中所有不符合每月冲刺目标要求的情况，包括每月交付质量、每月冲刺用户故事完成个数等，都需要进行说明，并在回顾会上由团队讨论得出改进方案。

（3）项目收尾与结项

① 项目收益汇总

项目交付完成后，项目经理对项目产出物进行初步运行，收集整理收益数据，编制项目结项申请表，汇总项目交付材料并提交结项。

② 完成评审验证

PMO在收到项目结项材料后，组织项目的满意度回访，并组织专家对该项目完成需求与商业论证的验证。当验证通过后，项目结项。相关材料完成归档确认，并在必要时纳入知识库中。

3. 项目管理的触发、输入和输出

（1）触发

当存在项目的需求时，即可触发项目。项目的需求来源包括但不限于业务部门、中心领导和本室组自身。

（2）输入

项目管理的输入是由中心各室组发起的，通过可行性验证和完成商业论证的项目需求。

（3）输出

招行数据中心项目管理的输出包括如下阶段。

- 项目立项阶段：项目立项申请及相关的准备材料。
- 项目交付阶段：项目例行报告及相关的里程碑交付。
- 项目结项阶段：项目最终交付、项目结项申请表及相关的结项材料。

4. 能力项接口

招行数据中心的项目管理建立了接口的能力项，包括战略管理和供应商管理等。

（1）战略管理

招行数据中心每年都根据年度的战略目标规划当年的项目安排，并在年终的时候，根据项目的实施情况和执行效果，对中长期战略规划进行相应的调整。

（2）供应商管理

招行数据中心项目的实施离不开供应商的支持与协助。对于长期合作的供应商，可以参与到项目的整个生命周期中。

中心 PMO 基于项目目标制定了对供应商的严格的考核机制，以确保供应商能够切实理解项目要求，并按要求实施。

5. 其他管理要求

（1）项目经理“一指禅”

项目经理“一指禅”是由招行数据中心 PMO 制定的，包含了项目管理关键要求、方便各项目经理理解并执行敏控要求、便于宣传指导的管理方法。

招行数据中心项目经理“一指禅”如图 3-3 所示。

（2）项目成果汇报要求

为尽可能地确保项目的成果能够获得中心领导的知晓与认可，推进项目成果落地，减少实施偏差，PMO 对项目成果汇报明确了相应的要求，部分要求如下：

➢ 以 PPT 的形式，多图、少文字，整个 PPT 的篇幅不宜超过 20 页；

➢ 成果汇报关注于“成果分享”，而非“控管检查”，需要聚焦于精华分享，明确项目带来的收益，而不应是项目计划，也不应是项目交付说明；

➢ 汇报内容应关注与商业论证的比较，明确预期变化及成果与实际变化及成果的差异，并就差异部分详细说明原因。

（3）项目的可视化评审

招行数据中心的项目可视化评审是项目管理的重要组成部分，反映了中心“可控”的管理思路。可视化评审的内容包括文档内容是否清晰、项目收益是否符合预期、项目范围的实际覆盖度和项目交付是否满足需求、项目创新程度、项目推广和使用程度、项目预算执行情况、项目进度与风险控制情况和项目整体满意度等。

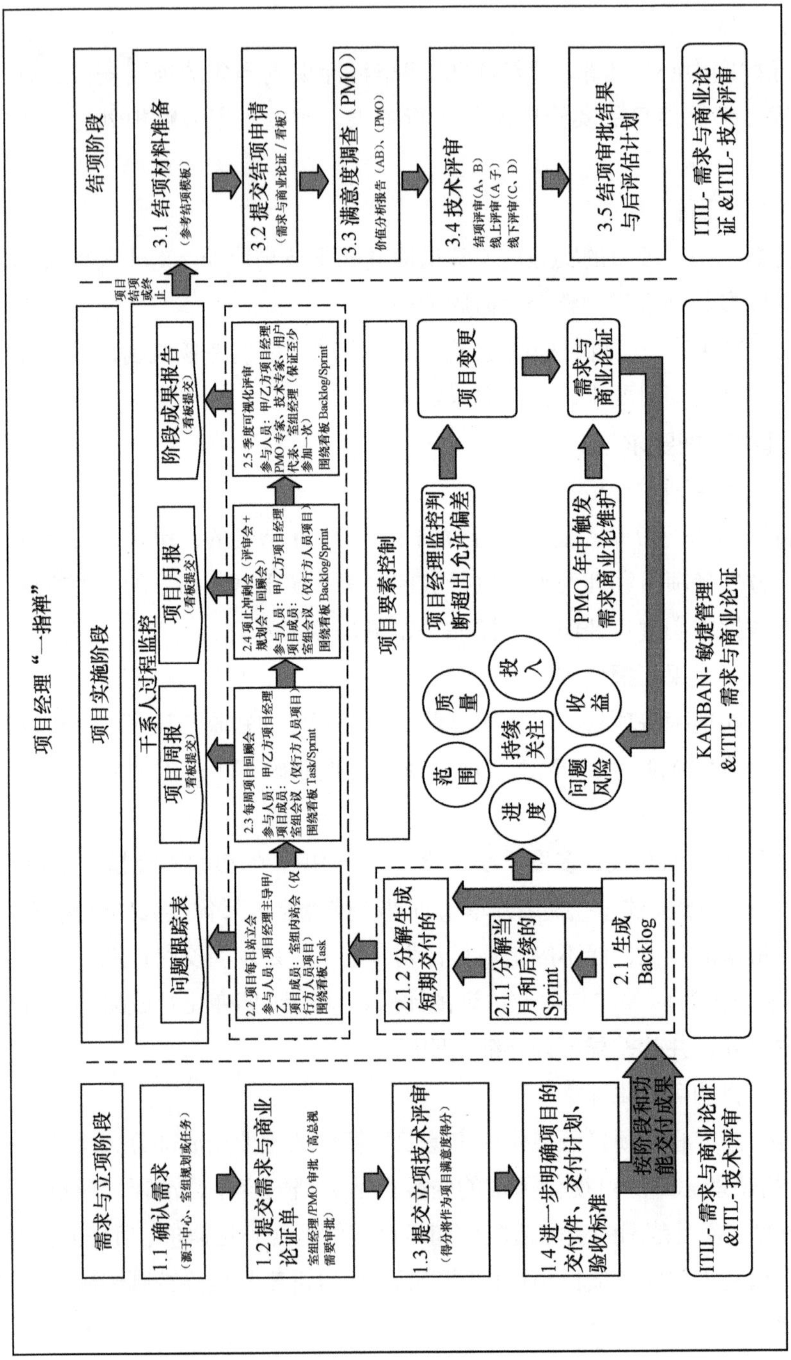

图 3-3 招行数据中心项目经理“一指禅”

3.4 项目考核

招行数据中心项目管理的考核是以项目作为个体落实的，考核内容既包括中心层面的项目管理 KPI，也包括针对日常敏捷行为的评价。同时，为加强对项目的控制，PMO 也鼓励项目经理建立基于项目目标和团队协议的奖惩措施。

1. 项目管理 KPI

招行数据中心 PMO 制定的项目管理 KPI 是基于项目个体的，覆盖了项目整个生命周期的考核方式。

➢ 立项材料质量满意度：用于反映项目立项规划设计能力的指标。

➢ Sprint 冲刺阶段性成果评分：用于反映工作目标达成情况的指标。

➢ 敏捷习惯评分：用于反映敏捷行为有效性的指标。

➢ 项目结项交付成果满意度：用于反映项目结项的最终质量认定的指标。

2. 敏捷行为评价

招行数据中心 PMO 制定了日常敏捷行为的评价机制，通过指定人员参与各个项目的站立会、月度项目评审会的形式，对各项目的敏捷行为执行情况进行评价。评价的内容如下。

➢ 站立会：检查内容包括时间控制、站立会内容、沟通方式、工作协调情况和看板使用情况等。

➢ 月度项目评审会：检查内容包括完成时间、评审形式、回顾形式、组织形式和看板使用情况等。

➢ 计划会：检查内容包括会议准备情况、目标分解、目标描述和目标验收标准的制定情况等。

3. 项目经理的奖惩措施

为了使项目成员更好地参与敏控项目管理流程，PMO 鼓励项目经理通过导入团队协议的方式，明确项目团队达成一致的原则和行为准则，并以此制定相应的奖惩措施。奖惩措施的示例如下。

➢ 团队内部四会（计划会、站立会、冲刺会、回顾会）不能迟到，迟到者，在微信群发红包。

➢ 每月自己承诺完成的冲刺，需要全力以赴完成，没有完成冲刺的成员，如果没有特殊原因，需要在微信群中发红包。

➢ 每天同时在做的任务不能超过 5 个，如果超过，在微信群中发红包。

3.5 项目管理工具简介

熊猫看板是招行数据中心于 2016 年引入的熊猫看板云端 SaaS 电子化平台，在数据中心敏控项目管控过程中发挥了极大作用。在前文对敏捷项目管理关键活动介绍中，可以清晰地看到熊猫看板贯穿项目目标确定到实现的整个管控过程，帮助数据中心敏控项目实践在全数据中心得到推行和落地。

熊猫看板的主要模块如下。

➢ 目标管理（MBO，Management by Objective）：通过多级目标、工作征程等多层结构实现目标分解，一般可分为上、中、下三层。

➢ 目标与关键结果（OKR，Objective and Key Results）：引入 OKR 管理思想，聚焦实现工作，关注关键成果。

➢ 项目管理（PRJ，Project Management）：通过项目 Backlog-Sprint，实现项目模块分解、里程碑跟踪和风险控制。

➢ 敏捷管理（AGL，Agile Management）：通过 Backlog-Sprint-Task，聚焦可视化管理、敏捷交付管理及资源管理。

➢ 移动应用（App，Application）：通过移动端 App 实现熊猫看板基本功能的操作和各类关键信息的可视化沟通交付。

➢ 报表管理（RPT，Report Management）：多维度、图形化对目标、项目、交付、需求、工时等对象进行统计和展示。

招行数据中心熊猫看板敏控项目管理架构如图 3-4 所示。

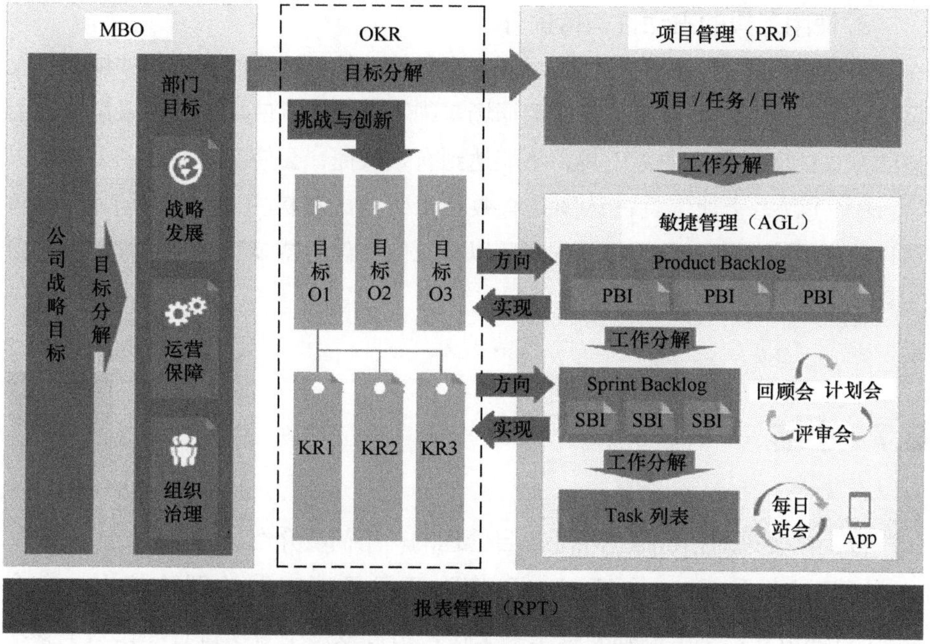

图 3-4 招行数据中心熊猫看板敏控项目管理架构

3.6 后续改进

招行数据中心当前的项目管理已基本覆盖了各主要控制点，其实施效果也基本能够符合预期，但在实际运转中仍存在着一定的不足，具体如下。

1. 验收标准量化控制存在挑战

招行数据中心的项目涉及开发、咨询、工程和预研等多种类型，由此造成了不同类型项目的验收要求和验收标准各不相同，很难从中心层面设计并制定一套通用的量化验收标准。

因此，PMO 要求各项目团队在项目的准备阶段，使项目目标立足于有明确价值的收益上，以此为依据制定验收标准。同时，更有效的判断及审视项目交付要求是否符合量化的要求，为制定统一的量化验收标准奠定基础。

2. 使用工具的主动性有待提升

熊猫看板的引入极大地加强了项目交付管理的可视化程度，但如果工具仅仅停留在登记层面，在各类敏捷沟通场景中不结合工具使用，单一采用监督考核的方式让项目成员使用工具，不能达到有效敏捷，会使工具变成一个阻碍。

PMO 致力于让工具被认同并有效利用，养成积极主动应用的工作习惯。这种改进需要经过一段长时间的考验以及敏捷文化的持续熏陶，是数据中心当下和未来需要努力坚持的目标。

3.7 小结

以上内容是对招行数据中心项目管理的一个简要介绍。

“PRINCE2®+Scrum+Kanban”作为项目管理实践的理论依据，融合 OKR 目标指导，基于熊猫看板工具支持，招行数据中心项目管理在当下要求创变的大环境下，实现了敏捷又受控的项目管理。项目团队的敏捷行为也得到明显改善，具体表现在：

- 各个管理阶段通过熊猫看板辅之以敏捷行为加强对项目的管控，通过可视化验收的要求，让项目范围更可控，在需求变更上也可以得到有效控制；
- PRINCE2® 从六大绩效维度提供了可用的管理流程指导，敏捷方法从市场验证的角度提供了一些操作性强的实施方式，两者融合，使项目团队在聚焦具体事务的同时，也有了宏观指导，用户也能获得理解和支持；
- 项目管理的例会机制让项目团队都有了敏捷交付的意识，加深了对中心领导和用户需求点的关注。

项目管理作为战略发展的一个重要支撑，对其应势而变、因地制宜的战略思路，不能轻易松懈。

第 4 章

监控管理——华夏基金管理有限公司信息技术部

监控是数据中心运营保障的基础，监控的对象包括数据中心内的各种设施和设备，如机房环境、网络、计算、存储、平台软件、应用软件等。由此，作为以收集、分类和处理监控对象信息，实时掌握运行状态，及时发现和处理运行异常为目标的监控管理，是数据中心运维管理的“眼睛”，是数据中心必须建立且有效运行的能力项。

监控管理的目标

通过对应用及 IT 基础设施运行信息的收集、分类和处理，实现运行状态的实时掌握，以及运行异常的及时发现和处理。

监控管理的目标将随组织的发展程度和成熟度级别不同而不同。一般而言，目标可依次分为初级、中级和高级目标，具体如下。

- 初级目标：全面感知。通过对数据中心日常运行的全部生产要素运行状态进行监控、收集、分析，及时有效地获取相关运行信息，以便通知相关运维人员或者运维系统进行处理，保障数据中心安全稳定运行。
- 中级目标：超前预警。通过监控日志的收集分析，在故障发生之初或者之前能够提前预警，避免影响业务运行。
- 高级目标：业务保障。能够在承载业务运行的系统中进行监控分析，保障监控有效支持业务。

监控管理在设计之初就需要首先明确监控管理的目的、范围、技术要求和岗位职责。不同的监控管理目的会影响监控体系建设的方向性选择。监控范围的确定既取决于包括监控人员、技术和资金等资源方面的投入情况，也取决于数据中心业务的需求，是两方取得平衡的结果。监控管理的技术要求往往是对监控工具要求的体现。数据中心在选择监控工具时，在满足当前需求的前提下，也要从技术架构的维度为后续的扩展和优化留有余地。

当然，监控管理的核心是对人员的管理，而对人员的有效管理离不开岗位职责的明确。通过职责的明确，不同岗位的维护人员能够设计好、建设好、利用好监控工具，这是监控管理得以有效运行的前提之一。

监控管理的关键活动与管理要求

（1）监控方案制定：应分析确定监控需求，制定监控方案

① 应接收、分析并确认监控需求；

② 应根据监控需求，制定监控方案，包括但不限于明确监控范围，定义监控对象及属性、监控方式和方法、监控指标和阈值、控制活动的触发条件和操作步骤；

③ 应对监控告警进行分类，包括通知、告警、异常。

（2）监控方案实施：应制订监控实施计划并执行监控

① 应根据监控方案，制订监控实施计划，部署适当的监控工具；

② 执行监控，并对监控告警进行分类处理；

③ 在工具层面实现与事件管理的入口联动以及与配置项的映射；

④ 所有监控中发现的异常均应记录，不允许非授权的删除或修改记录；

⑤ 重大变更后，对于受影响监控对象应进行监控方案的回顾和调整。

（3）监控回顾与调整：应回顾监控效果并优化调整

① 应对监控效果进行回顾，并进行必要的改进；

② 应对监控日志、系统日志进行回顾，并进行必要的改进。

组织内监控管理的发展是一个循序渐进的过程。在监控颗粒度和执行力度上，监控管理受组织规模、业务范围和 IT 组织模式的影响很大，无论数据中心的状况如何，一套有效的监控体系都是必须的。

下面将以华夏基金管理有限公司信息技术部（以下简称“华夏基金”）的监控管理为案例，将华夏基金的监控管理能力项的管理要求、发展历程和关键控制点做一个简要分享。

4.1 关键控制点

监控管理是华夏基金的关键能力项之一，自 2007 年以来，历经了多层级、

多维度的改进与优化。其管理的关键控制点在于清晰的权责定义、有效的监控项目管理和成熟稳定的监控工具。

（1）清晰的权责定义

华夏基金对其监控管理制定了明确的工作范围、岗位职责、人员资质要求和流程规范，从而为包括监控经理、维护人员和值班人员在内的监控相关人员认真负责的工作奠定了基础，又通过考核等方式，确保人员的相关职责切实得到履行，从人员的角度确保了监控管理的有效运行。

（2）有效的监控项目管理

华夏基金的监控体系是通过一系列的监控建设项目，分批逐步搭建的。在体系搭建之前，华夏基金对整体的体系制定了相关客观合理的规划，并通过一个个目的明确、层次分明和范围清晰的监控项目予以落实，又通过有效的项目管理保障项目交付质量，确保项目成果的有效落实，从而实现监控体系的有效搭建和监控管理的有效运行。

（3）成熟稳定的监控工具

华夏基金的监控管理工作得到领导重视，获得了持续稳定的资源投入，使得监控工具稳定、准确，具备事件处理、数据收集和报警分析等功能，错报、漏报比例较低。满足需求，是监控管理运行的最主要支持。

4.2 案例概述

1. 华夏基金的监控管理现状

华夏基金从 2008 年筹划建立基金行业首个数据中心开始，不断尝试建立适应行业特点、满足监管要求的监控体系。经过多年的持续优化，当前的监控体系已相对成熟。华夏基金的监控管理具备以下特点。

➢ 监控岗位人员少而精。由于基金行业的 IT 人员相对于银行、保险或者移动运营商而言，人数较少，其中做维护的人员数量更是不足。因此监控工作本身就不会设置专职的管理、工作岗位，一般由运维经验相对丰富的员工进行监控工具的配置和统筹管理。

➢ 各系统的监控职责整合。各监控工作的职责往往也和维护职责在一起，基本策略可以归纳为“谁维护谁监控，谁监控谁负责”。由监控管理员进行统筹协调，各主要系统维护人员或在集中监控系统上进行配置，或在专业监控工具上进行补充，最终由监控管理员进行复核。

➢ 简练的工具支撑。由于规模、人力等局限，华夏基金的监控工具遴选的都是配置简单、监控范围覆盖相对较全的工具，追求有效地覆盖绝大部分监控需求，减少运维人员的工作。

➢ 与 ITIL 流程结合。监控工具发现的报警会自动触发 ITIL 工具的事件管理流程，能自动登记主要监控信息，并由维护人员负责确认、关闭，可以有效保障事件不漏记，处理有留痕。

可以简单地说，华夏基金的监控管理适应于维护人员较少，但是维护系统种类相对较全、人均维护系统数量相对较多的场景。在金融行业业务快速发展的周期内，华夏基金利用短小精悍的监控力量，不仅在技术上支撑了数据中心的运行和发展，而且在管理的精细化、流程的规范性等角度上，也能够满足行业的基本要求。

2. 华夏基金的监控管理发展历程

华夏基金的监控管理，也是从无到有，经历过无数大大小小的运维事件逐步积累、建设起来的。现在回头看经历了 3 个阶段，分别是“全面覆盖期”“集中 + 业务支持”和“自动化 + 智能化”阶段。

（1）“全面覆盖期”阶段：2007 年至 2012 年

在建设监控体系的初期，监控管理的实施策略为“全面覆盖”，即所有的主要生产系统能够被监控覆盖到，不留死角。

在这个阶段，收集了各业务系统、各技术条线对于监控的要求，搭建了以服务器为主、网络为主、机房为主的几大监控工具平台，在数据库、访客行为等专业监控需求强的领域尝试了专业监控工具。

建设完成后，华夏基金的基础设施运维、应用运维基本上全部被监控所覆盖，并且在监控点的颗粒度上积累了部分经验，监控流程随着 ISO20000 认证逐步落实到事件管理等流程中去。

（2）“集中 + 业务支持”阶段：2012 年至 2016 年

在大的建设周期后，华夏基金发现过于分散的监控系统导致了监控报警的重复且不成体系，存在部分维护人员需要接受多个监控系统的告警，告警处理流程也经常出现混乱。此外，操作系统、数据库、网络、中间件等监控系统都不能有效地反馈应用业务本身的运行情况，亟待在业务层面监控进行突破。

从2012年开始，华夏基金开始将各个监控系统进行整合，进行集中监控平台建设，从监控点、告警渠道、监控事件处理过程等多方面，在不同程度上进行统一。此外，在基金估值、用户申购、资金流转等不同的业务场景中，监控管理员和系统开发人员通过日志、数据库、工作流等数据的收集、分析，了解业务状态，及时将业务处理状态反馈给维护人员和业务操作人员，取得了较好的效果。

（3）“自动化＋智能化”阶段：2016年至今

在完成基本的监控功能之后，华夏基金的监控管理员和维护人员还在日常工作、监控工具的迭代中不断地进行优化。

随着监控技术的不断发展，业务要求的不断提高，具备自我学习能力的智能监控的概念也开始逐步成为现实。对于监控趋势的分析、智能判断业务峰值、主动预警提示维护人员等需求成为现阶段开始考虑要实现的功能点。

除了监控管理的各项要求，下面将围绕华夏基金的监控技术要求、监控体系设计、监控流程管理等方面进行重点介绍。

4.3 监控管理的管理域

1. 角色和职责

华夏基金在监控管理中涉及的人员主要有监控管理员、监控对象负责人、告警处理人和监控审核员。监控管理员主要承担监控体系的建设、持续运行等工作，在华夏基金安排了专人负责。监控对象负责人在IT层面是各系统运维的负责人，部分业务监控的需求提出方可能是业务部门的负责人。一般而言，告警处理人是维护人员或者值班人员，业务负责人有可能也会收到告警，但是不参与具体的告警处理，最终由运维团队的领导整体把握监控运行效果。

具体的描述见表4-1。

表 4-1 华夏基金职责说明

角色	职责
监控对象负责人	1. 负责汇总 IT 系统需要监控的相关对象； 2. 负责提交相关对象的监控请求； 3. 负责提交变更监控对象属性的请求
监控管理员	1. 负责制定、维护并改进此过程； 2. 负责维护监控系统正常运行； 3. 负责核实提交的监控请求； 4. 负责实施提交的监控请求； 5. 协助监控对象负责人规划监控内容
告警处理人	1. 及时处理监控产生的告警； 2. 协助监控管理员不断完善监控系统
监控审核员	1. 定期审核监控请求实施情况； 2. 定期审核监控对象的全面性

除监控管理日常涉及的人员之外，间接参与角色还包括如下人员。

- 部门领导：协调资源，监督值班管理的有效运行。
- ITIL 相关流程经理：与监控管理员配合，设计与监控相关的管理流程，如事件管理、容量管理等，使得各项管理流程的有效运行。
- 值班操作人员：利用监控工具，及时处理一线告警。
- 开发项目经理：配合监控管理员，在系统开发设计过程中考虑各项业务监控点的日志输出。

2. 监控管理的触发、输入与输出

（1）触发

华夏基金的监控管理作为日常运维的基础运行条件，不需要额外的触发即可实现能力项的常态化运行。对于监控工作本身而言，监控需求是监控体系建设的触发条件，监控报警是监控事件的触发条件。

（2）输入

监控管理的输入为华夏基金对于业务正常开展、生产系统稳定运行的需求。具体到监控体系，主要输入为包括新项目投产需求在内的业务需求、公司及监管部门的要求和往期监控发现异常的改进需要。

（3）输出

监控管理的输出主要有监控清单、监控日志、监控事件单、性能数据、自动发现的网络拓扑图等。

3. 监控与其他过程

监控是多个能力项的入口，与多个能力项建立了直接的接口。华夏基金的监控管理与其他能力项的接口关系如图 4-1 所示。

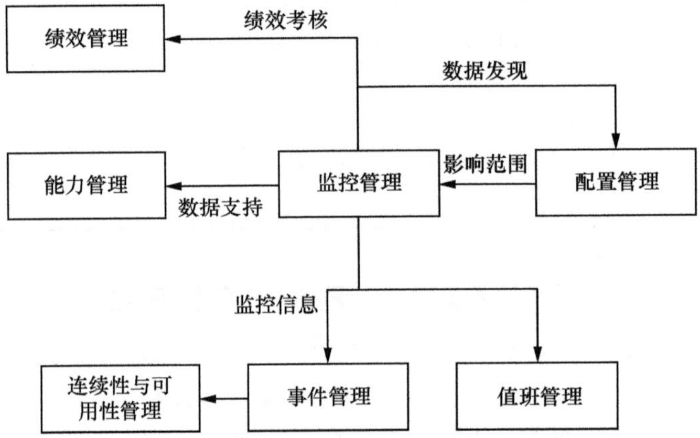

图 4-1 华夏基金监控管理能力项接口

（1）事件管理

监控管理是事件管理的主要输入。监控系统对应用系统、网络、数据库等报警事件均需要纳入事件管理范畴，进行统一登记、处理。

（2）容量管理（能力管理）

监控管理的一项重要内容就是关注各系统的资源使用情况，通过监控管理提供的各项监控数据为容量管理的各项要求提供数据支持。

（3）配置管理

由于现在的监控工具大多数在生产环境中安装了代理（Agent）或者通过网络收集各项数据信息，配置管理中的大多数 CMDB 配置项都可以通过监控管理的数据进行收集甚至自动发现。此外，通过配置管理的输出，监控管理可以快速定位事件发生的原因和影响范围。

（4）值班管理

当值班人员发现监控系统的告警时，将按照已经制定的应急预案启动相应的事件处理流程。

4. 其他管理要求或控制点

除了上述对于监控管理过程的要求和设置之外，为了拓展监控能力范围，提升监控效率，华夏基金还特别制定了部分相关管理要求，具体如下。

➢ 开发项目经理应该在系统设计阶段考虑监控日志的输出以及统一监控工具的接口。

➢ 值班人员作为一线运维人员，应通过 ECC 值守或者移动办公等形式第一时间对于监控告警进行反应，并对监控大屏的信息进行实时追踪。

➢ 网络管理员、系统管理员应该考虑到监控工具运行过程中必要的网络连通性、流量资源占用情况，并在系统层面给予支持。

4.4 监控体系的设计

在建立监控体系时，华夏基金充分考虑到效率和成本的平衡，并在后续的持续优化中不断努力，尝试获得效率与成本的最优解。华夏基金深刻认识到效率不仅包括监控工具的效率，更重要的是监控人员和运维人员的工作效率；成本也不仅仅是监控工具的采购和维护成本，也要考虑监控体系运行起来之后的人员投入成本。

基于平衡的原则，华夏基金的监控体系的设计分为监控范围设计、监控层次设计、监控颗粒度设计和监控流程设计 4 个维度。

1. 监控范围设计

在设计监控范围时，华夏基金充分考虑了监控的环境范围、对象范围和系统范围。

（1）监控环境范围

在明确监控环境范围时，除了要满足生产环境的监控需要，也应考虑到备份环境的监控有效性，从而保证当生产系统出现问题时，备份环境可以及时切换，以达到服务连续性的要求。同理，无论是灾备环境还是测试环境，其监控都是非常重要的。尤其是后者，随着市场压力的增大，华夏基金对版本开发上线的时间要求越来越严格，也因此将测试环境的监控纳入了整体监控体系当中。

（2）监控对象范围

华夏基金将监控的对象明确分为以下几类：

➢ 基础设施环境，如数据中心基础环境“风火水电”类的环境监控；

➢ 物理硬件监控，如服务器、存储、网络等设备；

➢ 应用系统监控，如操作系统层面常见的 CPU、内存、硬盘等资源使用类监控；

➢ 网络连通性监控以及相关的流量监控和连通性监控；

➢ 日志报警类监控等；

➢ 其他监控，如数据库、中间件等层面的各类连接、缓存、端口情况。

除去集中监控工具外，华夏基金在网络、数据库、机房等还部署了部分专业领域的专属监控工具，因此在监控体系建设时，华夏基金将此类专业监控工具纳入监控管理范围内，进行监控告警的统一收集、处理。

（3）监控系统范围

华夏基金在设定能力目标时，也将应用系统乃至业务服务对监控的要求进行了明确。部分服务设计能力目标的制定如图 4-2 所示。

业务服务	相关系统	能力统计时段	服务能力		组件能力					例外情况
			能力指标	指标值	服务组件	IP地址	监控内容	平均目	峰值目	
TA系统运行服务	TA系统	8:00-24:00	批量运行时间（不含日终备份）	1小时	数据库		CPU	70%	90%	无
							交换分区	85%	95%	无
							磁盘使用率	80%	95%	无
					应用服务器		CPU	50%	90%	无
							交换分区	85%	95%	无
							磁盘使用率	80%	95%	无
分TA系统运行服务	分TA系统	8:00-24:00	批量运行时间	50分钟	数据库		CPU	50%	90%	无
							物理内存	90%	95%	无
							磁盘使用率	90%	95%	无
			—		柜台应用服务器		CPU	50%	90%	无
							物理内存	90%	95%	无

图 4-2　华夏基金部分服务设计能力目标

2. 监控层次设计

华夏基金在进行监控体系设计时，充分意识到监控等级需要与各个系统的重要级别相关联，从而没有将所有的系统、全部监控需求都毫无分别地纳入监控管理范围，而是在层次上平衡了监控能力和监控需求。对于重要程度高、业务影响大、维护成本高的应用系统或者基础设施，华夏基金将其放在较高的监控等级上。

监控层次的不同主要体现在监控系统的资源配置、监控点的数量、监控人员和维护人员的处理时效、监控告警的触发逻辑等方面。

3. 监控颗粒度设计

与监控范围和监控层次相对应的是监控颗粒度。在华夏基金看来，虽然不同的监控工具对大多数的监控对象都设置了近似的监控颗粒度，但是由于监控需求的不同和监控工具的能力不同，在某些监控点上，颗粒度设置的差别还是比较明显的。

从理论上说，监控的颗粒度越细，能够发现的问题越多，也能够帮助监控管理员和维护人员更加准确和快速地定位原因和落实处理办法。但是过细的监控粒度，往往伴随的是漫天的告警信息及由此产生的海量的需要维护人员确认的工作量。所以华夏基金的监控颗粒度由监控管理员评估监控需求后，在工具建设上明确所需要具备的能力，并进行清晰、准确的配置。另外，监控工具也基于颗粒度设置了对应的过滤选项，从而控制告警信息数量，提升告警的有效性。

华夏基金已建立了文件化的监控颗粒度策略，对 Windows、Linux 服务器监控的颗粒度设计样例见表 4-2。

表 4-2 华夏基金监控颗粒度设计样例

监控对象类型	监控项	监控指标	指标类型	危险阈值	故障阈值	监测频率（min）
Windows 主机	Ping	服务成功率（%）	普通指标	<100	==0	1
	CPU	CPU 使用率（%）	普通指标	>90	>95	10
	物理内存	内存使用率（%）	普通指标	>90	>95	10
	磁盘	磁盘使用率（%）	普通指标	>90	>95	30
	系统日志	检查行数（行）	普通指标	检查行数 >0	检查行数 >0	10
	应用程序日志	检查行数（行）	普通指标	检查行数 >0	检查行数 >0	10
	Windows 进程	进程数（个）	专用指标	进程数 >1	进程数 >1	10
	Windows 服务	服务状态（ ）	专用指标	!Contains Running	!Contains Running	10
	端口监测	平均响应时间	专用指标	>50ms	>120ms	2

（续表）

监控对象类型	监控项	监控指标	指标类型	危险阈值	故障阈值	监测频率（min）
Linux 主机	Ping	服务成功率（%）	普通指标	<100	==0	1
	CPU	CPU 使用率（%）	普通指标	>90	>95	10
	物理内存	内存使用率（%）	普通指标	>90	>95	10
	交换分区	内存使用率（%）	普通指标	>50	>80	10
	磁盘	磁盘使用率（%）	普通指标	>90	>95	30
	进程 Process	运行数（个）	专用指标	进程数 >1	进程数 >1	10
	日志文件监测	匹配行数（行）	专用指标	检查行数 >0	检查行数 >0	10
	端口监测	平均响应时间（ms）	专用指标	>50	>120	2

4. 监控流程设计

在华夏基金，包括各项需求指标、技术指标在内的各项监控要求都是在流程中通过分析和讨论明确下来的。华夏基金将监控人员识别作为监控体系能否有效运行的关键因素，因此，在监控管理的流程中，监控人员和维护人员需要按照既定的管理职责，对监控流程进行全程把控。华夏基金的监控流程如图 4-3 所示。

4.5 监控体系的运行

1. 监控管理的日常运行

华夏基金的监控管理日常运行主要分 3 个阶段，分别是监控事件发生前、监控事件发生时和监控事件发生后。

（1）监控事件发生前

➢ 监控巡检：监控管理员每日定期巡检监控工具运行状态，确保监控系统正常使用，报警通道正常。每隔固定时间设置发送监控平安短信，即固定时间内没有告警事件，并通知相关人员，监控系统正常使用中。监控巡检的记录示例如图 4-3 所示。

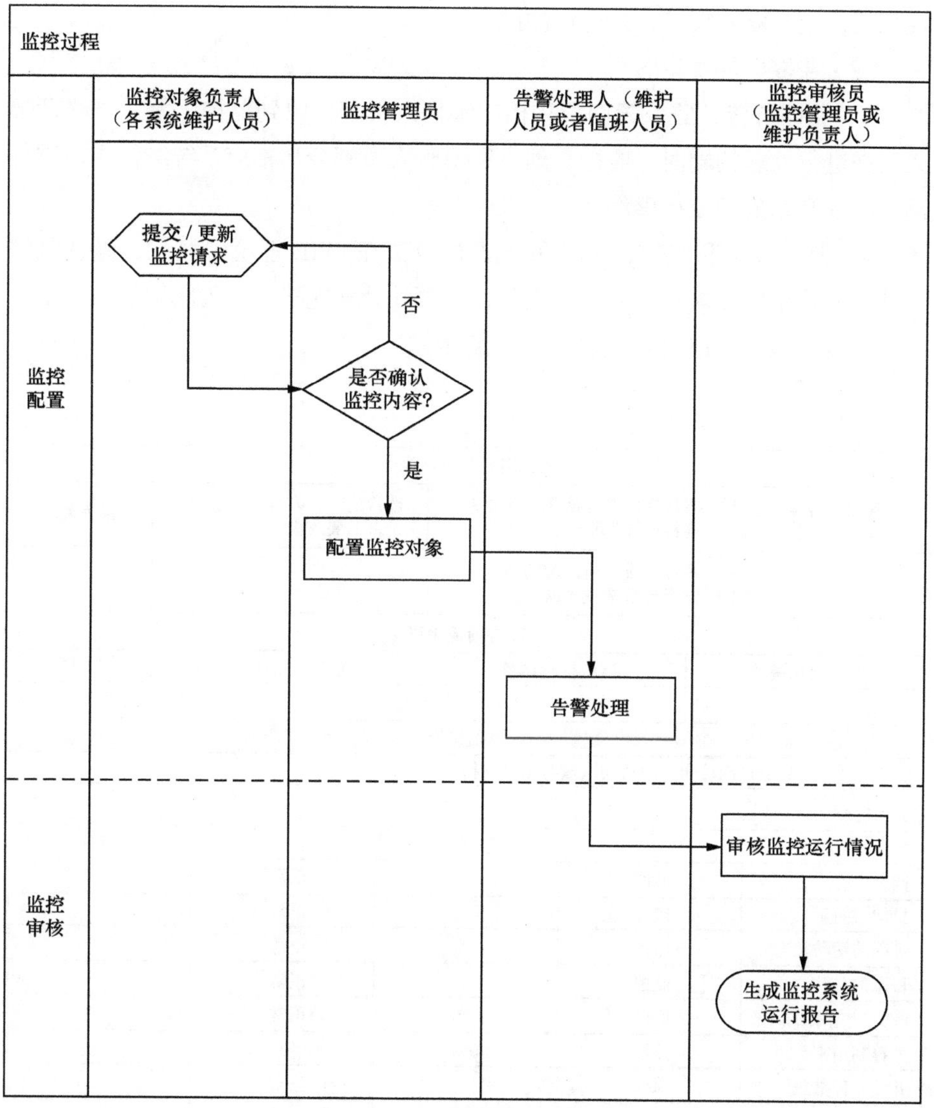

图 4-3　华夏基金监控流程

➢ 监控大屏投射：在 ECC 配置监控大屏，将集中监控各面板固定或者轮询投射在值班人员面前。

➢ 监控配置：当新增监控点或者调整监控点时，监控管理员应该要求监控需求方通过指定流程发起申请，并通过审批。在规定的操作时间内，配置监控工具，进行双人复核，并进行测试。

（2）监控事件发生时

➢ 监控告警：监控管理员和相应维护人员都会收到监控告警，一线运维人员在进行处理的同时，监控管理员和值班人员都会与相应系统维护人员进行确认，并开始处理监控事件。

➢ 监控登记和流转：一线值班人员负责在 ITIL 系统中登记、确认监控事件，并将事件流转到相应维护人员；当事件处理完毕后，关闭相应事件单。

华夏基金监控巡检示例如图 4-4 所示。

人工巡检及日常操作			
巡检内容及执行情况	本月完成巡检次数（含外方巡检）和发现异常数量	巡检范围、内容及方法等，是否需要改进	相关说明
正常	本月完成巡检次数约 20 次，发现异常数量 1 次	无	无
改进项或建议			
监控优化调整	巡检优化调整	其他方面（如自动任务）	相关说明
无	无	无	无
评估结论			
本月网页（含网上查询功能）的访问次数与上月保持一致			

监控指标	监控情况			备注
网页内容	监控		正常	
日均访问量	监控		正常	
进程的活动状态	监控		正常	
日志信息	监控		正常	
CPU 使用率	监控	45%	正常	
内存利用率	监控	50%	正常	
并发线程数量	监控		正常	
并发处理量	监控	1000/4000	正常	
关键业务指标：（如有请列出）				
其他				

图 4-4　华夏基金监控巡检示例

➢ 监控状态分析与处理：相应的运维负责人会依据监控系统的影响度分析，优先处理紧急度、优先级高的告警信息。

（3）监控事件发生后

➢ 监控事件报告：事件处理完成后，根据事件的分级编写事件处理报告。

➢ 监控月报：每月分析监控体系运行情况，将监控点运行、监控事件数量、优化改进情况等进行统计。此外，监控管理还需要为重要应用系统提供监控数据支持。

2. 监控管理的考核

为了增强运维人员对监控工作的重视，提升系统运维的能力，华夏基金在奖惩机制上进行了部分考核设置。

（1）监控告警未处理

对于监控告警的生产事件，根据华夏基金发布的《运维管理要求》《事件管理过程》，运维人员应该第一时间进行响应，并依据事件分级进行处理。对于监控告警不处理导致生产事件或者重大生产事件的，华夏基金将在月度考核给予主要运维人员“不合格”或者“严重不合格”的评分，直接影响运维人员的绩效奖金，并对主要运维团队进行通报批评，且不能参与优秀集体的评比。

（2）监控有效性不达标

监控经理对监控系统运行的有效性负责。监控经理应对集中监控系统进行每日检查，确认监控工具本身是正常运行的，检查点包括不限于监控服务、监控报警渠道等。当发生运维事件时，监控系统不能有效地通过电话、短信、邮件等形式通知相应维护人员，监控经理需要对事件负责，基本上和直接维护人员对事件各承担 50%。

（3）监控事件不登记

监控报警后，运维人员对相应事件的处理过程应该进行登记，通过事件积累丰富事件库，便于后续维护人员参考学习。对监控事件处理但是不登记的，一旦生产事件造成了系统可用性的影响，按照事件未处理进行处罚。

（4）监控体系优化

在收集监控需求或者监控系统建设阶段，对于提出建设性意见或者较大幅度改善监控效率、覆盖监控盲区的合理性建议，在监控管理员评估后并被采纳的，会统一登记在监控运行月报中。

部门在进行月度考核或者季度考核时，将统筹考虑对监控贡献较为突出的员工进行表彰或者直接进行激励。

4.6 监控管理工具简介

华夏基金的监控工具是以集中监控工具为主、部分专业监控为辅的监控工具平台，并在 ECC 大屏上进行集中投射，以便值班人员进行使用。由于运维人员数量限制，监控工具选型时主要考察监控点配置便利性等要素。

1. 基本功能

（1）监控适配性

监控工具应该支持业界主要在用的服务器、存储、网络等设备，支持各类 Windows、Linux 和 AIX 操作系统，支持 Oralce、SQLserver、MySQL 数据库，及 Weblogic、Tomcat、Websphere 等中间件。

（2）监控可配置性

考虑到数据中心网络安全等限制，监控工具应具备对 Agent、非 Agent WMI、SNMP 等端口进行灵活监控的能力，并且监控配置点操作应简单、快速。

（3）监控高可用性

监控工具应支持大数据量的监控需求，监控工具本身的数据库、应用服务器应是分布式的，同时满足性能和可用性的要求。

（4）监控可信性

监控工具的漏报率、错报率应该满足数据中心的容忍要求，理论上通过系统的二次确认或者轮询应该实现监控报警 100% 的正确度。

2. 扩展功能

（1）监控集成性

监控集成性体现在能够在数据分析、集中展现、集中报警等层面与其他监控工具进行集成。此外，自动发现的数据可以与 CMDB 工具进行校验和交互。

（2）监控可展现性

监控工具可以配置各种实时监控面板，可以根据需求配置周报、月报等。

（3）监控与流程工具的整合

监控工具可以与 ITIL 流程工具整合，将报警信息和处理状态与流程工具整合。

（4）监控自我学习能力

对固定趋势性的数据可以自主学习，并配置成场景告警，如某系统在 12:00-14:00 和 0:00-6:00 可以配置不同的报警阈值。

4.7 后续改进

由于资源和技术的限制，在满足现有监控需求之外，华夏基金的监控管理还有不少可以改进的空间，具体如下。

1. 监控工作的有效性

监控工具在运行层面的最佳状态就是“不漏报、不误报”。尽管经过多年的版本优化、配置梳理和实践检验，监控报警的准确性已经得到了大幅度的提高。但是随着监控对象数量呈几何倍数的增加，漏报、误报还是会存在的，这给运维人员的分析判断带来干扰。

对此，华夏基金主要考虑依靠监控系统的持续调优，增加自动化复核和系统相互校验的功能降低监控漏报率、误报率。

2. 对业务运行的支持

所有监控的目的都是为了保障生产系统的稳定运行，即使通过 CMDB、业务逻辑关系的引入，加上部分应用日志的监控和分析，还是无法对大部分的业务进行直接有效的监控，准确地判断各业务系统的运行情况。

对此，华夏基金未来计划以业务为核心规划系统建设，再相应地对 CMDB 进行梳理，最终将监控告警反映在业务影响度上。

4.8 小结

以上是对华夏基金监控管理发展过程的回顾性介绍。

“监控无小事”，安全生产的重中之重就是监控的正常运行。

➢ 对于重要的业务系统、核心的生产应用、基础的运行环境已经实现了监控 100% 全覆盖。

➢ 监控告警时，相应的维护人员能够第一时间获取信息，并根据事件管理流程处理故障。

➢ 全体数据中心的人员都应对监控管理积极配合，提出优化建议和改进需求，使得监控管理员的工作可以持续开展，不断更新。

监控管理的技术不断更新，监控需求也日益提高，要做好监控工作需从数据中心的领导到相关员工上下一起努力。

第5章

值班管理——招商银行数据中心

值班管理是成熟度模型的各能力项中与运营保障域各能力项关联最多的能力项之一。通常来说，值班管理作为一个关注数据中心人员的能力项，与监控管理、作业管理、服务请求管理、事件管理、变更管理、发布管理、IT 服务连续性管理等能力项有着直接的关联，是这些能力项的重要入口之一，异常发生时，值班人员往往是第一发现人。可以说，牵一发而动全身，值班管理的作用不言而喻。

值班管理的目标

通过规范值班岗位的职责、工作纪律和行为，保证值班工作有序进行，保障数据中心安全稳定运行。

成熟度标准将值班管理的关键活动定义为值班管理要求建立、值班计划制定与回顾和值班任务执行等。

值班管理的关键活动与管理要求

（1）值班管理要求建立

① 应明确值班工作范围、值班和交接班要求、值班岗位职责、人员资质要求、值班操作规程等；

② 应明确与值班关联的事件、变更、发布等的汇报与决策机制。

（2）值班计划制订与回顾

① 应根据数据中心管理要求制订值班计划；

② 应定期对值班计划的履行情况进行回顾。

（3）值班任务执行

① 所有值班班次均应明确责任人；

② 应做好值班记录，对于突发事件应及时处理和上报；

③ 当值人员应编制值班总结，汇总和确认值班情况；

④ 应严格执行交接班，明确交接事项。

与事件管理、变更管理等运营保障域其他能力项不同之处在于，这些能力项以事件或变更的工单作为管理载体，值班管理的管理载体更加倾向于人员活动。因此，值班管理在管理颗粒度方面更加依赖所在组织的规模，一个人员数量达到 200 人、设备达到千万台的数据中心，在值班要求、排班安排等方面，与一个数量只有 20 人及几十台服务器的数据中心有着明显的差别。对于前者，由于其业务、系统和环境的复杂性，值班人员往往需要专心于诸如监控告警响应等值班工作；而对于后者，值班人员需要花费时间处理诸如服务请示处理、变更实施等传统意义上的非值班工作。因此，对值班管理范围的划分、活动的识别和要求的制定，将是投入资源与业务稳定平衡的结果。

对于值班管理而言，需要首先明确值班管理的范围、工作职责和注意事项，如哪些岗位需要安排值班、值班人员需要怎么样的资质、值班过程中是否需要有管理层或管理角色参与、有哪些值班操作需要执行、在值班过程中发现异常应该如何处理等。

完成值班策略制定后，在值班实施前需要制订一个值班计划，明确人员排班安排。值班计划应充分考虑人员能力、精力等因素，如是否存在新员工独自值班，每班人员是否具备一个有权限和魄力的管理角色，是否存在连续值班以致人员过度劳累，“双十一”和“春节”等特殊时间段的人员安排是否充足等。

值班的记录和相应的总结工作同样是必不可少的，这是保证可追溯性的一个基本前提，即便当前的业务可用性已经能够达到一个很高的级别。众所周知，一个能够造成重大影响的故障在发生之前往往是有迹可寻的，那么如何在海量信息中找到蛛丝马迹以帮助事件的解决和避免同类事件的发生，一个合格有效的值班记录和总结往往能起到事半功倍的作用。

以上是对值班管理的一个简要说明。下面将以招商银行数据中心（以下简称“招行数据中心”）的值班管理为案例，将值班管理的关键控制点、管理要求、发展历程等做一个简要分享。

5.1 关键控制点

值班管理是招行数据中心的关键能力项之一，是保证高可用性、实现业务稳定运行的保障之一。从早期的值班活动执行到能力项建立及至目前的管理相对成熟，招行数据中心投入大量的资源，历经多次改进。目前，值班管理得以有效运行的关键控制点为值班经理负责制、值班行为的管控和值班工具的支撑。

1. 值班经理负责制

招行数据中心数量庞大的硬件设备和应用系统使得值班人员的数量需要保持在合理的水平，而复杂的业务环境、形形色色的故障异常和不断上线的发布变更又对及时响应、快速处理提出更高的要求。因此，招行数据中心建立“值班经理负责制”，即每天的值班中设置值班经理作为数据中心领导的代表，对整个值班情况进行统筹管理。值班经理拥有相对较高的权限，在现场指挥、管控变更发布、指导故障处理和协调资源等方面，发挥着举足轻重的作用。值班经理负责制成为值班管理有效运行的基础之一。

2. 值班行为的管控

在经过多年的持续改进和宣贯后，招行数据中心值班管理的各项管理已基本成熟，值班人员对此也有一定的认知。为确保值班要求的有效贯彻，尽量避免意外的懈怠行为出现，招行数据中心采用了多项措施予以管控。这些措施包括：

- 值班人员的能力要求；
- 值班经理对值班人员的每日考核；
- 值班审计；
- 防呆短信等。

管控措施的目的是敦促值班人员的行为符合要求，是值班管理有效运行的另一个基础。

3. 值班工具的支撑

招行数据中心以 ITIL 系统为基础建立的值班管理模块作为值班的管理工具。该工具不但具备基础的排班、人员签到签退和值班记录等功能，还可以通过横向打通其他管理模块、纵向连接其他平台的方式，具备值班辅助、当日变更查询和变更授权等功能，为值班管理提供“一站式服务”。

5.2 案例概述

1. 招行数据中心的值班管理现状

招行数据中心自 2013 年启动数据中心服务能力成熟度优化以来，值班管理由一系列的管理要求，逐渐进化成一个有流程经理制定管理要求、有室组经理统筹值班安排、有值班经理管理值班现场、有值班管理员实施值班、有操作员和一线工程师处理故障的相对完整的管理流程。

与业界其他数据中心尤其是中心规模的数据中心相比，招行数据中心的值班管理具备以下特点。

➢ 高层直接参与：值班管理在招行数据中心受到了高层的高度重视。除管理要求的提出外，高级经理还参与管理制度的编撰和修订，以及每日值班工作的实施，从而切实发挥了领导带头作用。

➢ 值班职责较为单一：值班人员在值班过程中，不承担变更实施、故障深度处理等工作，只专注于监控告警的响应、简单故障处置和必要的协调工作。

➢ 有得到落实的值班奖惩机制：通过值班审计，及时关注值班人员行为，而常态化实施的每日考核和月度考核，更是与员工的个人绩效直接挂钩。

➢ 高效的工具支撑：其 ITIL 系统的值班模块集成了值班排班、签到签退、值班工作履行、记录总结、变更授权、日常考核等多项功能，并得到完整的使用。

可以说，招行数据中心的值班管理是一个既简单又复杂的能力项。言其简单，是因为该能力项的工作范围为关注监控系统的监控情况，其管理范围相对简单；而言其复杂，则是因为值班管理更多的是关注业务系统的可用性保障，需要深入了解业务系统的框架及异常的深层原因分析，需要掌握系统、业务等多维度的监控、应急能力，拥有从诸多事件信息中快速找到故障源并迅速解决的能力，从而实现值班管理的目标。

2. 招行数据中心的值班管理发展历程

招行数据中心的值班管理流程，大概经历了 3 个阶段，分别是“有执行，无监管”“有监管、无执行”和“有监管、有执行”。

（1）“有执行，无监管”阶段：2007 年至 2013 年

人员的值班行为作为基本运维操作之一，在招行数据中心的成立伊始便得到了执行。在该阶段，主要的值班行为包括：

- 应用系统监控与响应；
- 变更的准备与执行；
- 值班期间发现异常和故障处理；
- 机房巡检。

这个阶段的招行数据中心限于业务、流程及人员状况，其值班管理停留在值班行为的执行，仅形成了初步的管理规范，需要相关人员依靠个人经验落实值班活动。对于值班期间的这些工作，只能做到“各管一摊、各司其职”的程度，即不同的值班行为由不同的人员负责和管理。

起初，这种分工与值班方式尚能满足招行数据中心的需求。但随着招行业务的快速发展和扩大，应用系统越来越复杂、交易量快速增长、业务不停调整和扩大等情况使得招行数据中心的值班管理有待提升。经过讨论和总结，招行数据中心认为当前的值班管理有以下缺点。

- 值班职责多而复杂：值班人员的工作职责过多，同时需要处理的事情复杂而容易转移人员的注意力。基于“运维无小事”的原因，每一项工作的优先级又差不多，导致值班人员处于手忙脚乱之中，真正需要关注的值班工作如告警响应反而常常无法第一时间做到，结果事倍功半。
- 值班现场缺乏权威：由于高级经理不实施值班，一旦出现事件，尤其是可用性下降，或者跨室组的重大事件，需要层层汇报审批，大量的时间花费在沟通过程中。

有鉴于此，招行数据中心对值班管理进行了大刀阔斧的改革，从而使值班管理进入了第二阶段。

（2）“有监管，无执行”阶段：2013 年至 2015 年

“工欲善其事，必先利其器”，如果要提升值班管理的效率和效果，招行数据中心做的第一件事即为对人员职责的重新划分。在数据中心高层中，安排了一位领导全程负责值班管理的管理与改进，该领导对值班管理进行了大幅度调整，具体如下。

➢ 重新划分值班管理的范围：大幅精简值班管理工作内容，将值班管理原有的变更实施、巡检、故障处理等工作内容统一交由其他流程或人员执行，值班人员专司监控响应。

➢ 人员职责全面调整：建立值班经理和值班管理员的管理机制，同时明确了招行数据中心领导、各室组负责人、一线工程师、操作员和变更实施等人员在值班管理中需要承担的职责。

➢ 细化值班管理的各项要求：包括告警响应时长、应急处理流程、值班行为规范、签到和签退等值班全流程的要求。

➢ 加强 ITIL 系统对值班管理的支撑：遵从招行数据中心“构建监、管、控一体化的综合运维支撑平台”的思路，在 ITIL 平台中不断深化值班管理模块对值班管理的支撑作用。

经过一系列的调整，值班管理初见成效，一开始确实带来值班效率和效果的大幅度提升。但随着时间的推移，值班管理进入稳定期后，各值班人员不可避免地进入懈怠期，出现诸如值班人员又开始实施变更、专注力无法长时间保持、人员长时间离岗等相关问题。而对应监督和考核机制的不够成熟，使得对于这些问题的纠正一直无法有效落地。

基于持续改进的思路，相关领导决定通过加强监督手段，保持值班管理的稳定性。

（3）“有监管、有执行”阶段：2015 年至今

这个阶段的值班管理，其管理框架和整体要求已基本成熟，更需要关注的是管理细节的调整和执行层面的落实。值班管理负责人采取了两手抓的方式，一方面抓管理细节，并为此制定相应的管理细则和奖惩规则；另一方面抓落地，通过值班审计等方式，确认值班行为符合要求。下面将对调整后的值班管理进行详细说明。

到目前为止，招行数据中心的值班管理整体上管理细致，相关要求执行较为到位，值班取得良好效果。在 2016 年 12 月的成熟度评价中，招行数据中心值班管理能力项获得了 4.58 分的高分，受到评价专家的一致好评。

可以说，招行数据中心值班管理所取得的成果，离不开值班管理的“三驾马车”：“要求”“审计”与“考核”。

5.3 管理要求

1. 角色和职责

招行数据中心在值班管理能力项中的角色分为直接参与角色和间接参与角色，其中直接参与角色包括值班经理和值班管理员，而间接参与角色则包括了中心领导、各室组负责人、值班流程经理、一线工程师、操作员等。这是决定直接或是间接参与角色的判定条件，人员的当班地点是否为值班间，且该人员是否只从事监控响应等相关工作。

招行数据中心值班管理架构如图 5-1 所示。

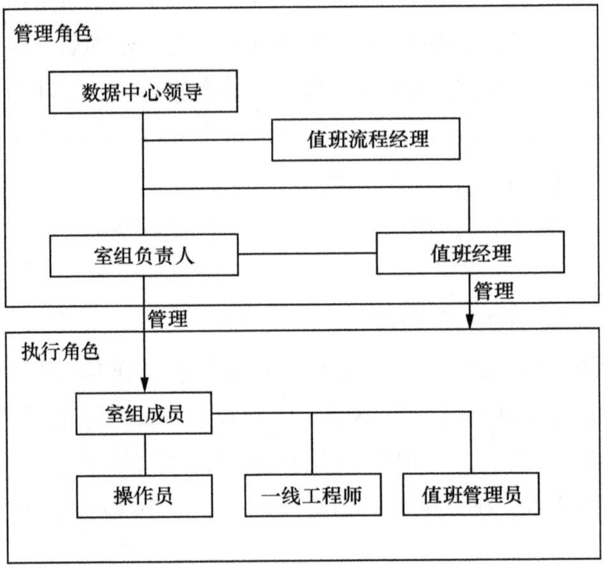

图 5-1　招行数据中心值班管理角色架构

具体的描述详见表 5-1。

除值班管理员和值班经理外，涉及的间接参与角色还包括以下人员。

① 中心领导：协调资源，监督值班管理的有效运行。

② 值班流程经理：

表 5-1　招行数据中心值班经理与值班管理员职责说明

角色	角色定位	职责说明
值班经理	值班经理作为数据中心领导的代言人，负责每日现场值班管理员团队的协调、管理	1. 现场指挥，管控当天变更安排，控制变更风险 按照通用应急处置流程指挥值班间的所有一二线值班人员执行突发事件的应急处理，审视是否变更引发，判定事件性质，决策是否升级，协调资源快速处理； 2. 及时向领导反馈故障情况 在现场资源无法满足的情况下，要求各室组经理协调资源参与处理； 3. 对于非数据中心的资源，请求数据中心领导协调 负责值班间的场地管理，对值班人员参与变更或其他维护配合进行约束，确保值班工作不受非监控或事件处置人员的干扰，保证值班间的相对独立； 4. 负责现场值班人员的管理工作，每天对所有值班管理员进行考核
值班管理员	值班管理员作为各平台团队的现场代表，负责平台的每日系统监控和应急处置	1. 对平台所辖范围内的系统依据规范要求进行监控，及时发现应急突发状况； 2. 依据通用应急处置流程执行事件的处置，审视是否有相关变更，检查本平台的健康情况，请求或协助其他平台人员定位故障； 3. 以平台责任人身份协调团队内部资源及开发资源参与处理

a. 值班管理流程的设计、实施、培训和指导；

b. 监督、回顾值班流程的执行情况，并对值班流程进行整体的质量控制；

c. 收集值班流程的运行信息，发现流程存在的问题，提出流程的改进建议，制订并落实流程改进计划；

d. 制定值班流程的审计制度，并组织落实；

e. 制定值班流程的考核规则，并组织落实。

③ 室组负责人：

a. 组成值班经理候选列表；

b. 安排本室组值班管理员工作；

c. 对室组值班人员进行考核。

④ 一线工程师：

a. 负责系统健康检查；

b. 负责晚间应急事件处理；

c. 与值班经理进行跟踪事项的交接。

⑤ 操作员：执行日常值班工作，如监控、批量处理、备份等。

⑥ 变更实施人员：

a. 向值班人员申报当天的变更情况；

b. 在获得值班经理确认后，在值班管理员的协助下实施变更。

2. 过程环节

招行数据中心的值班管理分为值班准备、值班实施和值班签退 3 个阶段，各阶段的主要工作如图 5-2 所示。

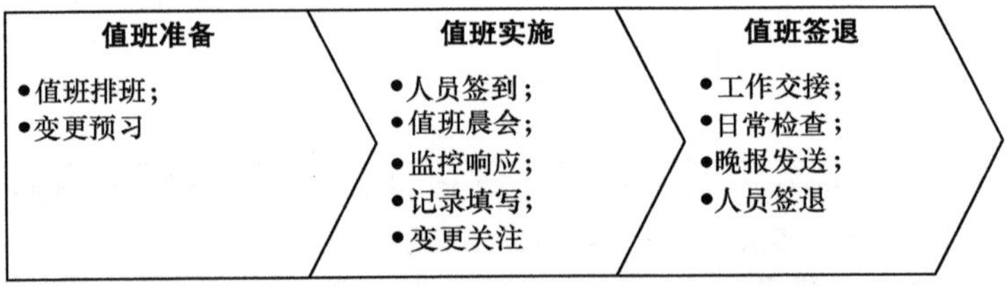

图 5-2 招行数据中心值班管理主要环节简述

（1）值班准备

➢ 人员排班：每月月底前，各室组需要自行安排下个月的本室组人员排班，并通过 ITIL 系统值班模块提交至系统中。

➢ 排班提醒：人员值班前一天及当天，ITIL 系统通过短信、邮件等形式提醒值班人员。

➢ 值班当日变更预习：值班管理员需要在值班实施之前，提前对当天计划实施的变更进行查阅，了解变更的数量、涉及系统、实施人员等相关信息，做到心中有数。另外，值班管理员还需要对前一天本室组变更进行回顾，并确认前一天的巡检记录。

（2）值班实施

➢ 值班人员签到：值班经理和值班管理员通过 ITIL 系统完成签到。

➢ 值班晨会：当日值班经理召开值班晨会，上日值班经理和值班管理员参会。晨会中将对上日的值班情况进行回顾，并对当日的计划变更逐条检视。

➢ 简要巡岗：上、下午及晚间各一次，值班经理了解各值班管理员是否存在异常和需要协调资源的地方。

➢ 发送上午总结：值班经理在每日的中午，通过 ITIL 系统发送上午值班总结。

➢ 变更协调会：值班经理每日傍晚召开变更协调会，再次确认当天需要实施的变更，以及计划外临时增加的变更情况。

（3）值班签退

➢ 一线工程师签到：值夜班的一线工程师通过 ITIL 系统签到。

➢ 工作交接：一线工程师与值班经理和值班管理员完成值班工作的交接。

➢ 值班晚会：值班管理员确认当天的事件发生情况、系统运行情况和变更实施情况，对相关系统进行健康检查后，向值班经理汇报当天运行的整体情况。

➢ 发送值班晚报：值班管理员总结自己当天的值班情况，编辑值班晚报并发至本室组。值班经理总结当天整体的值班情况，编辑值班晚报并发至招行数据中心领导。

➢ 值班管理员和值班经理签退：完成值班晚报的发送后，在确认相关工作已经交接完毕且无异常的情况下，值班经理与值班管理员完成签退。

➢ 一线工程师日常检查：一线工程师在值班过程中，根据 ITIL 派生的日常检查工作单，进行日常检查并登记。

➢ 一线工程师签退：一线工程师完成日常检查工作后，在确认无异常的情况下，完成签退。

3. 值班管理的触发、输入与输出

（1）触发

招行数据中心的值班管理作为日常运维的标准流程之一，不需要额外触发即可实现能力项的常态化运行。值班管理的各项活动是按照规定的时间开始实施，时间即为值班各项活动的触发。

（2）输入

值班管理的输入为招行数据中心对业务稳定、异常及时响应和处理的需求。

（3）输出

值班管理的输出为值班工单、值班总结、值班早报、值班晚报、相应的异

常响应记录、值班人员日常考核结果和必要的知识、问题。

4. 能力项接口

值班管理作为运营保障域中的前沿能力项，与多个能力项有着直接的接口。招行数据中心的值班管理与其他能力项的接口关系如图 5-3 所示。

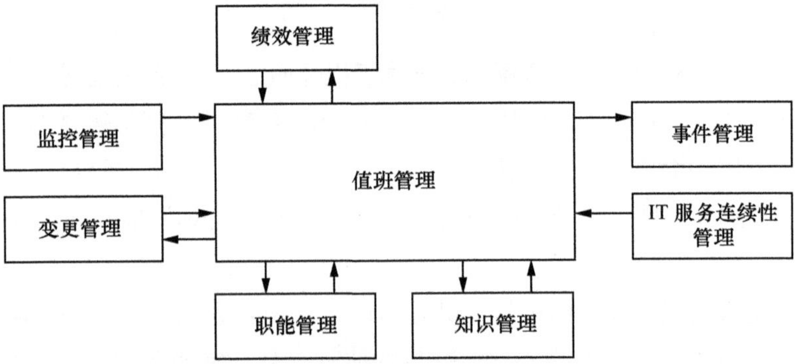

图 5-3　招行数据中心值班管理能力项接口

（1）监控管理

监控管理是值班管理的主要输入。当前值班人员通过监控系统，对应用系统、网络、数据库等多项内容实时关注，确保异常在第一时间被发现和响应。

（2）变更管理

值班人员的一个重要职责在于对变更的关注和授权。值班过程中，值班人员涉及变更的工作包括获取变更申报、确认变更信息并授权、跟踪变更实施和协助变更异常处理等。

（3）事件管理

值班过程中，值班人员发现异常，且异常符合事件的定义时，即按照事件管理能力项既定的流程执行相应的操作。

（4）IT 服务连续性管理

当值班人员发现的异常较为严重时，将按照已经制定的应急预案启动相应的应急处理流程。

（5）绩效管理

值班管理的考核分为每日考核、月度考核和年度考核。其中每日考核和月度考核的结果将直接影响值班人员在招行数据中心的月度绩效，而年度考核也将直接影响该名员工的年度绩效。

同时，值班管理也设置了相应的奖励措施。对于及时发现异常，并在故障处理过程中发挥积极且重要作用的员工，将直接给予奖励。

（6）知识管理

招行数据中心对于值班经理和值班管理员的要求非常严格。必须经过相应的培训，且具备足够的经验后才能独立承担相应的值班任务。因此，无论是各室组自身，还是中心层面都在 ITIL 系统的知识库中总结了相应的应知应会知识，并在知识共享平台中出具了对应的应知应会考题。完成应知应会知识的学习和通过应知应会考试，是担任值班管理员的必要条件。

5. 其他管理要求或控制点

除了上述对于值班管理过程的要求和设置外，为了进一步提升值班效率，规范维护操作流程，招行数据中心制定了很多细化的管理要求，具体如下。

（1）针对值班经理的要求

➢ 值班经理在故障处置过程中，不参与具体操作，而是组织协调，做好调度。

➢ 所有人员在值班时间内进入设备机房，都需要向值班经理报告。变更，尤其是重大变更实施前，值班经理应掌握相关信息。

➢ 故障处置过程中不建议非应急处置人员进入机房，值班经理应做好这方面的协调工作，安排人员进行清场，有序组织开发团队进入机房协助故障处置。数据中心其他人员均需要遵从值班经理安排。

（2）针对值班管理员的要求

➢ 值班管理员作为平台代表，其承担的不仅仅是监控，还有在突发情况下组织室组内部资源和开发资源的义务，不能推诿，可以请操作员、服务台协助，但其责任不会因此转移。

➢ 值班人员在处置突发事件时，必须实时查看是否有变更正在发生或不久前实施完成，故障往往是由变更导致的。

➢ 值班期间，值班管理员必须专注于值班工作，杜绝其他事项的干扰，如长时间玩手机、与他人讨论技术方案等。

➢ 故障处置过程中，应充分利用现有工具，快速定位故障所在模块，通过边界成功率等要素，保障相邻平台室组的健康。

> 由于值班管理员不得在值班期间实施变更，所以部分人员会在值班签退后和变更窗口关闭前的时间段内实施非重要变更。

（3）其他管理要求

➢ 值班人员在收到防呆短信后，应在 15 分钟内将短信中的验证码输入系统。

➢ 异常处理实施首问负责制，即对于异常等突发情况，发现人需要全程跟进处理情况，直至解决。

➢ 值班管理员离开值班间超过 15 分钟的，需要进行离岗登记，并向值班经理报告；超过 30 分钟的，需要安排代理人顶岗。

➢ 在晚餐时段及周末节假日的午餐时段，值班管理员与值班经理应轮流就餐，以使值班工位的人数不少于 4 人。

5.4 值班审计

2015 年，招行数据中心的值班管理改进的重要成果之一为建立值班审计制度。值班审计作为提升值班效率和规范值班行为的关键手段，在实施伊始便取得了明确成效。

1. 审计关注点

值班审计主要关注如下问题：

➢ 值班人员长时间离开岗位未登记；

➢ 员工在岗，但未专注于值班相关工作，包括但不限于长时间使用手机、与非值班人员或其他值班人员长时间的沟通交流等；

➢ 值班经理未对员工异常状态进行有效的督导；

➢ 值班流程的关键活动未执行，或相关记录未完成。

2. 审计方式

值班审计分为监控录像审计和值班现场审计两种方式。其中，前者通过对值班间的监控录像的不定期抽查，发现值班违规；而后者则通过审计人员不定时的去现场检查来实现。

3. 审计发现通报、处罚和整改

审计发现违规情况时，将采取以下措施：

➢ 纳入审计报告；

➢ 向违规人员的室组负责人通报，必要或严重时将在全中心通报；

➢ 按照考核规则，对违规人员进行相应的处罚；

➢ 在 ITIL 系统中予以记录，并关联绩效考核系统，在个人的月度考核中予以体现；

➢ 必要时，在当月的流程管理月报中予以记录，并按照持续改进管理流程实施改进。

5.5 值班考核

为有效规范中心的值班行为，减少值班违规情况，招行数据中心制定了较为详细的奖惩制度。在对违规行为进行考核降低出错率或直接罚款的同时，将所罚款项纳入奖金池中，作为表现突出的值班人员的奖励。

在进行值班管理的说明前，先对招行数据中心的员工考核进行说明。与值班管理关联较大的考核为值班每日考核、员工月度考核和员工年度考核，且每类考核的结果均分为“优秀”“良好”“一般”和“差”。如果员工的考核结果为“一般”，将面临经济的处罚。若某位员工连续两个月的考核结果为“差”，该员工将被诫勉谈话。员工月度考核指标和年度考核指标的评选有多个标准，值班管理的考核是其中重要的组成部分。

值班管理所独有的值班每日考核，为值班经理对当天的值班管理员的考核，值班管理员也可通过匿名的形式，对值班经理进行评价。

1. 考核奖励

每季度对督导情况良好的值班经理进行评选，择优奖励一个“优秀”的员工月度考核指标或现金奖金。

对于值班管理员，如果积极参与事件处置，先于故障原因团队找到故障原因并协助解决的，择优选择一位员工，将其月度考核指标奖励为“优秀”，或直接给予现金奖励。

2. 考核惩罚

（1）月度考核

招行数据中心将违规的惩罚分为三级，分别为当月考核结果不得为“优秀”，当月考核结果直接为“一般”和直接罚款。针对值班的不同角色，其处罚条件也不同。为了督促各室组负责人对本室组值班人员的管理，值班管理对各室组负责人也制定了相应的处罚措施，当本室组所有值班人员的违规次数合计达到一定数量时，当月室组负责人的绩效直接降级。

（2）年度考核

值班考核的结果对员工年度考核有着明显的影响。无论是值班经理、值班管理管理员还是室组负责人，如果年内出现重大问题的次数累积达到一定数量时，年度绩效将会降级。

值班管理考核在刚开始考核尤其是管理要求新修订时，曾引发很大的争议。但随着领导的力排众议和强制推行，慢慢大家也就接受这个设定，可以说，值班考核作为值班管理“三驾马车”的最后一环，在确保值班管理的权威性、有效性方面发挥着非常重要的作用。

5.6 值班管理工具简介

经过多年的持续优化，当前 ITIL 系统的值班模块具备了支撑值班管理活动的基本功能和落实细化管理要求的扩展功能。其中前者涵盖了值班流程的各个关键环节，后者针对管理细则、审计和考核等方面进行了深入。

1. 基本功能

值班管理模块的基本功能包括值班排班、人员签到签退、值班记录和值班查询，具体的说明如下。

（1）值班排班

值班模块可以使各室组和团队负责人很方便地提交下月的排班计划，且支持在值班实施两天前完成排班调整，以应对突发情况。

（2）人员签到签退

值班人员需要登录ITIL系统，点击相应的“签到”和“签退”按键，以实现相应的签到和签退工作。虽然招行数据中心没有对登录地点做限制，但一直以来人员的素质确保了签到签退行为与实际相符。

（3）值班记录

招行数据中心的值班记录包括了值班早报、值班晚报和值班总结等，均需要在ITIL系统中填写。值班记录的内容包括是否存在异常及异常的处理方式、当天变更的实施情况、系统的健康检查结果等。由于值班管理的常态化运行，相关记录已经具备了成熟的模板，填写人员可以快速完成相关记录。

另外，ITIL系统也能够在值班记录完成后，自动发给相关人员。

（4）值班查询

值班模块的查询功能除了能够查询值班排班情况和值班历史记录外，还可以查询机房进出工单、一线工程师值班情况、服务台值班情况等内容。

2. 扩展功能

除了基本功能外，为提升值班效率，方便值班人员及时了解值班现状，招行数据中心对值班模块进行了大量的优化。其中除了短信、邮件等通知外，大量相关信息的快速获取，为值班人员提供了便利。

（1）值班辅助

值班辅助是值班模块的一个子模块，在模块中可以通过点击“一键查询”到以下内容：

① 前一日早某时到当日早某时的变更实施；

② 当日早某时到明日早某时的变更计划；

③ 当日早某时到明日早某时的外联单位的变更计划；

④ 各室组的变更实施情况实时查询；

⑤ 近期天气，尤其是灾难性天气预报；

⑥ 近期重大和重要变更；

⑦ 前置变更登记和查询；

⑧ 部分值班辅助手册和操作手册。

对于值班管理员，可以一键查询到本室组前一日早某时至当日早某时的手工登记（数据中心部分事件可由系统自动生成）或解决的事件情况。值班经理能够查询到全中心的事件情况，并能够给所有值班人员群发短信，临时召集会议或通知相关事宜。

（2）加强的短信通知

除事件发生时会通过短信告知值班人员外，招行数据中心还对短信通知功能进行了强化，具体如下。

a. 值班前提醒。ITIL 系统会在值班前一天及值班当天短信提醒值班人员，防止遗忘。

b. 防呆短信。值班实施过程中，系统会随机自动发送防呆短信，并要求值班人员在一定的时间内将短信中包含的验证码填入系统，以保持值班人员的注意力。

（3）值班管理考核结果录入

值班流程经理以及值班审计人员能够将值班审计的结果等信息直接录入系统，并每月自动生成月度考核结果，发送至相关领导和人员。

5.7 后续改进

能力项的持续改进是一个长期的过程。经过多年的发展，招行数据中心的值班管理在整体框架和管理要求层面已经相对成熟。下一步的改进将主要围绕执行层面，具体如下。

1. 减少仍存在的长时间离岗

值班人员由于突发情况需要紧急离岗时，有时会出现因突发情况的未预期性而造成返岗超时——尽管这并不是有意为之，但确实造成了长时间离岗情况。

对此，招行数据中心计划采取的措施包括：

① 在加强培训和督导的同时，进一步提升值班人员的意识；

② 进一步提升同班其他人员的代班能力；

③ 通过工具的提醒和通知功能，实现自动安排人员代岗。

2. 减少当班期间处理非值班工作情况

尽管反复强调值班期间不应处理非值班工作，但有些室组的值班人员在处理监控告警的间隙，仍然会处理本室组的非值班工作。对此，招行数据中心计划采取的措施包括：

① 通过宣导，明确值班的管理要求；

② 落实以结果为导向的考核机制，对于因未及时响应告警造成的异常，进一步细化处罚措施。

经过反复研讨，招行数据中心认为原则上虽然不应处理非值班工作，但如果这些室组告警数量确实较少，在能够保证值班工作效率的前提下，允许适当处理非值班工作。

5.8 小结

以上是对招行数据中心值班管理的一个简要介绍。

通过“要求”“审计”“考核”的“三驾马车”式管理，值班行为得到了明显改善，具体表现如下。

① 当班人员不再处理与值班工作无关的事宜，监控告警的平均响应时间已经小于 3 分钟。

② 故障发生时，各司其职，有效配合。在故障得到快速响应和处理的同时，监控与值班照常运行，不至于手忙脚乱。

③ 变更得到有效监管，基本避免了非授权变更、非窗口变更等违规行为。

④ 移动化值班换行，使得值班工作变得更加灵活。

当然，管理如逆水行舟，不进则退。值班管理作为运营保障的一个重要入口，对其的投入和关注是需要持之以恒的。

第6章

服务请求管理——国家开发银行信息科技局数据运行中心

一般而言，服务请求是指由用户发起的，请求提供信息、建议、访问某个服务或预先核准的变更，主要包括向用户提交的现场技术支持、业务数据提取、用户信息变更、信息咨询等。服务请求通常具有低风险、频繁发生、低成本等特征。

服务请求管理的目标

为接收用户请求和标准服务提供渠道，向用户提供信息，处理事项。

服务请求管理的概念引自 ISO20000 标准和 ITIL 最佳实践——服务请求管理是一个管理服务请求全生命周期的流程。全生命周期意味着除了服务请求的提交、实施、验证和回顾外，还需要明确服务请求的实施策略、范围、流程和必要的工具支撑等范畴。

当前有不少组织是按照 ISO20000 的标准，将事件和服务请求设计成了一个流程，在工具中也设计成了一个模块，在处理环节中予以区分。从 ISO20000 标准的角度上看，这样的方法是可行的。但从成熟度的角度看，事件管理和服务请求管理在目标、关键活动、管理要求以及度量方法等方面均存在着明显的差别，建议分为两个流程。

服务请求管理的关键活动与管理要求

（1）服务请求记录

① 应接受来自用户的服务请求，并记录相关信息；

② 应对服务请求进行确认，判断是否履行此服务请求。

（2）服务请求履行

① 应有明确的服务请求分类分级定义、处理时限和升级规则；

② 应履行服务请求，执行相应的响应、处理、升级等活动；

③ 应监督、监控服务请求处理进展，并根据需要协调解决。

（3）服务请求回顾与关闭

① 应明确服务请求关闭规则；

② 服务请求履行完毕应与用户确认；

③ 定期回顾、更新服务请求列表并告知用户；
④ 对服务请求进行用户满意度调查。

服务请求管理在运转之前，需要有一个清晰明确的管理策略，明确服务请求范围、人员职责、服务请求优先级、处理时限、处理状态、处理方式、关闭代码等要求。其中，服务请求范围往往与服务目录挂钩。在当前服务请求管理工具得到广泛应用的前提下，在服务请求单建单界面，将服务目录进行整合是一个不错的方法。

另外，服务请求优先级划分是需要反复讨论以达到平衡的。对于很多组织而言，优先级的划分离不开服务请求发起人、影响程度、范围、需求解决时间等信息，而优先级又直接影响了服务请求的响应和处理时限。这样在服务请求处理人员不足时，会导致影响用户感受的情况发生，如某普通员工提出的某系统普通权限的申请，按照优先级划分规则，该服务请求的优先级一般较低，处理时限要求较长，因此处理人员往往会优先处理其他优先级更高的请求。但对该员工而言，在未获得权限的时间内，他将无法正常开展工作——这将极大地影响个人感受。

在服务请求履行阶段，由于服务请求管理工具的普及，相关记录一般可以得到有效保存，但有以下两点需要持续关注。

① 记录描述的完整性和规范性：组织需要采取一定的措施，如服务请求审计等，以保证记录准确反映出申请人的需求和请求处理过程。

② 记录更新的及时性：服务请求处理完成后，及时更新并关闭请求记录。

当前，随着自动化水平的不断提高，越来越多的服务请求能够实现“自动”交付，从而提升效率。

服务请求当前普遍存在的一个问题是，如何保证用户对服务请求履行的满意度反馈的准确性。我们曾多次遇到用户碍于情面，尽管实际并不满意但仍反馈“满意”的情况。现在一些组织采取了匿名评价的方式，已经取得了一定的效果。

以上是对服务请求关键控制点的简单介绍。这个能力项的流程本身并不复杂，但由于直接面对不同的用户，很多时候如何有效管理以提升客户满意度，仍是一个较为复杂的过程。

下面将以国家开发银行信息科技局数据运行中心（以下简称“国开行数据中心”）的服务请求管理为案例，对管理要求、发展历程和关键控制点做简要分享。

6.1 案例概述

国开行的服务请求管理自 2014 年开始实施以来，随着一系列管理要求的升级，以及 ISO/IEC20000 信息技术服务管理体系的建设运行，逐渐形成了一个依托国开行 IT 统一服务平台（ITService），由数据中心牵头，各相关提供服务处室共同协作模式展开工作。

6.2 管理要求

1. 角色与职责

根据服务请求管理工作内容，服务请求管理的角色可以分为服务请求流程经理、服务请求受理岗、服务请求处理岗和服务请求审批岗角色，如图 6-1 所示。具体的描述见表 6-1。

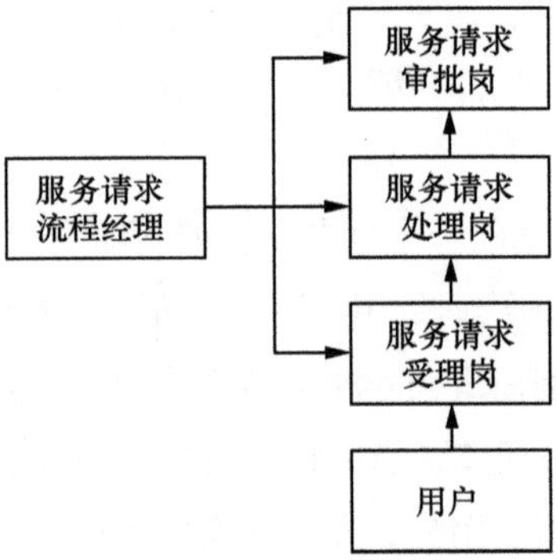

图 6-1　国开行服务请求角色

表 6-1 国开行服务请求角色职责说明

角色	角色定位	职责说明
服务请求流程经理	负责服务请求流程的设计、监督等工作	1. 负责设计和改进本实施文档及相关附件，督促信息科技局数据运行中心员工执行并跟踪执行效果； 2. 负责对规程执行过程中发现的问题，提出改进建议，制订并落实改进计划； 3. 每月完成服务请求流程经理报告，对完成情况进行分析； 4. 定期收集用户需求，并根据工单实际情况发出调整服务目录，并面向所有用户发布
服务请求受理岗	负责接受服务请求，进行服务请求的初步分析和受理	1. 受理用户通过电话或者 Web 自助服务台等方式提交服务请求； 2. 针对故障或者异常，创建事件记录； 3. 根据服务请求的内容，检查申请资料的完整性，并进行合理的工单转派； 4. 处理所辖范围内的服务请求； 5. 与客户沟通，验证服务请求的处理结果
服务请求处理岗	负责提交审批申请和处理服务请求等	1. 根据服务请求内容，按需提交服务请求审批； 2. 对于未通过审批的服务请求申请，调整服务请求处理的脚本；或者根据审批意见，要求用户补充相关服务请求手续； 3. 处理审批核准的服务请求，对于不能及时解决或者需要更多资源进行处理的服务请求，及时提醒管理升级或者技术升级 注： 1. 技术升级是指因当前处理人员缺乏知识或专门的技术，或可能超出按协议所规定的解决时间，需要将服务请求转移到具备相关能力的人员受理； 2. 管理升级是指当一个服务请求预计不能在服务级别约定时间内被解决，或服务请求解决带来不满意，或超出服务请求处理预定范围，该服务请求的管理关注度升高，服务请求处理人员将服务请求转到具有更高管理职责和相应资源的人员或部门，及时组织资源协同解决
服务请求审批岗	负责核准提交的服务请求申请	审核审批服务请求申请，包括服务请求处理脚本可行性、服务请求业务审批手续完整性等

2. 分类分级及时限规则

服务请求的服务目录分为三级，一级服务目录为 IT 统一服务平台、村镇银行应用系统类、机房服务、基础环境、监管报送服务、生产调度与灾备管理服务、数据仓库服务、通信视频类服务、网络维护类服务、虚拟化访问控制平台、应用系统类、桌面终端类服务、资产服务共 13 类；二级、三级服务目录作为一级目录的功能细分，当前分为 60 项二级目录及 559 项三级目录。

根据服务请求目录的重要程度、服务实施的难易程度、审批环节跨度等为各底层服务目录（三级目录）设立了不同的时限规则，当前分为工作日响应时限 / 非工作日响应时限、解决时间上限（不更换硬件）/ 解决时间上限（更换硬件）、对应服务处室提供服务起始时间 / 结束时间。

3. 服务请求管理的触发、输入与输出

（1）触发

国开行服务请求的触发为用户提交的服务请求。一般而言，服务请求的来源包括：

- 用户通过电话提交的服务请求；
- 用户通过自助服务、工作台提交的服务请求；
- 用户通过函件提交的服务请求。

（2）输入

输入根据用户的要求会生成服务请求工单，并设置相应条件。

（3）输出

输出根据工单的执行情况，会生成处理结果或转派为问题工单、投诉工单、建议工单等相关联工单。

4. 过程环节

服务请求管理生命周期指服务请求从申请、受理、审批、处理到回顾和关闭的管理过程。

国开行服务请求管理流程如图 6-2 所示。

（1）服务请求申请阶段

- 用户通过电话或者 Web 自助服务台等方式提交服务请求；
- 对于申请手续不完整的服务请求，需由用户补充相关材料后再次提交。

（2）服务请求受理阶段

- 服务请求受理角色受理服务请求；

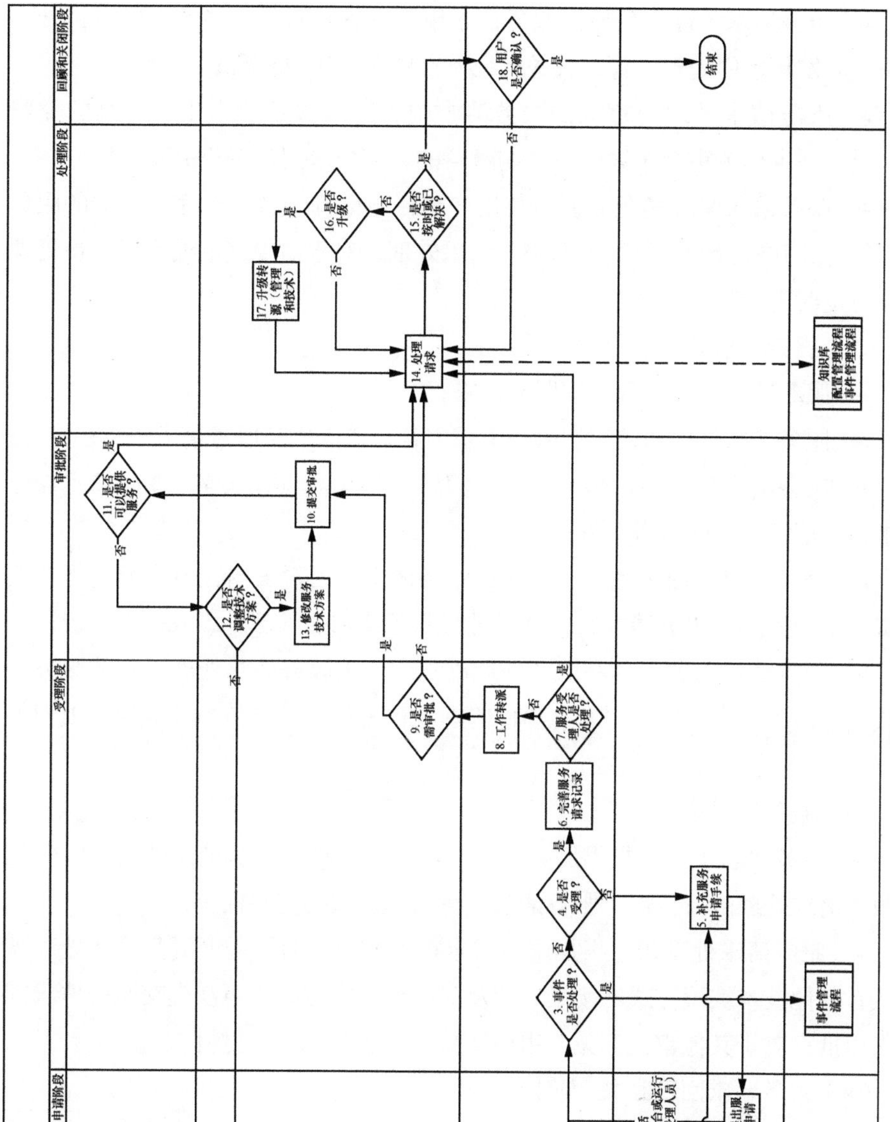

图 6-2 国开行服务请求管理流程

➢ 服务请求受理角色检查服务请求申请内容，对于故障等异常类型处理申请，应发起事件处理流程，并关闭已发起的服务请求流程；

➢ 服务请求受理角色根据服务请求内容检查服务请求申请手续的完整性，对于缺少相关审批手续或者证明材料的，应要求用户补充完整；

➢ 服务请求受理角色必要时与用户进行电话沟通，补充完整相关的服务请求信息，并进行所辖范围内的服务请求处理，对于需要其他处室或人员处理的，应及时进行工作转派。

（3）服务请求处理阶段

➢ 服务请求处理角色处理服务请求；

➢ 服务请求处理角色根据服务请求内容，按需提交服务请求审批；

➢ 服务请求处理角色参考知识库信息、配置管理信息等，按照技术操作要求，处理经核准的服务请求；

➢ 服务请求处理角色对于不能在服务请求处理时限内完成，或者需要其他资源配合完成的服务请求，应及时进行服务请求的管理升级或技术升级；

➢ 服务请求处理角色在服务处理过程中，因服务请求处理引起的服务中断或其他服务异常，应及时转至事件管理流程进行处理，待事件流程反馈相关信息后，继续进行服务请求处理工作。

（4）服务请求审批阶段

➢ 服务请求审批人根据服务请求申请内容，核准服务请求的可行性，包括服务请求处理的可行性、服务请求申请审批手续的完整性等；

➢ 服务请求处理角色根据服务请求审批意见，对于需要调整服务处理脚本或者其他技术实现方式的场景，应及时调整技术方案，再次提交服务请求审批人审批；对于其他审批意见，用户视情况要求补充相关材料。

（5）服务请求回顾和关闭阶段

➢ 服务请求受理角色根据服务请求处理情况，与用户沟通验证，对于没有得到用户确认或认可的处理结果，需转派给当前服务请求处理角色；

➢ 服务请求受理角色针对经过用户确认的服务请求，根据业务管理要求，与用户沟通核实其对服务处理过程的满意程度；

➢ 完善服务请求处理记录信息，并关闭服务请求流程。

6.3 考核与审计

服务请求能力项在成熟度各能力项中是服务用户范围最广，与用户日常工作结合最为紧密的能力项。作为 IT 对外提供服务的窗口，尤其是一线工程师经常要为用户提供上门服务。对于各项指标的考核，不仅要求技术能力，响应时间、实施时间、服务满意率等也会作为重要的衡量指标。

服务请求流程考核指标主要有服务请求按时响应率（目标值≥ 90%）、服务请求按时解决率（目标值≥ 90%）及服务满意率。

服务请求流程经理每月月初会根据上月服务请求执行情况撰写流程经理报告，并于每月月初在中心领导主持召开的流程经理会议上进行汇报，会后将报告情况及领导指示通过 EP 子站公告板公开发布。

流程经理报告主要关注 KPI 指标（包含服务请求按时响应率和服务请求按时解决率）、服务满意率、服务请求总体数量统计、服务请求部分来源数量统计、服务请求一级分类统计、服务请求各服务团队处理数量统计、按时解决率分部门统计、不满意工单具体事项分析及总体执行情况总结等若干方面。

流程经理报告作为本流程重要的考核依据，报告内指出的所有不合规情况都会具体到提供服务处室、底层服务目录负责人、具体工单经办人，并限期进行整改。要求整改情况反馈流程经理及中心领导，重点问题要进行通报。

每年运行中心会组织全体处室进行一次内审，联合第三方机构进行一次外审。需要整改项会在全中心通报，并限期完成整改。

6.4 管理工具

国开行数据中心的服务请求依托 IT 统一服务平台为工具，利用工单形式完成服务请求的处理，目前已形成了完善的服务目录、完整的处理流程、完备的知识库，可解决用户日常工作中所遇到的绝大部分 IT 问题。

服务请求工单具备以下要素：

① 服务说明应包括请求事项概述、响应时限、处理时限；

② 请求人信息应包括姓名、部门、联系方式等；

③ 服务请求信息应包括来源、服务目录、预约时间、模板、请求事项描述；

④ 处理信息应包括处理过程与解决方案过程记录、时间记录；

⑤ 附件上传下载、操作日志；

⑥ 处理记录日志；

⑦ 关联工单链接；

⑧ 流程图。

6.5 不足与改进

现在数据中心服务请求管理流程虽然相比以前取得了长足的进步，但是依旧存在着一些不足。

1. 未及时响应工单和未及时处理工单

虽然目前服务请求的按时响应率和按时解决率可以完成规定指标，但是依旧对各服务团队提出高标准的严格要求，争取做到有单必应和按时完成。

通过追踪超时工单发现，不能按时响应的情况主要是由于人员未能接收到工单通知。

对此，通过设立 AB 角的方式扩展了响应工单的人员范围；下一步，寻求利用更先进的技术手段解决此问题，比如深度结合移动工作台等。

处理不及时的情况很多时候是由于审批环节多、需送审材料多、需协调部门多等。

对此，数据中心会结合实际工作情况，广泛征求用户意见，优化审批处理环节。

2. 部分用户对于工单满意度评价不高

满意度评价一直是服务请求管理中重要的指标，对于用户不满意的工单，将逐条进行分析，挖掘不满意原因，责令相关团队整改。

3. 用户反映服务目录专业性太强、新建工单不智能

对于用户来说，最省力的方式就是通过简洁明了的目录，填写最少的信息就可以建立工单解决问题。而实际情况中，有用户反映服务目录专业性太强，缺少解释说明，建立工单时无法根据对应目录生成标准化模板，还需要多沟通。

下一步，数据中心将组织各处室对服务目录的分类、名称、解释说明等做出更合理的改进，广泛征求用户意见，对工单功能进行改进，帮助用户更好地使用。

6.6 小结

以上是对国开行数据中心服务请求管理各方面情况的一个简要介绍。随着国开行科技水平的持续提高，用户对于信息科技的依赖程度以及对服务水平的要求也会随之提高，这就对数据中心提出了更高的要求。因此，国开行将会以更严谨的态度、更科学化的管理手段来提高自身水平，从而为用户服务。

第7章

事件管理——中国农业银行数据中心

事件管理是当前业界最熟悉、应用最广泛的能力项之一。很多组织早在应用ISO20000标准和ITIL最佳实践之前，就已经建立了故障处理机制。经过多年的优化和改进，事件管理往往能够成为很多组织成熟度最高的流程。尽管组织的事件管理基本上能够有效运转，但从管理精细化或者管理效果有效性的角度来看，组织需要持续不断地对事件的应急处置、记录填写的准确性和及时性、工具支撑的有效性进行优化。

在ISO20000标准中，事件被定义为“不属于某项服务的标准操作、导致或可能导致服务中断或服务质量降低的任一事态”。也就是说，以服务为视角，出现的服务异常均属于事件——对一个组织而言，当其业务出现异常时，即发生了事件。只不过有些组织考虑到自身的资源有限，很多事件，如桌面终端故障、办公系统告警等，并没有纳入事件管理的范围。所以，在事件管理的运转之前，需要明确范围和管理的目标。

在一些组织中，将事件特定为影响或可能影响业务应用、系统环境、网络通信、机器设备、机房设施正常有效运行的事件。从而将事件管理明确为生产环境中发生各类生产运行事件的报告、受理、处理和反馈的管理过程。事件按影响程度、影响范围、影响时段和涉及系统类别进行分级。通过加强生产运行事件管理，及时、有效地处理信息系统运行中发生的各类事件，规范各类事件处理流程。这类组织往往具有组织规模大、信息系统结构复杂、数据量庞杂等特点，组织只能将资源集中在保障生产有效运行方面。

事件管理的目标

在最短时间内恢复正常服务运营，将业务运营的负面影响降至最低，进而能够保证服务质量与可用性级别。

在明确目标和范围后，事件管理策略、事件分级分类标准、事件处理流程、记录控制等具体要求也需要明确。值得一提的是事件分级分类，对于同时建立信息安全管理体系和IT服务管理体系的组织而言，有些组织将ISO27001标准中要求的信息安全事件从ISO20000标准中所要求的事件中独立出来，设置特定的汇报机制和处理流程；而另一些组织，由于ISO20000标准要求的事件管理所关注的可用性与信息安全的 3 个特性（可用性、保密性和完整性）中的可用性的概念有一定程度的类似，将信息安全事件纳入事件分类分级表中，通过一个统一的事件管理流程予以管理。由于发生信息安全事件往往意味着发生了较为严重的意外，并对组织人员的个人绩效产生一定的影响，组织需要确保信息安全事件切实按照既定的方式予以解决和记录。

事件管理的关键活动与管理要求

（1）事件记录：所有事件均应被记录，包括但不限于接收的事件和主动发现的事件

（2）事件分类分级：应对事件进行分类分级

① 应有明确的事件分类分级定义；

② 应按事件的属性划分事件分类和优先级；

③ 应结合 IT 服务连续性管理建立重大事件应急管理决策和处置机制，明确应急管理要求。

（3）事件升级：必要时，应执行事件升级

① 应定义事件升级规则；

② 应根据事件升级规则，转派后线支持人员进行职能升级处理，或加强事件处理力度进行结构升级处理。

（4）事件解决与恢复：应快速解决影响数据中心服务的事件

① 应对事件进行分析，尽快解决；

② 重大事件应按照应急管理要求协调资源及时处置；

③ 事件涉及人员应能访问、匹配并关联相关信息，包括相关服务请求、已知错误、问题解决方案和资产与配置管理数据库等；

④ 应监督、监控事件处理进展，并根据需要协调解决。

（5）事件回顾与关闭：应回顾和关闭事件

① 应有明确的事件关闭规则；

② 应在关闭事件时对事件记录进行更新，确认事件的最终分类和分级，受影响的服务，以及导致事件发生的配置项等。

事件管理关注的是事件的快速响应和解决。很多时候，在工具中的事件工单的响应和处理（建单可由工具自动实现）滞后于事件的实际处理时间。因此，事件记录的重点在于描述的准确性和完整性，尤其是服务异常和处理步骤的描述。

事件管理需要关注的另一个控制点在于如何确保将事件升级成问题。比如说，很多组织规定一旦事件重复发生，必须将事件升级成问题，但在实际工作中发现，重复事件从第三方人员的角度是很难进行判断的。这类事件能否升级成问题，很大程度依赖于处理人员的专业知识和主观意愿。

整体而言，事件管理本身并不是一个很复杂的流程，该流程实施的重点和难点在于相关策略设置的合理性和相关记录的完整性。

鉴于事件管理的普遍性，本书将提供 3 个案例，分别由中国农业银行数据中心（以下简称“农行数据中心”）、华为技术有限公司（以下简称“华为”）和中国民生银行股份有限公司信息科技部（以下简称“民生银行信息科技部”）提供，与各位读者作一个简要分享。

7.1 关键控制点

事件的快速解决一直是农行数据中心的基本要求之一，是满足高可用的基本前提。农行数据中心为保证事件管理的有效运行，将明确职责和加强考核作为关键控制点。

1. 明确职责

农行数据中心对事件处理进行清晰明确的定义，其角色包括事件管理角色、事件报告角色、事件受理角色和事件处理角色等，并按照角色明确了对应的部门。角色与职责的明确是事件管理的基础，也是确保能力项运转的前提。

2. 加强考核

农行数据中心应用非常明确的激励机制——通过加强考核的方式，明确管理要求，传达管理思路，提升相关人员的执行程度。目前，采用的考核指标主要包括事件响应率、解决率和记录规范性等。

7.2 案例概述

1. 农行数据中心的事件管理现状

在农行数据中心中，事件的定义为“信息系统运行中引起或可能引起服务中断或服务水平质量下降的活动”，主要领域包括业务应用、系统环境、网络通信、机器设备、机房设施等，整个流程由事件报告、事件受理、事件处理、事件反馈和事件汇总跟踪 5 个环节组成。经过多年的持续优化，当前农行 IT 服务管理平台的事件管理模块具备了支撑事件管理的基本功能，以及落实细化管理要求的扩展功能。

2. 农行数据中心的事件管理发展历程

农行数据中心于 2009 年通过 ISO20000 认证，形成了一套标准化的 IT 服务管理体系。ISO20000 服务体系强调事件和问题等 13 个流程的日常管理，但对于主动性运维方式缺乏足够的延伸。2014 年农行数据中心启动了分行 ISO20000 体系试运行推广工作，分行初步建立事件流程管理机制；2017 年发布了《中国农业银行生产运行事件管理办法》及配套实施细则；2017 年实施了 IT 服务管理平台事件流程模块优化，保证 IT 服务管理平台事件管理模块能适应新修订的事件管理办法及实施细则。通过近几年的实践与经验积累，农行生产运行事件管理工作已渐成体系、逐步规范化，保障了生产运行事件管理各层面工作的科学、规范与高效。事件管理各项工作顺利开展、有章可循，相关单位职责分工明确。

7.3 管理要求

1. 角色和职责

农行数据中心的事件管理职能部门包括事件管理部门、事件报告部门、事件受理部门、事件处理解决部门。事件管理部门下设事件管理角色；事件报告部门下设事件报告角色；事件受理部门下设事件受理角色；事件处理解决部门下设事件处理角色。

事件管理部门包括科技管理部门、应用运行部门、应用开发部门、一级分行事件管理部门。

事件报告部门包括科技管理部门、应用运行部门、一级分行以及相关业务部门、二级分行。

事件受理部门包括应用运行部门、应用开发部门、一级分行事件受理部门。

事件处理解决部门包括科技管理部门、应用运行部门、应用开发部门、一级分行、二级分行。农行数据中心事件管理的角色职责如表 7-1 所示。

表 7-1 农行数据中心事件管理角色职责说明

角色	角色部门	职责具体描述
事件管理角色	科技管理部门、应用运行部门、应用开发部门、一级分行事件管理部门	1. 负责生产故障事件上报； 2. 负责跟踪事件处理过程，协调事件的快速解决或规避解决； 3. 负责仲裁事件性质； 4. 负责编制事件管理报告，根据指标体系对事件管理过程中的各项指标进行评价； 5. 负责管理生产运行事件库，组织评议、定级事件
事件报告角色	科技管理部门、应用运行部门、一级分行以及相关业务部门、二级分行	负责发现事件，报告事件，确认事件进展情况
事件受理角色	应用运行部门、应用开发部门、一级分行事件受理部门	1. 负责各类生产故障事件受理； 2. 负责审核事件要素，初步确定事件的性质和级别； 3. 负责确定生产故障事件处理解决部门，反馈处理结果
事件处理角色	科技管理部门、应用运行部门、应用开发部门、一级分行、二级分行	负责及时采取措施，快速解决或规避解决事件

2. 过程环节

农行数据中心事件管理分为事件报告、事件受理、事件处理、事件反馈和事件汇总跟踪环节。具体流程如图 7-1 所示。

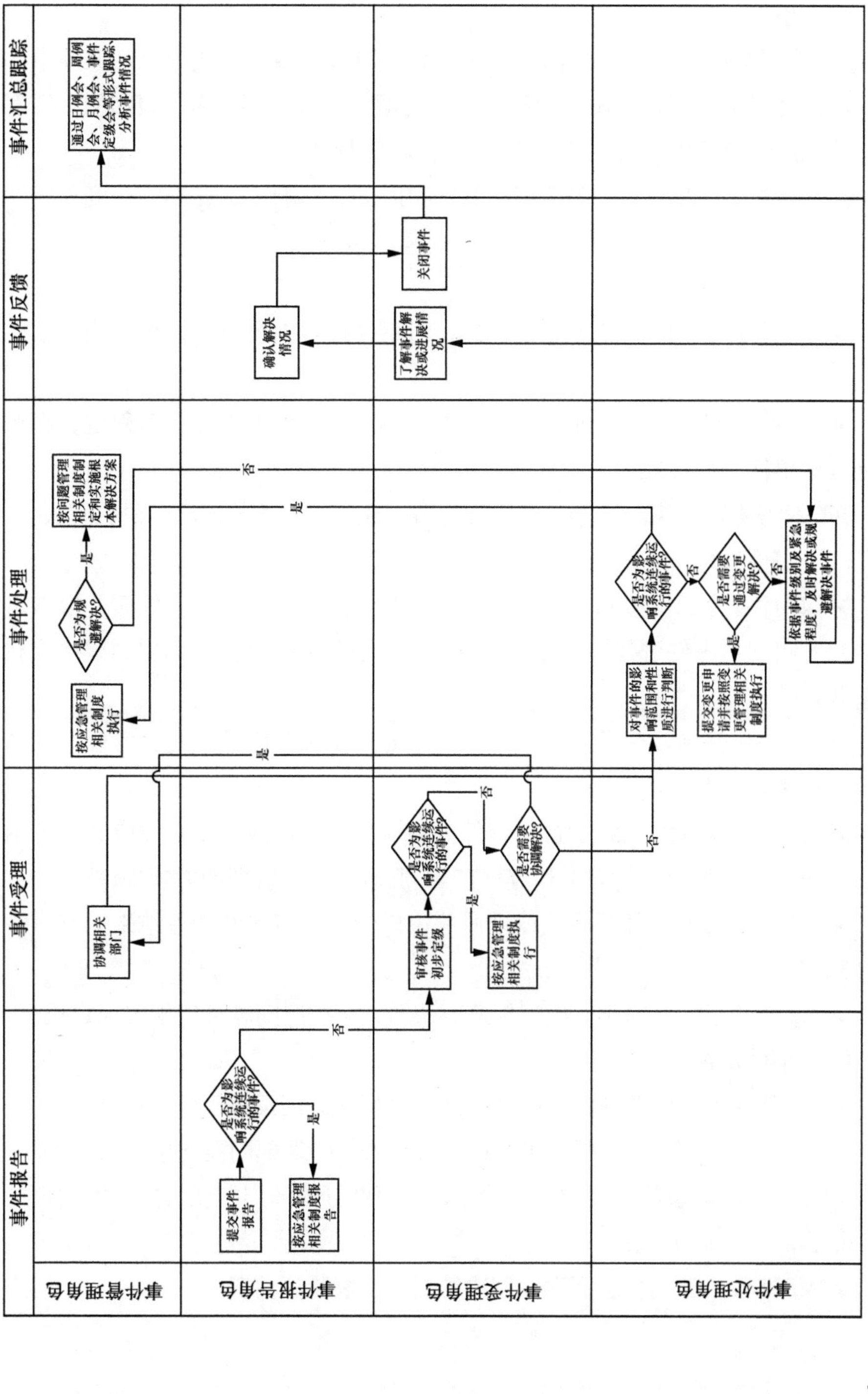

图 7-1 农行数据中心事件管理流程

（1）事件报告

➢ 生产故障事件报告部门发现事件后，应按照规范形式向生产故障事件受理部门提出事件报告，由生产故障事件受理部门根据不同事件级别的上报要求，分别通过有效渠道向生产故障事件管理部门报告。

➢ 事件的报告内容应包括事件的发生时间、影响范围、影响程度和事件现象、相关处理过程等。

（2）事件受理

➢ 事件受理部门接到事件报告后，对事件报告内容进行审核、确定事件级别。

➢ 事件受理部门应立即指定事件处理解决部门根据事件紧急程度、影响范围等对事件进行处理。

➢ 对需协调解决的事件，要及时将事件提交给事件管理部门协调解决。

（3）事件处理

➢ 事件管理部门接到事件受理部门提交的需协调解决的事件后，根据事件内容，组织对事件进行初步分析，敦促有关事件处理解决部门快速解决或规避解决事件。

➢ 解决事件涉及变更和测试时，事件处理解决部门按照变更管理和测试管理的相关规定执行。

➢ 发生影响系统连续运行的事件需启动应急处理时，要按照应急管理相关规定执行，应急管理的职责和流程在 IT 服务连续性管理能力项中体现。

➢ 事件处理解决部门解决或规避解决事件后，将事件处理结果提交事件受理部门。

➢ 事件的根本原因不明确或规避解决时，要按照问题管理相关规定执行。

（4）事件反馈

➢ 事件受理部门要在规定时间内向事件报告部门反馈事件解决情况。

➢ 在规定时间内不能规避解决的事件，事件受理部门要向事件报告部门、事件管理部门反馈事件解决的进展情况，由事件管理部门按照有关规定向相关部门报告。

➢ 事件报告部门要验证事件解决结果，反馈验证情况。

（5）事件汇总跟踪

➢ 各单位事件管理角色要收集、跟踪、分析事件情况。

➢ 科技管理部门事件管理角色负责构建全行统一的生产运行事件库，定级并纳入事件库统一管理的事件作为对外报告和内外部检查的依据。

➢ 事件处置完毕后，事发单位应及时总结处置方案，分析事件原因，梳理处置流程，满足形成案例条件时，事发单位事件管理角色应按照总行发布的案例模版及时组织撰写生产运行案例，经总行审核后，纳入全行生产运行案例库统一管理。

3. 事件管理的触发、输入与输出

（1）触发

农行数据中心事件管理触发的条件为事件报告角色监控到事件。

（2）输入

农行数据中心事件管理的输入为事件报告角色通过 IT 服务管理平台工具提出的事件。

（3）输出

农行数据中心事件管理的输出为事件工单、事件简报、事件管理报告，需要问题管理流程处置是引发问题工单，需要变更管理流程处置时引发变更工单。

4. 能力项接口

农行数据中心的事件管理与其他能力项的接口关系如图 7-2 所示。

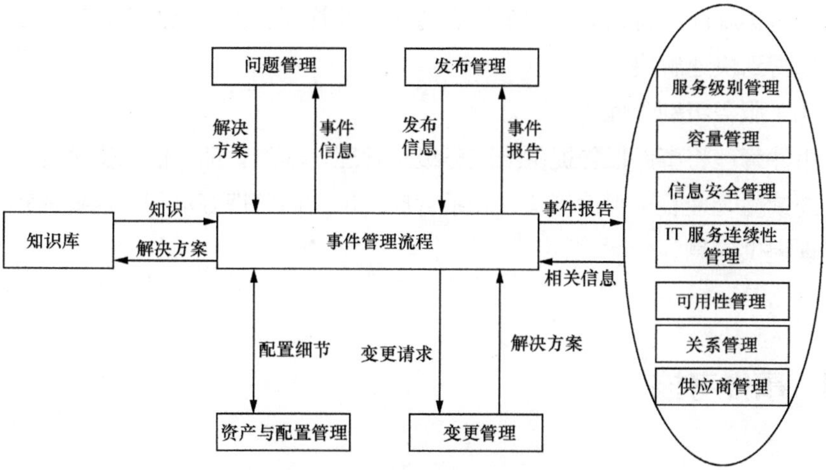

图 7-2 事件管理能力项接口

（1）问题管理

事件管理将未知根本原因的事件提交到问题管理流程，由问题管理流程通过问题控制、错误控制、主动问题管理找出根本原因并采取措施彻底消除，避免事件的重复发生，减少影响系统连续运行事件的发生。

（2）知识库

事件管理流程将成功的解决方案提交知识库，被接纳为知识后可以为日后快速解决同类事件提供支持；知识库广泛收集信息，经过验证、审核、编辑生成可重复使用的知识，通过对知识库的回顾、整理为事件管理流程提供支持，促进服务的一致性，提高用户满意度。

（3）资产与配置管理

事件管理流程在解决事件的过程中从配置管理数据库获取关于基础设施、结构图、软硬件、服务等配置项及配置项之间关系的信息；并将处理过程中发现的配置信息差异情况通过服务请求报告给资产与配置管理流程进行相关信息的维护。

（4）变更管理

变更管理可能引发事件，解决事件可能需要触发变更。事件管理流程将事件与相关的变更关联，提供信息协助变更管理流程对变更进行分析和回顾。

（5）发布管理

发布实施前应将相关的发布信息通知事件管理流程，以便由发布引发的事件可以得到快速解决。

（6）服务级别管理

事件管理将事件报告提供给服务级别管理、容量管理、信息安全管理、IT服务连续性管理、可用性管理、关系管理、供应商管理等流程，这些流程为事件管理提供信息。

7.4 事件考核

目前，农行数据中心对事件管理设定的考核指标主要包括事件按时响应率、事件按时解决率、生产故障事件处置信息记录情况，具体度量方式见表 7-2。

表 7-2　农行数据中心事件管理考核说明

指标	计算方法 / 计算公式	目标值	最低限	报告周期	计分规则
事件按时响应率	按时响应的事件数量 / 事件总数 ×100% * 按时响应事件指 IT 服务管理平台流中状态为“处理中”的开始时间与“新建”时间之间的间隔小于 30 分钟的事件	99.5%	98%	每月	事件按时响应率 ≥ 力争值，得分为 100 分； 力争值 > 事件按时响应率 ≥ 基准值，得分为： 90+（事件按时响应率 − 基准值）/（力争值 − 基准值）×10； 事件按时响应率 < 基准值，加倍扣分，得分为： 90−（基准值 − 事件按时响应率）×100×2
事件按时解决率	按时解决的事件数量 / 事件总数 ×100% * 指 IT 服务管理平台中根据事件级别，在规定时间内解决并关闭的事件，其中造成业务影响的事件要求在 1 小时内，未造成业务影响的要求在 3 个工作日内，服务请求事件要求在 10 个工作日内	99%	95%	每月	事件按时解决率 ≥ 力争值，得分为 100 分； 力争值 > 事件按时解决率 ≥ 基准值，得分为： 90+（事件按时解决率 − 基准值）/（力争值 − 基准值）×10； 事件按时解决率 < 基准值，加倍扣分，得分为： 90−（基准值 − 事件按时解决率）×100×2
生产故障事件处置信息记录情况	抽查当期 IT 服务管理平台生产故障事件记录是否完整； 事件记录应包括发生时间、异常现象、处置时间、处置过程、处置结果、造成的影响、处置人员信息及联系方式等			每月	每发现一个生产故障事件未完整记录的情况，扣 1 分

1. 事件按时响应率

（1）指标计算

事件按时响应率 = 按时响应的事件数量 / 事件总数 ×100%

说明：按时响应事件指事件转入受理部门的开始时间与受理时间之间的间隔小于 30 分钟的事件。

（2）基准值：98%；力争值：99.5%

（3）计分规则

a. 事件按时响应率≥力争值，得分为满分；

b. 力争值 > 事件按时响应率≥基准值，得分为：90+（事件按时响应率 − 基准值）/（力争值 − 基准值）×10；

c. 事件按时响应率 < 基准值，加倍扣分，得分为：90−（基准值 − 事件按时响应率）×100×2。

（4）数据来源

依据 IT 服务管理平台中事件记录，按中心 ISO20000 事件管理流程规定进行统计、计算。

2. 事件按时解决率

（1）指标计算

事件按时解决率 = 按时解决的事件数量 / 事件总数 ×100%

说明：指 IT 服务管理平台中根据事件级别，在规定时间内解决并关闭的事件，其中造成业务影响的事件要求在 3 小时内，未造成业务影响的要求在 3 个工作日内，服务请求事件要求在 10 个工作日内解决。

（2）基准值：96%；力争值：99%

（3）计分规则

a. 事件按时解决率≥力争值，得分为满分；

b. 力争值 > 事件按时解决率≥基准值，得分为：90+（事件按时解决率 − 基准值）/（力争值 − 基准值）×10；

c. 事件按时解决率 < 基准值，加倍扣分，得分为：90−（基准值 − 事件按时解决率）×100×2。

（4）数据来源

依据 IT 服务管理平台中事件记录，按中心 ISO20000 事件管理流程规定进行统计、计算。

3. 事件处置信息记录情况

（1）指标计算

抽查当期 IT 服务管理平台事件记录是否完整。

说明：事件记录应包括发生时间、异常现象、处置时间、处置过程、处置结果、造成的影响、处置人员信息及联系方式等。

（2）计分规则

满分 100 分，每发现一个事件未完整记录的情况，扣 1 分。

（3）数据来源

每月抽查 30 起 IT 服务管理平台事件。

7.5 事件管理工具简介

经过多年的持续优化，当前农行 IT 服务管理平台的事件管理模块具备了支撑事件管理的基本功能和落实细化的管理要求的扩展功能。其中，前者涵盖了事件管理流程的各个关键环节，后者针对管理细则、审计和考核等方面进行了深入。

1. 基本功能

事件管理模块的基本功能包括新建工单、分派事件、事件工单流转、事件处理、事件解决、提交知识、关闭事件，具体的说明如下。

（1）新建工单

事件报告角色点击“文件—新建事件”按钮，新建事件工单，新建事件工单过程，可点击“搜索知识”按钮可快速根据事件工单的摘要信息搜索知识库，查询是否有相关的知识案例以快速解决故障。

（2）分派事件

事件受理角色点击“受理—分派”按钮完成对事件的受理及分派。在受理分派环境，事件受理角色可以更新事件要素或取消事件。

（3）事件工单流转

如事件需要其他专业部门配合处理，事件处理角色可以点击“转单”按钮，将事件工单流转至其他部门的事件受理角色。

（4）事件处理

事件处理角色登录系统，可通过“我的队列”→“待我处理的事件”链接，查看当前人员所要处理的事件单。如需引发问题或变更，可点击“引发问题”“引发变更”按钮触发问题工单、变更工单。

（5）事件解决

事件处理角色在事件处理完毕后，点击“事件解决”按钮，填写事件处置过程及事件原因，解决事件。如事件为五级及以上事件，事件处理角色还需要填写业务影响情况等要素。

（6）提交知识

事件解决后，点击“提交知识”按钮，可创建知识，知识自动将事件工单中的主信息进行带入赋值，简化知识的录入操作。

（7）关闭事件

事件受理角色在回访事件报告角色，确认事件处置完毕后，可关闭事件。如 3 个工作日事件报告角色未反馈事件解决情况，系统将自动关闭事件。

另外，IT 服务管理平台在事件管理各流程环节均会通过邮件和短信方式提醒当前事件处理人。

2. 扩展功能

除基本功能外，农行 IT 服务管理平台还提供各类统计报表功能，报表包含各类统计口径的事件信息及考核指标的内容。

7.6 后续改进

尽管农行数据中心事件管理流程已运行多年，积累不少经验和投入不少资源，但目前的运行仍存在着一定的不足。

农行 IT 服务管理平台在 2013 年二期项目中，单独增加服务请求流程，但在目前实际使用中，仍有大量服务请求是通过事件管理模块流转的。由于服务请求和事件管理在处理时效性和考核指标上均存在较大差异，两个流程共用事件管理模块会使统计分析及绩效考核出现偏差。

对此，农行数据中心已加强培训，为各专业部门制定服务请求目录，计划在 IT 服务管理平台上逐步实现服务请求和事件模块的独立。

7.7 小结

以上是对农行数据中心事件管理的一个简要介绍。通过与实际工作的不断磨合，制度进一步完善，工具进一步优化，下阶段要进一步加强事件管理工作，建立更加科学的分类分级管理机制，扩大问题收集范围，加快问题解决时效性。同时，要做好事件管理与事件、变更、投产、应急等相关流程的衔接，进一步提升事件管理效率。

第 8 章
事件管理——华为技术有限公司

8.1 案例概述

华为事件管理的运作策略主要包括以下内容。

1. 分层分级策略

（1）运维服务分层分级

根据 IT 产品运维服务分级标准，运维服务分层分级提供 4 个级别的标准运维服务：金牌、银牌、铜牌和灰牌服务。以产品服务经理为产品支持服务的责任人，重点保障公司重要业务领域应用的稳定运行，关注从用户事件产生到最终关闭全流程的管理和效率提升，优化运维资源，提高用户满意度。

（2）技术支持分层分级

根据资源的使用效率，技术支持分层分级提供 4 个级别的技术支持：用户自助、一线支持、二线支持、三线支持。用户自助支持贴近用户、快速响应；一线支持服务标准化；二线支持解决疑难问题；三线支持解决代码问题。

2. 技术支持前移策略

发挥用户自助支持作用，提升用户自助能力；发挥本地 IT 作用，快速有效解决问题；通过各级技能前移，提升前端支持能力。

3. 支持覆盖策略

（1）时间覆盖

Super User 提供 5×8 小时服务；一线支持通过集中倒班提供 7×24 小时服务；二线支持通过三个地点 Follow-the-Sun 方式提供 7×24 小时服务；三线支持提供 5×8 小时服务。所有支持人员均提供 7×24 小时电话支持。

（2）地域覆盖

远程支持覆盖公司各办公地点，重要办公地点提供现场支持。

（3）语言覆盖

全球提供中英文支持，各区域根据业务需要提供本地语言支持。

4. 运作模式

华为 IT 运维管理的运作模式如图 8-1 所示。

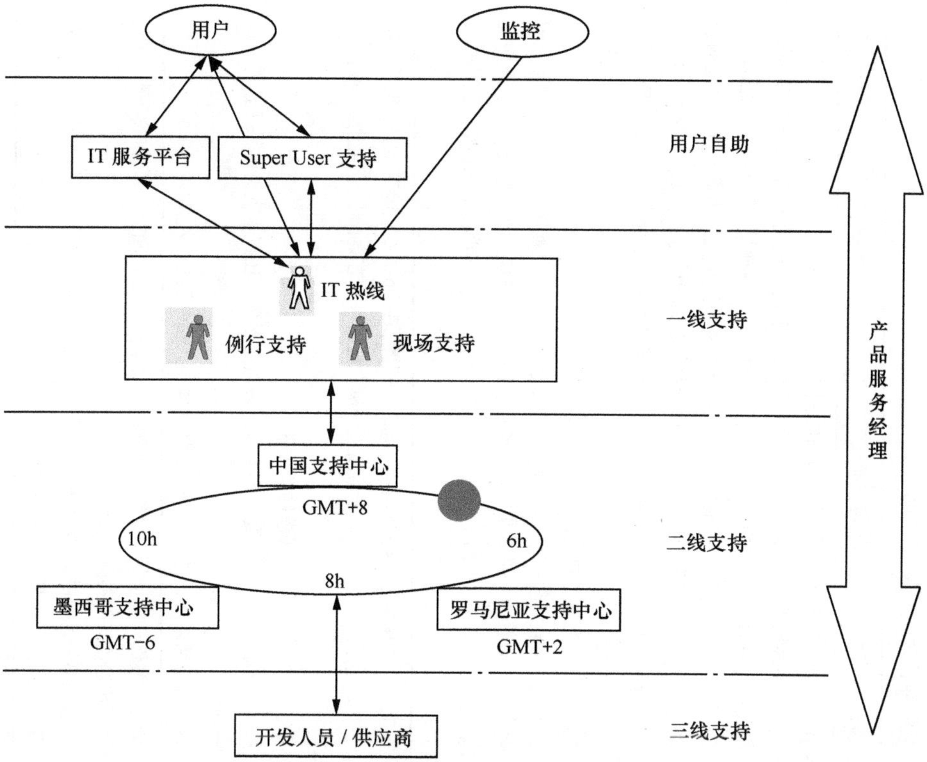

图 8-1 华为 IT 运维管理运作模式

8.2 管理要求

1. 角色和职责

华为事件管理所涉及的角色和职责，以及所对应的运作模式见表 8-1。

2. 过程环节

华为事件管理的流程包括了事件的记录、传递、接收（查找）、处理和关闭等几个环节，其流程如图 8-2 所示。

表 8-1　华为事件管理人员职责说明

角色	职责说明	运作模式
用户自助	通过 IT 服务平台自助或 Super User 支持解决 IT 事件	用户自助主要通过 Super User 和 IT 服务平台两种方式提供支持。 1. Super User：通过建立各领域业务支持团队，受理和解答一般用户遇到的 IT 系统功能咨询、系统操作使用、应用相关业务问题，参与试运行后的 IT 应用推广。并对典型 IT 应用操作类问题编写案例并组织宣传培训。对于承担应用管理员的 Super User 还需负责相关应用业务基础数据的管理与维护，用户权限管理，业务数据质量管理，并配合进行业务数据归档与清理工作。Super User 需要接受相应的培训方可开展工作，Super User 发生变化时需要及时完成所负责系统的支持工作交接。 说明：应用管理员是应用系统的业务管理员，是一类特殊的 Super User。 2. IT 服务平台：通过 Web 平台，用户可以方便地查询 IT 相关的信息，能够快速提交 IT 服务相关申请，可以通过一些自助工具解决一些常见的 IT 问题，如一键式安装工具、配置工具、故障解决工具。对于一些较复杂的 IT 问题，自助工具无法解决的，通过此平台可以方便地提交 IT 问题，寻求 IT 支持人员的帮助
一线支持	根据案例、操作指导书或在其他支持的指导下处理、解决 IT 事件，一线支持下分 IT 热线、例行支持和现场支持； IT 热线：通过热线电话、邮件、IT 在线支持等方式受理用户 IT 事件，根据案例或操作指导书提供解决方案； 例行支持：受理热线传递和监控系统发现的 IT 事件，	IT 热线：作为用户接口，提供中英文 7×24 小时的电话、邮件、Web 方式受理各类 IT 事件。根据案例或相关操作指导书，对用户事件进行初步诊断、分析，提供解决方案；对于不能解决的事件，传递给其他相关技术支持。 对重要产品建立热线专家座席，以提高热线事件解决率。 区域热线作为公司 IT 热线的组成部分，主要提供当地语音热线服务，在技术支持体系下运作，确保支持流程的通畅和一致性。 热线支持需要有灾备，包括电话接入设备的容灾、工作环境、人员的互备
		例行支持：根据操作指导或案例，对应用、系统（软硬件）、网络、机房等的 IT 事件进行例行化处理，不能解决的事件及时传递给其他技术支持； 监控属于例行支持工作的一部分，提供 7×24h 集中监控全球机房设施、网络、系统（软硬件）、应用，及时发现异常并登记、诊断、分类、传递事件

（续表）

角色	职责说明	运作模式
一线支持	根据案例或操作指导书远程提供解决方案； 现场支持：受理用户或其他技术支持传递的 IT 事件，到用户现场或设施现场处理、解决 IT 事件	现场支持：在用户现场分析和解决事件或配合远程解决事件。 现场支持人员由区域 IT 人员或业务部门兼职 IT 承担，提供桌面、应用、系统、网络、机房等现场支持工作。IT 部门需要定期维护兼职 IT 人员名单，进行培训，提高支持能力。 说明：兼职 IT 是承担部分 IT 工作的业务人员
二线支持	处理并解决非例行化或一线支持传递的 IT 事件	在不同时区设立中国、墨西哥、罗马尼亚三个支持中心，按照 Follow-the-Sun 模式，实现应用、系统、网络、机房等 7×24h 服务。一线支持升级到二线支持的事件，根据三个支持中心的工作时间段来决定升级到哪一个二线支持中心；如果二线支持中心的人员在其工作时间段不能解决问题，则根据二线支持中心事件转移规则，将事件传递给下一个开始工作的支持中心人员继续处理
三线支持	开发实施人员和供应商，处理并解决产品 bug 或二线支持传递的 IT 事件	接收二线支持传递的 IT 事件或产品 bug 问题，在规定时间内提供事件 Workaround 解决方案并完成实施，制订问题解决计划并跟踪落实。供应商需要按照维保服务要求在规定的时间内提供支持服务
产品服务经理	负责组织重大事件和频繁发生事件的解决，带领产品运维团队（包括应用、系统、网络、机房设施等支持人员）按照相关流程和规范要求交付运维服务，确保产品 SLA/OLA 运维指标和用户满意度的达标	重大事件发生后，组建事件处理应急团队，制定解决方案并监控实施；通过定期组织分析频繁发生的事件，纳入问题管理并推动解决

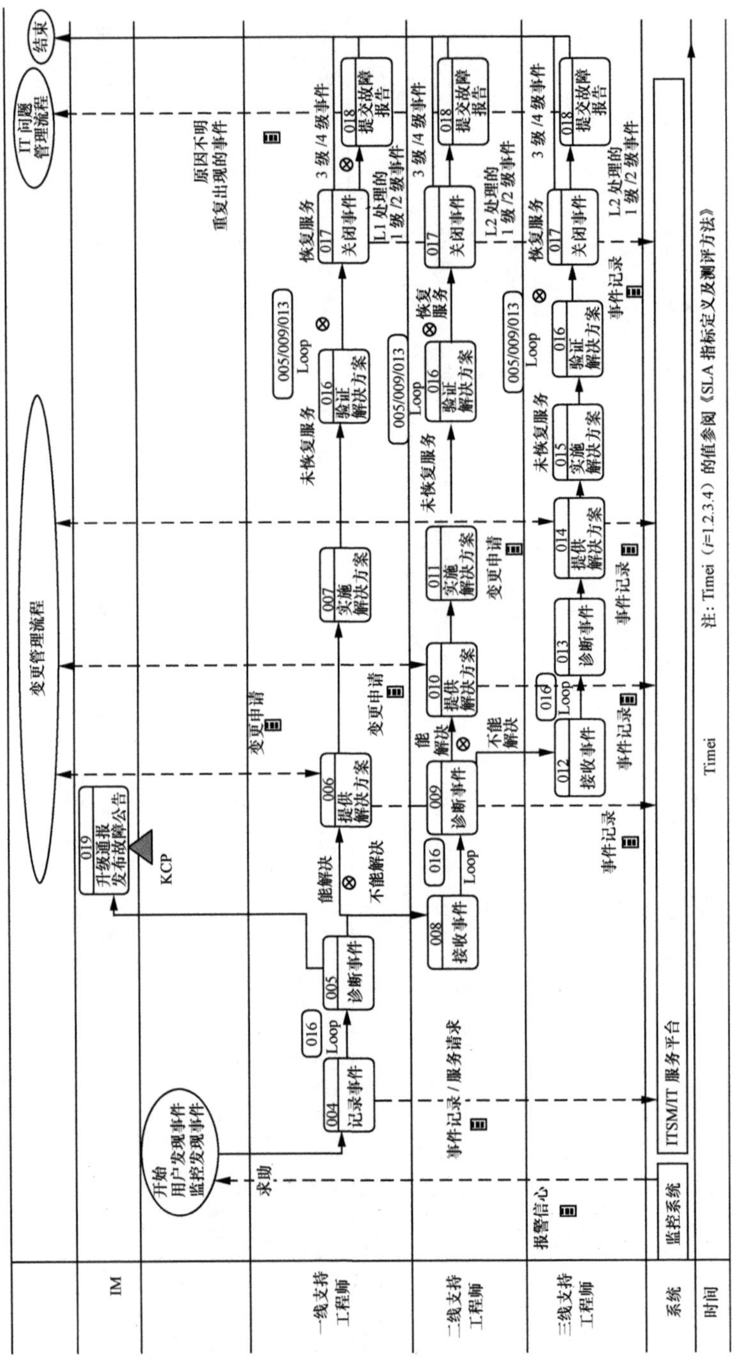

图 8-2 华为事件管理流程环节

（1）事件的记录

一线或二线技术人员在与用户的交互过程中，将用户反馈的事件予以登记记录。事件登记说明如图 8-3 所示。

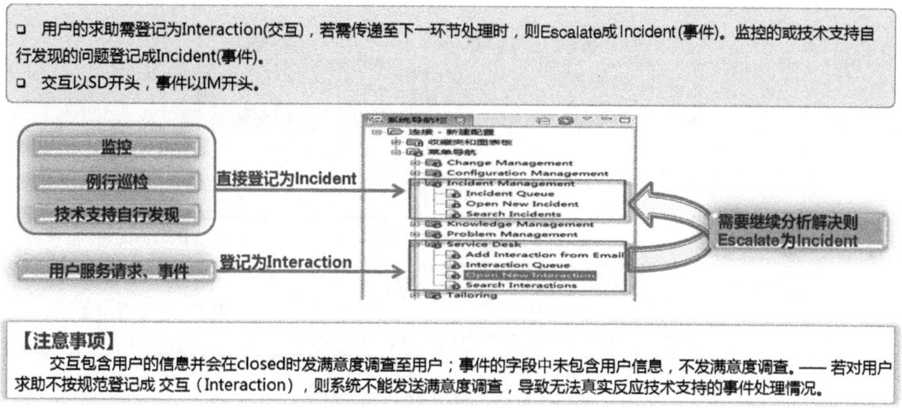

图 8-3　华为事件登记说明

登记的手段为在事件管理系统中创建事件，其说明如图 8-4 所示。

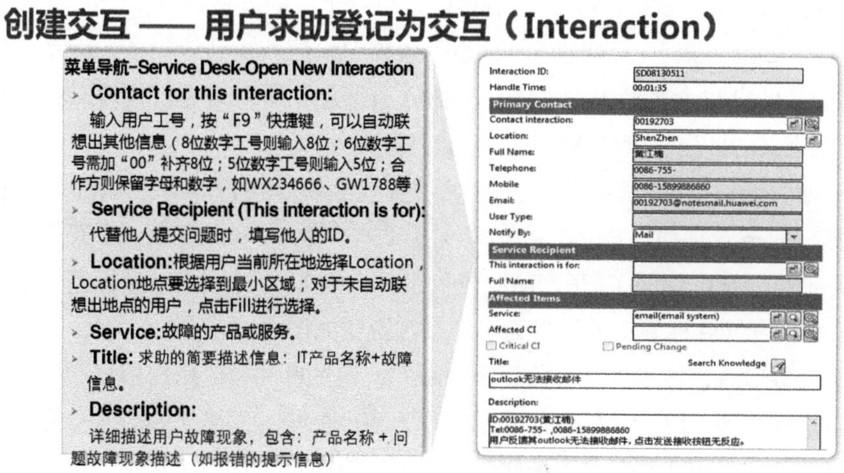

图 8-4　华为事件创建说明

（2）事件的传递

第一次传递由事件记录人员在分析过后决定将事件传递到产品侧或者其他

相关支撑团队，传递人必须确认被传递人有效接收传递信息。确认方式包括但不限于：短信、邮件、电话等；可以由传递人灵活把握，但需保障流程顺畅。华为事件传递说明如图 8-5 所示。

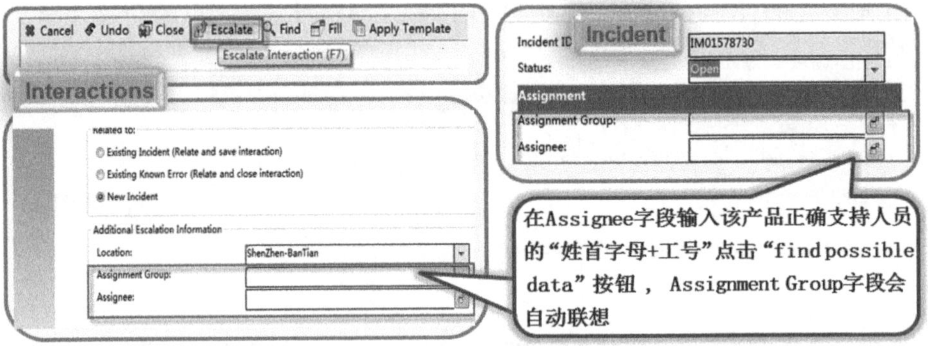

图 8-5　华为事件传递说明

（3）事件的接收

事件管理系统会将事件传递到接手的团队或者个人，而该团队或个人会立即收到邮件通知。在华为 IT 管理流程中，每台上线的设备都有唯一的 ID，被称为"CI"，通过该 ID 可以在全球的 IT 系统中快速查找到该设备，而系统中定义的 CI 信息包含了相关责任人、支撑人员信息。所有事件的传递路径是通过 CI 上定义的各层级责任人行进的，直到问题解决。

例如，通过 CI 能够找到该产品的中英文名称、用户群、应用部署所在服务器、业务管理员、一 / 二 / 三级支持（右侧 Managed State 标签页下的 Service Supports 标签）、子产品服务代表（右侧 Managed State 标签页下的 Business Service 标签）等，华为事件接收说明如图 8-6 所示。

事件传递后，技术支持会收到报警邮件：包括事件号、用户信息、事件级别、事件描述等；以及手机短信提醒。华为事件报警邮件格式如图 8-7 所示。

当前处理人需要判断是否能够处理或者应该处理，从而决定是否自己处理事件或者继续传递到正确的接收人。

（4）事件的处理

处理人必须在规定 SLA 时间内完成处理，系统在处理时间到期前提醒处理人及时处理事件，否则会超期并邮件与短信通告各级主管。

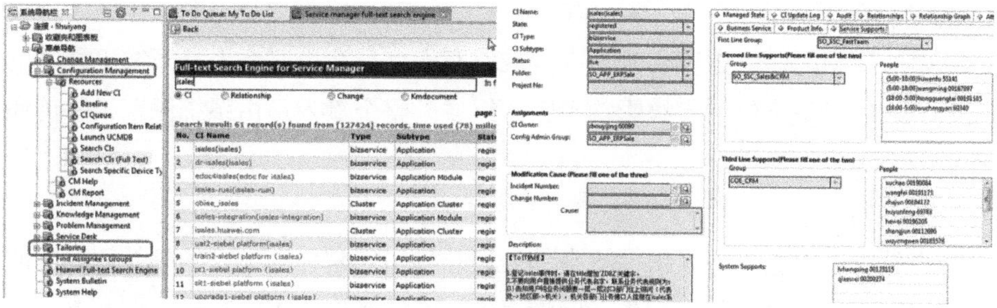

图 8-6　华为事件接收说明

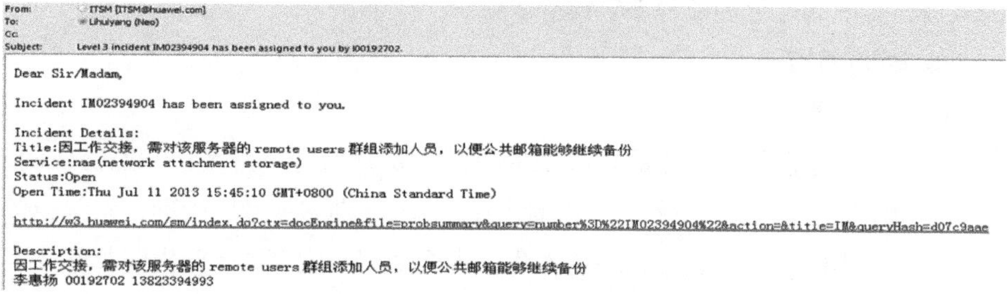

From: ITSM [ITSM@huawei.com]
To: Lihuiyang (Neo)
Cc:
Subject: Level 3 incident IM02394904 has been assigned to you by l00192702.

Dear Sir/Madam,

Incident IM02394904 has been assigned to you.

Incident Details:
Title:因工作交接，需对该服务器的 remote users 群组添加人员，以便公共邮箱能够继续备份
Service:nas(network attachment storage)
Status:Open
Open Time:Thu Jul 11 2013 15:45:10 GMT+0800 (China Standard Time)

http://w3.huawei.com/sm/index.do?ctx=docEngine&file=probsummary&query=number%3D%22IM02394904%22&action=&title=IM&queryHash=d07c9aae

Description:
因工作交接，需对该服务器的 remote users 群组添加人员，以便公共邮箱能够继续备份
李惠扬 00192702 13823394993

图 8-7　华为事件报警邮件示例

（5）事件的关闭

事件关闭的条件：用户提交事件必须与用户确认解决 / 监控事件由事件责任人自行判断已恢复；事件解决方案要求如下。

➢ 1 级 /2 级事件解决方案应该包括以下信息：影响的地点、影响的应用、故障原因、解决方案。填写模板见 ITSM 系统默认带出的信息。

➢ 1 级 /2 级事件同时需填写事件的实际发生（开始）时间—Outage Start 和实际恢复（结束）时间—Outage End。

➢ 3 级 /4 级事件解决方案要尽量详细和客户化，方便用户操作，同时便于后续事件分析。填写模板见 ITSM 系统默认带出的信息。

事件解决方案不能简单的写“已 OK”“已处理”“Done”等，需有具体解决措施。

3. 事件管理的触发、输入与输出

（1）触发

华为 IT 运维事件的触发是由监控告警或 IT 热线、一线技术人员与客户

的交互过程产生的，通常这样的交互会通过事件管理来记录。

（2）输入

事件管理的输入主要由告警内容或交互内容，客户联系人及一线工程师的联系方式，以及事件的定级影响等因素组成。整个输入是由系统保存，并传递到下一个环节处理人。

（3）输出

事件管理的输出除了事件本身的处理结果，通常在高级别的事件闭环的时候还需要输出案例、故障报告、回溯报告、通往其他流程的交付，如变更管理的入口、客户问题处理流程 DOA 等。

4. 能力项接口

（1）监控管理

华为 IT 运维事件管理是非常完备的，主要原因是，有完善的监控机制，流程中每个过程都会由系统负责跟踪状态，如果超期未能及时处理，系统会发邮件和短信提醒处理人；如果超期发生，那么处理人主管会收到提醒邮件，这是流程自动化的监控管理手段。除此之外还有，对应的人为监控机制，如周报、日报，维护团队的月报数据等。

（2）IT 服务连续性管理

华为 IT 运维事件管理的服务连续性管理主要体现在以下几个方面。

全流程相通：事件管理流程是公司全流程自己，它本身就与其他流程相通，基本上客户从项目交付阶段开始到维护运营阶段都可以通过事件管理流程作为入口从而获得必要的技术支持。

事件管理流程的闭环机制：华为 IT 运维事件管理流程完善的处理和闭环机制保证了 IT 服务的连续性，绝对不会发生事件长期未处理或者在某个环节挂起的情况。

流程的监控机制不由人为控制：系统负责的监控机制保障服务连续性，并提供事件闭环的推动力。

（3）绩效管理

事件流程的各级角色均有相应的 KPI 制度和目标，主要 KPI 包含以下几个方面。

规定时间内事件简单量、处理数量、SLA 打破的比率、闭环率等。事件处理流程中各环节的处理人均要接受相应的 KPI 考核，这也是保证事件管理流程被遵循的推动力之一。

（4）知识管理

在华为事件管理流程中，知识的产生与传递及共享均是由系统完成的，比如案例作为事件管理的交付件之一，就有专门的系统负责管理和存放及发布，通常分为内部案例和外部案例，外部客户均可进行查阅参考。同时，由于系统记录了每个事件的处理过程，对于知识的传承、事件管理流程与公司的知识管理体系是对接的。

5. 其他管理要求或控制点

（1）华为 IT 运维事件分级

华为 IT 运维事件分为 4 级，详细说明见表 8-2。

表 8-2 华为 IT 运维事件分级说明

级别	定义	举例
1 级	对业务有至关重要的影响，工作无法再继续进行： 业务系统完全丧失了服务功能； 业务系统丢失了所有的资源	ERP 系统完全不可用； 整个园区（Building）办公网络不可用； EMAIL 的 LDAP 服务器故障，导致全公司员工的账号和密码无法通过验证
2 级	对业务有严重的影响： 业务系统已经丧失或可能丧失重要的服务功能； 已丢失或可能丢失重要的资源	某个数据中心的 pop 服务器或 smtp 服务器故障（imailUK 或 Webmail）； 2 级机房温度超过 32°
3 级	对业务有较小的影响： 业务系统丧失较少的服务功能或丢失较少的资源； 个别用户某些业务功能不能使用	单个用户无法登录桌面云； 个别员工 E-mail 客户端使用的相关问题；员工个人 Windows 相关问题等
4 级	对业务没有影响，用户工作正常，没有因为该事件的存在而妨碍其工作，可正常查询和报告信息	用户的查询类问题或相关使用技巧（咨询桌面云开流程或 Word 使用技巧）； 海外代表处当地非工作时间的网络不可用等

说明：用户服务时，主要登记的 3、4 级事件，4 级事件主要是用户的一些查询类问题；3 级事件主要是用户在使用客户端时的一些报错或故障问题。

（2）IT 运维事件服务承诺时间

华为运维事件服务承诺时间见表 8-3。

表 8-3　华为运维事件服务承诺时间

事件级别	及时处理时间	及时解决时间
1 级事件	10 分钟	2 小时（工作时间） 4 小时（非工作时间）
2 级事件	10 分钟	2 小时（工作时间） 4 小时（非工作时间）
3 级事件	2 小时（工作时间）	1 个工作日
4 级事件	2 小时（工作时间）	2 个工作日

（3）事件的跟踪和升级

为保障所有事件得到及时跟踪、升级、解决，根据事件的级别采取不同的处理、跟踪、升级方式。

3/4 级事件：各级技术支持需跟踪自己名下的所有未 Closed 的事件（包含状态为 Resolved 的事件），直至事件 Closed。

1/2 级事件：对 1、2 级重大事件给予高度的关注，以最优的资源做出快速响应。技术支持在处理 1、2 级事件时，有责任将故障的影响范围、最新进展和预计恢复时间等信息及时通知热线和控制中心。热线 IM 根据技术支持提供的进展信息，按照 1、2 级升级事件通报规范通报给各级主管和相关人员，以便协调更多资源、保证事件及时恢复。

（4）故障公告机制和故障报告

华为对于事件的通告有严格要求和完善的运作机制。

对于 1 级事件，通报的流程和要求见表 8-4。

表 8-4　华为 1 级事件通报要求

1 级事件		
立即（两种方式都采用）	短信和邮件	事件管理平台系统自动发出短信和邮件向处理人报告
	电话	IM 电话向处理人报障，同时进一步明确事件对业务的影响

（续表）

1 级事件		
10 分钟（两种方式都采用）	短信和邮件	IM 按 IT 模板短信和邮件向 IT 管理团队、相关技术支持部门主管通报故障
	电话	IM 电话向相关技术支持部门主管通报故障
20 分钟	公告	IM 发布故障公告
	电话	通知 IT 系统运行支撑部部长
30 分钟（以后每 30 分钟升级 / 通报一次，直到事件恢复）	短信和邮件	IM 按 IT 模板短信和邮件向 IT 管理团队、相关技术支持部门主管通报故障最新进展； IM 按客户模板短信向相关业务利益干系人通报故障情况
1 小时（以后每小时升级 / 通报一次，直到事件恢复）	短信	IM 按 IT 模板短信向 BP&IT 总裁通报故障最新进展
恢复时	短信和邮件	IM 按 IT 模板短信和邮件向所有通报过的人员发送恢复信息； IM 按 IT 模板短信向 BP&IT 总裁通报故障恢复信息； IM 按客户模板短信和邮件向所有通报过的业务利益干系人发送恢复信息

对于 2 级事件，公司通报要求见表 8-5。

表 8-5 华为 2 级事件通报要求

2 级事件		
立即（两种方式都采用）	短信和邮件	事件管理平台系统自动发出短信和邮件向处理人报障
	电话	IM 电话向处理人报障
10 分钟	短信和邮件	IM 按 IT 模板短信和邮件向相关技术支持部门主管通报故障最新进展
	电话	IM 电话向相关技术支持部门主管通报故障
1 小时 →2 小时 →4 小时，以后每 4 小时升级通报一次	短信和邮件	IM 按 IT 模板短信和邮件向 IT 管理团队、相关技术支持部门主管通报故障； IM 按客户模板短信向相关业务利益干系人通报故障情况

（续表）

2级事件		
恢复时	短信和邮件	IM 按 IT 模板短信和邮件向所有通报过的人员发送恢复信息； IM 按客户模板短信和邮件向所有通报过的业务利益干系人发送恢复信息

故障公告：对于影响较大的系统性故障，流程要求必须进行全员或对相关领域主管进行公告。

华为对于故障公告的定义：在华为电子公告牌上发布的，对业务有影响的 1、2 级事件相关信息，包括故障情况、故障原因、故障时间、预计恢复、目前状态、实际恢复时间等情况。故障公告的例子如图 8-8 所示。

今日IT系统故障&维护公告（17：20更新）

今日IT系统故障信息

故障情况	故障原因	故障时间（GMT+08:00）	预计恢复时间（GMT+08:00）	目前状态	实际恢复时间（GMT+08:00）	备注
秘鲁网络不可用	供应商本地光纤中断	11.27 01:00		正常	11.28 03:34	
苏丹网络不可用	供应商设备故障	11.28 15:20		正常	11.28 16:00	

图 8-8 华为 IT 系统故障公告示例

故障公告发布需要遵循以下原则。

➢ 公告的目标对象首先是用户，其次才是其他相关人员，所以发公告需站在用户的角度，对用户有影响才发公告，若无影响，则不需要发公告。

➢ 所有对用户有影响的 1 级事件，都必须在 20 分钟内发布故障公告。

➢ 对于 2 级事件，如果持续 1 小时仍未恢复时，由技术支持根据对用户的影响情况决定是否发布故障公告。

➢ 故障公告拟制、发布责任人：IM（Incident Manager），负责故障公告的及时性。

➢ 故障公告必要性确认及信息提供人：技术支持，负责故障公告的准确性。

➢ 故障公告审核人：事件管理流程经理，负责故障公告的规范性。

（5）故障报告

华为 IT 运维流程要求故障报告要在“规定的时间”按照“规定的格式”提交给管理系统，并由系统发送给相关领导及人员进行查阅与评审。

故障报告需要在服务恢复后 5 个工作日内完成提交，若因故障情况复杂需要延期，则需要邮件提交申请，原则上故障报告提交的时间不能超过服务恢复后 10 个工作日。具体操作过程如图 8-9 所示。

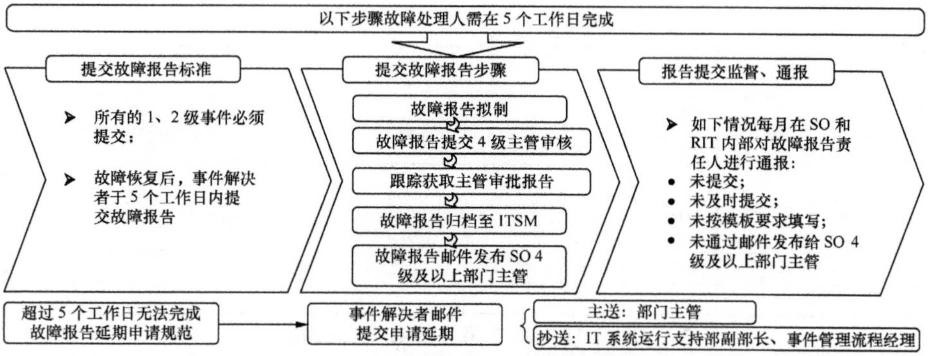

图 8-9　华为事件故障报告操作流程

故障报告的内容也必须符合流程的要求，包含时间的根因分析，解决方案以及处理过程的相关内容，具体报告模板如图 8-10 所示。

（6）事件管理文件架构

为支撑全球 IT 技术支持体系运作，华为事件管理文件体系架构如图 8-11 所示。

① 技术支持体系框架

描述技术支持体系模型和各级支持运作模式。

② 流程文件

规范 IT 事件处理流程，明确事件管理流程 KPI 指标，流程各角色职责以及运作规范。文件包括《IT 运维事件管理流程》《IT 运维事件升级通报管理规定》。

201x 年 xx 月 xx 日 xxxxxxxxx 故障报告

事件号	IM0XXXXXXX	解决人	ITSM 中的 Assigoee
发生时间	事件的实际发生时间 （Outage Start Time）	恢复时间	事件的实际恢复时间 （Outage Eod Time）
事件类别	ITSM 中的 Services	事件级别	
影响结点		影响应用	
业务影响	请分析哪些业务受到什么程度（如影响时长、业务损失等）的影响		
处理过程	请给出从发现到解决的整个过程 × 月 × 日　××：×× 发现 × 月 × 日　××：×× 通知到 ××× 处理 … × 月 × 日　××：×× 故障恢复		
初步原因分析	请判断原因是在以下哪方面（可多选）： ○设施　○网络　○系统　○应用　○终端		
	分析描述 若有数据丢失，要进行详细地分析		
改进措施	1、XXXXXXXX　责任人：XXXX　完成时间：XXXX 年 X 月 X 日 2、XXXXXXXX　责任人：XXXX　完成时间：XXXX 年 X 月 X 日		
是否有监控告警	○已有监控　　○无监控 若无监控告警，需要提出监控优化措施预防的同类故障再次发生，对于无法给出监控优化措施的事件，需给出明确理由。		
是否属于疑似责任事故	○是　　○否 如疑似属于违反流程制度、操作制度等或责任心不强引起的责任事故，部门主管审核确认故障报告，如事态影响较小，提出启动第三方调节需求（一般由监控 BPC 执行）；如事态影响较大，发给 IT 运作质量时，对于典型情况，由监控 BPC 协助输出监控流程案例。		
审核人意见	填写 4 级部门主管审核意见（原文）		
审核人	审核人姓名	审核时间	2013 年 X 月 X 日

图 8-10　华为事件故障报告模板

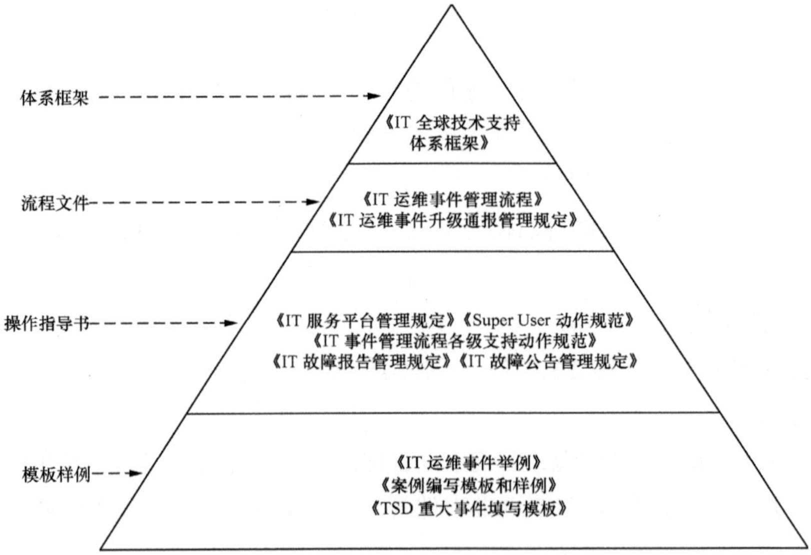

图 8-11　华为事件管理文件体系架构

③ 操作指导

针对各级支持内部运作以及各角色间接口关系的详细的作业指导书和管理指导书，是对事件流程的细化，促进各级支持组织内部和相互接口运作更规范、协调。主要的文件如下。

a. 用户自助相关的：《IT 服务平台管理规定》《Super User 运作规范》。

b. 各级支持相关的：《IT 事件管理流程各级支持运作规范》《IT 故障报告管理规定》《IT 故障公告管理规定》。

④ 模板样例

技术支持体系中流程、规范文件、操作指导执行过程中使用到的预先设计好的格式文件以及实际样例文件，部分可参考的文档有：

a.《IT 运维事件举例》；

b.《案例编写模板和样例》；

c.《TSD 重大事件填写模板》。

8.3 事件管理工具

华为事件管理的相关工具如下。

➢ “流程文档中心”（PDMC）：存放 IT 技术支持体系相关流程文件，职责与运作规范等文件。

➢ “SO 管理库”：存放常用操作指导、模板等文件。

➢ “IT Server and Application CMDB”：提供技术支持人员信息。

➢ “BAC/PATROL/NMS/NETVIEW/TEC/LG-MONITOR” 等监控工具：实现从机房设施、网络、系统、应用各个层级的监控。

➢ “Tivoli Service Desk”（TSD）：事件处理跟踪管理平台，实现事件登记、处理、跟踪及闭环等事件过程管理。

➢ “IT服务平台”（W3）：用户自助服务平台，展示IT服务内容、IT案例、IT 系统导航、IT 相关宣传、培训等，实现用户自助解决 IT 事件，不能自助解决的，用户可以在该平台提交 IT 事件。

➢ “事件跟踪管理平台”：故障报告、问题跟踪管理平台。

8.4 存在的不足

华为 IT 运维事件管理虽然足够完备和成熟，但是仍然存在不足。

➢ 由于严重依赖流程，需要耗费大量的 IT 系统平台承载，如 ITSM、ITOC 以及 Ecare 系统等。

➢ 流程管理的系统平台种类太多，过于复杂，如上列举的系统只是一部分，实际操作过程中会涉及更多管理系统的应用与对接。

➢ 由于事件管理流程复杂，IT 平台多样，需要的服务人力也是数量巨大，成本较高，不适合中小型企业复制。

➢ 流程化的管理都具有的缺陷：部分少数情况无法覆盖，会导致少数场景下事件的处理结果无法达到客户满意的状态。

8.5 小结

华为 IT 运维事件管理是基于流程的事件管理，通过多年的实践与改进，目前已经非常完备，华为所有的技术支持活动均以事件管理为入口，是非常典型的大型数据中心服务能力较为完善和成熟的案例。

华为 IT 运维事件管理在事件处理的（记录、分类、传递、升级、解决与恢复、回顾与闭环等）各个关键活动环节，对于输入和输出都具有严格的要求和完善的监控机制，并且均是通过公司级流程运行，由多种 IT 管理系统进行输入输出管理，从而形成一个行之有效的结构化的管理方法与方案，从根本上保证 IT 运维服务的服务质量，实现较高的客户满意度。通过 IT 运维事件管理的流程化实践，在全球范围内建立完善的 IT 运维管理解决方案，为全球各大型企业提供一个优秀的 IT 运维管理范例。

第9章

事件管理——民生银行信息科技部

9.1 关键控制点

事件管理是民生银行关键能力项之一，通过事件管理，确保在数据中心事件发生时，采取统一的事件管理机制，有效调动资源，快速响应，及时解决问题，使得业务尽快恢复，将对业务运营造成的负面影响降至最低。从早期的事件管理活动执行到能力项的建立，民生银行投入大量的资源，经历多次改进，使得事件管理相对比较成熟。目前，民生银行的事件管理得以有效运转，其关键控制点在于完善的管理机制、闭环的管理过程、有效的工具支撑及事件流程负责人和流程经理负责制。

1. 完善的管理制度

制定有效的事件管理制度是为了规范数据中心事件管理过程，及时消除或控制事件造成的影响，提高事件的应急处置能力和信息安全的综合管理水平。从事件管理制度的范围看，民生银行的事件管理制度包括了常规的事件管理制度，紧急重大事件的管理制度，以及与事件管理相关的可用性管理、监控管理、值班管理、ECC（企业总控中心）管理制度等。

从常规的事件管理制度上看，主要关注点如下。

➢ 事件管理面向的用户：由于事件管理涉及复杂的范围、流程，所以事件管理制度的建立需要企业的各个组织，从职能型的民生银行管理团队看，包括总行业务、运维、研发、信息安全、分行业务、科技等部门。在确定用户后需要制定用户间的职责分工，以提高协同能力，减少沟通成本。

➢ 事件管理面向的对象：在组织资源有限的情况下，面对多故障同时出现的场景，不同的信息系统需要有不同的优先级，所以制度建设过程中需要对面向的对象进行划分，如重要信息系统、一般信息系统。同时，对于不同的信息系统在不同的业务时段也应该有不同的保障级别。

➢ 事件管理的事件分级：事件定级时应优先考虑事件所造成的实际业务影响，可以从业务类型、系统重要程度、是否影响账务、是否有信息安全事件等方面进行分析。根据不同的量化组合，来划分事件级别。

➢ 事件管理的处理机制：事件处理机制是一个复杂的过程，要根据实际情况进行不断的调优。事件管理制度需要为事件处理机制明确一个大的指引方向，来引导机制的落地、工具的建设方向。

2. 闭环的管理机制

民生银行的事件管理机制包括了事前、事中和事后处理三大环节。

➢ 事前：完善工作机制、提高预警能力，提前发现问题。制定闭环的事件管理机制，要打通事件管理与监控管理、值班管理、作业管理、容量管理、IT 服务连续性管理等能力项接口，运用自动化、智能化的分析工具和手段，变被动为主动，做到事前预防。

➢ 事中：协同高效，快速恢复。事件处理过程中的一切决策都应以快速恢复业务为首要目标，首先从管理与工具层面解决故障处理过程中的信息孤岛问题，处理人员通过信息共享，共同排查问题，定位故障原因，采取应急处理措施，协同解决生产事件，做到事中及时有效处置。

➢ 事后：举一反三，持续优化。事后管理需要深挖事件根源，最大化地汲取事件经验教训。通过业务、开发、测试、运维和厂商等多方共同参与，对事件进行剖析、复盘，发现在工具、管理、业务和技术等层面的不足，进行持续优化，并对好的经验进行分享，依托经验库和技术规范做好经验的推广和实施工作。

3. 有效的工具支撑

信息系统复杂性不断提高使得工具的大面积应用成为必要手段，需建设的工具主要包括监控、服务台、经验库、自动化应急、ITSM，通过事件管理场景整合工具，形成一个事件管理的可视化场景或对事件管理的某一重要环节抽离形成一个可视化场景，比如故障应急场景等。

在上述的工具中自动化应急涵盖的内容比较多，民生银行根据不同的团队、不同的事件管理范围进行广度上的扩展，比如应用运维人员需要日志工具、切换工具、服务重启、应用回切等工具，DBA 需要数据库性能分析、索引创建等工具。

另外，在工具建设过程中可以沿用三个指导思路进行建设，即自动化替代手工操作、可视化场景整合、智能化提高工具深度与广度，从而为事件管理的有效落地提供支撑。

9.2 案例概述

1. 民生银行的事件管理现状

民生银行自2010年就启动事件管理流程的建设，建设初期主要参考IT服务管理的最佳实践ITIL，结合行内实际情况建设了IT运维管理平台。经过3年持续建设，2014年引入国际标准ISO20000和ISO27001，获得ISO20000和ISO27001认证，2017年通过行内精益六西格玛绿带项目，持续优化事件管理流程。

民生银行事件管理具有以下特点。

➢ 高层直接参与：事件管理在民生银行受到领导的高度重视，高层领导直接参与事件管理制度的编撰和修订，跟踪事件管理制度的落实情况，并直接参与事件分析总结会议，发挥领导带头作用。

➢ 严守“双十”目标：为缩短故障影响时长，从上报和处理两个环节分别拆分细化，删除冗余操作，固化必要步骤，以“10分钟故障定位、10分钟故障恢复”为目标，快速恢复业务服务。

➢ 多维度、立体化的工具支撑：通过统一监控平台发现事件，借助天眼日志、交易性能监控系统、全景运维系统和云图系统等平台快速定位故障原因，通过自动化运维平台实现故障恢复所需的标准化应急操作。

➢ 详尽的复盘总结和可跟踪的问题整改：每周例会由各技术团队共同复盘事件处理过程，针对需要整改的要点建立问题工单进行跟踪。

➢ 有效的流程KPI指标：建立针对事件处理人（服务台、一线、二线）、事件管理人的11项过程指标，针对事件本身的4项结果指标，通过全方位的KPI督促流程进行有效运转和持续优化。

2. 民生银行的事件管理发展历程

民生银行的事件管理流程从ITIL引入数据中心服务能力成熟度标准的采纳持续优化提升，经历了以下三个发展阶段。

（1）第一阶段（2010—2013年）导入ITIL理念，初步建立事件管理流程民生银行引入 ITIL 理念建立事件管理流程，并初步完成集中监控平台和 IT 运维管理系统的建设。在流程指导下，管理民生银行信息系统各类生产事件。但此时段尚未成立统一的运维组织，应用运维主要由开发人员负责，专业技术运维组和应用运维人员分别受理各自领域内触发的事件，缺乏及时有效的信息沟通和协同处置机制，处置效率较低，且处置手段基本以运维人员手工操作为主，处置耗时较长。

（2）第二阶段（2013—2017 年）引入 ISO20000 标准，完成 IT 服务管理和信息安全管理体系认证，完善事件管理工具支撑

2013 年随着新核心系统顺利投产，民生银行信息科技部进行组织机构调整，正式成立生产运营部，统一负责生产系统的运维工作，理顺各运维团队的职责边界，促进管理流程的进一步完善。2014 年民生银行参考国际标准 ISO20000 和 ISO27001，重建数据中心 IT 服务及信息安全管理体系，并通过了 ISO20000 和 ISO27001 管理双体系认证。事件管理是 ISO20000 的重点流程之一，也是民生银行重点建设的流程，具体如下。

a. 制定事件管理办法及实施细则。制定事件管理办法，明确谁做、做什么、何时做。细化事件管理实施细则，明确怎么做。制定标准化事件分析报告模板，固化上报标准。

b. 明确流程角色及具体分工。明确服务台、一线、二线、三线、事件流程负责人、事件流程经理、值班经理、值班主管的职责及与现有岗位的对应关系。

c. 细化事件管理的各项要求。包括事件定级、事件分类、事件流程 KPI、事件与其他流程对接等。

d. 持续进行 IT 运维管理工具的建设。依托 IT 运维管理体系建设，将 IT 运维管理系统与监控平台结合，实现事件派发和事件跟踪。部分事件处置操作由手工执行改为自动化工具操作，大大缩短了处置时长。

（3）第三阶段（2017 年至今）提高事件管理精细化程度，落地智能运维试点

随着民生银行业务的增长，信息系统数量逐渐增多。云计算、大数据、人工智能等新技术的采用，使系统架构越发复杂，安全生产的压力日益增加。数据中心提出“以客户为中心，提供极致客户体验”的理念，要求数据中心提供

可持续的高质量服务，对系统故障的容忍度越来越低，对事件处理的时间和效率提出更加严苛的要求。为适应这种要求，数据中心贯彻精益管理思路，参照数据中心服务能力成熟度标准，进一步提高精细化管理水平，不断优化事件处置流程，以第一时间恢复服务为首要目标。主要优化方向如下。

① 优化事件上报机制，提高协同处置效率。从服务台到值班经理采用固定判断标准作为依据上报事件，第一时间确定事件处置决策人及事件处理人，并由事件处置决策人协调各类技术资源协同定位问题，根据事件级别启动事件升级，上报突发事件领导小组，执行重大事件处置决策。

② 大力推广运维工具，提高标准化处理效率。依据天眼日志平台、交易性能监控、全景运维、云图可视化平台等工具快速定位故障，将应急预案和运维手册中的标准化处置措施固化到自动化运维平台，值班人员以恢复生产为第一要务，可以通过自动化运维平台进行应急操作，提高处置效率。

③ 积极探索智能运维技术，提高智能化运维水平。随着“监管控”工具的持续建设和使用，逐渐积累了大量运维管理数据，如何进行数据分析，提升运维精细化水平成为一个新的课题。民生银行数据中心引入大数据技术，构建完善的数据采集、数据分析和数据展示平台，以故障的异常检测和根源定位场景为突破点，实现系统关键交易指标和系统性能指标的异常检测，在系统故障时，能够通过机器学习算法自动定位问题的根源，进一步提升事件定位效率，提高智能化运维水平。

9.3 管理要求

1. 角色和职责

民生银行的事件管理能力项中的职能部门分为事件管理团队、事件协调团队和事件处理团队。事件处理团队下设事件处理人（服务台、一线工程师、二线技术专家、三线技术支持人员），事件协调团队下设事件协调人（值班经理、值班主管、事件处置决策人），事件管理团队下设事件流程负责人和事件流程经理。相关说明见表 9-1。

表 9-1 民生银行事件管理角色与职责说明

角色	角色定位	职责说明
服务台	服务台作为 IT 服务的统一入口，对于生产事件需要上报值班经理，对于无法解决的事件需要转派一线工程师。在实际落地过程中，有一些生产事件通过其他实时通信渠道获取，但要求必须在服务台进行留痕，以保证所有生产事件可追踪	1. 负责发现生产系统事件，及时按要求报告事件； 2. 负责创建事件工单，并将事件派发给一线工程师处理； 3. 负责跟踪事件处理情况和反馈事件处理结果； 4. 负责对已解决的事件进行满意度调查，确认后并关闭事件
一线工程师	为提高 ECC 协同应急处理能力，各职能团队需要安排值班人员到 ECC 进行一线值班，比如应用管理员、DBA、网络管理员等，他们负责生产事件的直接应急操作	1. 负责对事件进行初步处理，解决服务台升级的事件； 2. 对于可以解决的事件，负责落实解决方案，及时解决事件； 3. 对于无法解决的事件，应采取临时方案进行处理，并派发事件工单至二线技术专家处理
二线技术专家	通常一线工程师负责日常被动的操作性问题处理，二线运维负责运维计划性的工作，针对一线工程师无法解决的问题，将上升到二线技术专家工介入支持处理	1. 负责解决一线工程师升级的事件； 2. 如果需三线技术支持，负责协调三线技术专家协助解决事件
三线技术支持人员	如果遇到紧急情况，需要三线技术支持，三线主要是开发或厂商	负责协助事件处理，提供技术支持
值班主管	值班主管负责值班经理上报事件的协调处理	1. 辅助定位事件原因制定事件处置决策； 2. 负责管理和协调事件的报告、处理和跟踪； 3. 负责升级事件至生产运营部负责人； 4. 负责协调各类技术资源定位事件原因，并制定事件处置决策； 5. 事件处理完毕后，负责主持事件复盘和事件分析报告编写
值班经理	值班经理负责一线工程师的管理和事件的升级	1. 对发生的事件进行初步的影响分析和故障定界； 2. 及时确定事件处置决策人，并将事件情况上报值班主管； 3. 协助值班主管完成事件处理过程的报告、处理和跟踪

（续表）

角色	角色定位	职责说明
事件处置决策人	事件处置决策人负责事件处理过程决策	1. 负责协调各类技术资源定位事件原因，并制定事件处置决策； 2. 升级事件至生产运营部负责人； 3. 每 10 分钟通报事件处理进展
事件流程负责人	事件流程负责人负责统筹流程的管理过程	1. 负责总体协调事件管理流程的执行过程； 2. 负责事件管理流程的有效性和效率的跟踪； 3. 负责事件管理过程的持续改进
事件流程经理	流程经理负责事件管理机制的制定，以及相关机制的有效落地实施，流程经理需要持续对事件数据进行分析，牵头组织各方资源发现管理与技术方面的不足，并推动相关优化处理	1. 负责事件管理流程的组织、协调、跟踪，保障事件及时有效处理； 2. 负责组织四级和五级事件的事后定级； 3. 负责定期对事件管理情况进行分析和总结，并定期向事件流程负责人进行汇报； 4. 负责收集、审核并归档《事件分析报告》

2. 过程环节

基于闭环的管理思路，民生银行将事件管理的整体过程分为事前、事中和事后三大部分，其整体环节如图 9-1 所示。

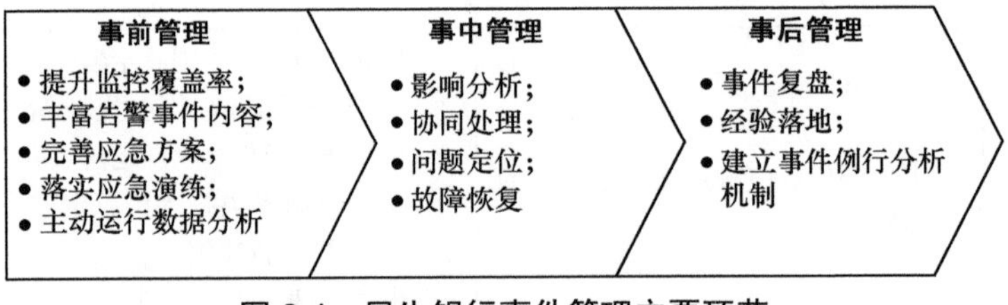

图 9-1　民生银行事件管理主要环节

民生银行注重事前防微杜渐，事中及时高效处置，事后深度总结提升，下面将围绕这三大环节进行详细说明。

（1）事前管理

在事前，民生银行通过监控、应急方案、主动运行分析、工具建设和实战演练等手段，实现事前的有效管理。

① 提升监控覆盖率

监控最基本的工作就是实现对 IT 资源的全面监控管理。民生银行将监控分为客户体验层、应用服务层、系统服务层、系统服务器层、基础设施层，并针对每一层管理对象制定明确的监控指标，持续提升监控覆盖率，具体如图 9-2 所示。

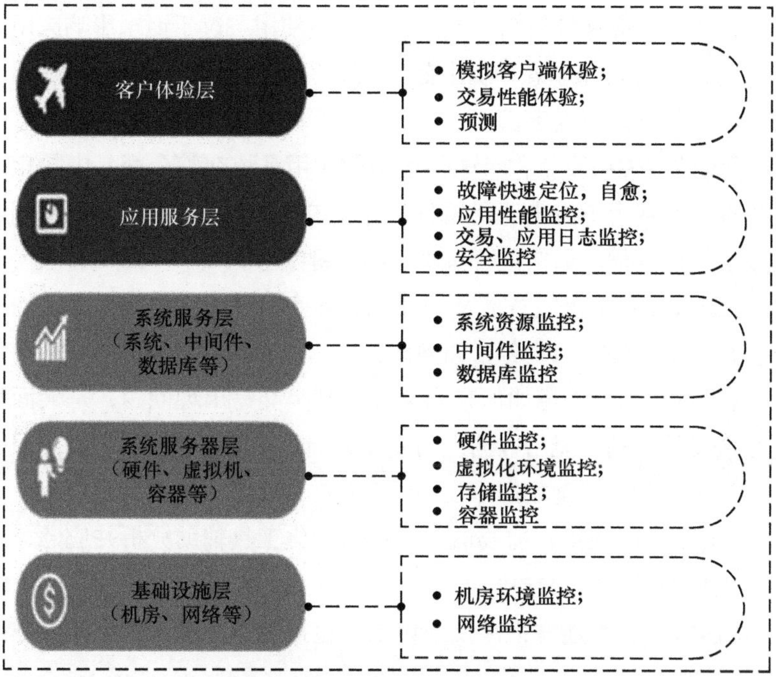

图 9-2 民生银行事件监控

② 丰富告警事件内容

完善的监控策略需要有清晰的监控告警提示，值班人员根据监控告警即可做出简单的问题定位与应急处理方案。比如，告警应给出哪个组件出了问题、是什么应用系统、可能是什么原因、对业务有什么影响、是否需要马上处理、有哪些相关的架构图、相关指标的同比趋势等信息。

③ 完善应急方案

最好的应急手段是提前消灭潜在的故障，不断的反思应急场景是否有优化的空间，提前制定好故障应急方案。在制定应急方案的过程中，需要注意避免以下问题：

a. 应急方案缺乏持续维护，缺乏演练，信息不及时、不准确；

b. 应急方案过于追求大而全，导致不利于阅读与使用；

c. 应急方案形式大于实际使用效果，方案针对性不强；

d. 只关注应急方案的内容，但没有关注运维人员对方案的理解。

应急方案内容应保持精简，方便运维人员使用。过于追求影响应用系统方方面面的内容，使应急方案可读性变差，最终变成一个应付检查的文档。合理的应急方案应包含以下内容。

a. 系统访问关系及架构：能知道当前应用系统在整个交易中的角色，当前系统出现问题或上下游出现问题时，可以知道如何配合上下游分析问题，如上下游系统如何通信、通信是否有唯一的关键字等。

b. 系统服务：系统服务涉及的日志、程序、配置文件在哪里，如何检查服务是否正常，如何重启服务，如何调整应用级参数，服务影响什么业务等。

c. 交易查询：能知道如何查到某支或某类交易出现问题，是大面积或局部，还是偶发性问题，能用数据说明交易影响的情况，能定位到交易报错的信息。这里最常用的方法是数据库查询或工具的使用。

d. 辅助工具的使用：需要借助一些自动化工具辅助分析并应急，这时需要有辅助工具如何使用的方法。

e. 沟通方案：沟通方案涉及通讯录，包括上下游系统、第三方单位、业务部门等渠道。

④ 落实应急演练

应急演练是检验、评估、提高应急方案的一个重要手段，通过模拟故障的发生，发现应急方案、人员技能、协作沟通等存在的不足。为了避免演练方案长年不变、演练的问题反复出现、只重视主备切换而忽视其他的可用性演练影响应急演练成效，应急演练应作为一个专项工作，有专人不断调整演练的目标，分步完善，让演练真正发挥其重要的作用。

民生银行特别重视业务连续性演练，信息科技部门与风险管理部门和业务部门一起，制定了完善的业务连续性应急预案，定期组织业务连续性演练，并在IT服务连续性演练过程中融入业务连续性应急预案场景，建立了通畅的部门间协同演练机制，为应对业务连续性风险提供了坚实的保障。

⑤ 主动运行数据分析

通过对运行数据进行分析，提前发现问题，并进行架构和性能优化，或推动研发团队从应用层面进行优化。主动的运行分析可以从性能、容量、审计场景等方面进行开展，每个场景还可以进一步细化，如性能从应用、数据库、中间件等维度进行分析。应用性能从应用的交易量、成功率、响应时间三个维度进行分析，特别是针对交易类系统的分析，数据来源可以是Web日志、数据库交易流水、网络交易性能分析数据等。

（2）事中管理

当事件发生时，应根据事件级别采取相应的处置策略。事件处置相关工作如下。

① 影响分析：分析业务量变化、业务成功率、性能等情况。通过APM、BPM、NPM和业务监控等工具，引入业务重要指标的汇总面板来快速展示业务影响，判断业务影响范围，确定相关责任岗位，及时发布事件信息，组织人员进行处理。

② 协同处理：协同处理的主要目标是降低各团队沟通成本，提高事件处理效率。民生银行通过ECC总控中心统一协调故障处理过程。当事件出现时，值班经理协调各个职能小组的一线人员分头排查，对于疑难杂症应该立即升级二线运维资深人员介入支持，对于进一步升级的事件还需要启动紧急事件处理流程。

③ 问题定位：问题定位主要判断问题根源，判断到底是哪个应用或者哪个技术组件的问题，是自身问题还是受关联系统影响。日志数据、事件关联分析、变更工单、经验库等信息能有效提升问题定位速度，问题定位后制定事件处置方案。

④ 故障恢复：根据事件处置方案快速操作，消除故障。故障恢复涉及各类工具及恢复场景的建设，比如应急三板斧的重启、切换、回切。

（3）事后管理

本着“发挥事件最大价值”的理念去深挖故障背后的问题，以不追责的方式分析故障，分享事件经验教训，不断完善每个环节的不足。

著名的“海恩法则”是这样的，一起重大的飞行安全事故背后都会有 29 个事故征兆，每个征兆背后又有 300 个事故苗头，每个苗头背后还有 1000 个事故隐患。由此可见，对隐患、苗头、征兆的忽略，是导致意想不到的安全事故发生的罪魁祸首。

在事件分析的过程中，民生银行将注意力聚焦在管理与技术的问题上，通过举一反三的方式，深究事件管理背后的问题。在事件总结分析中有以下几个重点。

① 事件复盘：从事前的监控覆盖、应急手段、主动分析落实情况，事中的协同管理、工具支撑，事后的持续优化跟进情况进行分析。提出以下疑问。

a. 监控是否及时发现并预警。

b. 监控是否可以更早地发现。

c. 监控如果未发现，为什么没有发现，是监控覆盖能力问题，还是监控工具使用方的问题。

d. 监控发现后，是否及时处理。

e. 如果监控未及时处理，是一线值班人员工作流程问题，还是工具问题。

f. 监控受理后，处理时间是否有优化空间。

② 经验落地：事件经验通过手工录入，或在事件处理过程中将经验关联到知识库。针对一些共性问题，可以补充完善现行的技术规范，并通过简报或专题培训的方式让更多人从事件经验中获益。

③ 建立事件例行分析机制：事件的总结不能只针对某个事件进行，需要有一个例行化的分析机制，如每天对前一天的事件进行分析，每周进行更高层面举一反三的分析优化，每月进行相关部门间的事件分析。

3. 事件管理的触发、输入与输出

（1）触发

民生银行事件有自动和手工两种方式进行触发登记。统一监控平台的告警可自动触发生产事件登记，运维人员通过巡检或运维分析等手段发现事件进行上报登记。

（2）输入

事件管理的输入为监控告警记录、人工巡检发现的问题、运维过程中发现的问题等。

（3）输出

事件管理的输出为事件工单、事件分析报告、事件管理流程报告、应急预案场景、事件过程指标与结果指标考核结果和必要的知识等。

4. 能力项接口

事件管理流程与其他能力项关联比较紧密，关系如图 9-3 所示。

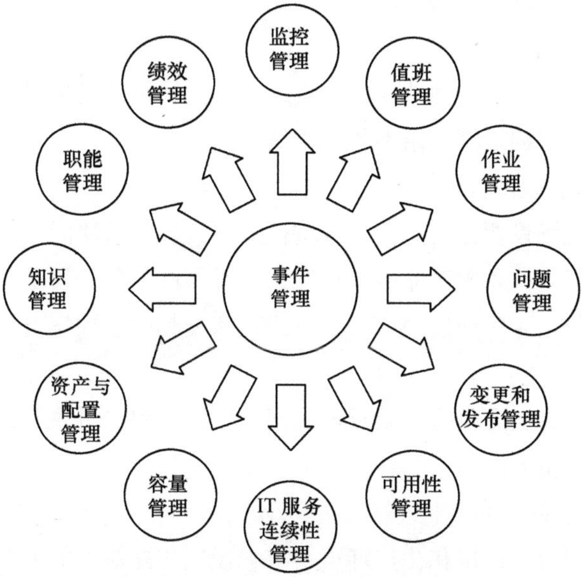

图 9-3 民生银行事件管理接口

① 监控管理

监控管理是事件管理的主要输入，服务台通过统一监控系统发现主要告警，并在规定时限内通知对应的系统负责人，确认该告警是否有影响。统一监控系统设定了邮件和短信的通知规则，确保事件及时通知通告。

② 值班管理

事件处理人中，一线工程师又称一线值班人员，负责第一时间处理事件和告警，如果无法解决，需要升级到二线技术专家。

③ 作业管理

在作业管理过程中发现的异常行为，要在事件管理过程中进行记录和跟踪处理。

④ 问题管理

问题管理与事件管理的关系比较紧密，事件管理的目的是快速解决，问题管理的目标是查找根源，禁止事件重复发生。对于未找到根本原因、影响比较严重的事件，通常建立问题单进行分析，确保事件得到根本解决。

⑤ 变更和发布管理

事件的解决方案需要通过变更和发布解决时，应建立变更工单进行解决，并将事件与变更单进行关联。

⑥ 可用性管理

事件管理是影响可用性的重要因素之一，突发事件发生时，可能发生系统中断现象，进而影响系统可用性的计算结果。

⑦ IT 服务连续性管理

事件的处理场景要在应急预案中进行阐述，事件解决时可查看应急预案进行应急处理，通过应急预案命中率指标，查看事件应急处置是否包含在应急预案中，如果未包含，应通过事件管理流程直接发起应急预案更新流程。

⑧ 容量管理

针对性能容量类型告警，要求强制建立事件工单进行跟踪，并定期通报由于性能容量不足引起的生产事件。

⑨ 资产与配置管理

资产与配置管理记录和生产环境所有配置项和配置项的关系，在生产事件处理过程中，需要通过资产与配置管理的数据进行关联影响分析，达到快速定位故障的目标。

⑩ 知识管理

事件处理过程中的解决方案可以作为知识进行记录和应用。通过知识的积累和传递，丰富事件处理人解决问题的能力，进而提高人员的处理效率。

⑪ 职能管理

事件管理明确设置了相应角色，不同的角色要求不同，另外这些角色与数据中心实际岗位角色是有对应关系的，确保职责可以有效落实。

⑫ 绩效管理

事件管理应设定过程指标和结果指标，过程指标用来考核事件处理人和事件管理人，结果指标用来衡量流程的运转情况。通过每周周报、每月月报统计流程指标的达标情况，对于未达到要求的员工进行通报批评，对于流程建设过程发挥积极作用的员工直接给予奖励。

9.4 事件管理工具简介

民生银行 IT 运维工作经历多年实践，在事件管理方面已经建立了 CMDB、流程平台、日志管理平台、各类系统监控、应用性能监控、自动化平台、运维大数据平台等管理工具。

1. 基本功能

事件管理模块的基本功能包括事件记录、事件解决、事件查询等，具体的说明如下。

（1）事件记录

事件记录主要通过事件工单进行记录，工单信息包括请求人信息、事件基本信息（主题、来源、发生系统、优先级等）、事件处理过程、事件定级结果等。

（2）事件解决

① 事件定级

根据是否对业务服务产生影响、持续时长、客服客户投诉量、是否交易时段、交易量损失占比、资金损失程度、资金涉及程度等因素对事件定级。通过事件定级模式对生产事件进行定级，不同级别的事件处理要求不同。

② 事件解决

运维人员依靠运维管理工具，快速定位事件的原因，采用自动化工具，实现事件的快速解决。

（3）事件查询

事件查询功能主要分为三个维度，分别为当前处理人可以查看个人名下待办工单和已办工单；普通用户可以通过工单管理功能查询相关事件单，工单管理过滤条件相对简单；流程经理可以通过高级查询功能根据不同的查询条件组合过滤事件单。

2. 扩展功能

除了基本功能，为提升事件处理效率，民生银行对事件管理进行大量的优化，推动事件快速解决。事件管理模块的扩展功能包括事件关联、通知通告、可视化指标、事件分析报告等，具体说明如下。

（1）事件关联

事件管理可以与问题管理、应急预案管理、变更管理等流程进行关联，并以事件管理流程为抓手，推动其他流程的持续建设和改进。

（2）通知通告

事件处理过程，会通过邮件和短信通知当前处理进行工单处理，另外可通过督办按钮，督促当前处理人进行事件的处理。对于影响比较严重的事件，值班经理会督促当前处理人进行事件的解决及后续分析。

（3）可视化指标

根据事件处理过程记录及事件 KPI 设定规则，系统自动生成事件管理流程 KPI 报表，定期发送至相关领导和人员。

（4）事件分析报告

事件分析报告可以通过运维管理系统自动生成。对于影响比较严重的事件，事件流程经理会组织事件处理人完善事件分析报告，并根据事件报告定期进行复盘。

3. 特色功能

为进一步提升事件处理效率，民生银行以上述平台为基础，借助架构可视化工具，整合配置数据、监控数据、自动化操作、变更数据，为事件处理提供更完整、更直观、更易用的信息查询和操作界面。下面是几个典型的事件处理场景和相关工具界面。

（1）故障定位

根据以往的事件处理经验，约 80% 的时间花费在故障定位环节。当发生复杂事件时，往往需要专家现场绘制各类架构图以帮助不同专业团队了解故障对象间的交互关系。为了提高故障定位能力，民生银行建设了可视化的应用墙及应用部署架构，在故障时帮助运维人员更加直观的判断故障域和故障节点，如图 9-4 所示。

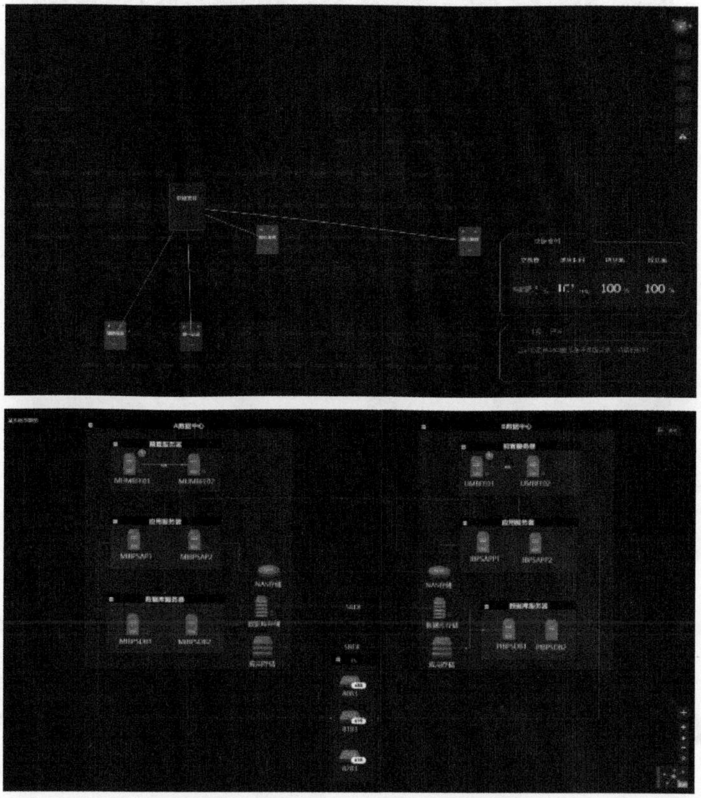

图 9-4 民生银行可视化应用墙展示

（2）整合故障处理能力

针对某一事件，民生银行整合事件分析所需的一系列周边信息和操作能力，包括：配置数据、历史性能数据、处置经验、一键巡检操作、进程重启操作、服务器重启操作等，减少管理员来回切换多个工具的操作时间。事件分析工具如图 9-5 所示。

（3）故障处理后的业务验证和复盘

完成处理后，可对比相应架构图中的实时监控数据，确认故障处理效果，并可借助 IT 运维架构可视化系统，对故障的形成原因及解决方法进行复盘，制定预案，为可能的故障二次发生或次生风险提供预防措施和紧急处理指导意见，如图 9-6 所示。

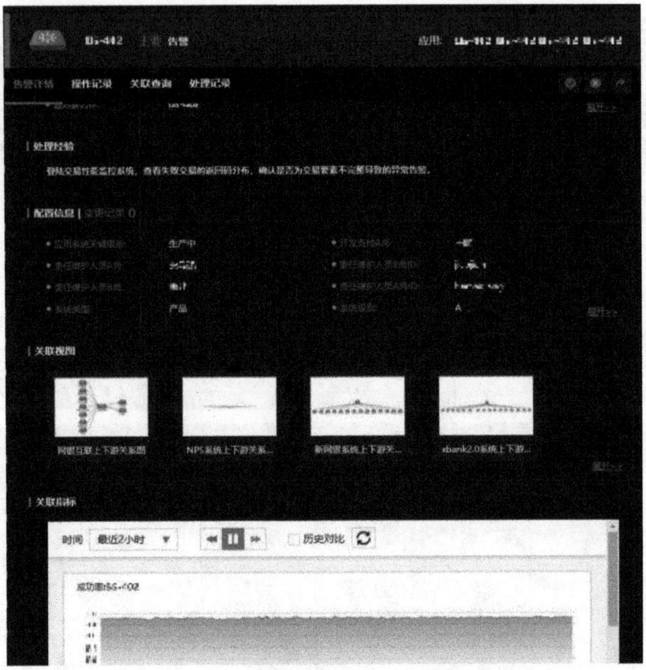

图 9-5　民生银行事件分析工具展示

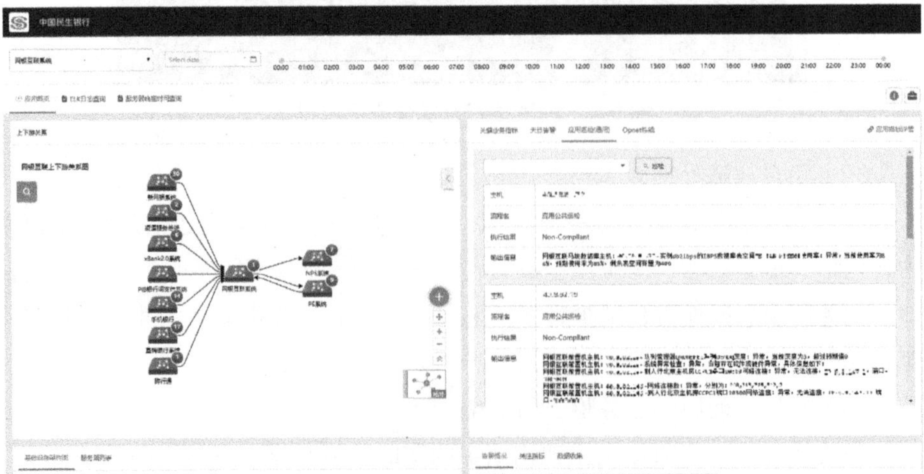

图 9-6　民生银行故障处理后的业务验证与复盘展示

（4）持续优化告警数据处理规则

告警数据的及时性、准确性、丰富性会直接影响故障处理效率。因此，民生银行对告警数据处理规则进行了监控和可视化展现。监控运营人员可以直观地查看每条告警的数据处理规则，有助于及时发现监控系统告警事件处理的问题，并持续优化监控系统，如图 9-7 所示。

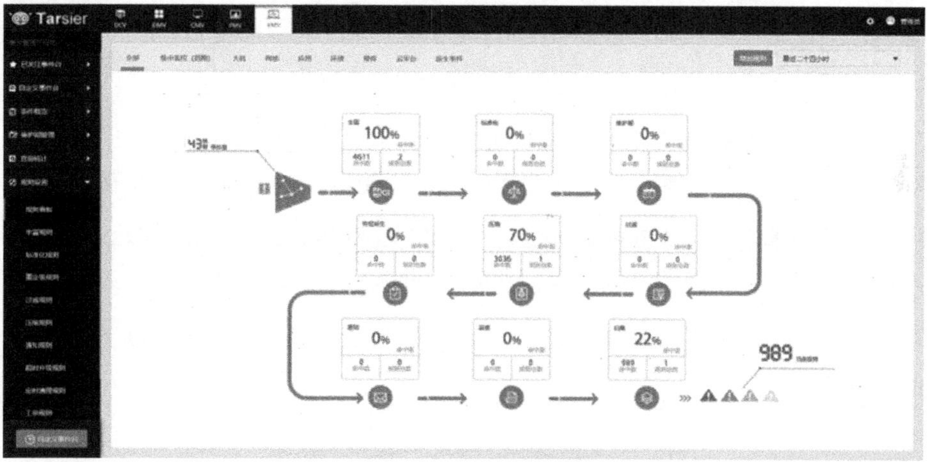

图 9-7 民生银行监控告警展示

9.5 后续改进

能力项的建设是一个长期的过程，经过多年的建设，民生银行事件管理的整体框架和管理要求已相对成熟，下一步将主要围绕执行层面进行改进，具体如下。

加强事件管理制度审计检查

事件管理制度每年都进行修订，目前主要依靠每年管理体系内审和风险管理部门的风险评估进行检查，检查频率低。对此，民生银行计划采取的措施包括：

① 事件流程负责人和流程经理牵头组织事件管理流程制度落地情况的自

查，对不符合项要求的问题进行整改；

② 体系总协调会对制度落地情况进行抽查，对未按要求落实的情况进行通报，并作为流程管理人考核的输入；

③ 组织开展事件管理流程意识宣贯，明确事件管理要求。

9.6 小结

事件管理是运维保障的基本底线之一，也是民生银行的重点管控对象之一。民生银行通过管理与技术手段不断完善，实现了事前预防、事中处置和事后总结管控水平的有效提升，并通过主动发现潜在问题，协同高效处置事件等手段，确保事件管理的目标达成，从而保证服务质量与可用性水平。

第 10 章

问题管理——招商银行数据中心

成熟度标准中提到的“问题管理”来自于ITIL最佳实践。在ITIL V3 2011版中，将问题定义为“引发一个或多个故障的未知原因”，问题管理的目标描述为“对所有问题的全生命周期管理，减少负面影响，防止故障的再发生”，换言之，找到引发问题的根本原因是问题的意义所在，也是问题管理能否有效运行的关键所在。而这些定义与描述，同样被成熟度标准引入。

问题管理的目标

通过采取措施消除事件的深层次原因，预防事件或问题再次发生，降低重复事件的影响，提高数据中心服务质量和稳定性。

问题管理是一个主动式的能力项，其有效运转依赖于实施人员的主观能动性和专业能力，即相关人员是否有意愿或有能力将异常识别为问题。有些组织希望加强问题管理，却对什么是问题有些茫然，尤其是引发的事件都得到了及时关闭的情况下。有这样的一个案例，某数据中心将问题管理定义为发现事情的根本原因，解决潜在风险。但实际运行时却将问题作为开给开发部门的督办单，用于督促开发部门实现开发层面的需求。该数据中心的问题管理负责人表示，造成这种情况的并非该中心人员不知道什么是问题，而是在日常工作中发现不了问题。这个例子充分体现了问题管理作为主动式能力项的特质。因此，问题管理得以有效运转的第一步，是有一个清晰的问题定义和明确的范围划分，并切实贯彻执行。

问题的处理流程，一般都会包括提交问题、分析问题和解决问题这几个关键环节。一个有效的问题管理流程，往往需要具备以下特点：

① 有明确的质控环节，能够尽可能地确保问题的价值和质量；

② 有评审机制，通过多维度多角度的评审，确保对问题的原因分析深入有效，解决方案执行到位；

③ 对问题保持跟进，建立问题的闭环管理机制，确保问题得到及时的跟进。

问题管理的关键活动与管理要求

（1）问题的识别与记录：应明确问题触发条件并识别问题

> ① 应明确问题来源和触发条件；
> ② 应识别问题并记录。
> （2）问题分类与分级：应对问题进行分类分级
> ① 应有明确的问题分类分级定义；
> ② 应按问题的属性划分问题分类和优先级。
> （3）问题分析与升级：应查找问题的根本原因
> ① 应分析问题现象和关联事件，定位根本原因；
> ② 应根据需要，转派后线支持人员处理。
> （4）问题解决：应制定问题解决方案并实施
> ① 针对问题的根本原因，提出并实施根本解决方案，并记录解决过程；
> ② 暂时无法根本解决的问题，应采用规避措施作为临时解决方案；
> ③ 应监督监控问题处理进展，并根据需要协调解决。
> （5）问题回顾与关闭：应回顾和关闭问题
> ① 应有明确的问题关闭规则；
> ② 应回顾问题的解决过程与结果。

对于第三点，当问题的解决方案涉及开发、采购等流程时，实施周期往往会相对延长，如何确保问题尤其是那些优先级或重要性并不是很高的问题得到持续有效的跟进，而不是被遗忘或忽略。其中一个有效的方法就是定期的总结汇报，通过领导的关注予以跟进——与其他能力项一样，问题管理也非常依赖于领导及管理层的支持。这种汇报的频度不宜过低，从而引起领导及管理层的持续关注，推动相关人员将问题的各项管理要求有效落地。

下面将以招商银行数据中心（以下简称“招行数据中心”）的问题管理作为案例，与各位读者分享。

10.1 关键控制点

招行数据中心的问题管理得以有效运转的关键控制点为多维度的质控机

制、深入的问题管理月报和行之有效的考核机制。

1. 多维度的质控机制

招行数据中心对问题的质量控制覆盖了问题的整个生命周期，既包括问题创建时的有效性判断、问题原因分析是否入木三分、解决方案是否对症下药的评审，又包括问题解决方案实施效果的管控。可以说，对问题全生命周期的质控，是保证问题质量的前提之一。

2. 深入的问题管理月报

问题管理月报是招行数据中心每月发布的、记录当月运行情况的报告，在月度中心例会中向中心领导和各室组领导汇报问题管理月报中所记录的异常问题通报和问题指标达成情况通报等内容，能够极大的引来各室组领导关注，并在后续工作中予以优先解决，从而确保能力项的有效运转。

3. 行之有效的考核机制

招行数据中心的问题管理 KPI 经历了多次调整。早期的 KPI 侧重于使中心人员建立问题管理的意识，养成使用问题管理能力项的习惯。调整后的 KPI 则通过关注问题的质量、解决时效的方式，督促问题深入的分析和及时的解决。行之有效的考核机制，成为了确保问题管理有效运转的关键控制点之一。

10.2 案例概述

1. 招商银行数据中心的问题管理现状

作为关键能力项之一的问题管理，在招行数据中心得到非常高的重视，其定位为“日常运维过程中问题的识别、提交、解决与回顾，包括事件升级的问题以及主动性问题”。其中，事件升级的问题被称为被动提交问题，来自于由事件升级产生和第三方审计或检查发现，招行数据中心为此制定了事件升级问题的详细规则。主动性问题又称为主动发现问题，指的是主动对现有事件、隐患、趋势、监控信息，以及外部影响因素等进行分析、评估所提交的问题。目前招行数据中心的问题中，主动性问题的数量相对更多，称为管理焦点。

招商银行数据中心的问题管理具备以下特点。

① 高层高度关注，并直接参与：招行数据中心高层不但对问题管理的运行效果高度关注，而且切实参与到具体的问题解决过程当中。除了通过例会听取问题管理的汇报外，也直接指定相关人员创建问题，亲自参与所有关键问题的评审。

② 对问题进行明确的分级：招行数据中心的问题管理分为关键问题、普通问题和轻量问题，而这三类问题的提交方式、处理流程和质控环节均不相同，考核时的权重也不相同。这样充分体现出“关键问题，关键处理”的管理思路。

③ 多维度的问题质量控制：从问题的创建开始，问题主管、问题经理、流程经理和技术专家等角色介入问题的处理流程，对问题的自身价值、原因分析深入程度和解决方案有效性进行全周期的质量控制。

④ 有效的工具支撑：ITIL 系统的问题管理模板，在经历过多次优化以后，基本实现各项管理要求，能够为流程的运转提供必要的支撑。

在 2016 年的成熟度评价中，招行数据中心的问题管理获得 4.59 分，所取得的成效也得到各位评价专家的一致认可。而能够取得这样的成果，离不开相关人员多年持之以恒的努力与改进。

2. 招商银行数据中心的问题管理发展历程

招行数据中心的问题管理，是随着 IT 服务管理体系的建立而建立的。随着管理精细化等思路和机制方面的调整，问题管理也得以不断的调整和优化，并从 2016 年开始，进入相对稳定的运行阶段。整体而言，问题管理共经历了三个阶段，“建立期”“优化期”和“稳定期”。

（1）建立期

问题管理的第一版流程文件发布于 2012 年，在该项管理制度中明确了问题优先级和类别，初步制定了问题的管理策略，明确了问题的管理流程，并在 ITIL 系统中建立了对应的功能模块。

该时期问题管理主要有以下特点：

- 问题类别划分为重点问题和普通问题；
- 根据问题的影响程度和发生可能性明确对应的风险级别；
- 问题处理过程包括问题的提交、解决、回顾和关闭。

（2）优化期

问题管理建立以后，经过一段时间的试用，流程负责人发现流程的运转存在以下异常：

- 相关人员对问题的定义不够了解，不明白到底什么应该属于问题；
- 问题执行度不够，问题管理流程使用程度较低；
- 问题质量不高，很多人提交的问题价值不大；
- 问题长时间无人跟进。

对于这些异常，随着招商银行数据中心领导对问题管理重视程度的不断提高而越发凸显。有鉴于此，问题管理在接下来的时间中，发生了如下改变。

- 调整流程负责人，流程负责人由原运行调度室人员调整为一线室组人员，以提升对流程运转的把控。
- 增加关于问题的 KPI，从考核的角度加强问题流程的使用。
- 增加问题的质量控制环节，从问题的创建开始，就通过第三方角色对问题进行相应的控制，提升问题价值和解决质量。
- 建立问题月度汇报机制，每月向中心领导汇报当月的问题情况。
- 增加轻量级问题分类，将问题分为重点问题、普通问题和轻量级问题，其流程和管理重点各自不同。
- 优化工具，提升规范性和便利性。针对问题无人跟进的情况，增加提醒功能，督促问题责任人反馈进展。

上述措施，尤其是 KPI 的设置，使得问题流程的使用程度得到了大幅度提升。但流程在得到大量使用的同时，仍面临着一系列问题。

（3）稳定期

进入本阶段后，问题管理的相关要求不再进行大幅度的调整，但仍然进行持续优化，具体如下。

- 流程负责人再次调整，形成运行调度室人员为流程负责人 A 角，一线室组人员为 B 角，且 B 角的人员数量达到 3 人。这样能够在保证问题管理强度不变的情况下，减少对流程负责人本职工作的影响。
- 调整 KPI，不再关注问题提交的数量，而关注问题的质量和解决时效。
- 细化问题的分析维度，要求问题责任人从人员、技术、流程和资源 4 个维度对问题进行分析，并形成解决方案。
- 加强问题的评审，对于上述 4 个维度，指定责任人，对问题的分析和解决情况进行相应的评审。

➢ 建立问题审计制度，每月对问题的质量、跟进情况进行相应的审计，发现存在的异常。

经过这一系列的调整，使问题的执行效果得以进一步提升。问题质量有了较大程度的提高，历史遗留问题也得到清理。下文将就招商银行问题管理的各个控制点进行说明。

10.3 管理要求

1. 角色和职责

招商银行数据中心问题管理的流程负责人被称为问题经理，负责流程的建设、改进和监控等方面的工作，除此之外，还承担问题流转过程中的问题关闭，以及月度问题报告编制的工作。

问题经理分为 A、B 角，其中，A 角由运行调度室人员担任，更多的是承担问题流程改进和月度审计的工作，而 B 角由三位一线室组的人员担任，更多的是对每个问题进行质量控制，按照领导要求关闭重点问题，编制问题管理月报。所以 A 角和 B 角是有一定程度的分工，各司其职。当然，B 角也会参与流程改进和审计方面的工作。

除问题经理之外，问题流程的其他角色见表 10-1。

表 10-1 招行数据中心问题管理角色职责表

角色	职责描述
数据中心管理层	对重点问题的解决进行确认，并授权重点问题关闭
问题主管	1. 识别和审核问题有效性，指定问题负责人； 2. 审批问题解决方案，并就方案提出改进意见； 3. 审批问题解决结果，并进行评价
流程经理	1. 审批与流程相关的问题原因及其解决方案，并就方案提出改进意见； 2. 验证与流程相关的解决方案的实施情况和实施效果，并对问题的解决质量进行评价

（续表）

角色	职责描述
技术专家	1. 当问题的优先级为 L3 及以上时，审批与技术相关的问题原因及其解决方案，并就方案提出改进意见； 2. 当问题的优先级为 L3 及以上时，验证与技术相关的解决方案的实施情况和实施效果，并对问题的解决质量进行评价
供应商经理	1. 审批与供应商相关的问题原因及其解决方案，并就方案提出改进意见； 2. 验证与供应商相关的解决方案的实施情况和实施效果，并对问题的解决质量进行评价
问题管理员	1. 负责将本室组的普通问题标记为重点问题； 2. 负责及时跟进本室组的问题进展，并进行统计； 3. 负责提交本室组的问题候选列表
问题提交人	1. 发现并提交问题； 2. 配合问题负责人解决问题
问题负责人	1. 分析问题根本原因，制定、执行解决方案； 2. 对问题进行总结，将问题的解决方案更新到知识库； 3. 问题提交人和负责人可以为同一人员

需要说明的是，无论是流程经理还是技术专家，均是多位人员的合称。而供应商经理这个角色，因为其特殊性，故从流程经理中单独提取出来。

2. 过程环节

招商银行数据中心的问题管理，从整体上也同样分为提出问题、分析问题和解决问题等几个环节。而问题类型也可分为重点问题、普通问题和轻量级问题，其对应的流程也各自不同如图 10-1 所示。

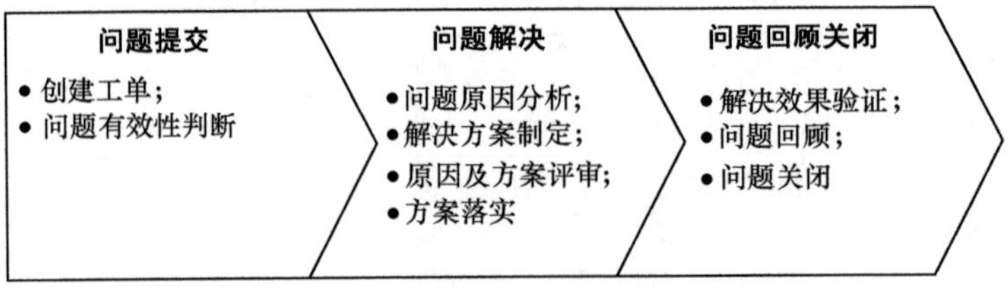

图 10-1 招行数据中心问题管理流程

（1）问题提交

➢ 问题提交人发起问题，创建问题工单，并在创建过程中选择问题级别为普通问题或者轻量级问题。问题级别一旦选择，无法更改。而重点问题是一个标签，可在后续添加，根据所选的室组自动匹配问题主管。

➢ 对于普通问题，由问题主管判断是否为有效问题，并为问题指派问题负责人，指派完毕后由问题经理进行复核。

➢ 对于轻量级问题，不经问题主管和问题经理审核，直接转至问题负责人响应并处理。

（2）问题解决

➢ 经问题经理复核确认的问题，由问题负责人响应处理。

➢ 问题负责人需要从人员、技术、流程和资源 4 个维度对问题进行原因分析，并制定对应的解决方案。对于不涉及的维度，问题负责人可适当删减。

➢ ITIL 系统会自动根据问题所涉及的维度发送问题主管，以及对应的流程经理、技术专家和供应商经理，由这些角色完成对自己所负责部分的评审。所有评审角色都可以将问题工单退回。

➢ 问题负责人实施解决方案，并将实施过程和实施结果按实记录。

招行数据中心问题质控如图 10-2 所示。

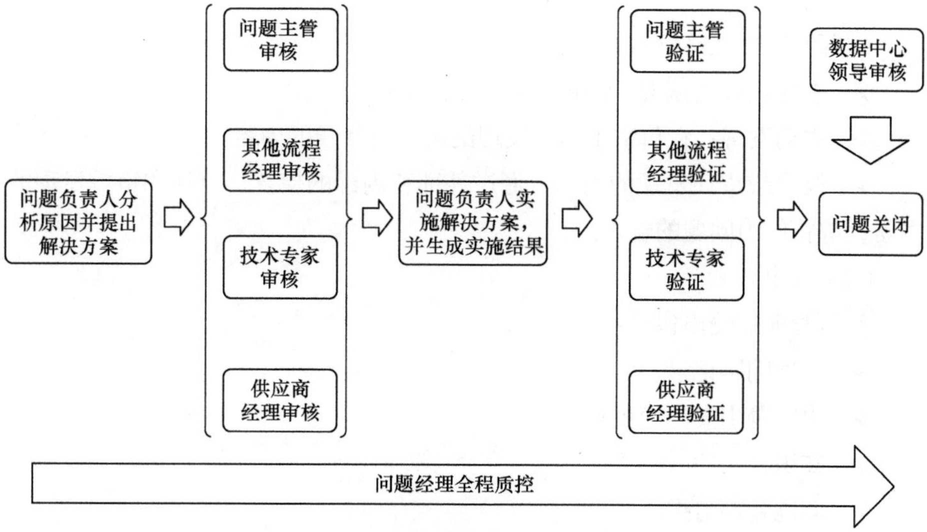

图 10-2 招行数据中心问题质控

（3）问题回顾

解决方案实施完成后，问题经理将问题提交至问题主管、流程经理、技术专家和供应商经理，使其对问题的解决情况进行验证。对于不符合预期或者实施效果不佳的问题，退回解决阶段，重新执行。

（4）问题关闭

➢ 问题验证通过后，由问题经理统一关闭问题。

➢ 对于重点问题，问题经理会将该问题所附上的所有材料发送至招商银行数据中心领导，根据领导对问题的回复意见，对重点问题采取关闭或退回等方式进行处理。

3. 问题管理的触发、输入与输出

（1）触发

问题管理作为一个主动式的能力项，一般在招行数据中心各室组，尤其是一线室组日常工作中发现异常或有价值的问题时主动执行。招行数据中心不对问题的创建作强制要求。

不过在实际工作中，中心领导通过例会指定问题，由相关责任室组负责解决，而这类问题一般也会被识别为重点问题。

（2）输入

问题管理的直接输入如下。

➢ 事件：包括重大事件和重复发生的事件。

➢ 主动发现：在日常工作中发现的可作为问题的内容。

➢ 检查或审计发现的问题：通过外部和内部的检查、审计和审核发现的异常，都将作为问题的输入。

（3）输出

问题管理的输出包括：

➢ 各项问题记录；

➢ 由问题引发的变更；

➢ 知识；

➢ 问题管理月报。

4. 能力项接口

问题管理是一个能力项接口相对较少的能力项，因其特性只与事件管理、变更管理、知识管理等几个能力项有直接接口。

（1）事件管理

事件管理是问题管理的主要输入。按照规定，当发生的事件为造成可用性中断的事件时，必须升级为问题。非可用性事件可酌情处理。但当非可用性事件重复发生时，也应升级为问题。

（2）变更管理

问题的解决方案中，涉及技术维度的措施的实施方式往往需要通过变更管理予以落实。

（3）知识管理

按照知识管理的要求，高质量解决的问题都应纳入知识库中，从而提升问题的价值。当然，实际执行过程中这一点执行得并不好。目前，招行数据中心在对此进行优化。

5. 其他管理要求或控制点

（1）问题管理的关注点

招行数据中心的问题管理关注点如下：

➢ 有效性控制：确保问题的价值。提出的问题在专业性、必要性等方面对数据中心具有相应的价值。规范问题的描述，重点加强对重点问题的管控。

➢ 问题的时效：确保提出的问题能够及时响应、及时跟进、定期更新。通过考核、提醒等方式鼓励及时跟进和更新问题。

➢ 问题的解决质量：确保问题能够及时、有效、准确的解决。因此需要各角色的参与和质控。

➢ 电子化工具的有效支撑：确保电子化工具能够有效和高效的支撑问题流程的运转。

➢ 问题的定期汇报：通过月报、年度报告等方式，定期向领导报告流程的执行情况。

➢ 问题的严格考核：问题的 KPI 在 ITIL 考核中占有重要的比重。

（2）问题的分级

根据受关注度、复杂程度和时效要求等属性的不同，问题按照重要性分类由高到低依次是重点问题、普通问题和轻量级问题。这些问题在问题的界面、来源、字段和填写等方面的要求均保持一致，具体说明如下。

① 重点问题

重点问题是数据中心最重要的问题，应受到各室组的高度重视，并投入必要的资源优先解决。重点问题的来源如下：

a. 数据中心领导关注并指定的问题；

b. 可用性事件升级成的问题；

c. 信息安全问题；

d. 第三方审计发现的问题；

e. 其他渠道的重要问题。

② 普通问题

未做其他说明的问题，重要性较重点问题低，但各室组仍需要投入必要的资源，以定位并解决导致问题发生的根本原因。

③ 轻量级问题

轻量级问题是问题下的一个分类。与普通问题相比，轻量级问题一般具有如下特性：

a. 复杂程度相对较低；

b. 重要性相对较低；

c. 预期收益相对较少；

d. 预计完成时间相对较短。

（3）不同级别问题的区别

对于不同级别的问题，其各项要求也各自不同，具体如下。

① 处理流程不同：轻量级问题不需要对问题的有效性进行判断，可直接由问题负责人响应并处理。

② 时效要求不同：重点问题、普通问题和轻量级问题对于时效的要求和关注点不同，区别如下。

a. 因重点问题和普通问题有时需要较长的时间进行原因分析和解决方案

验证，因此这两个级别的问题重点关注计划完成时间的准确性和定期的处理进展更新；

b. 因轻量级问题的流程较短，轻量级问题重点关注问题的及时响应和快速处理。

③ 问题跟进要求不同：重点问题的问题负责人应每月汇报问题处理进展，普通问题和轻量级问题不作要求。

（4）问题的有效性管理

招行数据中心为确保各室组提交的问题能够符合问题管理流程的定义和相关要求，切实有效并为数据中心带来价值，特在问题管理流程中加入对问题有效性的控制，具体如下。

➢ 问题提交人在填写问题基本信息时，应按照相应的规范要求填写，以确保能够简要清晰的对问题做出描述。

➢ 问题主管应从专业性、必要性和对数据中心的价值等角度，对问题的有效性进行判断，对发现的无效问题，应及时给予关闭。

➢ 问题经理在进行第一次质量控制时，应在关注问题有效性的同时，关注问题主管对问题有效性的管控。

通过对问题提交人明确填写问题信息的要求，结合问题主管和问题经理的双重验证，确保各室组提交问题的有效性。其具体的判断规则如下。

➢ 对于涉及核心系统，或可用性事件引发的问题，若在“详细描述”字段的描述中，缺乏下列任一项，则应判断为无效问题：

a. 业务受影响情况描述；

b. 系统性能描述；

c. 应急预案完备性和执行情况；

d. 异常时段日志；

e. 涉及人员。

➢ 对于其他方面的问题，若在“详细描述”字段的描述中，缺乏下列任一项，则应判断为无效问题：

a. 管理制度缺陷；

b. 用户抱怨；

c. 日常管理任务；

d. 设计人员。

（5）问题质量得分

问题的解决质量通过解决质量评分体现，解决质量评分由问题主管、流程经理、技术专家共同给出。问题解决质量得分总分为 0 ～ 10 分，具体评分项及评分原则见表 10-2。

表 10-2　招行数据中心问题质量得分计算说明

类型	重点问题	普通问题	轻量级问题
问题基本得分	3 分	2 分	1 分
问题解决有效性评分	由问题主管 / 流程经理 / 技术专家 / 人因专家 / 供应商经理分别评分，评分标准如下所示： 1. 计划解决时间设置合理，问题解决但计划目标未全部达成：1 分； 2. 计划解决时间设置合理，问题解决且计划目标全部达成：3 分； 3. 计划解决时间设置合理，问题解决且效果超出计划目标：5 分。 评分公式： 解决有效性得分 =Average（问题主管 / 流程经理 / 技术专家 / 人因专家 / 供应商经理评分）		
重点问题解决有效性运行管理委员会评分	由数据中心运行管理委员会的各位领导分别评分，评分范围为 1 ～ 10 分，具体分值参考如下。 1. 数据中心总经理单独评分 ➢ 超高分关闭：对应解决质量评分值：9 ～ 10 分； ➢ 高分关闭：对应分值：7 ～ 8 分； ➢ 普通关闭：对应分值：5 ～ 6 分； ➢ 低分关闭：对应分值：3 ～ 4 分； ➢ 超低分关闭：对应分值：1 ～ 2 分。 2. 各室组领导共同评分 评分公式： 重点问题委员会评分 =Average（运行管理委员会各领导评分）		
问题解决时效得分	1. 实际解决时间比计划解决时间提前 10% 以上：2 分； 2. 实际解决时间比计划解决时间提前 10% 以内：0 分； 3. 实际解决时间超时：-2 分		
总得分	1. 普通问题及轻量级问题解决质量得分计算公式： 普通问题及轻量级问题总得分 =［问题基本得分 +Average（问题解决有效性技术评分）+ 问题解决时效得分］× 主动发现系数 × 优先级权重系数		

（续表）

类型	重点问题	普通问题	轻量级问题
问题基本得分	3 分	2 分	1 分
总得分	2. 重点问题解决质量得分计算公式： 重点问题总得分 = 重点问题解决有效性运行管理委员会评分 × 主动发现系数 × 优先级权重系数		

（6）问题管理月报内容

问题管理月报的内容包括：

- 问题指标的完成情况，包括问题解决率、问题更新率、残余风险等；
- 当月已关闭问题简析；
- 重点问题的跟进及汇报；
- 异常问题通报，如长时间未关闭，长时间未响应等问题。

10.4 问题审计

招行数据中心的问题审计由运行调度室安排专人定期实施——问题审计是月度流程审计的重要检查内容之一。目前，问题审计的主要检查内容为已提交问题有效性、问题工单运转效率、问题解决时效性和问题解决质量等。关于问题审计的具体说明见表 10-3。

表 10-3 招行数据中心问题审计说明

审计计划及内容	频度	审计方法	审计目的
已提交问题有效性	每月	从 ITIL 系统中找出审计周期内新建并通过审核，或者状态为已关闭的问题单，关注如下字段："标题""详细描述"等字段，以确认问题的有效性管控是否有效	1. 尝试找出哪些室组提交的问题容易无效，找出各室组所提交问题的特点，和易导致无效的原因； 2. 确认问题的描述清晰准确，有使用价值； 3. 确认问题主管对于问题流程入口的把控情况

（续表）

<table>
<tr><th colspan="2">审计计划及内容</th><th>频度</th><th>审计方法</th><th>审计目的</th></tr>
<tr><td colspan="2">问题工单运转效率</td><td>每月</td><td>通过对问题处理历史记录的查询，确认如下信息：
1. 问题流程是否顺畅，是否存在问题反复退回的情况；
2. 问题各环节的时长，确认哪个环节易耗时过长</td><td>确认问题，尤其是 TOP2 问题，容易在哪个环节耗时过长，并尝试采取相应的措施</td></tr>
<tr><td rowspan="2">问题解决时效性</td><td>TOP2 问题解决时效性</td><td>每月</td><td>根据 ITIL 系统中的 TOP2 问题记录，结合每月《计划申请上会待关闭 TOP2 问题列表》及“ITIL 运营日报”等相关证据，除基本描述字段，关注“问题创建时间”“计划完成时间”等“历史记录”，选择如下问题进行逐项沟通：
1. 长时间未关闭的问题；
2. 超过 3 个月未更新的问题与问题责任人进行沟通，了解 TOP2 问题进展，确认 TOP2 问题解决时效性和导致 TOP2 问题长时间未关闭的原因</td><td rowspan="2">1. 了解造成问题超时或长时间未关闭的原因，如花费较长时间、解决方案验证超期、相关记录未及时更新等；
2. 了解造成问题责任人长时间未更新问题的原因，如问题指派有误、问题无进展等；
3. 尝试找出哪个室组或哪类系统的问题容易导致超时</td></tr>
<tr><td>普通问题解决时效性</td><td>每月</td><td>从 ITIL 系统中找出以下两类问题单：
1. 长时间未关闭问题；
2. 在某个环节停留时间过长问题。
经过对问题基本描述“类别”“子类别”和“历史记录”等字段的分析，和与问题责任人的确认，总结普通问题的时效性，并分析导致问题长时间未关闭的原因</td></tr>
<tr><td rowspan="2">问题解决质量</td><td>TOP2 问题解决质量</td><td>每月</td><td>对于低分关闭的 TOP2 问题，确认领导反馈，与问题责任人沟通后，确认造成低分的原因，总结规律，尝试提出相应的改进建议</td><td>尝试找出影响 TOP2 问题解决质量得分的原因，并提出改进建议</td></tr>
<tr><td>普通问题解决质量</td><td>每月</td><td>从 ITIL 系统中抽取审计周期内关闭的问题单，关注“原因分类总结”“解决方案总结”“计划完成时间”“实际开始时间”“实际完成时间”“解决质量得分”和“总得分”等字段，确认如下情况：</td><td>关注问题工单中可能存在的集中关闭、描述不准确等问题，分析严重程度，并制定相应的解决措施</td></tr>
</table>

（续表）

审计计划及内容		频度	审计方法	审计目的
问题解决质量	普通问题解决质量	每月	1. 问题解决过程描述是否清晰准确； 2. 是否存在问题在月底集中关闭的情况； 3. 问题各字段是否存在大量复制情况； 4. 问题在各个阶段耗时是否合理； 5. 问题解决质量得分是否合理。 将审计发现情况与流程经理和问题责任人确认，总结普通问题的解决质量情况	关注问题工单中可能存在的集中关闭、描述不准确等问题，分析严重程度，并制定相应的解决措施

10.5　问题考核

招行数据中心以室组为单位对问题的管理进行考核，考核维度包括问题有效性管控、解决时长和解决质量得分。各项考核要求见表 10-4。

表 10-4　招行数据中心问题管理考核简述

相关说明	考核内容		
	有效性	解决时长	解决质量
考核对象	对各室组从以下两个维度进行有效性考核： 1. 各室组无效问题数量； 2. 各室组问题无效率	对各室组问题平均时长、平均值和中位值进行考核	对各室组问题解决质量得分平均值和中位值进行考核
考核方式	1. 月度考核：根据无效问题数量，计算各室组问题月度考核得分； 2. 年度考核：根据问题无效率扣除相应分数	1. 月度统计：每月通过电子化工具提取各室组问题解决时长，并计算出该年度解决时长平均值和中位值； 2. 年度考核：根据问题解决时效指标完成情况，扣除相应分数	1. 月度统计：每月通过电子化工具提取各室组问题解决质量得分，并计算出该年度解决质量得分平均值和中位值； 2. 年度考核：根据问题解决质量得分指标完成情况，扣除相应分数

通过流程审计等手段，对问题管理流程的执行情况、管理情况及指标完成情况进行必要的确认。

10.6 后续改进

尽管已经经过多年的改进，但问题管理在招商银行仍然存在着一定的问题，具体如下。

1. 缺乏标准判断重复发生的事件和重复问题

尽管招行数据中心已经明确规定重复发生的事件必须升级成问题，重复发生的问题必须升级为重点问题，但经过多年尝试，仍无法找到一套标准，以准确判断重复事件和重复问题。

造成这种情况的原因：一个是事件的表象与其原因差别很大，很难总结出一套固定的标准；另一个是事件或问题处理人员的能力与意识不够充分。对此招行数据中心采取如下措施。

a. 优化电子化工具，通过配置管理识别和提取历史故障，从而为人工判断重复事件提供便利。

b. 通过宣传和培训，提升中心人员在日常工作中关注重复事件和重复问题的意识和能力。

2. 部分技术专家和流程经理未能及时响应

由于普通问题往往会需要技术专家和流程经理评审，而招商银行每月的问题数量相对较多，导致这些质控人员不可避免的出现响应不及时的情况，进而影响了问题的时效性。

对此，招行数据中心一方面尝试对问题评审机制进行调整，从线上评审改为线下评审；另一方面通过人工提醒的方式督促相关人员及时处理问题。

3. 解决的问题未能纳入知识库中

有代表性的、得到圆满解决的问题，往往只有在中心领导提醒之后才会纳入知识库中。相关人员无论是知识主管还是问题处理人，都缺乏将问题提炼为知识的意识。

造成这种情况的原因，除了相关人员的意识，还有中心人员对知识管理的认知度不够。因此，招行数据中心将通过培训宣传等手段，逐步提升知识库的利用率，并优化工具，通过“一键升级知识”的方式，为问题转知识提供便利。

10.7 小结

以上是对招行数据中心问题管理的一个简要介绍。

招行数据中心对问题有着明确的分级分类，并各自明确了定位、管理要点和处理流程，通过贯穿生命周期的质控环节，确保问题得以有效的识别、分析、解决和回顾，保证问题管理的执行效果，确保问题管理的流程价值得以实现。

但这种管理模式全程需要大量的人工参与，对人力资源的需求也会增加。

10.7 小结

第 11 章

变更管理——中国农业银行数据中心

变更是满足业务产品需求、系统优化升级和缺陷修正的必要措施。变更管理是数据中心生产运行管理的重要活动，与监控管理、作业管理、服务请求管理、事件管理、问题管理、发布管理、配置管理、容量管理、IT 服务连续性管理、评审管理等能力项均有着直接的关联。ITIL 最佳实践、ISO20000 标准和 ISO27001 标准都对变更管理有着明确的要求。由于变更管理本身的重要性和复杂性，本章将安排两个案例，对变更管理的应用进行更为详细的说明。

变更管理的目标

规范数据中心各类变更活动的管理，控制变更风险，减少变更对生产运行的影响，保障数据中心安全、稳定地运行。

变更策略制定的前提是需要明确变更的定义。当前很多组织将变更的定义进行了扩展，规定凡是变化或调整均为变更。如某组织将其变更的定义明确为：对生产环境的各要求的变动或更改，包括但不限于设备增减、架构变化、配置改变、程序更新、参数调整和灾备演练等操作。同时，对其生产环境又明确为业务提供服务的除开发和测试外的 IT 环境。这样的分类固然能够覆盖全面，但为变更管理的执行带来了更大的挑战。

变更管理策略中一个比较重要的控制点为变更的风险评估机制，需要从业务影响分析、方案复杂程度、回退与应急方案、变更实施步骤、变更测试完备度等多个维度进行评估。对风险的判断依赖于历史经验和专业技能，组织在建立这个机制伊始，需要花费相当的精力对风险评估的效果进行验证并不断改进。

当变更管理能力项经过一段时间的运行积累后，可以对已经比较成熟的，能够自动化操作的变更进行标准化处理。变更的标准化是一个固化变更操作步骤的过程，对提高变更实施效率有着明显的帮助。

变更管理的关键活动和管理要求

（1）变更策略制定：应明确变更管理范围，制定变更策略

① 应制定变更策略，包括但不限于变更范围、变更分类分级标准、变更前的测试要求以及与相关方的沟通要求；

② 服务新增或变更需求的落实应参照变更管理执行；

③ 对紧急和重大变更的授权和实施，应建立独立的策略和管理要求。

（2）变更受理与评估：应接收、记录并评估变更

① 所有变更都应被记录；

② 应接收变更申请，评估变更的影响、风险和需要的资源。

（3）变更方案制定：应制定变更方案

① 应制定变更实施方案、实施计划；

② 应制定变更回退方案或补救措施。

（4）变更授权：所有变更均应被授权

（5）变更协调与执行：应协调变更实施，监督变更执行进展

① 应对变更进行调度和排程，明确相关的部署和操作任务；

② 应全程推进、协调变更的实施；

③ 应对变更实施结果进行回顾及验证；

④ 应更新配置项信息，并根据需要更新操作手册、实施必要培训。

（6）变更回顾与关闭：应回顾和关闭变更

① 应回顾变更实施的过程和结果；

② 应有明确的变更关闭规则。

变更管理运行过程中，比较常见、隐蔽但可能引发严重后果的一类违规为未经授权实施变更。这类违规可包括不符合要求的变更打包和实际操作与变更工单不一致等情况。而由于其隐蔽性，组织往往并不容易察觉这类违规。目前比较常见的解决方法包括建立人工检查机制，如日志审计、加强变更授权管控、权限定时自动回收等方式，然而这些方法是被动的，关键还是需要加强变更人员的意识。

紧急变更一般指需要在短时间内执行，如不执行可能造成业务影响的变更。提到紧急变更，往往意味着策划时间短，测试内容、回退或补救计划可能不完整的变更，这类变更会导致业务风险增加，而与变更管理的初衷相矛盾。这也是很多组织将紧急变更数量作为考核指标的原因。如国内某大型银行，不但将紧急变更量作为一个权重很高的考核项，更是将不在变更窗口内实施的变更均定为紧急变更，通过

这种方式进一步控制紧急变更量。这是对自身管理能力和计划性的极大自信。

另外，变更的记录、相关文档、定期总结报告也是必不可少的，这是保证变更可追溯性的一个基本前提。众所周知，一个变更和事件、应急、配置信息之间存在着较强的关联关系，那么，如何快速帮助处置事件并避免再次发生，一个规范、合格有效的变更记录和总结能够起到事半功倍的作用。

下面将分别以中国农业银行数据中心和国家开发银行数据中心的变更管理为案例，与读者一起探讨变更管理的运行之道。

11.1 关键控制点

变更管理是中国农业银行的关键能力项，是保证信息系统安全稳定运行、实现业务连续性要求的核心管理控制能力之一。农行在变更流程控制、变更分类分级、变更风险评估三个方面投入较大精力，通过不断实践、优化和完善，目前，变更管理为农行的信息系统顺利投产和信息系统优化升级提供了重要的保障。

1. 变更流程控制

与值班管理、作业管理等运营保障域其他能力项不同，规范的变更流程控制非常重要。农行的变更流程分为变更申请、变更准备、变更审批、变更实施、变更验证、关闭和变更总结共 7 个环节，整个变更流程通过线上线下相结合的方式，严控变更流程环节，实现变更的闭环管理。

2. 变更分类分级

变更内容千差万别，变更影响程度有大有小，为实现变更规范管理，必须总结变更规律，并结合变更实际情况，对变更进行分类分级。只有实现变更的差别化管理，才能实现变更的高效管理。

3. 变更风险评估

变更是数据中心信息系统安全运行的重要风险来源，变更风险管控至关重要，变更风险评估内容要素需要文档化、固定化和充分化，变更实施前充分评估变更风险。数据中心只有高度重视变更风险评估，才能切实做到控制变更风险，减少变更对生产运行的影响。

11.2 案例概述

1. 农行数据中心的变更管理现状

农行数据中心于 2008 年启动 ISO20000 标准化建设以来，变更管理就建立起比较完整的管理流程和风险防控措施。

与业界其他数据中心，尤其是与运行规模相当的数据中心相比，农行数据中心的变更管理具备如下特点。

（1）中心领导直接参与

变更管理在农行数据中心受到中心领导的高度重视。除提出管理要求外，中心领导还直接参与变更评审会，每周出席生产变更评议例会，亲自评议变更风险、分析变更影响等，从而切实发挥领导的带头作用。

（2）组建变更评议委员会

中心领导担任主任委员，各条线职能处室负责人和技术骨干担任委员。审定数据中心生产变更管理策略，根据数据中心统一安排，确定生产例行变更时间窗口，审批标准变更并确定对标准变更的审批授权，研究确定紧急变更管理策略，评议各类生产变更请求对生产运行的影响及风险，评估变更服务要求、技术可行性和财务影响，协调部署变更实施任务，评估变更实施情况，审议变更情况分析报告，协调、处理变更管理中的其他重大事项。

（3）建立变更评议周例会机制

每周定期组织召开生产变更评议例会，回顾上期变更实施情况，评议本期提交的变更申请。

（4）有力的工具支撑

在 IT 服务管理平台上集成了变更管理和统计分析等模块，实现变更流程管理、统计分析和线上审批、记录等功能。

农行数据中心的变更管理是一个既规范又复杂的能力项。言其规范，是因为该能力项的流程很清晰，线上管理所有工作任务流预定制，线下管理每周定期召开评议例会。言其复杂，是因为变更管理涉及的人员众多，业务、开发、测试、运行、支持人员都会参与其中。数据中心每年实施的生产变更近万项，按照变更内容分类，具体为：数据类变更、应用类变更、环境设备类变更、系统类变更、网络类变更，后三种统称基础架构类变更。每一次变更对生产系统都是一次考验，其中，数据类变更风险相对较小，主要是可能引发账务差错，严重情况下可能仅导致参数错误引发系统宕机。而应用类变更和基础架构类变更风险较高，一旦发生异常，可能导致全局性影响。

2. 农行数据中心的变更管理发展历程

农行总行数据中心于 2007 年成立，2008 年 8 月即引入 ISO20000 标准和 ITIL 最佳实践，开始 ISO20000 标准化建设，并于 2009 年 5 月通过 ISO20000 认证，形成了一套标准化的 IT 服务管理体系。ISO20000 IT 服务管理体系重视和强调事件、问题、变更、发布等 13 个流程的流程管理和日常管理，因此，农行在变更流程管理方面自从建立 ISO20000 标准以来就一直进行流程化和规范化的管理。而且在数据中心建立之初即引入 IT 服务管理平台，对变更管理实行了电子化管理，并不断优化改进。

在制度建设方面，农行于 2012 年发布《中国农业银行信息系统生产变更管理规程》。2017 年，为进一步加强农业银行信息系统变更管理，规范处理流程，合理、有效调配资源，防范风险，农行总行制定《中国农业银行信息系统变更管理办法》，并对《中国农业银行信息系统生产变更管理规程》（农银规章〔2012〕179 号）进行了修订，更名为《中国农业银行信息系统生产变更实施细则》（农银规章〔2017〕20 号），进一步从制度层面规范了变更管理。

在变更流程管理方面，自 2016 年起，农业银行开始加强变更流程中的变更测试和验证管理，所有变更在变更发布前，必须提供变更测试或评估情况、测试或评估部门及人员情况；同时提前做好变更发布完成后的验证工作，在变更发布前，必须提供验证方式、验证部门及人员情况。2017 年 4 月，农业银行开始改造 IT 服务管理平台变更管理流程，至 2017 年 7 月，完成 IT 服务管理平台变更管理流程的改造，正式上线使用。

11.3 管理要求

1. 角色和职责

变更管理按照需要承担的职责，可以分为变更管理部门、变更申请部门、变更实施部门、变更审批部门和变更支持部门。农行在变更管理部门下设变更管理角色；变更申请部门下设变更申请角色；变更审批部门下设变更审批角色；变更实施部门下设变更实施与复核角色；变更支持部门下设技术支持角色、业务支持角色，各角色职责说明见表 11-1。

表 11-1　农行数据中心变更管理角色职责说明

角色	职责描述
变更管理角色	1. 负责组织研究、制定变更管理相关政策、规章制度； 2. 负责变更流程的整体统筹与协调； 3. 负责组织制订变更窗口，遇突发情况，调整变更窗口
变更申请角色	1. 负责填报申请材料，提出变更申请，确定变更级别与分类； 2. 协助解决变更审批、实施过程中相关的业务、技术问题； 3. 跟踪进度，检查、确认变更效果是否符合预期
变更审批角色	1. 负责审核变更级别与变更分类； 2. 负责审核变更方案、变更发布计划的可行性，并评估风险
变更实施与复核角色	1. 负责制订变更发布计划，确认变更方案、变更风险以及验证、应急和回退方案； 2. 变更实施角色负责根据变更发布计划和变更方案实施变更，并反馈变更实施结果； 3. 变更复核角色负责对变更操作进行复核
变更支持角色	1. 技术支持角色负责提供变更实施的技术支持，协助变更实施后的技术验证； 2. 业务支持角色负责提供变更实施的业务支持，组织变更实施后的业务验证； 3. 协助制定变更方案； 4. 对变更程序版本进行管理

2. 过程环节

为规范变更流程，防范变更风险，业界一般参考 ITIL 最佳实践，引进 ISO20000 IT 服务管理标准，实现变更的标准化、流程化管理。所有变更必须经过变更申请、变更准备、变更审批、变更实施、变更验证、变更关闭和变更总结 7 个环节，实现变更的闭环管理，并持续改进提高。农行数据中心变更管理流程如图 11-1 所示。

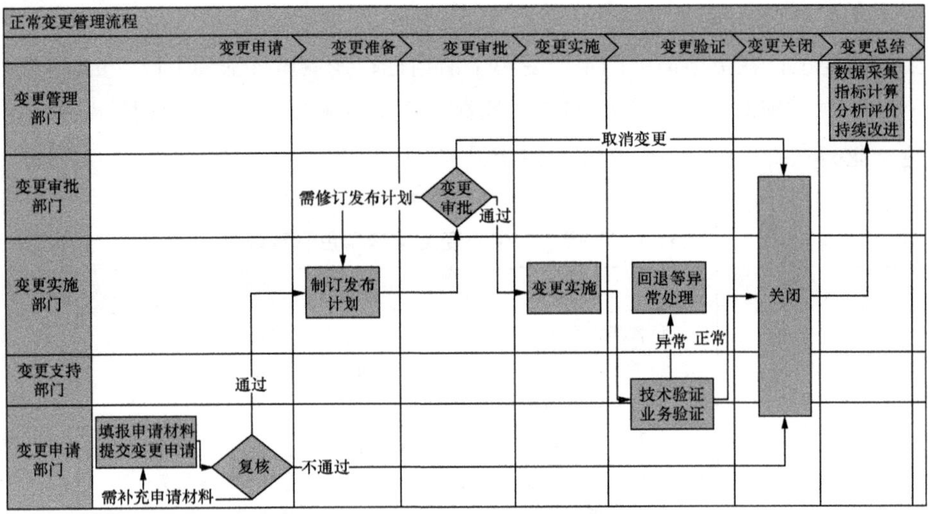

图 11-1　农行数据中心变更管理流程

（1）变更申请

变更申请人进行变更必要性和可行性评估，根据变更对象、变更类型和变更内容按照要求填报申请材料，包括变更基本信息、计划实施时间、变更方案、应急与回退方案、变更风险与影响、测试情况等，在规定时间内提交变更申请。

（2）变更准备

根据变更申请内容做好变更准备，制订变更方案和发布计划，评估变更风险与影响，做好必要的技术培训。变更方案应包括变更实施过程中及实施后可能存在的各类风险评估，并制定应急或回退方案。

（3）变更审批

变更申请通过变更审批单位批准后方可实施。未经批准的变更申请，须退回申请部门，变更实施单位不得擅自实施。对于紧急变更，变更审批部门可通过电话、短信、邮件等非常规渠道紧急授权审批。

（4）变更实施

变更实施应严格按照变更发布计划实施变更操作。实施过程中发现变更方案存在问题的，须及时中止实施；变更方案需要调整的，必须重新审批。变更实施操作必须遵循“双人临岗，一人操作、一人复核”，同时做好现场记录。

（5）变更验证

变更实施后要积极开展技术验证与业务验证，业务验证要根据业务特点进行安排。多个单位配合共同实施的变更，变更申请部门负责对变更结果整体确认。

（6）关闭变更

变更验证无误的，经变更审批部门确认后，由变更实施部门对该变更进行关闭。

（7）变更总结

变更实施完成后，变更申请部门确认变更实施部门的变更实施结果，评估变更运行结果是否符合预期。变更管理部门定期收集、跟踪各类变更的实施情况并进行分析评价，监测变更成功率指标。对各类变更和频繁发生的变更要及时分析和总结，研究解决变更管理工作中存在的问题和不良趋势。

3. 变更管理的触发、输入与输出

（1）触发

农行数据中心的变更管理作为日常运维的标准流程之一，在日常的运维工作中，应用系统的投产上线和需求响应、基础资源的变更、事件和问题的解决、服务请求响应等都是变更管理的触发内容。

（2）输入

变更管理的输入为农行数据中心对于应用系统建设、基础资源需求响应、生产运行故障解决、服务需求响应的变更申请。

（3）输出

变更管理的输出为变更方案、变更评估表、变更分析报告、变更评议会议纪要和变更任务安排表；当变更内容涉及配置信息更新时，还应输出配置信息更新清单。

4. 能力项接口

变更管理作为运营保障域中的重要能力项，与多个能力项有着直接的接口。农行数据中心的变更管理与其他能力项的接口关系可如图 11-2 所示。

（1）事件管理

事件的解决，需要变更才能实现，事件引发变更，按照变更流程开展变更工作，做好事件与变更关联记录。

变更引发事件，按照事件流程开展事件管理工作，及时做好变更回退，做

好变更与事件的关联记录，总结变更失败的经验教训。

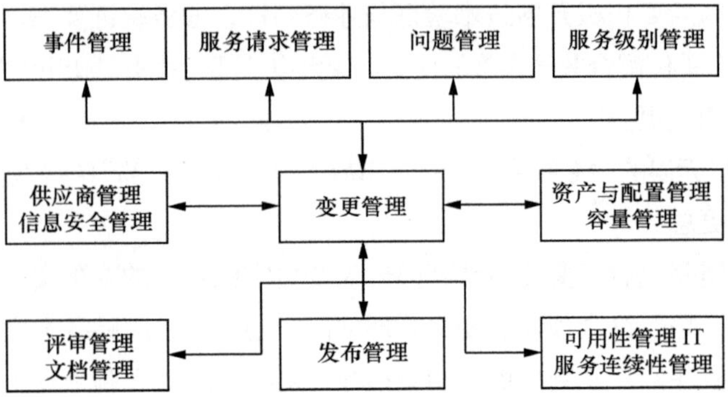

图 11-2 农行数据中心变更管理接口

（2）服务请求管理

服务请求的内容，需要变更才能实现，服务请求引发变更，按照变更流程开展变更工作，做好服务请求与变更关联记录。

（3）问题管理

问题的规避解决或彻底解决，需要做变更才能实现，问题引发变更，按照变更流程开展变更工作，做好问题与变更关联记录。

（4）服务级别管理

按照服务级别管理内容，遵循服务目录中规定的系统可维护时间，开展变更的实施工作。

（5）资产与配置管理

在变更实施前，进行变更风险评估及制定变更方案时，需要参考配置信息，识别可能影响的关联系统和资源，作为风险评估和制定变更方案的依据；在变更实施后，如变更内容涉及资源与配置信息更新，应遵循配置管理的流程，及时更新配置信息。

（6）容量管理

容量的资源配置活动，涉及对系统的部署和资源的分配及调整，均需要通过变更管理流程来完成。

（7）可用性管理

变更如果需要停机实施，且安排在系统对外服务的时间内，将会对系统的实际可用率造成影响。

（8）IT 服务连续性管理、信息安全管理

变更引发的事件，将会对 IT 连续性造成影响，事件类型可能属于信息安全事件。

（9）供应商管理

变更内容涉及基础软硬件资源，与供应商管理相关联。

（10）评审管理

定期召开变更评议例会，评议例会相关要求，遵循评审管理规定。

（11）文档管理

文档管理涉及文档材料比较多，变更申请需要编写变更方案、发布计划等文档，遵循文档管理规定。

5. 变更的风险防控

变更是数据中心生产运行的重要活动，也是运维风险的主要来源之一。在数据中心生产运行管理体系中，如何有效控制变更风险，是安全生产工作的关键任务。

变更管理流程为规范变更管理奠定了基础。然而，由于生产变更涉及业务、开发、测试、运行多个部门，且变更管理与事件、应急等流程密切相关，管理链条长、风险点较多，需要进一步细化风险管控举措。经过多年积累，农行数据中心与总行科技与产品管理局、软件开发中心密切合作，建立健全变更管理机制，完善变更管理流程，丰富变更管理工具，摸索出了一套行之有效的变更管理方法。变更发布成功率已连续 3 年 100%，运行成功率连续 4 年稳步提升，紧急变更占比已稳定在 10% 左右，采取的主要措施如下。

（1）统一变更时间窗口

每年年初制定全行统一的月度例行维护时间窗口，一般情况下为每月第四周周日凌晨。全行重大变更集中安排在例行窗口内实施。针对常规变更，一般安排在每周末晚上固定时间内实施，影响业务连续性的变更一般安排在凌晨实施。

（2）分级分类管理

根据生产变更影响的业务与服务类型、影响范围、影响时间，将生产变更分为五级，不同级别变更的申请时限、审批层级、特别保障、验证要求各不相同。

其中，将不影响业务服务、具备标准实施步骤且经反复成功实施的正常变更定义为标准变更，按预授权方式管理。根据变更实施紧急程度与审批方式，将变更分为正常变更、紧急变更两类，仅针对可能产生生产影响的事件发生、生产紧急恢复或第三方要求必须实施的变更，才可以作为紧急变更实施。

① 变更的分级

根据生产变更信息系统重要程度、变更影响、异常可能性、异常影响，综合评估变更风险，生产变更级别分为五级：

1. 一级变更，变更风险极高的变更；
2. 二级变更，变更风险较高的变更；
3. 三级变更，变更风险中等的变更；
4. 四级变更，变更风险较低的变更；
5. 五级变更，变更风险极低的变更。

② 变更的分类

农行数据中心变更分类说明见表 11-2。

表 11-2　农行数据中心变更分类说明

变更类别	定义	管理要求
正常变更	按照正常流程审批后按计划实施的变更	变更双线审批。 1. 专业线审批：审核变更方案的技术可行性，评估实施操作风险与影响，提出专业审批意见； 2. 管理线审批：审核变更合规性和材料完整性，统筹安排变更实施时间，做出变更实施决策
标准变更	经过预审批完成授权的正常变更，标准变更必须满足以下所有条件： 1. 不影响业务和服务； 2. 风险程度为一般风险级别； 3. 具备标准实施步骤，且经反复成功实施； 4. 经过评审并正式发布	1. 申请正常变更标准化，必须按要求填报变更标准化申请表； 2. 标准变更实施预授权审批，标准变更预授权审批按照正常变更审批流程开展； 3. 预授权审批通过的标准变更再次实施无须审批

（续表）

变更类别	定义	管理要求
紧急变更	因事件、问题引发或第三方要求急需处理的变更	1. 除审查常规要素外，需对审批情况、申请原因进行重点审查； 2. 通过电话、邮件等渠道审批后，立即实施，并于两个工作日内补齐流程

（3）强化变更测试

建立重点系统、高风险功能清单制管理机制，对于重点系统、重点功能（包括但不限于使用频繁、动账类等业务功能）的变动重点关注。测试部门研究加强测试环境配置和测试能力的办法，逐步扩大测试范围，加强产品质量测试把关。

（4）变更双线审批

变更双线审批方式包括专业线审批和管理线审批。专业线审批负责审核变更方案的技术可行性，审查变更测试报告，评估实施操作风险与影响，提出专业审批意见与建议。专业线审批由专业部门技术专家完成。管理线审批负责审核变更合规性和材料完整性，统筹安排变更实施时间，做出变更实施决策。管理线审批由数据中心变更集中评议开展。

（5）严格执行变更操作规范

所有变更均要求制订详细发布计划。变更实施人员严格按照发布计划执行发布操作，变更发布必须“双人临岗，一人操作、一人复核”，确保变更发布不出纰漏。对于风险较高的重大变更，要求变更支持部门安排技术骨干现场支持与特护，做好应急准备。

（6）规范变更验证

从技术和业务两个层面规范变更验证。技术验证包括网络、系统、应用各条线，验证重点包括配置参数是否正确、脚本执行结果是否正确、应用是否恢复正常运行。业务验证由数据中心组织业务部门或分行进行，验证重点包括业务变更点的正确性、账务和数据关系正确性、对关联业务的影响等。变更管理部门加强对变更验证结果跟踪，纳入变更统一评价。

（7）建立变更后评价关键绩效指标

该指标包括紧急变更占比、变更成功率等。数据中心定期监测统计变更管理指标情况，分析变更管理存在的问题，按季度形成报告。

变更成功率 =(已成功实施的变更数量 / 已实施变更的总数) × 100%

紧急变更占比 =(已实施的紧急变更数量 / 已实施变更的总数) × 100%

（8）重要时期加强变更管理

春节、国庆、“两会”等重要保障时期，原则上暂停生产变更。对于安全生产必须的紧急变更，提升审批和保障级别。

6. 其他管理要求或控制点

除了上述的对于变更流程管理的要求和设置之外，为了进一步降低变更风险，规范变更管理流程，农行数据中心制定了很多细化的管理要求，具体如下。

（1）紧急变更的管理要求

➢ 变更审批角色审批紧急变更申请时，除审查常规要素外，须对审核情况、申请原因进行重点审查。

➢ 紧急变更的审批、实施环节，应参照同级别正常变更有关要求，特殊保障期应比照正常变更提高一个级别执行。

➢ 紧急变更的验证、特护、反馈与总结参照正常变更相关要求执行。

➢ 对于需要立即处理的紧急变更，可先通过电话、邮件等渠道进行紧急变更审批后，立即实施变更。变更后两个工作日内，须在 IT 服务管理平台将审批流程补充完整。

（2）标准变更的管理要求

➢ 四级以下（含）正常变更可以申请预授权成为标准变更，申请正常变更标准化，必须按要求填报变更标准化申请表。

➢ 标准变更实施预授权审批，标准变更预授权审批按照正常变更审批流程开展。预授权审批通过的标准变更再次实施无须审批。

➢ 变更申请角色在 IT 服务管理平台完成标准变更申请，申请时限不做特别要求。

➢ 标准变更的实施、验证、特护参照五级正常变更相关要求执行。

（3）其他管理要求

➢ 变更实施部门定期向变更申请部门反馈变更实施结果。

➢ 变更管理角色定期收集变更实施情况，分析变更管理工作中存在的问题，统计汇总和起草变更管理情况报告。

➢ 变更实施完成后，变更管理角色对变更的申请、审批、实施、验证等管理活动的合规性进行审计，提出整改意见，进行风险提示，并定期出具审计报告。

➢ 变更管理角色对变更管理过程中产生的文档进行归档保存，并配合内外部审计工作提供相应文档。

11.4 变更管理审计和总结分析

1. 审计关注点

变更检查主要关注如下问题：

➢ 标准变更有无变更标准化申请表；

➢ 正常变更、紧急变更附件是否齐全，附件填写信息是否完备等；

➢ 正常变更、紧急变更是否有评审记录；

➢ 变更文档中的内容与实际情况是否符合；

➢ IT 服务管理平台变更流程是否完整、是否实现闭环管理；

➢ 变更类型选择是否合理；

➢ 变更定级是否准确，变更文档与服务台变更单有关变更等级的内容是否一致，风险级别和变更级别是否一致；

➢ 变更是否准备充分，变更前有无充分评估或测试；

➢ 突发事件触发变更，相关变更单是否按紧急变更流程执行。

2. 变更管理的总结分析

➢ 每期变更评议例会，回顾上期变更的实施情况；

➢ 每月做好各条线变更类型、数量、成功率等的统计；

➢ 每季编写变更流程报告，计算变更关键绩效指标，分析变更发展趋势；

➢ 变更管理总结中发现改进的地方，要按照持续改进管理流程实施改进。

11.5 变更考核

为加强数据中心的变更管理，降低变更风险，提高变更成功率和变更流程的规范性，农行数据中心制定了较为详细的考核制度，把变更考核成绩，纳入处室年度绩效指标。

1. 计分规则

➢ 由于自身原因导致变更实施失败或者运行异常的，标准变更、四级变更每次扣 5 分，三级变更每次扣 10 分，二级及以上变更每次扣 15 分。

➢ 变更申请材料不齐全、要素不完整或者信息不准确的，每次扣 1 分。

➢ 未按照规定时限提交变更申请的，每次扣 1 分。

➢ 未经批准擅自实施变更、未按照审批通过后的发布方案实施变更的，每次扣 10 分。

➢ 变更实施时点不符合变更窗口规范且无特殊原因的，每次扣 1 分。

➢ 存在其他变更管理相关制度、办法与流程执行不到位的情形的，每次扣 1 分，情节严重造成特别影响的，每次扣 5 分。

2. 数据来源

➢ 依据变更评审会议审定通过的变更、总行正式批准的产品投产等统计变更投产数量，总结、记录变更、投产是否按预定计划、方案成功实施。

➢ 流程合规、操作正确，但因软件或不可控原因造成的变更、投产失败的，不计入指标。

11.6 变更管理平台简介

经过多年的持续优化，当前 IT 服务管理平台（农行使用的变更管理平台）的变更管理模块具备了支撑变更管理动作的基本功能和落实精细化管理要求的统计报表功能。其中，前者涵盖了变更流程的各个关键环节，而后者在统计、分析、回顾、审计和考核等方面发挥重要作用。

1. 流程管理功能

变更管理模块的基本功能包括变更申请、变更申请受理和核对、变更审批、变更实施、变更验证、变更结果回顾及关闭等的全流程管理，具体说明如下。

（1）变更申请

变更申请人根据变更级别及类型，通过 IT 服务管理平台创建变更单、提交变更申请。

（2）变更申请受理和核对

变更经理受理变更申请，核对变更申请材料，根据变更申请内容和风险级别，进行变更分类与级别定义，安排变更受理人，根据需要还可增加变更任务工作流程。

（3）变更审批

变更按照预定任务流程开始流转，各环节变更审批人审批变更并填写反馈意见。

（4）变更实施

变更实施人完成变更发布任务，及时记录变更实施时点等信息和异常现象；变更实施后，变更实施部门评价、总结变更实施情况，判断变更是否达到预期目标，检查相关配置信息是否更新完毕。

（5）变更验证

变更验证人完成变更验证任务、变更验证时点和验证结果的记录。

（6）变更结果回顾及关闭

变更申请人线下跟踪变更实施情况，线上评审变更实施后系统运行情况并关闭变更。

2. 统计报表功能

为提高变更精细化管理水平，除顶层设计和不断完善变更流程管理功能模块外，农行数据中心对统计分析功能模块也进行了设计和优化，可从多个维度对变更记录进行统计，并导出报表。主要统计维度有：

① 部门变更申请明细表；

② 部门变更受理明细表；

③ 部门变更任务受理明细表；

④ 变更处理情况统计；

⑤ 变更结果状态及趋势；

⑥ 变更级别统计及趋势；

⑦ 事件与变更关联明细表；

⑧ 变更目录统计表。

11.7 后续改进

尽管农行数据中心对变更管理投入了大量的人力、时间资源，在变更管理方面采取了多项措施，变更管理规范性不断提升，但还存在薄弱环节，执行程度参差不齐，因变更异常导致的突发事件仍时有发生，这主要存在以下方面的不足。

① 技术发展不断更新，新技术环境下变更风险评估不到位、业务影响分析不完整、应急回退方案准备不充分。

② 变更测试不充分、业务验证不足、变更后异常发现不及时等管理问题。

③ 变更实施人员误操作。

从长远来看，控制变更风险的根本之策是，要提升运维人员变更风险意识和运维技能，建立健全变更管理机制，提升变更自动化水平，最终实现降低变更引发的异常事件，实现业务连续性管理的总体目标，切实保障全行信息系统安全稳定运行。

11.8 小结

以上是对农行数据中心变更管理的一个简要介绍。

农行数据中心当前在“变更流程管理”“变更风险防控”“变更评议例会”方面投入很大精力，也取得了不错的管理效果，后续还将持续加大以下 3 个方面的管理力度，进一步提高变更管理的精细化管理水平。

① 优化和推广“变更风险评估量化与定级模型”。通过对变更信息对象、变更影响、变更异常可能性、变更异常影响等关键指标进行量化，综合计算变更风险评估值，农行数据中心已经实现了自动评估得出变更级别的定级模型，后续将进行优化改进和全面推广，最终形成科学有效、操作性强、自动化的变更评级标准。

② 加强变更测试和验证管理。创新变更测试方法，在变更实施前要进行充分测试，严控变更风险；变更实施后要开展技术验证和业务验证，保证变更实施后系统正常运行，不对信息系统生产运行造成任何影响。

③ 加强变更审计和考核。变更的内部审计或专项检查是不断强化变更管理的重要手段，是发现变更管理漏洞的有力方法；变更考核可以进一步提高变更各环节参与人员的知识技能，从而整体提高数据中心变更管理能力。

对任何一家数据中心来讲，变更管理都是数据中心的核心管理内容，对其的投入和关注都需要持之以恒，并对其进行持续改进。

第 12 章

变更管理——国家开发银行信息科技局数据运行中心

12.1 案例概述

1. 国开行数据中心的变更管理现状

在国家开发银行信息科技局数据运行中心（以下简称“国开行数据中心”），变更是指影响 IT 服务的任何事物的增加、修改或移除。变更管理的目标旨在规范数据中心各类变更活动，控制变更风险，减少变更对生产运行的影响，保障数据中心安全、稳定运行。变更管理的关键控制点包括以下几方面。

（1）制定变更策略并建立配套管理机制

变更管理通过制定 ISO20000 标准的流程管理机制，发布流程管理文档，制定变更策略，包括但不限于变更流程、变更范围、变更分类分级标准、变更前的测试要求以及与相关方的沟通要求，这是控制变更风险的总体运行机制。同时通过加强技术管理和有效管控变更风险，制定科学详尽的变更方案技术模板，并通过变更评审委员会集中评审可以确保变更风险技术方案的合理性，通过验证环节的技术验证，可以确保变更实施效果的正确性，两个关键控制点互为补充，在流程的不同环节控制变更风险，确保变更流程科学、有效地运行。

（2）控制变更授权

所有变更均有相关授权，按照标准变更、一般变更、重大变更、预授权变更定义不同的授权级别，同时针对紧急变更建立应急处理预授权。

（3）变更 KPI 管理

国开行数据中心变更管理设置两个 KPI，分别为变更成功率和紧急变更率，通过监控 KPI 可有效控制变更流程执行效果。

（4）能力项计划的制订和执行

每年制订变更管理能力计划，将一些变更指标纳为能力建设，如变更关单率、变更分类表优化及扩容、变更工具优化等，通过能力建设控制变更风险。

（5）控制变更、配置、问题、流程关联管理

建立变更管理同配置管理关联机制，通过配置项信息控制变更实施效果；

同时对于变更原因同问题管理关联，同步跟踪变更实施效果。

（6）流程回顾与评价

通过每月、每季度的流程运行工作例会对流程运行情况进行回顾与总结，分析流程运行 KPI 和流程执行过程中各种能力项的运行情况，同时针对变更管理评审过程中提出的优化建议及工具使用过程中出现的问题进行集中讨论和分析，总结出流程优化方案，不断优化流程运行情况，并通过在下一年的流程体系文档发布中进行修订和完善。

2. 建设背景及发展历程

国开行早期的变更管理没有标准的制度流程文件，只是通过实践经验由各运维管理处室内部自行管理，没有实现中心统一的管理，流程在数据中心内部的实施采用手工纸质单据进行记录且单据格式不统一，各管理处室自行管理，变更管理效果较差，查询问题和分析统计较困难。整改中心的变更管理是由各处室统一填报电子版变更评审项目清单，并汇总至运行综合处。该过程中缺乏对变更时间窗口的有效控制，且变更的验证、实施、审批等环节不透明，各环节责任归属不明确，无法对具体变更流程进行回顾总结。

随着生产系统的逐步增多，数据中心逐步规范变更管理，2014 年发布了《数据运行中心生产系统变更评审管理办法》，建立了变更评审管理机制，规定变更评审每周一次。2015 年开发银行为了更加规范化地开展运行维护工作，主动依据国际标准 ISO/IEC20000 开展了信息技术服务管理体系（ITSMS）的建设和运行。在 ITSMS 建设过程中，对变更管理流程进行了梳理和完善，使其更加规范，同时，数据运行中心建立了信息化支持工具：IT 统一服务平台，将变更过程集成。其中，实现了变更过程记录的电子化，对变更申请—变更评审—变更实施—变更回顾—变更关闭进行全过程电子化管理。在此基础上，随着变更管理的成熟，2016 年开始将变更评审周期也由一周一次调整为两周一次，并在完善数据中心内部流程的基础上进一步完善流程工具，在工具建设上实现数据中心同开发中心的信息对接，形成应用系统运维管理信息由开发到运维的良好衔接。

3. 变更管理覆盖范围

国开行变更按照内容划分为服务器、存储、网络、安全、机房基础设施、应用系统、视频通信系统、数据库、中间件9类。变更管理范围为数据运行中心负责运维管理的生产系统，国开行数据中心根据内部职能管理的实际情况将应用系统的变更延伸至开发部门，对于因系统的需求变更、补丁上线等涉及代码变更纳入发布流程管理，发布流程由开发部门发起发布申请。

12.2 管理要求

1. 角色和职责

根据变更管理工作内容，变更管理的角色可以分为变更流程经理、变更申请人、变更承办人、变更实施人、变更验证人、变更审批人、变更评审会。

➢ 变更流程经理：负责变更管理流程的设计、监督等工作。职责包括：负责设计和改进流程文档及相关附件，监督流程的执行，并跟踪执行效果；发现流程执行过程中存在的问题，提出改进建议，制订并落实改进计划；统计关键绩效指标的完成情况、变更管理流程的执行情况，编写变更管理报告。

➢ 变更申请人：负责提出变更申请。职责包括：填写变更基本信息，并对变更进行分级分类；提交变更申请并协助进行变更验证与回顾。

➢ 变更承办人：负责受理变更，制订变更方案等。职责包括：分析、评估变更；组织相关人员制订或修改变更方案；参加变更评审会，阐述变更方案及其风险、影响等。变更实施后，组织相关方对变更进行回顾，并关闭变更工单。

➢ 变更实施人：负责实施变更。职责包括：实施具体变更，对于不成功的变更，实施回退或补救措施。

➢ 变更验证人：负责验证变更方案与变更实施情况。职责包括：在测试环境对变更方案进行验证，并组织相关方验证变更实施结果。

➢ 变更审批人：负责核准提交的变更申请。职责包括：对变更提出建议和意见，评估变更的影响和风险，对变更进行审批。

➢ 变更评审会：负责评审变更。职责包括：评审已审批通过的变更，记录并汇总变更评审结果，上报变更评审结果报主管局领导审批。

2. 过程环节

变更流程包括变更申请、变更审批、变更评审会、变更关闭等环节。同时，变更存在紧急和非紧急两种状态：紧急变更是指如果不进行变更，会立即或正在严重影响业务运行、导致严重影响服务或者带来重大社会影响的变更；非紧急变更是指除紧急变更外的其他变更。对于紧急变更流程，国开行数据中心采用先线下走紧急审批通道，由变更发起部门直接请示中心主任审批，然后事后补录电子流程记录。变更流程的流程示意如图 12-1 和图 12-2 所示。

（1）变更申请

➢ 变更申请人登录 IT 统一服务平台新建变更工单，填写变更信息，包括变更原因、内容、变更预计实施时间，以及相关附件信息等。因服务请求、事件、问题等流程触发的变更申请，应注明变更与相关记录的关联关系。

➢ 变更申请人判断变更类别。变更按照影响度和风险度，可划分为标准变更、重大变更和一般变更。标准变更是指相对常见、有着基本固定流程、影响范围较小，并且在组织之内被普遍接受或普遍需要，已有明确定义并得到预授权的变更。重大变更是指涉及影响范围较大（例如，影响整个部门、全行或者社会影响较大），实施风险较大（实施的失败会带来严重后果），或实施较复杂（需要多个处室协同实施处理）的变更。一般变更是指除以上两类之外的所有变更，一般变更分为预授权和非预授权两种状态。预授权一般变更由数据运行中心领导进行审批；非预授权一般变更通过变更评审会进行审批。如果是一般或重大变更，提交变更承办人受理；如果是标准变更，遵从标准变更流程开始实行。

➢ 变更承办人受理变更申请，判断此变更的申请材料是否齐全，若有遗漏回退至变更申请人进行补充；编制变更方案，应包括但不限于变更对象、变更目标、变更验收标准（成功标准），及变更回退或补救措施等，随后提交至变更验证人。

➢ 变更验证人组织在测试环境对变更方案进行验证。如验证不通过，应回退变更承办人修订变更方案。

➢ 变更方案验证通过后，变更承办人应将变更提交变更审批人进行审核与审批。

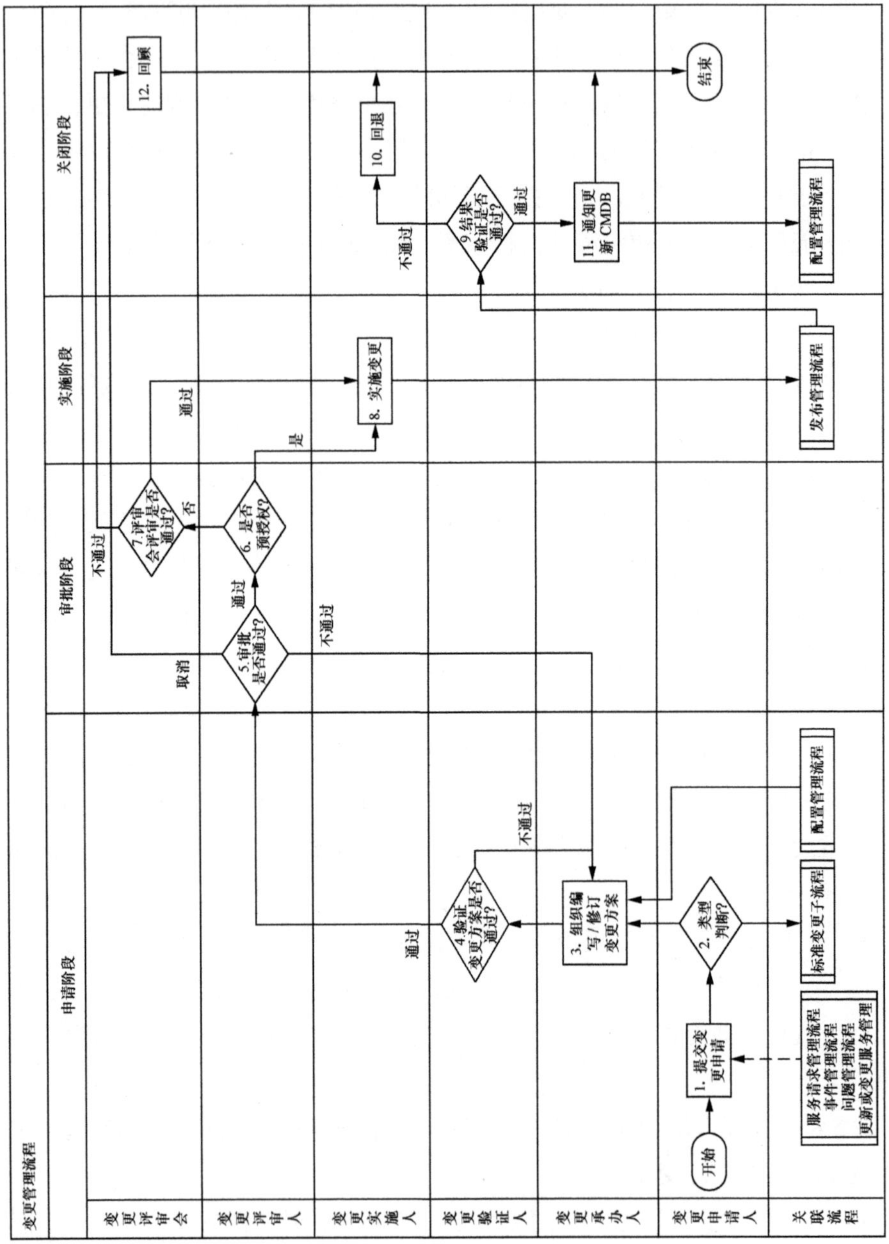

图 12-1 国开行一般变更流程

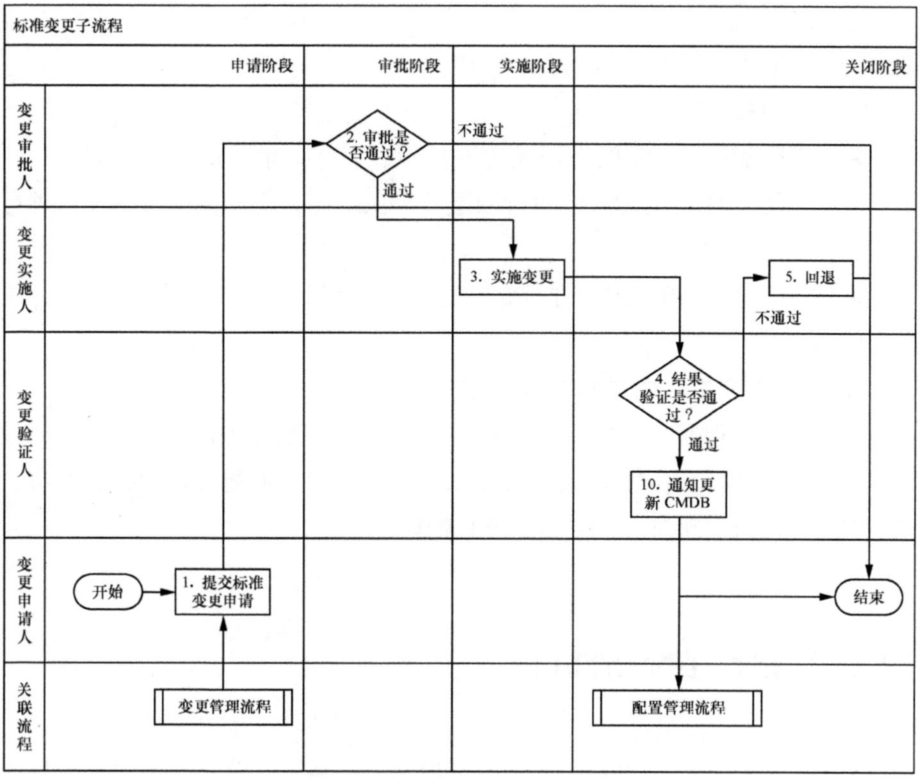

图 12-2 国开行标准变更流程

（2）变更审批

➢ 变更审批人应对变更的合规性、完整性、可行性进行审批。

➢ 对于变更材料不齐全、内容不完整，变更方案不可行，变更分类和类型不准确等情况，变更审批人可回退变更单，要求变更承办人修订完善；对于不合规或不可行的变更，变更审批人有权取消该变更，由变更承办人对变更进行回顾后关闭。

➢ 对于审批通过的变更，变更审批人将一般变更及重大变更提交变更评审会评审。标准变更以及已预授权的一般变更，无须提交变更评审会。

（3）变更评审会

➢ 变更评审会组织对变更的内容、方案、计划部署时间、影响及风险等进行评审。

➢ 如评审会评审通过，则由变更实施人组织实施该变更；如评审不通过，则由变更承办人对变更进行回顾后关闭。

（4）变更关闭

➢ 变更验证人对变更是否成功进行验证，并记录验证结果；对于验证未通过的变更，变更实施人应执行回退或补救措施，之后再次由验证人进行验证。

➢ 变更承办人组织相关方对变更过程进行回顾，完善变更记录信息并关闭变更单。

3. 变更管理流程与其他流程集成

变更管理流程通过 IT 统一服务平台实现了同配置管理流程的关联，通过同 ITMIS 工具接口集成，实现了发布流程全流程化，使得开发中心的发布请求能够通过接口实现与运行中心管理工具的对接。

12.3 变更管理的运作机制

国开行数据中心变更管理流程的管理职能在运行综合处，设变更流程经理，负责流程的运行管理和优化，负责组织变更评审，变更评审由变更评审委员会负责，评审委员由数据运行中心主管生产的副主任和各处处长组成。只有通过变更评审的变更方可实施，变更存在紧急和非紧急两种状态，非紧急变更严格按照流程通过 IT 统一服务平台进行逐级审批，紧急变更采取事后系统以补单形式留底，须请示数据中心主任同意后可紧急实施。

变更实施严格执行窗口期，正常情况下变更实施时间为周五下班后，原则上安排在非生产时段，具体实施时间以变更评审会上确定的时间为准。

变更根据影响度和风险度划分可分为：标准变更、重大变更、一般变更。标准变更无须上变更会进行评审，由各处处长审批即可实施；重大变更必须上变更会进行评审；一般变更可由各处处长审批是否预授权，如果选择预授权则无须上变更评审会，由本处处长审核即可，否则须上变更评审会评审。

12.4 变更管理工具介绍

IT 统一服务平台是集服务请求、事件、变更、发布、问题、作业、任务、数据变更等生产系统流程管理工具，能够面向全行提供 IT 支持保障服务。工具上线大大提高了变更管理的质量和效率，有效地降低了变更风险，同时也使得变更能力项管控更全面，通过 IT 统一服务平台，实现了变更管理的全过程管理，并且使得变更管理和问题管理以及配置管理实现了信息关联，同时通过报表管理模块可以方便地实现变更管理的数据统计和分析，通过任务督办管理模块实现变更流程能力项建设及改进的工作任务督办。下面简要介绍 IT 统一服务管理平台的相关功能。

1. 基本功能

（1）统一账号管理

统一账号管理支持组织机构、岗位、用户组，可以实现各种用户对组织机构分类管理的需求。组织机构和用户组支持分级，每个组织机构和用户组可以定义管理员和成员，从而实现组织中用户的分级管理需求。

（2）统一授权管理

统一授权管理能够为集成的应用系统提供系统资源权限集中管理和应用资源权限集中管理。系统资源权限和应用资源权限都采用通用的“用户—角色—权限”授权模型，能够适应大多数据系统的授权需求，有利于大范围应用系统的统一权限集成。

（3）统一认证管理

系统提供了一个简单直观的多系统接入界面，可以将各种应用系统有机融合在一起。应用系统的 URL 配置在系统中，在访问应用系统时，都会获取到登录用的 Token，应用系统可以解析获得登录用户信息，从而实现单点登录，单点登录可以选择 HTTP 和 HTTPS，认证交互没有密码，安全可靠。

（4）服务流程管理

服务请求是指请求提供信息、建议、访问某个服务或预先核准的变更，主要包括国家开发银行各业务处室、村镇银行等机关人员提交的业务数据异常处理、业务数据提取、信息咨询。

（5）事件管理

事件是指非计划的服务中断、服务质量的降低或尚未对客户服务造成影响的事态。

（6）问题管理

问题是指造成一个或多个事件的根本原因。根本原因在问题创建时通常是未知的，问题管理就是负责探寻这些未知，找到问题产生的根本原因及解决办法的过程。

（7）发布管理

发布是指通过一个或多个变更部署到生产环境的新的或变更的配置项的集合，在国开行数据中心特指应用系统涉及代码级的变更。

（8）配置管理

配置项是指为交付单个或多个服务需要控制的要素。配置管理数据库是指存储的数据用来记录配置项在整个生命周期内属性和配置项之间关系的数据库，目前，国开行数据中心 UCMDB 即为配置管理数据库。

（9）知识管理

知识库是知识管理中的一种实用技术，是知识工程中结构化、易操作、易使用、全面有组织的知识集群，是针对某一领域问题求解的需要，采用某种知识表示方式在计算机存储器中存储、组织、管理和使用的互相联系的知识片集合。知识库管理在信息科技管理工作中与其他管理过程密切结合，共同完成 IT 服务工作。其中，包括事件管理流程的接口，事件的解决方案是知识管理的重要信息来源，可通过事件管理流程提交知识。事件的解决过程中可参考知识记录表，学习以往的知识经验，以尽快恢复服务。知识与问题管理流程的接口，问题的解决方案（包括临时解决方案）是知识管理的重要信息来源，可通过问题管理流程提交知识。问题的解决过程中可参考知识记录表，学习以往的知识经验，以尽快找到问题的根源，并解决问题。

（10）报表管理

报表管理具备了 IT 服务运维平台，为解决运维人员、管理人员及领导查看各类业务报表烦琐不便的问题，提供统一的综合报表功能。该报表平台独立于业务系统，整合多个数据源，采用 Web 界面形成统一的综合统计分析子系统，方便查阅，掌握 IT 服务及运维状况和提供决策信息。

（11）任务督办管理

为了进一步提高工具对日常运维管理工作的支持，将非流程性的日常运维工作纳入任务督办管理功能模块，用以实现对数据中心各类非工作任务的信息化管理，可实现不同管理层对工作任务完成情况进行随时跟踪查看，同时也可实现一个任务的拆分和分级督办。

2. 辅助功能

- SLA 定义提醒、服务目录搜索、常用服务目录功能；
- 公告管理、公告发布范围控制模块；
- 工单高级搜索、配置、导出功能；
- 工单关联工单、打印功能；
- 工单关联知识、知识查阅功能；
- 工单批量导入功能；
- 变更、发布批量审批功能；
- 变更、发布批次计划管理、批次管控功能；
- 平台多域名指向机制（itservice，scm）。

12.5 绩效管理

（1）变更管理绩效指标设置

紧急变更率：紧急变更数量 / 变更总数。

变更成功率：变更代码为“成功”的变更数量 / 变更总数。

（2）能力项考核

根据变更流程 KPI，要求变更成功率高于 95%，紧急变更率低于 10%。

（3）变更管理能力项文化建设

国开行数据中心变更管理流程进行每月回顾，通过在 IT 运行例会对流程每月的运行情况进行总结回顾，通过表扬和批评优良案例来不断增强流程运行效率，同时实现流程优化功能。

12.6 后续改进

尽管国开行数据中心经过自身多年的不断努力，在变更管理方面逐渐走出了一条适合自己的管理流程，变更管理合规性和标准化程度越来越高，变更管理电子化水平不断提升，但还存在部分薄弱环节，主要体现在以下几个方面。

1. 变更申请存在倒逼现象

国开行数据中心根据实际业务特点，规定每两周进行一次变更评审，评审时间为周四下午召开，为了确保变更评审工作各环节能够正常开展，要求变更申请必须在周四上午上班前提交至评审委员会，但实际情况通常是在评审会已经召开的情况下，仍然有变更申请提交，并且通常此类变更都是必须要赶在本周时间窗口进行实施的变更。如果不上评审会，则必然导致紧急变更率提高，又影响了变更管理 KPI 考核指标。

为了解决变更申请倒逼问题，国开行数据中心一方面研究管理机制，建立运维部门同开发部门的定时沟通机制，及时了解开发部门变更开发进度，尽量将转运维时间窗口延长，调整双方工作的衔接性，减轻后端运维压力；另一方面通过优化变更管理工具，探索实行分布式变更评审同集中式变更评审相结合，减轻集中评审的压力。

2. 紧急变更率偏高

业务偏政策性较多，通常有许多紧急变更都是因为政策性的用户功能紧急需求，必须紧急修改，不容耽误，这必然造成紧急变更率偏高。

紧急变更率偏高与业务部门需求有关，大部分紧急变更均是因为系统需求变更紧急补丁上线，解决该问题的措施是尽量多与业务部门沟通，提前获知需求变更，做好变更批次安排，减少变更评审错档。

12.7 小结

国开行数据中心未来变更管理流程将会继续扩大范围，将目前只限于数据运行中心负责的生产系统扩大到所有的生产系统并全部纳入变更管理，同时随着国开行稻香湖数据中心的投产上线，变更管理将统一纳入生产调度管理部门，进一步提升变更管理的现场管控。

12.7 小结

第 13 章

发布管理——中信银行信用卡中心信息技术部

当业务系统发生变化，尤其是较大变化时，其产生异常的风险会比平稳运行时大很多。因此，发布和部署管理作为系统变更的一道控制环节，成为最后一道防火墙，承载着控制变更风险、减少服务中断的艰巨使命，其重要性不言而喻。无论是ISO/IEC20000标准还是ITIL，都对发布和部署管理有着清晰的定位和明确的流程目标说明，而在DevOps中，持续部署是一个非常关键的实践，使组织能快速向客户交付价值，同时降低意外事故和服务中断。在成熟度标准中，进一步明确了发布管理的目标。

发布管理的目标

降低或避免部署风险、减少因不正当部署而导致的事件数量。

发布和部署管理流程在运转伊始即应明确发布和部署管理范围、制定发布策略和发布计划。

明确发布和部署管理范围重点应明确发布管理和变更管理各自管理边界以及管理职责，同时应建立发布管理与变更管理的关联和接口，使发布管理流程和变更流程衔接顺畅或者进行融合，实现闭环管理。

制定发布策略时应采取分级分类管理，如按计划性维度可分为普通、紧急、特急等类别；按风险维度可分为重大、重要、标准等级别；按发布方式维度可分为传统、灰度、整合等类别。针对不同级别和类别的发布应投入与之相应的资源并制定相应的管控措施，例如，发布实施人员需要具备怎么样的资质，发布过程中是否需要管理层或管理角色参与，在发布实施过程中发现异常应该如何处理，发布后是否需要安排回顾等。

同时，在发布实施前需要制订一个发布计划，明确测试计划、实施计划、回退计划及对应的人员安排等。发布计划应充分考虑发布时间是否合适，人员能力、精力、工作量等因素，如单个发布日中的发布数量是否过多，“双十一”和“春节”等特殊时间段内是否允许发布等。

另外，发布的记录和相应的总结工作也是必不可少的，这是保证可追溯性的一个基本前提。众所周知，一个重大事件在发生之前也是有迹可寻的，那么，如何在海量信息中找到蛛丝马迹以帮助解决事件和避免类似情况发生，一个合格有效的发布记录和总结往往能起到事半功倍的效果。

> **发布管理的关键活动与管理要求。**
>
> （1）发布策略制定
>
> ① 应制定发布策略，包括但不限于发布分类、发布频率和时间、时间窗口、发布方式；
>
> ② 应建立发布管理与变更管理的关联和接口。
>
> （2）发布计划制订
>
> 应制订发布计划，包括但不限于测试计划、实施计划和回退计划。
>
> （3）发布测试与部署
>
> ① 应建立受控的测试环境，以在部署之前测试所有的发布；
>
> ② 应在发布方案测试通过后，按照统一调度执行发布、部署和相关操作；
>
> ③ 应对发布执行结果进行验证及观察；
>
> ④ 应根据发布分类进行相应的试运行。
>
> （4）发布回顾与关闭
>
> ① 应有明确的发布关闭规则；
>
> ② 应对发布进行总结和回顾，确认发布成功并反馈。

下面将以中信银行信用卡中心信息技术部（以下简称“中信卡中心”）的发布管理流程为案例，一起探讨发布流程的管理要求和关键控制点。

13.1 关键控制点

发布管理是中信卡中心的关键能力项之一，是保证系统高可用性，实现业务稳定运行的保障。从早期上线活动的执行，到发布管理能力项的建立，及至目前的管理相对规范与成熟，中信卡中心的发布管理流程经历多次改进和优化。目前，发布管理得以有效运行的关键控制点为发布行为的管控和发布工具的支撑。

1. 发布行为的管理

经过多年的持续改进和优化，中信卡中心发布管理的各项管理已基本成熟，开发、测试、运维人员对此也有了一定的认知。为确保发布管理要求的有效贯彻，尽量避免出现违规操作，中信卡中心采用了多项措施予以管控。这些措施包括：

- 要求发布必须在发布时间窗口内执行；
- 须控制发布频率，非常规发布更应控制在较低比例；
- 软件版本发布在制订发布计划时必须编写回退计划，作为发布资料存放在上线步骤中；
- 所有发布必须发布测试通过才可以进行上线；
- 所有发布必须经过上线审批才能执行；
- 发布管理确保所有发布内容在 DSL 中得到及时更新，发布执行从 DSL 中获取发布包；
- 上线操作时必须遵循“一人操作，一人复核”原则。

2. 发布工具的支撑

中信卡中心以 ITSM 系统的发布管理模块作为发布的管理工具。该工具不但具备提交刚发布工单功能，还具备变更日历编排、关联堡垒机高权申请、发布情况及结果查询等功能，在系统内部各模块内部间也进行横向打通，纵向连接周边相关系统，如自动发布平台、监控平台等，为发布管理提供“一站式服务”。

13.2 案例概述

1. 中信卡中心发布管理现状

中信卡中心发布管理由一系列的管理要求逐渐进化成一个有流程经理制定管理要求，有针对重大发布的评审专家评审会，有信息技术部中层管理者担任发布现场值班经理，有发布后的技术验证和业务验证的相对完整的管理流程。中信卡中心发布管理具备以下特点。

- 开发与测试环节纳入发布流程统一管理：发布流程中开发人员直接在 ITSM 工具中提交上线单，并经开发科室领导审批、测试人员确认测试结果、测试领导审批、发布包封版后，才流转至生产运行上线。

- 为了提高发布风险管理能力，识别高风险的发布，中信卡中心采取了量化的发布风险评估机制。从系统类别、业务复杂度、测试完整性等 6 个方面，24 个维度对每一个发布进行量化打分，并定义超过 15 分为重大发布，然后由发布经理召集相关技术专家进行发布评审。

- 有得到落实的绩效考核机制。通过发布工单审计和发布现场审计有效规范发布管理流程执行，避免违规情况。而常态化的月度考核，更是与发布流程相关员工的个人绩效直接挂钩。

- 为保证中信卡中心每月集中版本上线的顺利实施，控制上线风险，及时处置上线过程中各类问题，特安排信息技术部中层管理者亲自在集中上线日进行现场值守，担任发布现场管理职责。

- 高效的工具支撑。ITSM 平台的发布管理模块集成了发布申请、发布审批、发布实施、发布验证、发布查询等多项功能，并保存完整的发布记录。

2. 中信卡中心发布管理发展历程

中信卡中心的发布管理流程大约经历了“有执行、无监管”“有执行、有监管”和“双态发布管理模式”3 个阶段。

（1）“有执行、无监管”阶段：2003 年至 2010 年

这个阶段的中信卡中心的核心业务系统部署在总行机房，由总行负责运维，中信卡中心信息技术部承担的系统开发和运维工作范围有限。发布管理概念处于启蒙阶段，涉及的变更活动主要偏向 IT 基础设施方面，发布工作主要围绕中信卡中心自行筹建的业务系统。限于业务、信息系统规模及人员状况，相关发布工作风险程度和技术复杂度都较低，涉及的相关干系人范围比较有限。

该阶段初期，这种管理模式尚能满足中信卡中心的需求。但随着中信卡中心业务的快速发展和扩大，应用系统越来越复杂、交易量快速增长、业务不断调整和扩大等情况使得中信卡中心的发布管理流程有待提升。经过对发布管理流程进行的大刀阔斧的改革，发布管理进入了第二阶段。

（2）有执行、有监管：2011 年至 2015 年

2011 年以来，中信银行信用卡中心开始建立一体化 IT 运营管理体系，借鉴 ITIL 最佳实践，重新梳理了发布管理流程。梳理后的流程以消除问题、控

制风险为核心目标，通过电子化平台与线下工作相结合，提升了发布管理流程执行效率；通过对各类发布的审批管理，有效提升发布的计划性；通过建立发布风险的量化评价机制，有效控制发布的实施风险。

此时的发布管理，其管理框架和整体要求已基本成熟，更需要关注的是管理细节的调整和执行层面的落实。

（3）"双态发布管理模式"：2016 年至今

中信卡中心 IT 架构经过十余年的沉淀、优化和发展，正在经历由封闭式系统架构向开放式系统架构的升级，对运维的技能、组织和方法都产生巨大影响。随着中信银行信用卡中心 IT 战略转型的持续深化和云架构升级项目各子系统的陆续投产，IT 运维呈现出不同程度的"双态"特征：确保现有核心业务稳健、有序发展，同时敏捷、高效地支持各种业务创新。为了更好地支撑业务的发展，同时有效控制发布带来的风险，保障中信卡中心业务系统高效、稳定和安全运行，发布管理模式逐步朝着"双态化"转变。

13.3 管理要求

1. 角色和职责

中信卡中心发布管理流程角色包括发布申请人、开发科室项目经理、开发科室审批人、开发分管领导、质量科室审批人、SIT 测试人员、UAT 测试人员、UAT 测试经理、质量控制室配置管理员、发布预审人员、发布评审人员、发布审批人、运维科室经理、运维科室分管领导、信息技术部总经理、发布实施人、技术验证人、业务验证人。

发布申请人为信息技术部开发人员，申请人所在开发科室审批人为开发科室经理，SIT 测试人员为质量控制室测试人员，UAT 测试人员为业务部测试人员，配置管理员由质量控制室配置管理员组成，发布预审人员由运维科室系统管理员组成，发布评审人员由发布经理及运维科室系统管理员和各组组长组成，发布审批人员由运维科室经理及信息技术部领导组成，发布实施人由运维科室系统管理员组成，发布验证人员由申请人指定的技术验证人和业务验证人组成。发布管理流程人员角色及职责如下。

发布管理流程人员角色及职责见表13-1。

表13-1 中信卡中心发布管理流程人员角色职责说明

流程角色	工作职责	承担人员
发布申请人	1. 负责与中信银行信用卡中心业务部门对接发布需求； 2. 负责提交IT服务管理系统发布申请单，进行风险评估； 3. 负责提交发布计划； 4. 安排技术及业务验证人员； 5. 跟进审批进度	需要上线系统的开发项人员
开发科室项目经理	1. 填写代码归位； 2. 确认结果（成功、失败）； 3. 对结果为失败的进行原因分析； 4. 审核开发人员提交的发布单； 5. 提交发布申请	需要上线系统的开发项目经理
开发科室审批人	负责对申请人提交的发布申请进行审批	开发科室经理
开发分管领导	负责对申请人提交的发布申请进行审批	开发科室分管领导
质量科室审批人	1. 负责对申请人提交的发布申请进行审批； 2. 负责对申请人提交的发布申请进行授权办理	质量控制室经理
SIT测试人员	1. 负责对申请人提交的发布需求进行SIT测试； 2. 负责在IT服务管理系统中填写SIT测试结果	功能测试人员
UAT测试人员	1. 负责对申请人提交的发布需求进行UAT测试； 2. 负责在IT服务管理系统中填写UAT测试结果	用户测试人员
UAT测试经理	1. 确定是否需要进行UAT测试； 2. 负责对申请人提交的发布申请进行审批	用户测试经理
质量控制室配置管理员	1. 负责对测试通过的发布申请进行版本封装； 2. 负责打包发布程序包，存放至指定路径，并在IT服务管理系统中反馈该路径，同时指定实施方案路径	软件版本管理人员
发布预审人员	1. 负责对发布要素进行预审； 2. 负责反馈发布预审结果及预审异常原因； 3. 负责发布预审节点的审批	系统管理员

（续表）

流程角色	工作职责	承担人员
发布评审人员	1. 负责对发布要素进行评审，对发布的影响、发布风险、发布实施前准备工作、对服务的影响、发布实施方案等方面进行评估； 2. 负责反馈发布评审结果； 3. 负责发布单评审节点的审批	专家委员会
运维科室经理	负责发布申请单的审核工作	运维科室经理
运维科室分管领导	负责发布申请单的审批工作	运维科室分管理领导
信息技术部总经理	负责发布申请单的审批工作	信息技术部总经理
发布实施人	1. 负责发布实施与结果反馈； 2. 负责复核发布实施操作及结果； 3. 负责发布实施后的回顾	系统管理员
技术验证人	负责发布上线后的技术验证，并及时反馈技术验证结果	开发项目经理或系统管理员
业务验证人	负责发布上线后的业务验证，并及时反馈业务验证结果	需求方

2. 发布策略

（1）发布分类

中信卡中心发布按照发布归属业务系统的形态，分为稳态发布和敏态发布。稳态发布：针对采用传统应用架构，以稳定、安全运行为首要目标的业务系统，如交易类系统。敏态发布：针对采用新兴互联网分布式架构且不涉及核心交易，需快速迭代且发布频率较高的业务系统。

稳态发布根据紧急程度又可分为紧急发布和正常发布。紧急发布是指因紧急业务需求、生产事件或问题急需处理的，以及包含因第三方监管机构、总行要求不能在正常发布窗口上线的发布。正常发布是指必须在发布窗口实施的发布。正常发布根据风险影响程度，又细分为重大发布和常规发布。

➢ 重大发布：重要信息系统新建或涉及重要信息系统的公用模块、数据库结构以及系统架构修改或新增，或其他可能影响重要信息系统正常运行的，且风险评分为 15 分以上的应用版本发布。

➢ 常规发布：风险评分为 15 分以下的或者除重大版本变更外的应用版

本变更，如维护类需求、支持类需求等。

（2）发布来源

中信卡中心按是否涉及业务功能变化，将发布来源分为业务上线及技术上线。

➢ 业务上线：业务上线需求适用于所有业务需求，涉及功能变化的技术需求或技术改造。

➢ 技术上线：技术上线需求适用于技术性能调优，包括对业务操作、业务功能无影响的需求或 QC；对业务无影响的部门内维护；数据修复、办公系统问题、服务器网络等与业务无关的生产缺陷。

（3）发布日历

中信卡中心信息技术部按照总行变更主管部门发布的年度发布日历（发布窗口，以下简称“T”）组织进行发布活动。

发布日历包括：稳态应用系统发布窗口及敏态应用系统发布窗口。

为了保证信息系统安全、稳定、持续运行，应用版本变更原则上均应在应用版本发布窗口进行。监管部门或第三方有明确上线日等需求，可安排在非应用版本发布日的系统维护日上线。发布日历发布后，除遇国家重要活动或突发事件，原则上不再进行调整。

敏态变更窗口只对敏态应用系统有效，且要求敏态应用系统变更不涉及其他系统，不影响其他系统。

中信卡中心发布窗口见表 13-2。

表 13-2　中信卡中心发布窗口说明

变更窗口	变更类型	备注
敏态应用系统发布窗口	敏态应用系统页面发布	敏态应用系统页面中的静态元素维护需求，如文字调整、图片调整、静态资源文件（如 js、css、html 等）调整等变更需求
	常规技术发布	敏态应用系统常规功能问题修复，如空指针异常、数组越界、类加载失败、数学运算异常、方法参数错误、访问权限、连接错误、堆栈异常、数据库操作、安全修复等常见问题
	灰度发布	发布只影响白名单用户、内部用户等，视系统试运行稳定情况全量更新或回退
	应用配置技术发布	对业务系统无功能性变更影响的配置调整，如中间件参数维护、应用系统技术参数维护等

（续表）

变更窗口	变更类型	备注
稳态应用系统发布窗口	根据发布日历	大、中、小型维护需求，活动类需求，策略类需求，项目需求等业务变更需求，新建一类业务服务的上线

3. 发布流程及其输入输出

（1）稳态发布流程

稳态发布针对采用传统应用架构，以稳定、安全运行为首要目标的业务系统，如交易类系统。

① 触发

发布管理流程由业务上线、技术上线申请触发。

② 输入

稳态发布管理流程的输入为发布请求单、发布实施方案（包括发布步骤、验证方案、回退方案）。

③ 输出

稳态发布管理流程的输出为更新配置项的通知、已关闭的发布单。

④ 流程图

稳态发布管理流程如图 13-1 所示。

各流程环节的介绍见表 13-3。

（2）稳态发布流程之紧急发布子流程

紧急发布子流程适用于中信卡中心因紧急业务需求、生产事件或问题急须处理的发布，根据发布类型分为技术类紧急发布及业务类紧急发布上线。业务部门与技术部都可以发起。紧急发布须完成发布申请、受理及预审流程，不需经过集中评审，必要时提请变更发布审核委员会审批。特殊紧急情况下，可通过电话、短信、微信等有效渠道审批后先行实施，但事后须补办记录。

① 触发

业务人员通过 IT 服务门户或 ITSM 平台提交并完成审批的紧急发布请求触发。

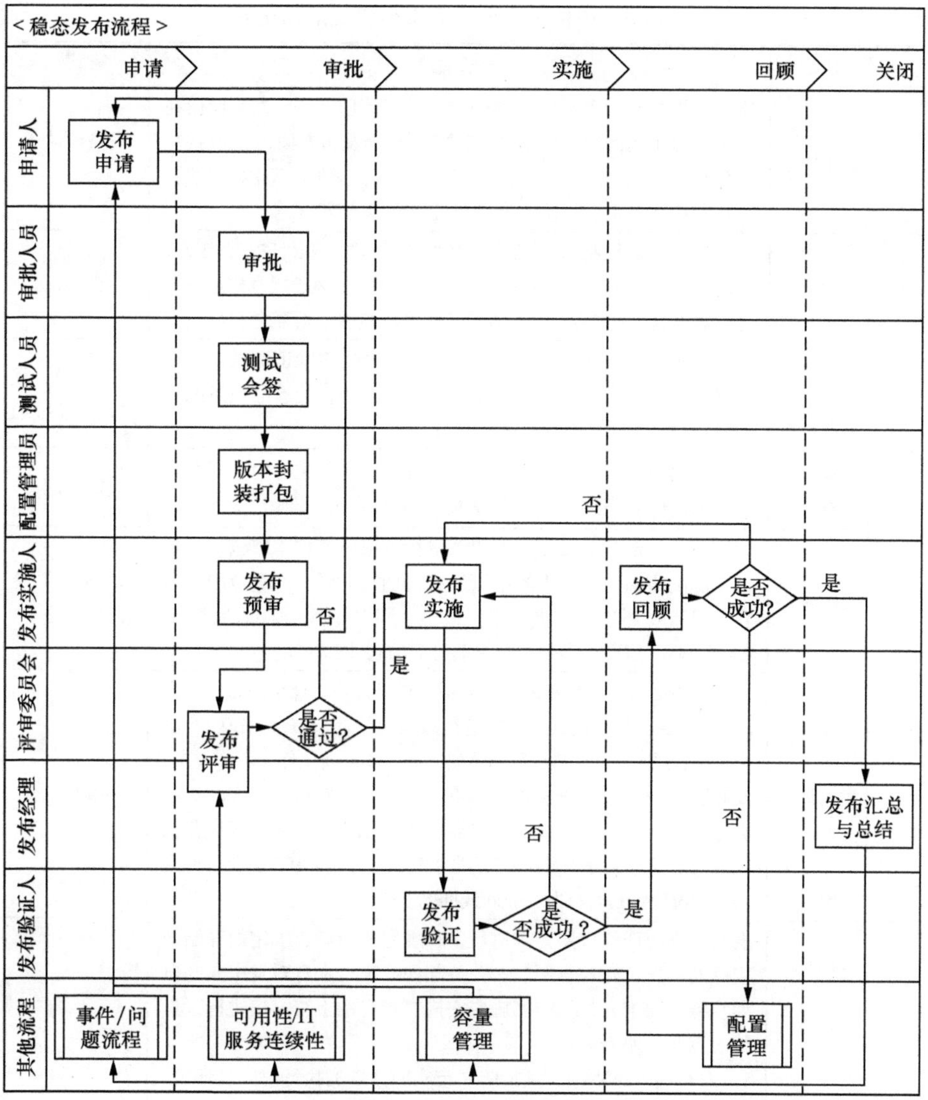

图 13-1 中信卡中心稳态发布流程

② 输入

紧急发布申请单，发布实施方案（包括发布步骤、验证方案、回退方案）。

③ 输出

更新配置项的通知，关闭的发布请求单。

表 13-3　中信卡中心稳态发布流程活动说明

序号	活动	活动描述	角色
1	发布申请	申请人根据与业务部门协商一致的发布计划，按照发布窗口在IT 服务管理系统中提交发布申请单，整理发布方案，提交材料。申请单内容应包括如下信息：发布内容、类型、范围、时间、影响和协同关系、实施方案、验证及回退方案	发布申请人
2	审批	审核内容主要包括：评估业务、数据和技术发布条件和准备工作、实施方案、发布后验证准备，分析发布影响、风险以及应急方案等，对不满足发布条件或存在安全生产隐患的予以否决	审批人员
5	测试会签	测试审批包括 SIT 系统集成测试及 UAT 用户验证测试，分别从产品质量、功能性要求两个方面进行把控，使产品质量的风险降到最低	SIT、UAT 测试人员及经理
7	版本封装打包	配置管理员对通过测试的发布申请进行版本封装打包，提交到运行部门作为正式生产发布版本	配置管理员
8	发布预审	预审是运行部门对发布上线申请进行的第一道技术审核，也是最全面的审核，包括但不限于发布日期及时间、发布范围及内容、风险及影响、变更步骤、备份、回退步骤、验证方式等，如有必要，须通过准生产环境验证后方可上线	运行部门系统管理员
9	发布评审	评审委员会对通过预审的高风险需求进行评审。评审人员须结合SIT 和 UAT 测试情况对需求进行风险评估及审核，评审内容主要包括：评估业务、数据和技术发布条件和准备工作、实施方案、发布后验证准备，分析发布影响、风险以及应急方案等，对不满足发布条件或存在安全生产隐患的予以否决。对于预审存在问题、准备不充分以及风险较高的发布，发布评审委员会可根据实际情况决定是否将发布驳回或推迟上线	评审委员会
10	发布实施	发布实施应严格按照计划进行，在规定的窗口、规定的开始结束时间实施，除监管部门、业务部门或项目本身对发布实施日期有特殊要求外，发布实施应安排在当月的上线窗口进行，具体时点要求如下： 1. 发布实施过程中，须按照发布实施计划的执行时间、环境、顺序、条件等要求实施发布，严格监控发布实施过程； 2. 发布实施过程必须保证双人复核（“一人操作，一人复核”）； 3. 发布实施结束后，应认真检查现场执行结果，根据发布验证方案对发布后情况进行验证并在 IT 服务管理系统中记录实施结果； 4. 若无法避免发布对业务的影响，应将发布实施安排在受影响业务的低峰时段	发布实施人

（续表）

序号	活动	活动描述	角色
12	发布验证	实施完成后由指定的技术验证和业务验证人员按计划进行验证，验证完成须反馈发布验证结果，记录到 IT 服务管理平台；如验证结果为“失败”则执行回退	发布验证人
13	发布回顾	发布实施人员在发布验证完成后，对发布实施后系统运行情况进行跟踪监控，如发现问题，须及时与开发人员确认并及时解决。发布实施人对发布进行回顾，对“运行异常”的进行回退，完成回顾后通知 CMDB 配置管理员更新配置项	发布实施人
14	发布汇总与总结	每月产生发布流程管理报表，对失败的发布进行回顾和检查，以更好地管理发布流程。应每年对流程进行回顾，回顾内容包括流程关键衡量指标、流程执行效率和流程支持工具的有效性，以改进发布管理流程	发布经理

④ 流程图

紧急发布子流程如图 13-2 所示。

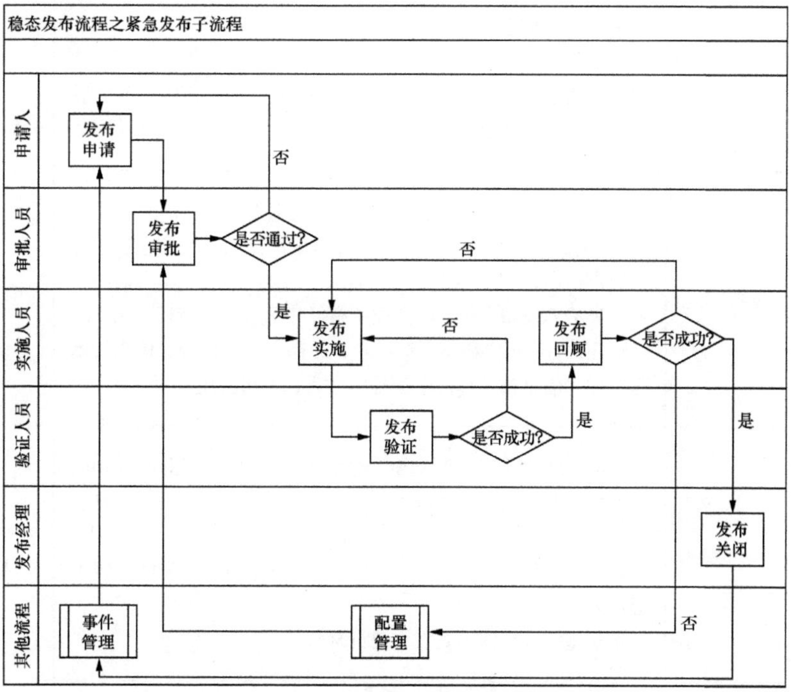

图 13-2　中信卡中心紧急发布子流程

各流程环节的介绍见表 13-4。

表 13-4　中信心紧急发布子流程活动说明

序号	活动	活动描述	角色
1	发布申请	通过 IT 服务门户申请并且完成审批的业务紧急发布将自动创建发布申请单，同步 IT 服务门户申请信息到 IT 服务管理平台的业务紧急发布流程； 同步发布申请人信息，包括用户名、姓名、联系电话、所在科室等信息； 同步需求编号、标题（需求名称）和内容简述； 同步发布来源为“业务紧急发布”，发布性质为“新需求，或缺陷修复”； 同步发布日期、时间，包括拟开始时间和拟结束时间； 同步技术项目经理、开发科室经理、SIT 测试人员、UAT/QA 测试人员、SIT 测试经理、UAT/QA 测试经理、编译实施人（配置管理员）、质量科室经理、发布经理、运维科室经理、技术部总经理； 同步紧急发布原因说明； 同步不紧急上线影响说明； 同步紧急发布影响说明，其中，包括业务影响范围、预计影响时间、影响系统	申请人
2	发布审批	技术类紧急发布：需完成所有 SIT 及 UAT 测试，由 SIT 或 UAT 测试负责科室反馈风险，经需求部门领导与信息技术部领导审批后，方可实施。 业务类紧急发布上线：需完成所有 SIT 及 UAT 测试，由 SIT 或 UAT 测试负责科室反馈风险，经需求部门领导、信息技术部领导、信息技术部分管领导审批后，方可实施	审批人员
3	发布实施	发布实施人需要在 IT 服务管理系统中记录“实际开始时间、实际结束时间、实际上线时长”。 发布实施人需要在 IT 服务管理系统中记录“上线结果（成功 / 失败）、上线过程（顺利、回退、实施方案不全、无法上线）、运行复核人”。 发布实施完成后流转到发布验证环节	发布实施人员

（续表）

序号	活动	活动描述	角色
4	发布验证	指定的技术验证和业务验证人员反馈发布验证结果（成功 / 失败），记录到 IT 服务管理平台。 如验证结果为“失败”则执行回退；如果通过验证则转入发布回顾环节	验证人员
5	发布回顾	发布实施人员在发布验证完成后，对发布实施后的系统运行情况进行跟踪监控，如发现问题，须及时与开发人员确认并及时解决。 发布回顾期为 24 小时，发布实施人对发布进行回顾，对“运行异常”的进行回退，完成回顾后通知 CMDB 配置管理员更新配置项	发布实施人员
6	发布关闭	发布回顾完成后，发布经理发布关闭	发布经理

（3）敏态发布流程

敏态发布流程适用于中信卡中心采用新兴互联网分布式架构且不涉及核心交易的系统。本流程在满足快速迭代需求的同时兼顾系统风险管控。

① 触发

中信卡中心的敏态发布作为生产运维的标准流程之一，其各项活动是按照规定的发布窗口开始实施，时间即为敏态应用系统各项活动的触发。

② 输入

开发提交发布申请单，发布实施方案（包括发布步骤、验证方案、回退方案）。

③ 输出

关闭的发布请求单及发布结果反馈与分析，对失败的发布发起问题单。

④ 流程图

敏态发布流程如图 13-3 所示。

各流程环节的介绍见表 13-5。

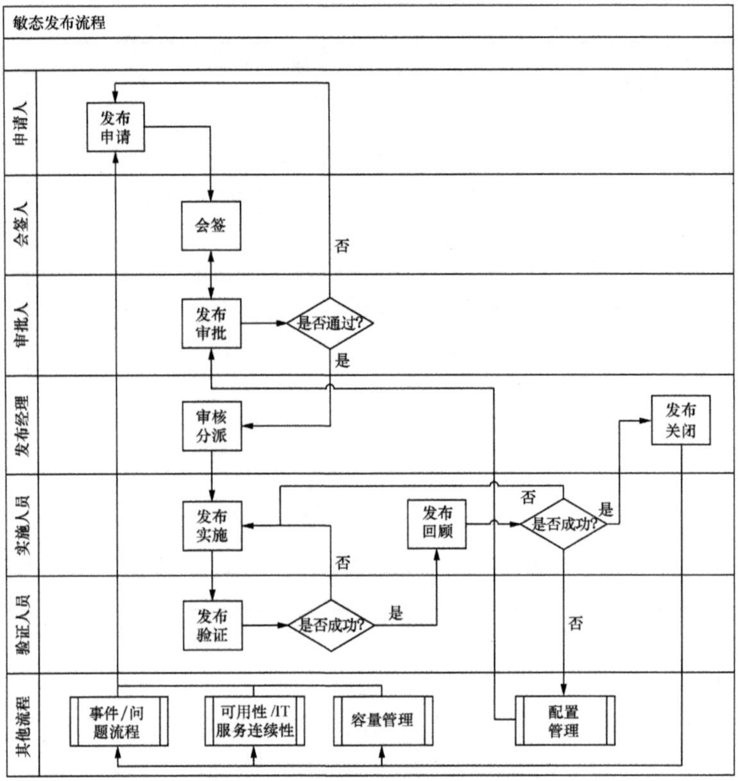

图 13-3　中信卡中心敏态发布流程

表 13-5　中信卡中心敏态发布流程活动说明

序号	活动	活动描述	角色
1	发布申请	确定发布申请人信息，包括用户名、姓名、联系电话、所在科室等信息； 填写需求编号、标题（需求名称）和详述（需求版本说明）； 选择所属系统，所属系统按类别 / 子类 / 条目三级方式； 选择业务验证人员自动带出所属科室（非必填）； 填写 SIT 测试人员组（非必填）； 选择发布性质； 选择发布实施人； 填写发布计划，包括计划开始时间、计划结束时间，计算出计划上线时长； 提交发布单	发布申请人

（续表）

序号	活动	活动描述	角色
2	会签	会签不通过，驳回到申请人； 业务人员、SIT 测试人员（上线包路径）、UAT/QA 测试人员、实施人员同时进行会签，一人会签不通过则此次会签不通过； 会签通过，流转到开发科室负责人审批环节	会签人
3	发布审批	开发科室负责人填写评估意见； 审批不通过，驳回到申请人； 审批通过，流转到运维科室审批环节	开发负责人
		需在 T-1 日流转至运维科室审批； 审批不通过，驳回到申请人； 审批通过，流转到发布经理分派环节	运维科室负责人
4	审核分派	对于审批通过的发布由发布经理进行审核并且分派给实施人员	发布经理（技术组组长）
5	发布实施	发布实施人需要在 IT 服务管理系统中记录“实际开始时间、实际结束时间、实际上线时长”； 发布实施人需要在 IT 服务管理系统中记录“上线结果（成功 / 失败）、上线过程（顺利、回退、实施方案不全、无法上线）、运行复核人”； 发布实施完成后流转到发布验证环节	实施人员
6	发布验证	发布申请人员负责组织变更实施后的技术验证、业务验证，并及时反馈验证结果（成功 / 失败）记录到 IT 服务管理平台； 如未通过变更验证，则转发布回退； 如通过变更验证，则发布回顾环节	验证人员
7	发布回顾	发布实施人员在发布验证完成后，对发布实施后系统运行情况进行跟踪监控，如发现问题，须及时与开发人员确认并及时解决。 发布回顾期为 24 小时，发布实施人对发布进行回顾，对“运行异常”的进行回退，完成回顾后通知 CMDB 配置管理员更新配置项	实施人员
8	发布关闭	发布回顾完成后，发布经理关闭发布	发布经理

4. 能力项接口

发布管理作为运营保障域中关键的能力项，与多个能力项有着直接的接口。中信卡中心的发布管理与其他能力项的接口关系如图 13-4 所示。

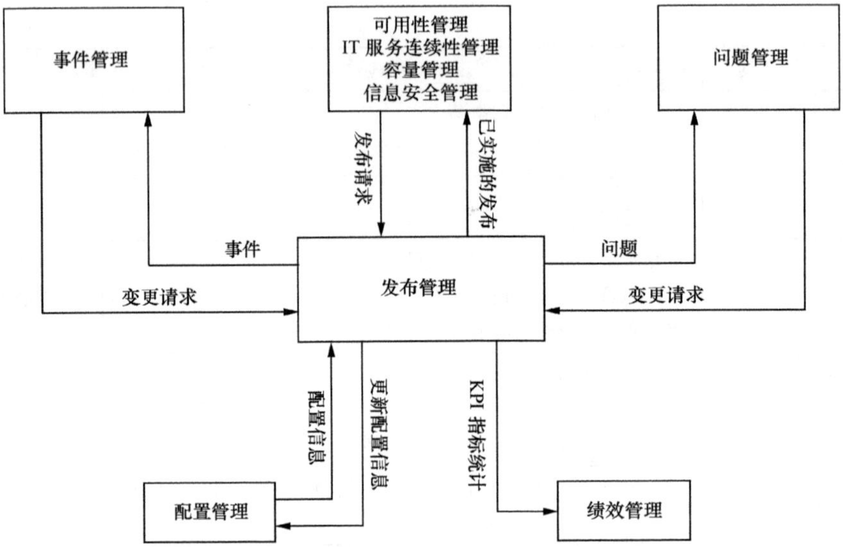

图 13-4　中信卡中心发布管理接口

（1）事件 / 问题 / 需求管理

事件、问题、需求的解决可能需要触发发布，发布的实施也可能引发事件或问题，发布实施的评价需要事件提供信息。

（2）可用性 / 连续性 / 能力 / 信息安全管理

由可用性、IT 服务连续性、容量和信息安全管理流程引发的对生产环境高可用性、灾备、容量和安全加固方面的改造需要通过发布请求的形式提交执行，已实施的发布需要将实施结果等信息反馈至对应的流程。

（3）资产与配置管理流程

变更管理流程在变更影响评估过程中需参考 CMDB 中配置项及其之间的关系信息；同时，变更与发布实施后的配置项信息将被更新到 CMDB 中，确保 CMDB 信息的准确性和及时性。

（4）绩效管理

发布管理的考核分为月度考核、季度考核和年度考核。其中，月度考核的结果将直接影响运维人员在中信卡中心的季度绩效，而年度考核将直接影响该名员工的年度绩效。同时，发布管理也设置了相应的奖励措施。对于及时发现异常，并在故障处理过程中发挥积极且重要作用的员工，将有机会参与季度运维标兵评选。

5. 其他管理要求或控制点

（1）发布前准备

开发科室完成发布准备后，需要整理发布方案，作为下一阶段发布申请的主要提交材料。通过 ITSM 平台向运维科室提交申请，并按要求提交资料。

申请提交应根据生产系统中不同系统的不同操作类别分别提出，避免一个申请中涵盖多个系统不同类别的发布动作。

发布申请提交材料如下

（1）发布日期、时间（包括计划开始时间和结束时间）;

（2）发布涉及影响范围;

（3）发布中各部门需要配合和确认的工作;

（4）发布实施后的验证方案;

（5）发布分析评估方案（包括风险分析、隐患分析等）;

（6）发布的具体实施步骤、内容;

（7）发布的回退方案;

（8）发布的应急方案。

（2）风险评估

中信卡中心引入风险评估机制，重点评审高风险需求。通过涉及系统类别、业务复杂度、测试完整性、风险影响、操作复杂度、上线实施时长 6 个维度进行风险评级，按评分结果认定为：15 分及以上为重大发布，15 分以下为常规发布，重大发布单必须上专家评审会进行综合评估，配套的风险评估见表 13-6。

表 13-6 中信卡中心发布风险评估维护

序号	衡量因素	条件
1	系统类别	A+ 类系统（面向客户、涉及账务处理且时效性要求为实时的应用系统）
		A 类系统（面向客户、涉及账务处理且时效性要求较高的应用系统、监管报送类系统）
		B 类系统（不涉及账务处理、非直接面向客户的系统）
		C 类系统（面向内部管理的系统）

（续表）

序号	衡量因素	条件
2	业务复杂度	多个系统关联上线
		仅在一个系统上线，有影响多个业务功能的可能性
		仅在一个系统上线，有影响单个业务功能的可能性
		仅在一个系统上线，无影响业务功能的可能性
3	测试完整性	不经过 SIT，或不经过 UAT
		SIT 和 UAT 并行测试
		SIT 和 UAT 串行测试
		SIT 和 UAT 串行测试且有完整回归测试
4	风险影响	有业务系统中断，影响外部，且影响客户服务
		有业务系统中断，影响外部，不影响客户服务
		有业务系统中断，影响内部
		无业务系统中断
5	操作复杂度	极高（发包数量超过 6 个，涉及升级、扩容、迁移、HA，或上线步骤数量超过 50 步）
		高（发包数量 3 ~ 6 个，或上线步骤较复杂，步骤数量 11 ~ 50 步）
		中（发包数量 1 ~ 2 个，或上线步骤较简单，步骤数量 2 ~ 10 步）
		低（发包数量 0 个，且上线步骤简单，步骤数量 1 步）
6	上线实施时间	预估 120 分钟或以上
		预估 60 ~ 90 分钟
		预估 30 ~ 45 分钟
		预估 10 ~ 20 分钟

（3）发布预审

中信卡中心经过长期探索，为规范预审环节、有效防范生产风险，设置了《预审检查表》，从系统、中间件、应用、数据库等多个方面引导技术人员把控发布风险，对存在风险的操作进行多角度评估，如图 13-5 所示。

表 13-7 提供了中信卡中心平台类系统配套的预审检查表，预审人员根据检查表判断每个要点是否通过，如果不通过需说明原因和防护措施等。

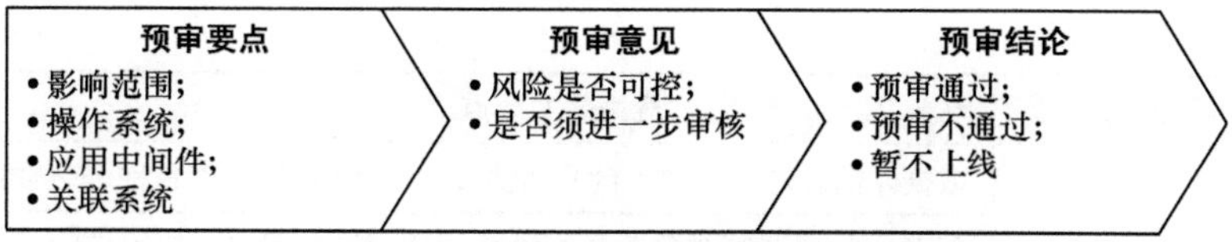

图 13-5 中信卡中心发布预审管理要点

表 13-7 中信卡中心发布预审检查表

序号	应用版本要点	
1	上线实施人	是否计划安排 AB 角实施 A 角； B 角
2	变更计划时间	拟安排变更时间点是否合理（是否业务量最小？对业务影响是否最小？）
3	变更影响范围	以下信息是否齐全： 变更影响功能模块 变更直接影响的业务 变更间接影响的业务 业务归口部门 业务 / 开发联系人 业务 / 开发联系方式
4	变更通知	是否明确提出需向 8120、业务部门以及关联部门（如客服部、营运部等）报备
5	备份	是否要备份数据库
6		是否要备份应用程序、配置文件、文件系统等
7	操作系统	是否涉及集群（HACMP、RHCS、MSCS）配置变更
8		是否涉及集群用户创建
9		是否涉及 HA 集群文件系统变更
10		是否需要重启服务器
11	数据库	是否涉及创建新数据库
12		是否删除表或修改（删除、更新）大批量数据
13		是否涉及创建新的表空间或者数据表、视图等
14		是否涉及数据迁移
15		是否涉及安装数据库补丁
16		是否涉及修改表结构（需执行 reorg 并同步通知数据仓库）

（续表）

序号	应用版本要点	
17	数据库	数据库信息是否准确（含 IP 地址、实例名称、数据库名称、实例端口等）
18		创建表、视图等对象后是否给数据仓库抽数用户、应用访问用户授予适当权限（权限最小化原则）
19		创建表、索引等对象是否分别指定表空间
20	应用及中间件	是否涉及新中间件集群或中间件服务器的创建、删除等
21		是否更新或新增应用包或批处理
22		批处理等应用是否要加入 HA，并同时开展切换验证
23		日志、目录、程序等是否正确赋权（权限最小化原则）
24		是否按照规范调整了 Cookie、jvm、orb 线程池、WebContainer 线程池、JDBC 连接池、GC 设置、虚拟主机、虚拟端口、字符集、编码等
25	网络策略	网络策略是否提前开通并验证通过（包括与前置、短信平台、电邮平台等系统之间的策略）
26		是否开通了包括物理 IP 在内的所有源地址（含浮动 IP）到目的地址的相关策略
27		同一集群或灾备体系的其他机器是否一并开通了相关策略
28	监控报警	是否影响基调网络等第三方监控系统（影响的话需要提前通知相关方）
29		是否需要同步变更配套的 ZABBIX 以及自主开发脚本监控等（如日志关键字、日志路径等）
30		是否需要同步部署进程、端口、文件、错误关键字、ping、文件系统、远程连接、HTTP 访问请求、WAS、数据库、crond、tsm、文件传输 GTP、数据库备份等监控
31		是否部署应用层面监控，如交易量、交易响应时间、交易成功率、页面访问监控
32		同一集群的其他机器是否一并做了相关监控调整
33	关联变更	是否影响应用批处理执行（补跑）
34		是否影响信用卡主机批处理
35		是否影响数据仓库采集数据
36		是否可能影响同一服务器或者同一套 HA 集群中的其他应用
37		同一套集群或者 HA 中其他机器的数据库、应用、批处理等是否需做同步变更（包括用户、权限、目录、配置等）

（续表）

序号	应用版本要点	
38	关联变更	冷备或者灾备体系中其他机器的数据库、应用、批处理等是否需做同步变更（包括用户、权限、目录、配置等）
39		是否涉及 UTP 统一文件传输平台等的同步变更
40		是否涉及自动化作业平台 iPortal，相关的用户、权限、应用菜单是否声明要提前创建
41		是否涉及加密机操作（如提前灌注密钥，提前加入加密机白名单）
42		是否涉及提前添加前置或者短信等白名单
43		是否涉及外部合作伙伴（需提前通知）
44		是否与总行系统关联（需要提前知会总行）
45	技术验证	是否包含数据库状态、应用进程、应用及数据库日志等方面的验证和检查
46		同一套集群或者 HA 中的其他机器是否做了同步验证和检查
47		是否考虑到将停掉的进程、监控以及注释掉的定时作业等及时进行恢复
48		是否涉及检查监控、crontab 定时作业等的有效性
49	业务验证	验证人员： 联系方式（手机）； 验证时间
50		以下信息是否齐全： 计划验证功能点； 验证方式； 验证步骤
51	回退步骤	是否有确切的回退时间点
52		回退场景是否考虑充分
53		针对每一异常的回退步骤是否确实可行可操作
54		回退步骤中是否包含相应的技术验证和业务验证步骤
55	评估结论	

（4）发布实施

中信卡在实施环节的管理要求如下。

➢ 发布实施人员应提前确认实施计划、风险评估、验证、应急和回退方案，并根据该方案组织实施。

➢ 发布实施时应根据具体情况组织协调有关人员到现场支持发布实施工作。

➢ 实施发布时，上线实施人员必须到指定路径取上线版本，开发人员自行准备的上线版本不予生产。

➢ 发布实施过程中，必须按照发布计划的执行时间、环境、顺序、条件等要求执行发布计划，严格监控整个实施过程。

➢ 在发布实施过程中，如果因计划不周需要调整内容，必须重新审批。

➢ 发布实施过程必须保证双人操作（“一人操作，一人复核”）。

➢ 发布实施完成后，要认真检查现场执行结果，根据验证方案进行验证，并及时反馈实施情况和结果。

➢ 发布实施过程出现生产事件或生产应急事件，应按照《中信银行信息系统生产事件应急管理办法》中相关要求处理。

（5）发布调整、终止和回退

发生以下紧急情况之一的，开发科室负责人应立即请示信息技术部负责人，采取调整、中止或回退措施。涉及重要信息系统调整、中止和回退，且对客户服务产生影响的，必要时报告分管信息技术和相关业务的中信卡中心领导。

➢ 发布导致系统故障，严重影响业务运行，并且在短时间内无法定位和解决。

➢ 未能按照变更发布总控时间表完成操作，可能导致无法在正常营业时间内提供服务，或可能导致停业时间超出公告停业时间。

➢ 版本存在重大缺陷，导致重大业务风险。

➢ 其他不可抗力导致重大业务风险。

13.4 发布审计

发布审计作为提升流程遵循度，增强风险管控能力的关键手段，在实施伊始便取得了明显成效。

1. 审计关注点

- 发布工单是否无理由长时间停留在某个环节；
- 发布工单各字段是否准确和完整填写；
- 是否按照发布管理流程管理策略执行，是否存在非授权发布等违规行为；
- 发布工单是否关联了必要的问题单、需求单或者配置项等；
- 实际发布是否在批准的发布窗口时间实施；
- 发布是否严格按照上线方案执行，是否双人操作。

2. 审计方式

发布审计分为发布工单审计和发布现场审计两种方式。前者通过对发布工单的定期大样本抽查，发现流程流转情况和遵循度；而后者则通过审计人员发布现场检查来实现。

3. 审计发现通报、处罚和整改

审计发现违规情况时，将采取以下措施：

- 纳入审计报告；
- 向违规人员的室组负责人通报，必要时将在全中心通报；
- 按照考核规则，对违规人员进行相应的处罚；
- 关联绩效考核，在个人的月度考核中予以体现；
- 必要时，在当月的流程管理月报中予以记录，并按照持续改进管理流程实施改进。

13.5 发布管理的考核

为有效规范发布管理流程，提高流程遵循度且有效规避发布风险，中信卡中心采取定量评价的方式进行发布绩效管理，每月考核成绩统计后发送科室领导，作为季度考核依据。主要包括以下三方面。

（1）工作量指标

① 发布实施数量：实施变更数量在本组排名前 20% 加 5 分，20% ~ 40% 加 3 分，40% ~ 70% 加 1 分，后 30% 不加分。

② 重大发布实施数量：经专家评审会确认为重大发布，实施一个重大发布加 1 分。

（2）成功率指标

① 发布回退：由于发布实施人员个人原因导致的变更回退，一个扣 1 分。

② 发布成功率：按月统计发布成功率，即 1-（发布回退个数 + 导致生产事件的发布个数）/ 本月发布总数量 ×100%。满分 10 分，每下降 1 个百分点扣 2 分，扣完为止。

③ 发布实施人员预审成功率：针对重大发布，发布实施人员预审通过，最后经专家评审会评审也通过，则一个加 1 分。

（3）流程合规指标

① 流程环节流转及时情况：未按规定时间及相关要求更新预审、评审或上线结果的，一个扣 1 分。

② 流程流转合规情况：未按流程策略规定要求进行流转，一个扣 1 分。

13.6 发布管理工具简介

1. 基本功能

发布管理模块的基本功能包括新建发布、发布执行和相关的查询，具体说明如下。

（1）发布申请

① 新建发布单是发布管理初始环节的，主要功能是创建发布申请单，在填写过程中有保存草稿、撤销重填等操作。

② 发布单在申请时可以关联工单：当发布由其他流程发起时，应与其他流程的工单进行关联。

③ 发布单号创建：系统根据生成规则自动生产发布申请单号，并自动填写到发布单中。

④ 发布单内容校验：在提交发布单时，系统自动按照各个字段的填写规则进行校验，并给出提示。

⑤ 系统能自动按照流程设置的默认将发布申请流转至下一节点。

（2）发布审批

发布管理的审批功能具有手动、多人、代理等审批功能，当一个发布申请审批通过时才能进行发布的实施和上线，而不通过则直接退回，关闭该发布单。

（3）发布测试

对测试结果进行回收与确认：系统中发布申请单有两个节点流经测试人员及测试经理，测试人员需要对本次上线的测试结果进行确认，对未经测试或测试不通过的单，他们有一票否决权。

（4）发布实施

发布实施是发布管理中的核心节点，通过发布实施形成发布文档及相关成果实物。

发布实施节点能记录执行过程中的相关信息：包括实施步骤、内容、执行人、执行结果以及执行过程中出现的异常信息。

（5）发布确认

业务人员需要对发布结果进行确认，确认发布执行结果是成功还是失败。

（6）发布关闭

发布执行的成功和失败都以发布关闭为发布管理的结束环节；在发布执行失败的情况下，需要重新创建发布申请单，并重新拟定发布计划，再次执行发布流程，发布关闭时能记录发布关闭代码、关闭意见、关闭人及关闭时间等。

（7）发布查询

提供对发布申请单的查询功能，并提供列表和图形对查询结果进行呈现，包含发布流程与状态查询功能，发布申请单查询功能，发布单详细信息查询功能，关联查询功能，发布统计功能。

2. 扩展功能

除了基本功能外，为提高发布管理效率，方便实施人员和验证人员及时了解单据流转状态，提供了短信和邮件通知功能。

发布申请通知：系统针对填写完成的发布申请，应能通过短信或邮件的方式来提醒下一个节点的人员。

限时告警提醒：系统可以根据系统针对流程环节设置的时间阈值提醒责任

人，时间越长，发送间隔越频繁。

13.7 后续改进

尽管中信卡中心对发布管理投入了大量的资源，但目前仍然无法完全实现自动化发布。

目前，中信卡中心通过引入自动化平台及手工编制的发布脚本，部分实现了自动化发布，提高发布效率和发布规范度。但是距离“持续交付”的标准还有一定的差距。通过对整个版本交付流水线进行完全自动化，当每个变更提交到测试环境后，触发自动化测试，自动化集成。当业务开发完成时，可以一键部署到生产环境中。

对此，中信卡中心通过参考 DevOps 开发运维一体化等理念不断对整个发布价值链进行优化。

13.8 小结

以上内容是对中信卡中心发布管理的简要介绍。

整体上讲，经过多年的持续努力优化，中信卡的发布管理得到了如下改进。

➢ 发布得到有效监管，基本避免了非授权发布、非窗口发布等违规行为，杜绝了无单作业。

➢ 通过规范的发布流程管控、加强各环节的规范操作，及事前审批机制，有效控制了对发布的质量，2017 年事件发生率势头得到有效控制，尽管设备和应用系统数量不断增多，但该指标仍低于 2016 年。

➢ 紧急上线由于时间紧迫，往往风险评估不充分，在将紧急发布质量及数量的纳入考核范围后，紧急上线数量得到有效控制，基本无增长。

后续，中信卡中心将持续优化，以智能化运维为方向，不断推进自动化发布，从而更有效地控制风险。

第 14 章

服务级别管理——中国银行数据中心

在ISO20000标准中，服务级别管理被定义为标准架构中的一个重心，通过服务级别管理识别客户需求，明确服务内容和方式，确保业务履行的规范性和符合预期。同时，服务级别协议（SLA）作为服务级别管理中的一个重要交付，能够充分反映出服务的目标、工作量特性和期望等内容，在ISO20000标准中也被多次强调。

数据中心服务能力成熟度中的服务级别管理同样源自ISO20000标准，是一个与关系管理、供应商管理、可用性管理、IT服务连续性管理、容量管理和配置管理等多个能力项有直接关联的能力项。该能力项的管理核心在于确保服务能力能够满足相关方，尤其是客户的需要。因此，服务级别管理的实施情况，能够直接反映出组织的综合管理能力。

服务级别管理的目标

明确服务目录，以及与相关方达成一致的服务级别协议，保证服务能力符合相关方需要，且可衡量。

服务级别管理在实施前，需要组织形成一个正式并得到维护的服务目录。简单来讲，服务目录包含了所有服务的列表，具体如名称、定义、状态（生命周期）、服务的承诺等信息。服务目录中所明确的服务的能力，有些可以通过响应时间、服务提供时间、可衡量的服务质量来定义，那么这些服务就可以在服务水平协议（SLA）中明确。有些服务能力是不能或无法明确描述的，虽然也可以定义在服务目录中，但无法明确在服务水平协议中。

服务级别管理的关键活动与管理要求

（1）服务目录管理：应识别和分析相关方的服务需求，形成并维护服务目录

① 应梳理数据中心各项服务，确定服务内容以及相关方，形成业务服务目录；

② 应识别内部技术服务和供应商服务，梳理服务关系，形成技术服务目录。

（2）服务级别协议管理：应与相关方签订服务级别协议并组织落实

① 应识别服务项的服务级别需求和质量要求，与相关方签订服务级别

> 协议，并保证服务需求响应、处理和反馈的及时性；
>
> ② 应对服务级别协议的变更进行管控，当内、外部环境发生重大变化时，应回顾服务级别协议；
>
> ③ 应按照服务级别协议要求监控、度量服务交付质量；
>
> ④ 以运营级别协议的形式管理数据中心内部交付质量。
>
> （3）服务报告：应按计划时间间隔，每年至少编制一次服务报告，向相关方报告服务交付情况
>
> （4）服务级别回顾与确认：应回顾与确认服务级别达成情况
>
> ① 应与相关方确认服务交付质量、服务改进计划执行情况，必要时修订服务级别协议，制订服务改进计划；
>
> ② 应按计划时间间隔，每年至少对服务级别达成情况进行一次回顾与确认。

服务级别协议的签订，是服务级别管理中的一个重要活动。但有的时候组织不得不面临一个问题，即组织的客户往往无法甚至不愿意与组织签订一个明确的服务级别协议，尤其当这个客户是内部客户时。造成这种情况的原因有很多，这里不展开讨论。但就解决方案而言，如果客户是外部客户，一般会有相应的合同予以约束，尽管合同的要求相对要模糊一些；而对于内部客户，其折中的方式为科技部门的高层，如 CIO 等代表客户与组织签订。

无论组织的规模还是成熟度级别，基本都会建立服务的报告机制。从成熟度标准的角度来看，服务报告需要与服务级别协议的内容保持一致，是一个明确各项交付内容确保客户需求切实得到满足的汇报机制，也是对组织工作成果的集中展示。

对于服务级别的回顾，往往伴随着衡量服务满足相关方需求指标的达成情况，如服务级别指标达成情况、客户满意度等。此时，关系管理、可用性管理和容量管理等能力项的输出即成为服务级别回顾的重要输入。

下面将以中国银行数据中心（以下简称“中行数据中心”）的服务级别管理为案例，将中行数据中心服务级别管理能力项的管理要求、发展历程做一个简要分享。

14.1 关键控制点

中行数据中心服务级别管理的设置充分基于中心业务性质、职能以及服务管理模式的设置，其关键控制点为服务目录的发布、服务协议的签订和客户回访的实施。

1. 服务目录的发布

中行数据中心将维护的系统整理成服务目录进行发布，并定期维护，目录中包含各系统的服务指标、客户、维护部门等关键信息。服务目录是中行数据中心对自身服务的全面审视和总结，通过目录的发布，明确服务范围，并为服务水平的提升奠定基础。

2. 服务协议的签订

中行数据中心与业务部门签订了服务协议，参照服务目录约定服务指标，并按协议约定内容履行系统维护职责。协议的签订为中行数据中心职责的履行和服务的提供奠定了基础，为双方的权利提供了保障。

3. 客户回访的实施

中行数据中心定期对业务部门进行回访，收集相关意见与建议，不断对自身的服务水平进行改进。客户回访是一种有效的沟通机制，能够加强双方的交流，提升配合能力，加深彼此的理解，使双方更加透明。

14.2 案例概述

1. 中行数据中心的服务级别管理现状

中行数据中心于 2012 年根据 ISO20000 标准要求建立服务级别管理以来，经过数年实践和优化，逐渐形成了一系列管理要求，包括服务目录的规划及维护、服务级别协议的设计及实施、服务报告的规划及实施等，建立了相对完整的管理流程。中国银行数据中心的服务级别管理具备以下特点。

（1）高层直接参与

服务级别管理在中行数据中心受到了高层的高度重视。除管理要求的提出外，高层领导还参与了服务级别协议、服务报告的编撰和审批。高层领导每季度听取服务指标达成情况的汇报，每年底率领运维团队去客户处回访，与客户一起针对服务级别协议内容及服务水平进行回顾。

（2）直接同总行各业务部门和海外分行签订服务级别协议

中行数据中心已与办公室、人力资源部、财务管理部、信息科技部等 31 个总行部门及海外分行签署了相应的服务级别协议。

（3）根据中行实际情况对服务级别协议进行分解和细化

服务级别协议由主协议和工作说明书两部分构成，其中主协议主要规定服务的范围、提供服务报告及进行服务回顾的方式、双方责任的划分等；工作说明书（SOW）描述具体系统约定服务时间、可用性级别、灾备等级等内容。

其中，服务级别协议主协议主要约定内容如下。

① 服务背景

为满足中国银行业务部门实际业务需求，为中国银行各项业务开展提供安全、稳定、高效、优质的信息系统服务保障，规范生产系统（含灾备系统）的运维管理，特制定本服务级别协议。

② 服务内容

服务内容包括支撑信息系统服务的 IT 系统及相关配套基础设施的运维工作，但不限于应用软件运维、基础架构运维、运维管理、安全管理等。

③ 服务时间

服务时间 = 服务天数 × 服务时段，根据业务部门正常业务开展时间确定。服务时间不包括集中时间变更窗口、应用项目批次投产、人行清算维护窗口以及系统维护需要的计划性维护时间。其中，服务天数为每周服务天数，服务时段为客户或用户当地的服务时间。如无特殊标识，5×8 表示周一到周五，每天提供 8 小时服务；6×24 表示周一到周六，每天提供 24 小时服务。

④ 服务级别

中行数据中心根据中国银行股份有限公司管理要求提供相应级别的 IT 服务，具体的服务级别见表 14-1。

表 14-1 中国银行服务级别说明

可用性分级
A1 级
A2 级
A3 级
A4 级
A5 级

注：年可用率 =（全年承诺服务时间 - 全年服务中断时间）/ 全年承诺服务时间 ×100%。

⑤ 灾备等级服务要求

中国银行各项系统对灾备等级的服务要求见表 14-2。

表 14-2 中国银行系统灾备等级要求示例

灾备等级
T1-A 级
T1-B 级
T2 级
T3 级

注：恢复时间目标（RTO，Recovery Time Objective）：灾难发生后，信息系统从停顿到必须恢复的时间要求；恢复点目标（RPO，Recovery Point Objective）：灾难发生后，数据必须恢复到的时间点要求。

⑥ 服务报告

服务报告包括每年为业务部门提供服务报告，但不限于服务级别达成情况、服务新增及变更情况、重大故障处置情况、系统运行情况、服务对象投诉处理情况及后续改进执行情况等。

⑦ 回顾方式

在服务期内，回顾方式采用会议或其他形式对服务级别达成情况、服务新增及变更情况、重大故障处置情况、系统运行情况、服务对象投诉处理情况及后续改进执行情况等进行回顾。参与人员包括但不限于服务提供方代表和服务对象代表。

⑧ 双方责任

➢ 业务部门责任：制定业务应急预案，并当系统不可用时启动并实施，按照正确操作方法进行操作。如发现服务不可用等重大紧急事件，须第一时间联络数据中心，或提出服务请求，并按要求提供相应信息。配合数据中心进行满意度调查和服务回顾，必要时通过投诉渠道提交投诉。因业务需求变化或系统维护需要时，配合数据中心完成相关测试、验证等工作。与外部组织有接口的系统，应在投产前告知数据中心，并在外部组织系统进行维护变更时提前向数据中心发出通知。

➢ 中行数据中心责任：建立统一的运维管理方法和流程，保证服务过程中各方信息一致，及时解决各类问题。严格遵守国内监管要求和法律规定，依法合规完成运营服务任务。合理、有效组织安排技术支持资源，确保在承诺的服务时段内，服务正常运行并达到承诺的服务级别。在资源齐备的前提下，按照灾备等级制定 IT 应急预案和灾难恢复机制，并负责启动实施，保护系统交易记录和业务数据。

工作说明书 SOW 主要约定内容包括了所签署系统的服务时间、可用性级别、灾备等级、英文简称等信息。

（4）针对不同的对象，设计并定期发布不同的服务报告

① 面向国内分行、科技体系部门

每月发布《主要信息系统交易及系统运行情况报告》。全面反映中心月度整体工作内容和运维情况，包括生产运营情况、安全运营管理情况、问题分析、交流和提示等。通过交流和反馈进一步了解分行 IT 运维实际情况，加强总分行联动机制；通过规范工单的报送、提示风险、提醒变更工作要求等，加强分行相关工作流程的规范化，提高风险和安全防范意识，确保国开行信息系统安全和稳定运行，持续提升信息科技服务水平。

② 面向总行业务部门

每年向签署 SLA 的各业务部门发布《IT 运维服务报告》，全面反映 SLA 各项指标的达成情况。

③ 面向海外分行

每日向各海外行发布《海外运维日报》，每月向各海外行发布《海外运维月报》，每年向签署 SLA 的各海外行发布《IT 运维服务报告》，全面反映 SLA 各项指标的达成情况。

其中，中国银行数据中心的服务报告工作有如下特点。

① 报告种类多，覆盖面广：报告包括日报、月报、年报，几乎覆盖所有业务部门、国内外分行。

② 报告数量多，带来较大工作量：由于保密性要求，海外及总行业务部门的报告，均是每家一份。每年发布日报近万份，海外服务月报 300 余份，年报 50 余份。

③ 报告工具化：日报已实现自动化生成、月报实现半自动化生成。日报、月报已能够在一体化平台展现，海外客户可登录自行查询。

2. 中行数据中心的服务级别管理发展历程

2012 年，中行数据中心根据 ISO20000 国际标准要求，建立服务级别管理流程。2013 年，根据 ISO27001 国际标准要求，补充信息安全管理相关要求，完善服务级别管理流程。2014 年至今，根据实际运行经验，对流程部分细节进行优化完善，例如修订服务目录和服务级别协议的工作流程等。服务级别协议经过多年的发展，逐渐对中行数据中心所提供的服务建立起标准化、规范化的管理制度。通过签署服务级别协议，中行数据中心与业务部门双方对服务的内容进行约定，为服务质量提供保障。

14.3 管理要求

1. 角色和职责

中行数据中心在服务级别管理中的角色包括服务级别流程负责人、服务级别经理、服务信息提供人、服务指标管理员。

➢ 服务级别流程负责人：主要职责是本管理领域制度的设计、推广、监督、回顾和改进以及服务目录和服务级别协议的审核。

➢ 服务级别经理：主要职责是规划设计服务目录框架、更新发布服务目录、组织进行服务信息核准、组织相关团队评估确认服务级别协议内容、组织签署和发布服务级别协议、监督并向客户报告服务执行情况。

➢ 服务信息提供人：主要职责是保障服务目录信息及时准确。

➢ 服务指标管理员：主要职责是指标设计与评估、监督和向中行数据中心报告所负责指标的达成情况。

2. 过程环节

服务级别管理包括如下主要活动：服务目录管理、服务级别协议、服务报告管理、服务级别回顾与确认。

（1）服务目录管理

服务目录管理是指以客户的语言对服务进行描述，同时对能够提供给客户的相关服务级别做出概要说明的文件。它是一种沟通工具：向客户展现了服务提供方能够提供哪些服务，以及服务的其他描述信息。通过建立服务目录，明确服务内容，规范、统一服务提供方内部服务口径。

服务目录管理包括服务目录的架构设计（架构如图 14-1 所示）和服务信息的维护、发布。新投产系统均会通过服务目录进行公示，包括系统的服务时间、灾备等级、可用性级别、维护团队等。此外，如果已投产系统的相关信息发生变化，也会在服务目录中更新体现。

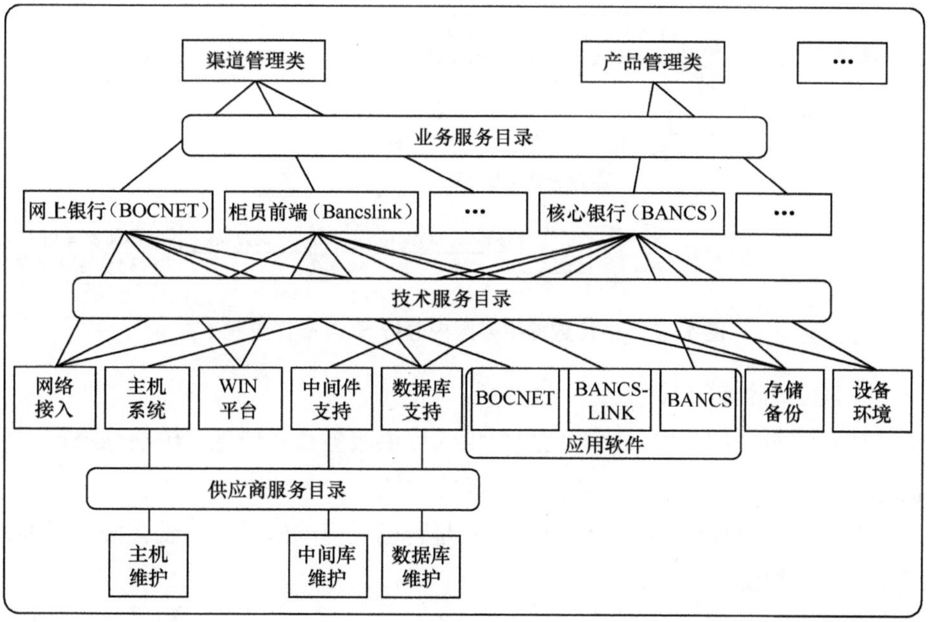

图 14-1 中行数据中心服务目录架构

（2）服务级别管理

服务级别管理包括服务协议的编制、协商和签署，服务指标的评估和监控，服务报告的编写和发布。在新系统投产前，中行数据中心与业务部门签订服务协议。如已投产系统信息发生变化，应对协议内容进行修改。中行数据中心按季度收集服务指标，进行评估与监控，每年编写服务报告并发布至各业务部门。

① 中行国内分行协议

中行国内分行协议的签署大体流程如图 14-2 和图 14-3 所示。

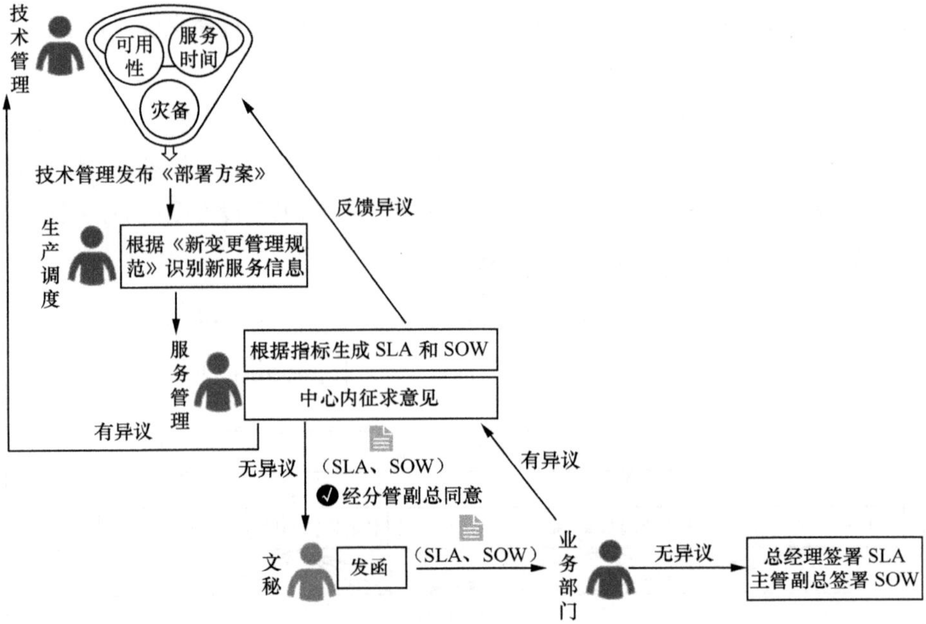

图 14-2　中行数据中心国内分行 SLA 签订流程 1

阶段 1：收集信息

新系统投产前 7 周，服务信息提供人提供服务基本信息，包括系统名称、简称、服务时间、可用性等级、灾备等级、客户（业务主）。

服务级别经理检查服务信息提供人是否已经提供信息，如没有按时提供，发邮件催办提醒。

阶段 2：编制协议

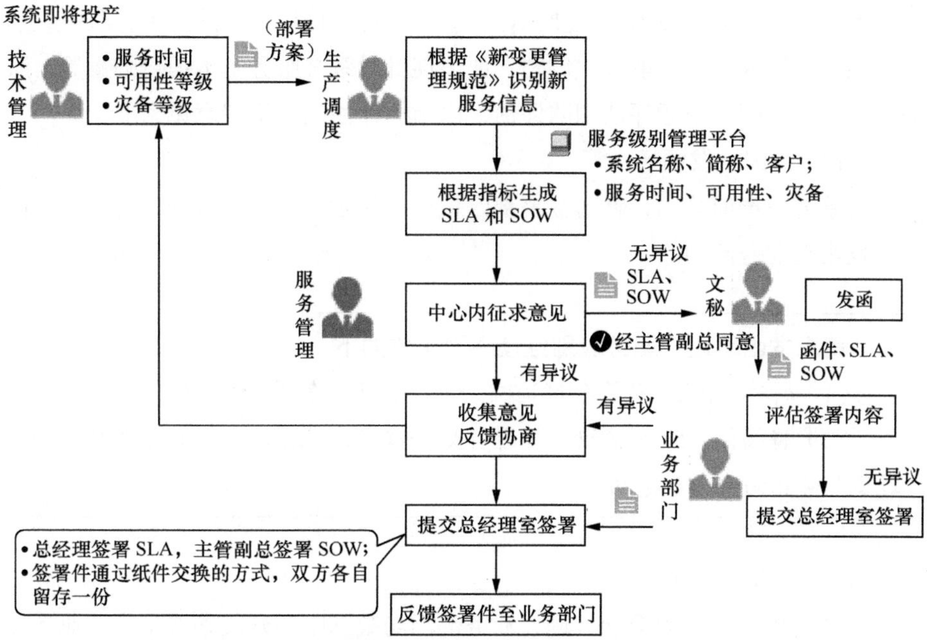

图 14-3 中行数据中心国内分行 SLA 签订流程 2

编制协议阶段，服务级别经理主要工作如下

1. 编制 SLA：根据投产的部门，查询 SLA 签署情况。每个部门只需签署一份 SLA，如该部门以往投产批次已签署过 SLA 协议，在没有新的调整情况下，无须重新签。如未签署，根据 SLA 协议模板，编制该部门协议文件。

2. 编制 SOW：将该部门即将投产系统的名称、简称、服务时间、可用性等级、灾备等级填写在 SOW 模板中。

3. 查询服务目录中该部门已投产系统的签署情况，如存在尚无签署的系统，或级别有调整的系统，将该系统补充到 SOW 中一并签署。

新系统投产前 6 周，根据新投系统对应的业务部门，为每个部门编制一份 SLA，将该部门即将投产系统的服务等级编制到一份 SOW 中。

阶段 3：征求意见

新系统投产前 6 周向数据中心全体公示即将签署的 SLA 和 SOW，征求意见。

此阶段服务级别经理的主要工作：如出现针对协议模板的意见，服务级别经理根据意见内容进行解答或调整；如出现针对系统服务基本信息的意见，服务级别经理转相关指标评估团队评估，以指标评估团队反馈意见为准。

阶段 4：请示发函

新系统投产前 5 周，针对签署部门拟定部间函，请示主管副总同意后，由文秘发函至业务部门。

请求发函阶段，服务级别经理主要工作如下

（1）针对每个需要签署的部门拟定一个函件，说明签署工作意义、内容和要求。

（2）将函件、SLA 协议、签署计划和征求意见情况形成请示邮件，通过团队邮箱向主管副总请示。

阶段 5：签署环节

新系统投产前 4 周至前 3 周，业务部门与数据中心开展签署工作，业务部门同意签署后打印一式两份，SLA 由总经理签署，SOW 由主管副总签署，签署后将纸质件通过文件交换反馈至服务管理团队。数据中心签署后服务级别经理保留一份原件，另外一份原件通过交换反馈对方部门。

签署环节阶段，服务级别经理主要工作如下

（1）根据函件中要求反馈日期（1 周左右），电话联系对方部门，了解签署进展，解答签署工作疑问，催办进度。

（2）受理业务部门意见。针对业务部门提出指标方面的意见，转相关指标评估团队进行评估协调，根据指标评估团队反馈意见再次与业务协商，如达成共识，签署协议；如不能达成共识，该系统暂时不开展签署，针对业务部门提出协议其他内容的异议进行解答或调整。

（3）根据业务部门签署情况拟定说明，与签署件一并提交主管副总签署。如有 SLA，再提交总经理签署。

业务部门如对 SOW 中系统的服务时间、可用性等级、灾备等级指标有异议，应反馈信息科技部，并抄送服务级别经理。如对其他内容有异议反馈服务级别经理。

② 海外分行的服务级别协议签订

海外分行的协议签署主要由信息科技部统筹进行，数据中心需配合工作，大体流程如图 14-4 和图 14-5 所示。

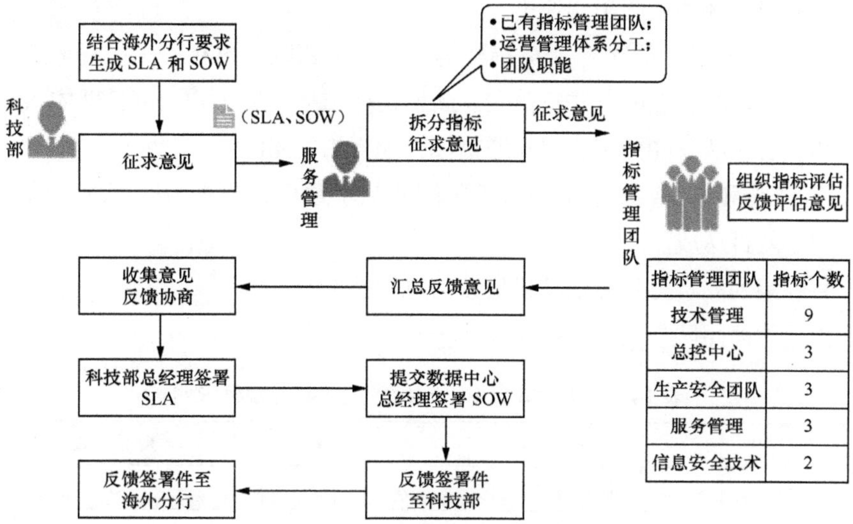

图 14-4　中行数据中心海外分行 SLA 签订流程 1

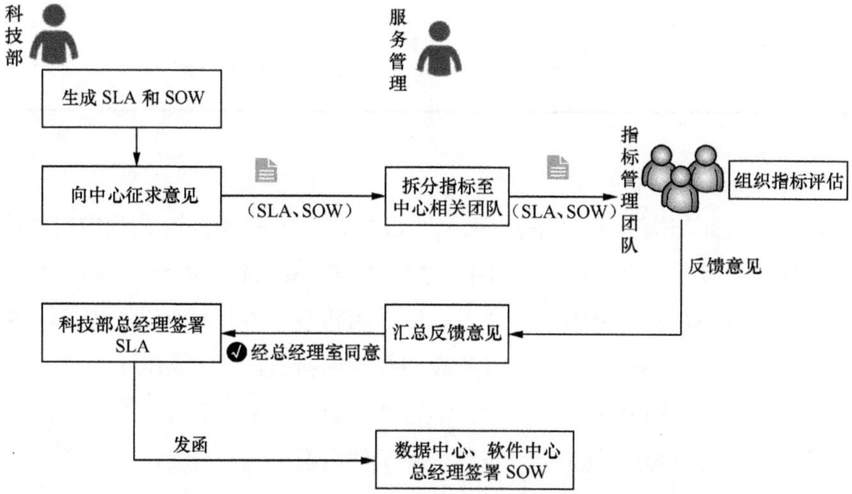

图 14-5　中行数据中心海外分行 SLA 签订流程 2

阶段 1：编制协议

信息科技部与海外机构沟通，编制 SLA 和 SOW 协议。

阶段 2：征求意见

信息科技部针对协议内容向中行数据中心征求意见。服务级别经理收集中行数据中心意见，将收集的意见反馈信息科技部。

服务级别经理主要工作如下。

指标拆分：将 SOW 中服务指标拆分至相关团队，已有指标按着《指标管理表》中记录的管理团队进行落实。新增指标依据数据中心运营管理体系流程分工和中心团队职能分工，将新增指标分配至相关团队。

将 SLA 和 SOW 发送至中心相关团队征求意见，要求指标管理团队评估指标中心能否达成。

将收集到的意见和评估结果反馈信息科技部。

指标管理团队与具体指标见表 14-3。

表 14-3　中行数据中心指标管理团队与指标说明

指标管理团队	指标个数
服务管理	3
示例团队 1	9
示例团队 2	3
示例团队 3	3
示例团队 4	2

阶段 3：签署环节

信息科技部与海外分行签署 SLA 协议后，发函件及签署件至中行数据中心和软件中心要求签署 SOW。由中行数据中心总经理签署 SOW 后，将签署件提交软件中心办公室，中行软件中心签署后将签署件反馈信息科技部。原件由信息科技部和海外机构保存，服务级别经理向科技部索要扫描件。

此阶段服务级别经理主要工作：编写请示材料，对本次签署的特点、数据中心征求意见情况等进行说明，与科技部函件以及签署件一起，提交总经理签署，签署后提交软件中心。

③ 服务指标监控与报告

服务指标监控与报告环节的各项活动如下。

阶段 1：记录指标

服务级别经理根据签署的协议，整理出服务指标，记录在《SLA 指标管理表》中。该指标包括名称、定义、公式、目标值、范围、频率、指标管理团队等。

阶段 2：监控指标

服务管理每季度向各指标管理团队收集指标达成情况，在运营管理体系中的流程，通过流程报告反馈服务管理团队，如可用性管理流程、故障管理流程等。如流程没有流程报告的指标，则通过邮件收集，如灾备管理、渗透性测试等。

阶段 3：指标报告

服务级别经理每季度形成《服务级别管理流程执行情况报告》，记录指标达成情况，提交运营管理体系控制组在中心内部发布，并在生产安全例会上通报。每年针对每个服务对象形成《IT 运维服务报告》，报送 SLA 签署情况和签署指标的达成情况。中行数据中心指标示例见表 14-4。

表 14-4 中行数据中心指标示例

分类	指标名称
可用性管理	可用率
故障管理	故障解决时间
	单系统延迟开机次数
	单系统累计宕机时间
连续性管理	灾备演练次数
	灾备演练覆盖率
	RTO
	RPO
	BCP 演练，提供技术支持次数
数据管理	数据备份频率
信息安全管理	数据泄露的安全事故次数
	远程渗透测试次数

（续表）

分类	指标名称
服务报告管理	运维服务情况报告
	日志分析报告
	灾备演练报告
	系统 log 监控报表

（3）服务报告管理

服务报告指基于服务级别协议而制定的、定期发布的、反映一段时期内中心系统运维、SLA 执行、规范有效性测量等情况的各类报告。

通过建立服务报告管理机制，对中心相关对外服务报告、对内流程报告进行管理，包括对报告的周期、内容、提交、审核审批、发布等管理，保证各类报告能够及时有效地编制和发布。

中行数据中心服务报告示例见表 14-5。

表 14-5　中行数据中心服务报告示例

报告类型	报告名称	报告目的	阅读对象	报告周期
对外服务报告	主要系统交易及系统运行情况的通报	落实管理要求，加强分行运维管理	分管行长、国内 34 家一级分行、总行信息科技体系部门	每月
	海外分行信息系统交易及运行情况报告	反映海外行系统运行情况	亚太、欧非各分行	每月
	海外分行运行情况日报	反映海外行系统运行情况	亚太、欧非各分行	每日
	海外分行 IT 运维服务报告	反馈服务级别指标完成情况	海外签署 SLA 的各分行	每年
	部门 IT 运维服务报告	反馈服务级别指标完成情况	签署 SLA 的总行各业务部门	每年
规范 / 流程运行报告	数据中心有效性测量报告	规范 / 流程运转情况	运营管理控制组、数据中心	每月 / 每季度 / 半年 / 年

服务报告管理流程主要负责管理服务报告的制定与发布。每月监督各报告的发布情况，对于未按时发布的报告要向编写人发出预警。

（4）服务级别回顾与确认

① 开展服务级别回顾工作前，需要先编制服务级别回顾开展方案

a. 制定《服务级别回顾方案》，方案中要包括目标、开展时间、回顾对象、参与团队、组织形式、回顾内容、需要其他团队配合的内容等。

b. 与总经理室成员联系，请每位老总选定牵头团队组织开展回顾。

c. 形成《服务级别回顾工作任务表》，包括回顾对象，带队总经理室成员、牵头团队。

d. 将《服务级别回顾方案》请示总经理室，根据请示意见调整，形成最终方案。

② 材料准备

拟定回顾交流材料的提纲，针对提纲向回顾对象、中心相关团队收集相关材料，并将材料发送至各回顾牵头团队。

a. 拟定回顾交流材料的 PPT 模板，列举需要沟通的内容提纲。

b. 向回顾对象收集意见和建议。将收集的意见和建议进行分类，根据中心各团队职能落实到各团队进行回复和解答，并收集中心对回顾对象意见和建议的解决和回复内容。

c. 根据提纲内容，向中心内部相关团队收集材料。

③ 回顾实施阶段

牵头团队组织相关团队完成回顾工作，填写《调研回顾进展情况统计表》和《调研回顾问题和建议跟踪表》。

④ 问题落地和跟踪

针对回顾过程中收集的问题、意见或建议进行收集汇总，落实问题解决团队，每季度跟进问题解决进展。

3. 能力项的触发、输入和输出

（1）触发

新变更服务管理流程和服务信息变化触发，包括新服务上线、服务下线、服务信息变更等。

（2）输入

新变更服务管理流程提供的服务信息变化，内部团队和外部客户提出的调整建议和要求，以及管理要求。

（3）输出

输出包括《服务级别流程执行情况报告》和《服务达成情况报告》。

4. 能力项接口

中行数据中心服务级别能力项接口如图 14-6 所示。

（1）业务关系管理

服务级别管理向业务关系管理输出服务回顾所需的内容：包括 SLA、SLA 指标达成情况、客户服务信息（服务目录）等。

（2）可用性管理

服务级别管理将 SLA 向可用性管理流程公示，可用性管理流程据此监控并定期向服务级别管理流程反馈可用率。

（3）能力管理

服务级别管理将 SLA 向能力管理流程公示，能力管理流程据此监控并定期向服务级别管理流程反馈能力项信息。

（4）连续性管理

服务级别管理将 SLA 向连续性管理流程公示，连续性管理流程据此监控并定期向服务级别管理流程反馈 RTO/RPO 等连续性指标信息。

（5）服务报告管理

服务级别管理定期编写服务级别管理流程报告，受到服务报告管理流程的监督。

（6）新变更服务管理

新变更服务管理流程将服务的变更信息反馈服务级别管理流程，服务级别管理流程据此更新服务目录。

（7）供应商管理

服务目录相关服务的信息是供方管理工作的依据。

（8）变更管理

服务目录信息、服务协议的变更均应按照变更管理流程进行。

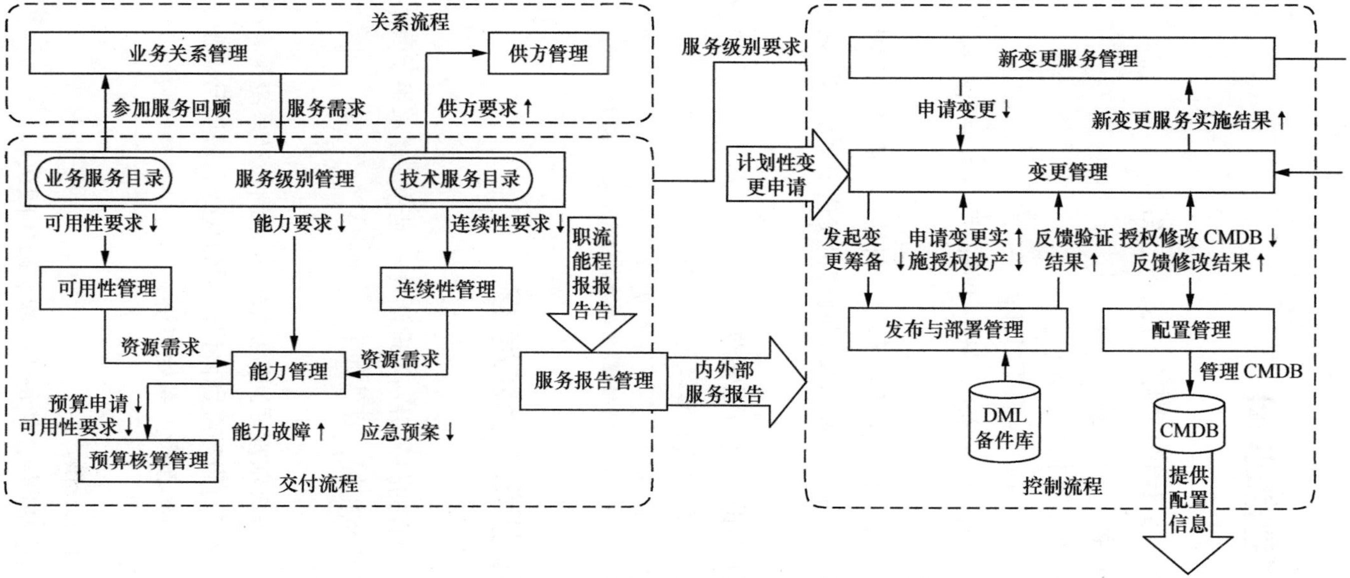

图 14-6　中行数据中心服务级别能力项接口

14.4 服务级别管理审计

服务级别经理每月组织对服务信息进行核准。

1. 审计关注点

- 服务目录是否有信息缺失；
- 服务目录是否有信息需要修订；
- 服务目录架构是否需要调整（如修改服务目录属性列等）。

2. 审计方式

服务级别经理每月组织对服务信息进行核准，服务信息提供人需对各团队反馈的服务信息予以确认；将收集到的意见发送至对应团队判定；收到判定结果后予以更正。

3. 审计发现通报、处罚和整改

- 修改后在工具中留有修改记录；
- 经审核通过的修改信息反馈意见提出人。

14.5 服务级别管理的绩效考核

为有效规范中心的服务级别管理活动，提升管理水平及效果，中行数据中心制定了明确的考核指标，具体如下。

1. 指标设置

指标名称：服务级别管理回顾次数、年度新投产系统签署率。

指标定义：每年对服务级别协议回顾的次数、每年已签署服务级别协议的新投产系统数量 / 每年新投产系统数量。

2. 考核

考核方式：量化考核。

考核频率：定期进行，如每年一次、每年四次。

考核阈值：服务级别管理回顾每年至少一次；年度新投产系统签署率按照中行数据中心实际情况设置即可。

14.6 能力项相关工具简介

服务级别管理工具目前具备服务目录、服务指标、服务协议、服务报告的管理功能，实现了对服务内容、服务标准等服务信息的记录、流转、查询和统计；通过服务指标目标值与实际值的对比，对服务指标达成情况进行统计和预警，自动生成服务报告。

1. 流转过程

工具使用人员可通过用户名和密码登录系统，查看该用户名下的服务目录（服务目录按客户筛选后所呈现的结果），可以执行导出、筛选等操作；点击每一条服务的“服务指标”属性，进入指标管理界面，可以查询任意时间段系统的指标值；回到服务目录界面，点击每一条服务的“SLA”属性，进入 SLA 界面，可以查询所签署的 SLA 的 Word 文本；回到服务目录界面，点击每一条服务的“服务报告”属性，进入服务报告界面，可以查询每一年度的服务报告。

2. 服务目录

① 服务目录信息在可视化的工具界面上，服务目录中相关信息可展现；

② 可查询、添加、删除、修改服务目录的信息，具备审批环节；

③ 可导出各种经筛选的报表，可以用 Excel 表的方式导入服务信息；

④ 可对服务目录数据进行备份、保存修订记录（可以查询历史修订记录）；

⑤ 服务目录信息库中的任意一列可作为其他流程（可用性管理、服务请求管理、生产变更管理、配置管理）的关联项。

3. 服务指标管理

① 建立指标库，可增加、删除、修改指标项；

② 可“以系统为单位（单一系统，多个系统）”按各周期（月、季、年）

查询指标值；指标值从相关流程（可用性管理流程等）工具获得，目前不能从系统中提取的，根据服务级别统计表，设置录入界面，作为指标值的输入来源；

③ 可按照导出报表：导出一个或多个系统的一个或多个指标的报表；

④ 可设置权限，管理员可删除修改，普通浏览者仅可查询。

管理员可在指标管理页面制定多个统计表模板，根据客户、统计时间段等查询条件，系统名称、指标值、实际值自动提取，形成统计表格，支持打印、导出功能。

4. SLA 管理

① SLA 可视化管理页面，可以将 SLA 作为附件上传和下载；

② 服务目录中“SLA”列可以链接到对应的 SLA 协议（或链接到客户 SLA 页面，可以看到历年的 SLA），以服务为单位，可对 SLA 相关的属性信息进行增删改；

③ 不同的角色有不同的操作权限；

④ 具备查询统计功能。

查询：在查询页面，在服务目录的查询功能基础上，如果有 SLA 协议管理的角色权限，查询条件增加“签署状态”“签署日期”“备注”和“联系人”等。查询结果的显示项默认为符合条件的全部属性，也可以自定义，范围为所有字段（包括备注）。例如要查询“2013 年内已签署的系统的服务时间”，查询前设置查询条件为签署日期在 2013 年 1 月 1 日—12 月 31 日期间，查询结果只显示服务名称和服务时间两列。查询结果可以打印、导出。

统计：在统计页面可以根据一定条件，统计各部门 SLA 签署情况，并且可以点击数据显示涉及系统的服务目录。

当展示的是部门和批次投产的 SLA 签署情况时，可根据投产时间选择时间段，默认是全部时间。除“部门”外，其他列依次显示查询时间段内，投产批次号，最后一列为批次外投产的系统，也可手工在已投产的批次中选择批次号，制定统计表模板，再进行统计。

5. 服务报告管理

① 服务报告的可视化管理页面，可以按客户将服务报告作为附件上传和下载；

② 服务目录中“服务报告”列可以链接到对应的客户服务报告页面，可以看到历年的服务报告；

③ 不同的角色有不同的操作权限；

④ 服务报告信息自动获取：建立保存多个模板样式，自动获取工具平台中已有数据。

6. 服务目录、SLA、服务指标之间的关联

① 点击每一条服务目录后的“服务指标”选项，进入服务指标展现页面，可以看到该系统服务指标的历史值和当前值。

② 点击服务目录每一行后的“SLA”选项，进入该系统 SLA 界面，可以看到该系统对应的 SLA。

③ 点击“服务报告”选项，进入服务报告界面，可以看到该系统各期的服务级别报告。

14.7 后续改进

中行数据中心的服务级别管理中，存在服务信息不能及时获取，导致服务目录发布和服务级别协议签署工作延迟的风险。对此，服务级别管理负责团队将组织上游输入团队，优化工作流程，明确工作时间点。

14.8 小结

中行数据中心的服务级别管理流程自建立起，通过完善服务目录和签署服务级别协议、监控服务指标等活动，在中行数据中心内部实现了业务服务目标的达成，并加强了业务部门和开发部门对数据中心服务能力逐步深入的认识和了解。

随着客户对服务级别管理认识的不断加深，业务需求越来越多，承诺的服务指标范围将逐步扩大，服务指标体系也将越来越完善。这将促进中行数据中心整体服务水平和服务质量逐步优化。

第 15 章

可用性管理——招商银行数据中心

可用性管理随着 ITIL 最佳实践和 ISO20000 标准在国内多年的推广和应用，已经广为人知。很多组织，尤其是金融行业和互联网行业的组织，对可用性有着非常高的要求，为了满足可用性要求制定了多项措施，并取得相对较好的结果。然而，有些组织面对可用性管理时会有着这样的问题：可用性管理究竟在管什么，这个能力项的价值在哪里——尤其是在业务相对稳定，系统很少出现异常的前提下。

成熟度标准引用了 ISO20000 标准中的可用性定义，即“在规定时刻或规定时间段内，部分或服务执行要求功能的能力”。通俗来讲，可用性可以通过数字“九”来体现——可用性管理的目标，即是确保业务服务时长满足“两个九”“三个九”的可用性要求。而这“几个九”目标的达成，是包括风火水电在内的基础设施，以及服务器和交换机在内的硬件设备和生产系统与办公系统在内的软件系统的各项管理措施共同生效的成果，是一个组织的 IT 服务能力的综合体现。

> **可用性管理的目标**
>
> 确保 IT 服务的可用性满足业务运行的需求，并持续优化。

在明确可用性目标之后，需要在对可用性目标进行细化的基础上识别可用性需求。一般而言，可用性需求有以下的输入。

（1）业务要求

业务要求是决定可用性需求的第一要素。而如何从业务导出可用性需求，有时候，除了 IT 部门与业务部门畅通的沟通机制这一外部措施之外，IT 部门内部所采取的业务影响分析，也不失为一个有效的方法。

（2）监管要求

近年来随着信息化的不断发展，IT 的关键性愈发得到广泛的认可。为确保行业的稳定和声誉的保持，监督部门的管理力度也在不断加强。以金融行业为例，银监会近几年先后出台了包括《银行业重要信息系统突发事件应急管理规范》《商业银行业务连续性监管指引》《银行业金融机构全面风险管理指引》等与可用性有着直接或间接要求的制度规范，而证监会更是出台了《证券期货业信息系统托管基本要求》这种明确要求“几个九”的行业标准。监管部门的关注度可见一斑。

（3）资源投入

双机、异地灾备、双活这些不同等级的资源投入所换回的成果，差异之大在此不再赘述。

可用性需求明确后，需要基于需求制订相应的可用性计划。可用性计划的形式可以是多样的：由战略规划延伸，以年度可用性计划为起点，可分解到阶段计划，如月度可用性计划；也可分解至专项计划，如针对重要系统或应用发布前后的可用性计划等。同时，在可用性计划中，应对未来采取的对可用性有重大影响的项目、任务有相应的归纳和分析。

可用性管理的关键活动与管理要求如下

（1）可用性需求分析与评估：应确定可用性需求并定义可用性目标

① 应确定业务功能，进行业务影响分析；

② 应确定可用性需求，定义可用性、可靠性和可维护性目标；

③ 应基于可用性目标评估服务可用性，对基础环境、设备、设施、网络、系统、应用等组件进行评估。

（2）可用性设计：应制订可用性计划

① 应按计划时间间隔，每年至少一次评估服务可用性，制订可用性计划；

② 应在重要的系统或应用上线部署前，制订可用性计划。

（3）可用性实施：应按照可用性计划实施并进行结果验证

① 应实施可用性计划；

② 应基于可用性计划实施结果，对组件、系统和服务的可用性进行验证。

（4）可用性监管与回顾：应监控并报告可用性状态，回顾可用性管理效果

① 应监控可用性，进行可用性趋势分析，编制可用性报告；

② 应回顾可用性事件，制定改进措施；

③ 应回顾可用性管理效果，调整可用性计划。

在可用性计划的落实过程中，需要对计划内的各个组件的可用性进行相应

的监控与汇报。当前国内随着信息化建设的不断推进，大部分组织已经搭建了自己的监控平台，但这些平台往往需要经过相应的调整修订及集成必要的报表导出功能，才能与可用性计划的要求和颗粒度相比配。

管理层尤其是最高管理者对可用性计划的实施情况和达成情况保持持续的关注是确保可用性管理有效运行的关键。在很多组织中，管理层通过在定期例会，如月度例会上听取可用性指标的达成情况的汇报来落实对可用性的关注。可用性管理的责任人需要与领导就汇报的频度、内容和方式达成一致，以保证汇报的效率和效果。

对可用性计划的执行情况和措施的实施效果的回顾是可用性管理有效运转的基础。回顾过程中需要重点关注对可用性趋势的分析和预测，并作为下一周期可用性计划的重要输入。

以上是对可用性管理的一个简要说明。下面将以招商银行数据中心（以下简称“招行数据中心”）的可用性管理为案例，做一个简要分享。

15.1 关键控制点

招行数据中心的可用性管理同样是中心的关键能力项之一，无论是中心领导还是运维人员，都对业务的可用性保持着足够的重视并投入足够的资源，从而保证了管理效果。招行数据中心的可用性管理关键控制点包括明确的能力项定位、对可用性事件的闭环管理和详细的可用性评估。

1. 明确的能力项定位

招行数据中心有这样的一个不成文的共识：IT 运维管理的核心为可用性管理，各项措施和活动的最终目标都是为实现可用性目标。在此共识的基础上，招行数据中心将可用性管理定位为中心管理的核心，在资源投入、措施落实和活动执行方面，都保证了足够的优先级，为可用性管理达成目标奠定了基础。

2. 对可用性事件的闭环管理

可用性管理的能力项负责人同时也是事件管理能力项的负责人。对于引发的可用性事件，除了需要从事件管理的视角确保异常快速解决、业务及时恢复之外，还将从可用性管理的视角，对该事件涉及的开发、变更等后续措施予以跟进，确保相关措施切实执行到位，从而实现对可用性事件的闭环管理。

3. 详细的可用性评估

招行数据中心为可用性评估制定了评估模板，涉及的评估维度包括应用系统、运行环境、人员、技术、流程和资源等，并识别可用性影响因素。通过一个相对完整的矩阵，确保可用性评估详细完整，为可用性计划的制订奠定基础。

15.2 案例概述

1. 招行数据中心的可用性管理现状

招行数据中心的可用性管理作为关键能力项之一，在投入大量资源和多次改进之后，已取得相对较好的结果。在 2016 年的成熟度外部评价中，可用性管理获得 4.49 分。招行数据中心的可用性管理具备以下特点。

① 与事件管理紧密关联

除了诸如可用性计划编制、可用性结果汇报和事件通报等关键活动之外，招行数据中心的可用性管理责任人还切实参与到可用性事件的解决过程中，并对这些事件后续的纠正措施与预防措施的实施保持着持续跟进。

② 可用性管理考核简约而不简单

在当前阶段，招行数据中心对可用性管理的考核，经过多年的讨论和调整，已经演变成为对可用性实施效果的考核；考核项也在多次增删后，变的只有寥寥几项。但正是这简单的几项，成功帮助可用性管理目标不断达成。

③ 可用性计划内容详细

当前可用性计划的管理机制为数据中心各室组（部门）完成并提交自己的可用性计划，并汇总至运行调度室（中心用于运维的二线统管部门）形成统一的可用性计划。可用性计划中同时还包括了对可用性短板分析和计划改进措施等内容。

④ 内容丰富的可用性月报

可用性月报的内容分为三大模块，分别是服务可用性结果展示、管理现状评估和已知问题总结与改进。具体还包括可用性事件分析、故障回顾与分析、相关系统评估和技术评审等内容。其中，汇报材料中每个可用性改进项的风险收敛情况，以图形的方式直观地展示了各改进项的实施进度及存在的问题。

2. 招行数据中心的可用性管理发展历程

从成熟度标准的角度讲，可用性管理所涉及的包括可用性需求分析与评估、可用性设计和可用性实施等关键活动。因为其需要载体的特性，在实际实施中不好落实，所以很多组织对可用性的管理便停留在对可用性的监控上，而对可用性管理的其他关键活动感觉无从下手，有时候甚至上升到对这个能力项的不理解这个层次。

曾经的招行数据中心也面临着同样的问题，后来，随着不断的探索和磨合，招行数据中心的可用性管理经历了先简后复杂再简的一个起伏，换而言之，从整体上分为“能力项建设”“能力项调整”和“能力项固化”三个阶段。

（1）能力项建设

作为 ITIL 及 ISO20000 标准的重要组成部分的可用性管理，在招行数据中心搭建 ITIL 体系伊始，其流程及主要关键活动便得到了建立。这个阶段的招行数据中心的可用性管理关键活动包括了可用性分析、可用性年度计划制定和可用性监控回顾。可用性需求分析仅包括了系统可用性和网络可用性，年度计划的主要内容也仅记录了各系统的可用性指标的预期。从这个角度来看，这样的可用性计划的落地性是值得商榷的。

所幸的是，由于招行数据中心一直以来对电子化工具的重视，对可用性的监控尚能有效运行——在不考虑监控覆盖深度和广度的情况下。而且每月向中心领导的汇报一次，也能将可用性执行结果在中心范围内展示出来，从而引起各专业室组人员的重视。

经过一段时间的试运行，招行数据中心发现这种颗粒度的关键活动，对可用性管理真正有效所起的促进作用相对有限，具体的不足如下。

① 可用性需求分析范围较小

当时的可用性需求分析主要停留在对系统及其配套的网络和硬件层面，而缺乏以业务为视角的分析，从而影响了与服务级别等方面的接口。

② 年度计划内容较少

当时，可用性计划中所记录的是下一个阶段各系统及组件的可用性目标，往期可用性达成情况回顾。这种单纯的“几个九”的数字，并不能有效指导中心的可用性管理。

③ 中心的可用性管理与各室组的日常工作脱节

虽然中心的可用性计划是经过反复推敲和讨论得出来的，但这些可用性的指标如何分解成各室组的工作内容，各室组又将采取怎样的措施以确保上述指标的达成，这些问题的答案是无法通过当时的可用性管理方法论得到答案的。

所以，可用性管理自身的重要性与当时的管理方式形成了一定的矛盾。招行数据中心决定对可用性管理进行必要的优化，以切实发挥其作用。

（2）能力项调整

以“加强管理”为指导思想，招行数据中心进行了可用性管理的第一轮优化。当时的可用性管理的改进方式主要包括以下内容。

a. 调整可用性管理的定位，将以系统为核心的管理思路，调整为以服务为核心，关注服务可用性结果的管理思路，并明确可用性的提升思路。招行数据中心可用性提升及跟踪思路如图 15-1 所示。

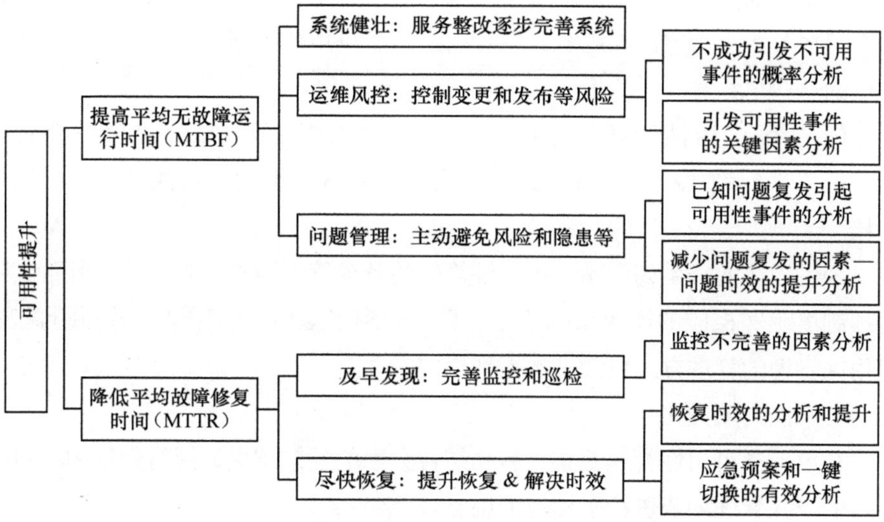

图 15-1 招行数据中心可用性提升及跟踪思路

b. 加强对可用性的分析。对可用性的分析不只是需求分析，还包括了当前管理水平和技术水平对可用性的影响。其中，新增的可用性短板分析机制，更是基于短板可能引发事件的这一出发点，对人员技术能力、设备局限性、系统的不确定性等可能引发可用性异常的因素进行全面的分析。

c. 细化可用性计划及跟进。明确可用性计划为主动可用性管理的抓手，将制定和执行可用性管理计划作为主动提升服务可用性、减少可用性事件发生的核心手段，而不仅仅是可用性指标的罗列。其中，明确要求计划中需要列明与可用性提升相关的工作任务，包括说明完成方式、预期计划、计划完成时间、责任人以及月度交付，并与可用性短板分析结果对应。对于月度交付，以当时招行数据中心正在推进的敏捷管理为思路，以自然月为单位，明确当月需要完成的工作及验收的标准。同时，建立了可用性计划评审机制，确保计划的准确性和可执行性。

d. 加强可用性管理与事件管理的关联。可用性管理的能力项负责人将全程参与可用性事件的定责、分析、整改措施的制定和改进等阶段。

e. 优化可用性管理月报。对可用性管理月报的内容进行较大程度的丰富，除了服务可用性结果展示外，增加了可用性管理现状评估和问题总结改进方向。其中，前者包括了变更和发布风险趋势、可用性转问题的跟进以及可用性事件通报及跟进等方面的内容；后者则包括了可用性计划的技术评审和可用性评估的一些总结和改进汇报。

f. 加强可用性管理的考核。从发布触发的服务评估、可用性计划编制、可用性计划执行和年度总结等几个层面对各室组的可用性管理情况进行考核。

经过上述的一系列调整，可用性管理的各项管理要求得到细化，并落实到管理制度上。相应的模板和电子化工具也得到了应用。经过这一系列的调整，可用性管理的管理方式已经基本得到确定。

（3）能力项固化

在第一次可用性管理调整之后，结合大家的反馈意见，招行数据中心对能力项的一些管理细节进行了相应的调整。

a. 进一步细化可用性管理月报，增加各室组可用性计划及其完成情况的通报。

b. 细化可用性计算标准。先后发布了事件可用性和变更可用性的计算流程操作手册。

c. 明确可用性评审规则。

d. 简化可用性考核规则。将对可用性计划落实的考核思路，调整为以结果为导向的考核思路，即引发的可用性事件将直接影响考核得分。

这些调整都是为了让能力项得到更好的应用而做的细节性调整。另一个不得不提的得以固化的因素是，电子化工具的支撑。事实上，招行数据中心除了ITIL 系统的可用性模板，还搭建了可用性管理平台，与相关监控系统等均建立了相应的接口。可用性计划的提交、评审、可用性及其损失的计算，都可以通过上述工具方便地完成。

15.3 管理要求

1. 角色和职责

招行数据中心的可用性管理的能力项负责人定义为可用性经理，该经理除了需要承担能力项的设计、实施、培训和指导等方面的工作外，还需要承担如下的工作：

➢ 负责年度服务评估和可用性管理计划编制工作发起；

➢ 收集汇总流程信息，编制可用性月报和年度可用性管理总结报告，发现流程存在的问题，提出改进建议，制订并落实改进计划；

➢ 负责可用性管理月度汇报；

➢ 负责可用性管理年度工作总结；

➢ 负责下一年度可用性管理工作重点及优化模版的发布；

➢ 负责可用性等级更新的需求收集、确认，并在数据中心管理层最终审批后发布可用性等级标准；

➢ 负责审核可用性计算结果和可用性事件内部考核结果。

除可用性经理外，该能力项的执行人及其职责见表 15-1。

可用性管理的流转是多种角色和人员参与关键活动的执行过程。其中，作为关键的衔接角色，可用性管理员是各室组的接口人，承担着相关可用性管理的协调工作。在实际工作中，由于可用性管理相关工作的复杂性，很多时候各室组的可用性工作是由多人配合完成的，而可用性管理员，则成为这些工作在本室组的组织人员和协调人员。

表 15-1 招行数据中心可用性管理执行人角色职责说明

角色	职责描述
数据中心管理层	1. 审批可用性设计和评估的结果，确保可用性设计和评估结果满足业务需求，避免潜在的可用性问题； 2. 审批可用性事件的跟踪和回顾，及时掌握应用系统及其平台的可用性状况； 3. 审批可用性等级更新方案； 4. 审批 P3 及以上的可用性计算结果和可用性事件内部考核结果； 5. 审批可用性考核规则并进行考核
运行调度室	1. 制定、发布和落实可用性管理相关的规划、流程、制度和规范；组织制定、发布和落实运行相关的服务目录； 2. 负责审核可用性管理月报； 3. 负责审核年度可用性管理总结报告； 4. 负责审核可用性等级标准； 5. 负责可用性管理流程的电子化及管理； 6. 负责可用性管理新流程的建设项目； 7. 负责对可用性相关工具进行研究、测试、选型及运用
平台经理	1. 审核可用性等级更新方案； 2. 审核本平台的可用性设计和评估初稿； 3. 确认和审核本平台可用性计算结果和可用性事件内部责任认定； 4. 审核本平台可用性改进建议； 5. 对流程改进提出意见和建议
技术管理室	1. 负责对核心系统服务评估结果进行评审； 2. 负责对年度可用性管理计划进行评审； 3. 负责对可用性管理计划成果进行评审； 4. 负责总结与可用性管理相关的工作，提交年度总结报告
服务经理	1. 负责可用性等级中应用部分的指标更新； 2. 负责参与总体设计评审； 3. 负责核心系统服务评估； 4. 负责核心系统不符合的问题改善和结果反馈； 5. 负责跟踪相关应用系统的可用性状况； 6. 负责审核本服务条线的可用性计算结果和可用性事件内部考核结果

（续表）

角色	职责描述
可用性管理员	1. 负责制定 / 修订、发布、执行可用性管理计划； 2. 负责可用性管理计划执行情况的年度总结； 3. 负责可用性等级中平台部分的指标更新； 4. 负责相关平台的可用性设计和评估； 5. 负责平台可用性事件的责任初步认定； 6. 确认可用性计算结果和可用性事件内部考核结果； 7. 配合可用性管理流程的持续改进
应用负责人	审核可用性计算结果和可用性事件内部考核结果
变更协调人	1. 负责发起影响核心系统的变更的可用性计算； 2. 负责完成可用性计算结果
事件经理	1. 负责发起影响核心系统的可用性事件的可用性计算； 2. 负责完成可用性计算和可用性事件内部可用性考核

2. 过程环节

与成熟度标准中描述的相同，招行数据中心的可用性管理的过程也分为可用性管理计划制订、计划执行和回顾改进阶段。这 3 个阶段的主要活动如图 15-2 所示。

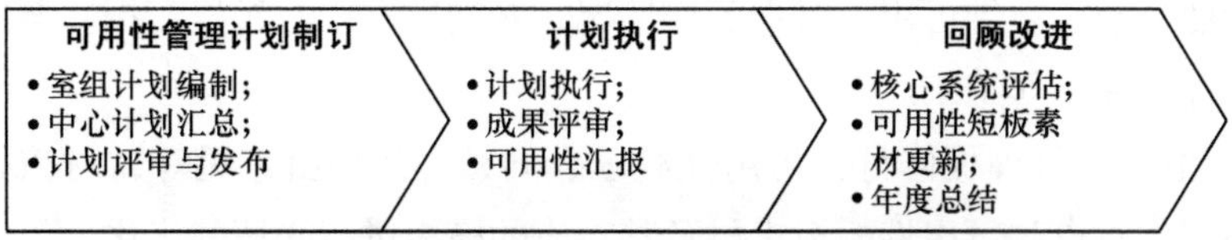

图 15-2 招行数据中心可用性管理主要环节简述

（1）可用性管理计划制订

① 发起年度可用性计划编制工作：一般由可用性经理组织发起年度可用性管理计划的编制工作。

② 室组可用性计划编制：各可用性管理员组织本室组人员收集、分析可用性素材，识别可用性短板，从而制订本室组的可用性计划。

③ 中心计划编制：可用性经理组织人员收集各室组的可用性计划，汇总生成招行数据中心层面的可用性管理计划。

④ 可用性计划的评审与发布：由技术管理室集中评审，依据可用性管理计划评审表各评审项要求进行评审、打分。评审结果一般分为通过、提出意见修改后通过和不通过三级。评审通过后，以中心发文的形式，在招行数据中心正式发布。

（2）计划执行

① 可用性计划执行：各可用性管理员按计划组织本室组人员落实各项可用性措施、任务。必要时，相关的计划成果需要提交至技术管理室评审。

② 可用性管理阶段总结和汇报：可用性经理按月度收集各室组可用性管理计划执行情况素材，编制可用性管理月报，从而通过中心例会向数据中心管理层汇报可用性管理工作。可用性经理组织季度的总结工作，并向中心领导汇报。

③ 推广优秀成果或案例：可用性经理收集、整理可用性管理员提交的优秀成果或案例，并在中心层面推广。

（3）回顾和改进

① 技术管理室的年度总结：技术管理室按年度依据评审过程和结果，总结可用性管理工作情况，并将总结报告交至可用性经理处。

② 各室组年度总结：可用性管理员按年度依据核心系统不符合的问题改善结果、可用性管理计划的季度汇报结果，总结可用性管理工作情况。

③ 中心年度总结：可用性经理依据各室组可用性管理年度总结报告、可用性管理月报，总结可用性管理工作情况，并向数据中心领导汇报。至此，年度可用性管理工作结束。

④ 相关素材模板修订：可用性经理会同领导的审批意见等，对核心系统的服务评估重点和可用性短板素材及其对应的模板进行必要的优化。

3. 可用性管理的触发、输入和输出

（1）触发

就招行数据中心而言，其可用性管理的关键活动的触发一般分为主动式触发和被动式触发。对于前者，一般是以时间单位，定时或按计划执行。由时间触发的可用性管理活动如下。

① 可用性计划编制，一般为每年 12 月的第一周，可用性经理会发起计划的编制活动。

② 可用性计划的跟进。对于可用性计划中的各室组可用性措施的进展，

可用性经理会以时间为节点要求相应的可用性管理员跟进。

③ 可用性月报、季报和年报的编制和汇报。

④ 可用性年终总结的编制和汇报。

⑤ 可用性服务评估规则的回顾和修订。

⑥ 可用性短板素材的回顾和修订。

对于被动式触发，一般是当发生可用性事件或变更时，导致相应的可用性活动。这些触发一般包括：

① 发生可用性事件；

② 实施重大变更和重要变更；

③ 业务部门有新的需求，导致 SLA 等需要调整时。

而由被动式触发的可用性管理活动如下。

① 可用性需求分析和受影响评估。当招行数据中心需要实施重大变更和重要变更时，会在变更影响分析中加入对可用性影响的分析。

② 可用性事件及其后续整改措施的跟进。

（2）输入

招行数据中心可用性管理的输入包括：

① 服务级别需求；

② 影响可用性的突发事件和问题；

③ 风险评估，包括信息安全风险评估和业务风险评估等；

④ 重大变更和重要变更。

（3）输出

招行数据中心可用性管理的输出包括：

① 可用性管理计划；

② 可用性管理月报；

③ 可用性管理年度总结报告；

④ IT 服务交付评估报告；

⑤ IT 服务交付设计和评估报告工具表；

⑥ IT 服务交付等级标准。

其中，IT 服务交付相关的标准、工具和报告等一般针对有重大故障或重大变更时，由可用性经理会同服务经理等相关人员共同完成。

4. 能力项接口

从某种程度上而言，由于招行数据中心可用性管理的特殊定位，其他每一个能力项都或多或少与可用性管理有一定的关联。为体现能力项接口管理的重要性，这里只说明与可用性管理有强关联关系的能力项。

（1）服务级别管理

可用性管理的策略和目标，均来自于服务级别管理。招行数据中心的可用性各项目标的制定，均来自于业务部门对服务的需求。

（2）事件管理

当前招行数据中心可用性管理的一个重要的作用就是从“外部”的角度对可用性事件的解决及其后续措施的实施情况进行跟踪和验证。对于各专业室组而言，运行调度室对于可用性事件处理的介入，除了多一双眼睛看故障，能够更加深入地分析原因并制定整改措施外，还能够敦促这些措施切实落地，避免这些措施最终变成一纸空谈。

（3）监控管理

监控活动所生成的可用性相关的数据，将作为可用性计划和可用性报告重要的输入。

（4）变更管理

重大和重要变更的实施，会对可用性造成影响，已经在中心人员间达成共识。招行数据中心在这些变更实施前，一般将知会可用性经理或可用性管理员，以使他们做到心中有数。

（5）IT 服务连续性管理

由此可见，招行数据中心的可用性管理作为一个相对后端的能力项，尽管接口较少，但由于其实施结果的统管性和向中心领导的直接汇报，其重要性也不言而喻。

5. 其他管理要求

（1）可用性评估维度

在进行可用性需求分析时，招行数据中心会对可用性管理的评估维度予以明确，即在明确评估大类的同时，明确可用性的影响因素。以此为模板的可用性评估，其结果的可信度和一致性会得到一定程度的提升。可用性评估维度如下。

① 应用系统：包括应用软件、数据库、中间件、网络设备、存储设备等方面的架构和可靠性。

② 运行环境：包括站点和环境等方面的可靠性。

③ 人员：既包括人员的专业能力，也包括人员的数量和主观性。

④ 技术：包括对可靠性的监测，对内外部攻击的防御，故障的及时发现和自动恢复等。

⑤ 流程：对变更的有效管控，计划停机的实施等。

⑥ 资源：CMDB 的水平、供应商等。

同时，对于上述影响因素，又明确了对应的等级分类，即每项影响因素，根据现有手段的不同，其可用性等级也有不同。可用性等级分为五级，具体标准如下。

① 一级：没有或基本没有。

② 二级：起步水平、部分范围、有一定效果。

③ 三级：平均水平、大部分覆盖、效果明显。

④ 四级：较高水平、完整覆盖、效果显著。

⑤ 五级：业界领先水平、全面深入覆盖、充分有效。

以“应用系统复杂程度”这一影响因素为例，一级对应的描述为“单机，尚未构成一个系统”；二级对应的描述为“集中部署的多设备系统”；三级对应的描述为“分布式部署的多设备系统或集中部署的多设备系统，设备数量多于5 台，主要功能模块大于 5 个，与其他系统接口数超过 5 个”；四级对应的描述为“设备数量多于 10 个，系统主要功能模块多于 10 个，与其他系统接口数超过 10 个”；五级对应的描述为“设备数量多于 20 台，系统主要功能模块多于 20 个，与其他系统接口数超过 20 个”。

（2）可用性计划评审标准

为规范可用性计划评审的有效性和实现评审的横向可对比性，招行数据中心制定了可用性计划的评审标准，相关的评审维度如下。

① 分析素材完整性：除了运行调度室所明确要求的相关素材外，如果相关素材具有普遍意义，值得推广，将获得额外分数。

② 可用性短板完整性：包括描述是否清晰准确，是否完整覆盖已有问题。

③ 改进措施完整性：包括相关措施是否有明确的实施规划，并与短板对应等。

15.4 可用性管理考核

严格上来讲，在经历过多次调整之后，招行数据中心已经不再针对可用性管理设置对应的 KPI，而是按照可用性事件发生的次数直接扣除相应的考核分数。之所以这样调整，是因为招行数据中心的可用性长期达标，以“几个九”作为考核依据已经无法真实反映出可用性管理工作的效果。

鉴于招行数据中心的 ITIL 考核从频度上分为月度考核和年度考核，从受众上分为个人考核和室组考核，目前使用的考核方法如下。

（1）月度考核

① 室组：按照发生的可用性事件数量计算。若当月未发生可用性事件，则各室组月度考核的可用性得分为满分；若某室组当月发生一起可用性事件或是可用性事件的主责部门次数达到一次的，则得分为满分的一半；若数量达到两次或两次以上的，则可用性方面不得分。

② 个人：其规则等同室组月度考核规则。

（2）年度考核

在年度考核中，一般以室组为单位进行考核。鉴于各可用性事件已经在月度考核中进行了相应的处罚，在年度考核中不再处罚。

但若经判定可用性事件是由变更引起的，则会在变更管理的考核得分中再额外扣除相应的分数。

15.5 可用性管理工具简介

招行数据中心的可用性管理工具主要分为两部分，一个为可用性管理平台，用于建立与监控平台的接口，记录涉及可用性的各项数据和信息；另一个则为 ITIL 系统中的可用性管理模块，该模块目前与可用性管理的各项关键活动保持了基本的对应。

ITIL 系统的可用性模块主要包括以下功能：

① 可用性计划的发起、编制和审批；

② 可用性措施的填报；

③ 年结总结的记录等。

鉴于这些功能与可用性管理的过程的一致性，在此不再赘述。

值得一提的是，电子化工具比较有特色的功能是支持事件和变更所引发可用性事件导致损失的计算。以事件管理为例，整体的可用性计算流程如图 15-3 所示。

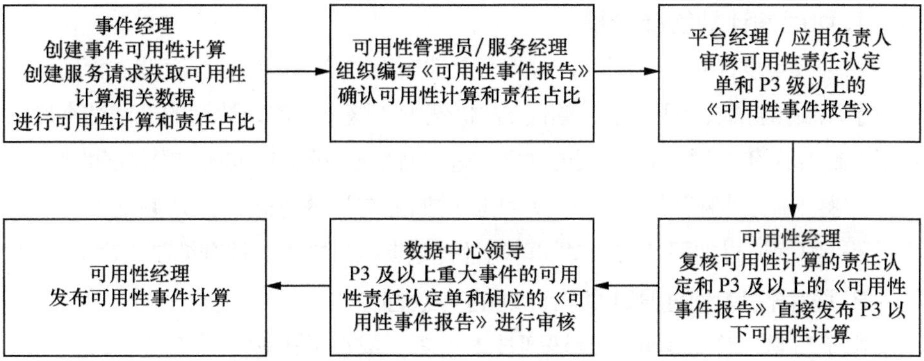

图 15-3　招行数据中心事件可用性计算流程

事件可用性计算具备以下特点。

① 直接与实际发生的可用性事件挂钩，业务影响时长、故障恢复时间等重要信息能够直接获取自事件工单，以保证准确性——招行数据中心强抓事件工单信息的准确性。

② 除了计算当次可用性事件所造成的系统的可用性损失外，能够进行累积，计算出周期内可用性的损失情况。

③ 系统能够自动估算出可用性事件或故障造成的交易损失量。估算的数量来源于历史同期的交易量。这也是招行数据中心经过多年的数据积累所收获到的成果。

④ 可用性经理可直接对责任团队或个人进行相应的处罚。处罚的结果将被记录，并纳入招行数据中心的绩效考核库中。

电子化工具对可用性管理的实施起到非常明显的支撑作用。可用性经理的可用性报告的编制，很大程度上依赖于各电子化工具提供的数据，但部分活动仍然无法通过工具来实现，只能在线下实施。

15.6 后续改进

可用性管理作为直接向中心领导汇报，帮助中心领导掌握全局的能力项，尽管受到了相当的重视，并且能够足够地执行，但仍存在如下问题。

1. 可用性计划的准确性

在进行年度计划的编制时，对于可用性短板的分析，尽管已有技术管理室的评审予以质量把控，但因为主要的方法仍然为头脑风暴法，计划的准确性高度依赖于编制人员的专业能力和主观能动性。这点仍然无法在短时间内有很彻底的改善。

有鉴于此，招行数据中心一方面通过加强培训的方式，提升编制人员的能力；另一方面通过加强评审和增加可用性计划考核的方式，提升编制人员的意识。

2. 可用性措施的跟进及与计划的一致性

由于日常工作的繁忙，当遇到技术难题，或涉及采购等外部流程时，很容易发生可用性措施停滞或严重滞后于可用性计划的情况。另外，当前的机制为各室组主动将本室组可用性措施的进展报至可用性经理处。尽管可用性经理会安排人员对进展汇报进行复查，但误报、谎报的情况仍然不能杜绝。

为此，招行数据中心计划建立可用性审计，通过人工跟进的方式，确保各项可用性措施的负责人能够切实完成各项措施。

15.7 小结

以上是对招行数据中心可用性管理的一个简要介绍。招行数据中心秉承着

“一切围绕可用性”的想法，对可用性管理做出了不懈的努力，并取得了相应的成果：可用性事件的数量同比不断减少，相关可用性指标全部达成。在最近一次的成熟度第三方评价中，可用性管理更是得到了 4.49 的高分，其付出的努力和获得的成果也获得了评价组专家的一致认可。

作为一个偏主动式管理的能力项，可用性管理能够取得当前的成效，固然离不开领导的关注和管理重心的倾斜，还有较为科学的管理方法：不只是简单的数字制定和统计，而是以可用性为核心，将中心的各项工作有效串接起来，对各项措施的监、管和控，并付出大量人力成本。

第 16 章

IT 服务连续性管理——华润银行信息科技部

随着我国银行业信息化建设的持续高速发展、信息科技的作用已从最初的业务支持逐步趋向与业务的融合，并成为整个银行机构稳健运营和发展的基础。信息系统的安全性、可靠性和有效性直接关系到整个银行的发展和社会金融体系的稳定。信息科技在促进业务发展的同时，业务对信息系统依赖程度也要求 IT 服务必须能够提供连续性保障。

IT 服务连续性管理是成熟度标准中运营保障能力项的重要一环，其定位在于确保 IT 服务的可用性满足业务运行的需求。IT 服务连续性与日常生产运行、应急管理工作、灾难恢复管理、业务连续性管理密切相关，是关系到企业生存根本的能力项之一。由于数据中心的业务往往在于提供 IT 服务，数据中心的 IT 服务连续性管理往往能够与其业务连续性管理有相当程度的重合。

IT 服务连续性管理的目标

确保在灾难发生之后、IT 基础设施和 IT 服务能够在规定的时间内得到恢复，从而支持总体的业务连续性要求。

银行机构为有效保障重要业务持续运营服务，通过对 IT 服务连续性管理需求的分析与评估，明确 IT 服务连续性管理策略，并通过技术工具落地实施，应急恢复预案开发设计完成 IT 服务连续性计划的制订，利用合理的验证机制保障连续性计划得以有效执行。因此，IT 服务连续性管理是覆盖事前的预防、事中的应急响应、恢复机制的管理能力框架，保障重要业务持续运营的一整套管理过程，包括策略、组织架构、技术、方法、标准和程序，需要强有力的组织保障、有效的业务影响分析和风险评估、及时的响应和全面的保障。

IT 服务连续性管理的关键活动如下

（1）IT 服务连续性管理需求分析

① 根据业务连续性需求和监管要求，识别 IT 服务连续性需求，确认 IT 服务连续性管理范围；

② 根据业务需求确定 IT 服务或系统重要性。

（2）IT 服务连续性管理策略制定

> ① 应针对支撑业务的 IT 服务或系统进行业务影响分析和风险评估，确定其所处环境中的威胁和薄弱环节，明确需要应对的灾难场景；
>
> ② 应根据 IT 服务连续性管理需求、影响分析以及风险应灾结果，确定管理目标，制定管理策略，宜包括服务恢复范围、应急组织架构、灾难恢复资源、服务恢复优先顺序；
>
> ③ 连续性管理目标应符合业务要求和监管要求。
>
> （3）IT 服务连续性计划制订
>
> 应根据 IT 服务连续性管理策略，针对需要应对的灾难场景，制订 IT 服务连续性计划，包括但不限于容灾系统设计、应急恢复预案设计。
>
> （4）IT 服务连续性计划实施
>
> ① 应组织实施 IT 服务连续性计划，包括但不限于成立应急管理组织、建设容灾系统、编制应急预案、编制 IT 服务恢复预案、预案培训；
>
> ② 应对容灾系统进行测试，对预案进行演练，测试和演练的方式与频率应符合监管要求；
>
> ③ 应实施 IT 服务连续性维护，包括但不限于容灾系统维护、预案维护、应急管理组织维护；
>
> ④ 应急恢复预案应覆盖灾难发生后的各阶段，包括但不限于应急响应、灾难恢复及恢复运营阶段。
>
> （5）IT 服务连续性回顾与确认
>
> ① 应按计划时间间隔，每年至少一次对预案进行回顾与确认；
>
> ② 应对 IT 服务连续性效果进行回顾，并进行必要的调整。

每个组织应对其所处物理环境进行分析，应从可引起业务过程中断的事件开始，如设备故障、水灾和火灾。可采用风险评估（RA，Risk Assessment）及业务影响分析（BIA，Business Impact Analysis）方法，确定这些中断情形的冲击（根据破坏程度和复原时间）。通过 RA 和 BIA 关键活动重点了解企业所面临风险的发生可能性和冲击影响，并鉴别出重要业务过程及排定优先级，制定 IT 服务连续性管理的需求分析。

明确组织 IT 服务连续性管理的需求和了解可能的灾难及风险后，应针对风险优先级决定将采取的策略。决定策略并不容易，需要仔细考虑自身业务目标、资源、文化、流程及投入成本。

组织必须根据策略结论制定相应 IT 服务连续性计划实施和维护，以便在关键业务过程中断或故障后在必要的时间内恢复业务。

另外，组织必须通过周期性的回顾和确认活动，对容灾技术、效果、预案体系进行调整和修订，确保其持续有效。

下面将以珠海华润银行股份有限公司信息科技部（以下简称“华润银行信息科技部”）的 IT 服务连续性管理工作为案例，将其在 IT 服务连续性管理能力项的规划建设、发展历程和关键控制点做一个简要分享。

16.1 关键控制点

受银监会的监管要求和基于自身的业务需要，华润银行信息科技部面临如下问题：如何有效保障 IT 服务持续提供服务，如何基于现有的规模、人力资源情况，实现业务连续性保障方面的外部监管合规和内部战略有效支撑。华润银行信息科技部通过有效的技术、工具，结合科学的管理手段，通过 IT 服务连续性管理工作实现保障业务持续运营能力。华润银行信息科技部 IT 服务连续性管理的关键控制点为，明确的连续性需求分析、完整的 IT 服务连续性计划和多场景的应急演练。

1. 明确的连续性需求分析

银行业高可用的要求，对华润银行信息科技部的 IT 服务连续性管理带来了挑战。一个明确的连续性需求分析是其有效管理的前提，华润银行信息科技部从行业监管要求和自身风险管理诉求入手，以应急管理为抓手，多角度、多维度、多来源地收集、整理和归纳连续性需求，从而为能力项的有效管理奠定基础。

2. 完整的 IT 服务连续性计划

IT 服务连续性计划作为华润银行信息科技部 IT 服务连续性管理落实的纲领和载体，承担着指导应急工作的职责。该计划既包括了应急策略，又包括了相应的技术方案、管理手段、应急接口、资源说明等内容，是对下一阶段连续性工作的整体规划。

3. 多场景的应急演练

华润银行信息科技部通过多场景的应急演练以验证相关应急和预案的有效性，确保一旦发生异常时，应急预案可由应急组织按计划执行。华润银行信息科技部的应急演练包括全流程灾难切换演练、单系统切换演练、应急响应流程演练和基础设施故障应急演练在内的多种演练，循序渐进地验证了该银行的应急能力。

16.2 案例概述

1. 华润银行信息科技部 IT 服务连续性管理现状

华润银行信息科技部自 2011 年启动新一轮 IT 基础架构规划和建设工作以来，IT 服务连续性管理、业务连续性保障工作就作为一项重点内容在全行各级部门、组织上推动，IT 服务连续性作为业务连续性保障的基础条件，风险管理部作为业务连续性管理部门设定业务连续性管理目标，信息科技部作为 IT 服务连续性的直接建设和管理部门，将具体的业务连续管理目标分解落实到 IT 服务连续性管理工作中，逐渐形成了以技术架构为骨骼、资源组织保障为血肉、应急管理和连续性管理为神经的整体连续性保障体系。这个连续性保障体系结合自身的特征和诉求，经过近几年的尝试和实践，呈现日趋健壮的趋势，在建设和维护上主要呈现以下特征：

- 已经重视并积极推动 IT 服务连续性管理工作；
- 在 IT 服务连续性管理工作中强调“以管理为本、强调场景、突出重点、循序渐进”；
- 充分考虑 IT 服务连续性管理的统一性和协调性。

同时华润银行信息科技部在 IT 服务连续性体系建设管理过程中主要体现以下几点内容。

（1）强调 IT 本地高可用性架构和适量的灾备系统建设

华润银行信息科技部和国内其他商业银行一样，已经从简单的以灾备系统建设为目标的IT服务连续性建设初级阶段过渡到以关键业务持续为目标的业务连续性完善阶段。将“少停机、少丢数、少中断”的原则，融入IT基础架构规划和建设过程中，从数据中心的定位、服务目标和基础架构规划层面，在实现本地高可用的同时，实现与灾备系统的融合。业务系统的双活架构、负载均衡、云平台、应用分布式部署现在在银行业开放平台都有相对成熟的应用。“两地三中心”向双活数据中心、快切换、快恢复等多种灾备建设模式都已经尝试和落地实现。

（2）重视组织和流程建设

IT服务连续性体系建设覆盖了应急组织、应急预案、灾难恢复信息系统、相关沟通联络等保障资源；华润银行信息科技部已建立了全组织层面的连续性管理组织，包括连续性日常管理组织和应急组织；开发完成了IT服务连续性涉及的应急响应预案、各类场景预案、专项预案和操作手册，以及工具模型的开发，同时完成了总行层面连续性管理核心制度和流程。

（3）逐步开展专项业务层面的连续性预案和资源建设

在近几年的IT服务连续性持续建设的基础上，华润银行信息科技部逐步在全行连续性体系框架的基础上，建立了专项业务条线的总体业务连续性计划以及完成了相关的总体应急预案和制度的制定工作，并能在各级部门及分支机构层面建立业务连续性管理细则，以支持各业务条线及分支渠道业务连续性管理相关工作的开展。银行的重要业务条线已经自主开展了本业务条线的业务连续性管理文档体系建设、业务影响分析及风险评估工作、业务连续性应急演练及管理评估和针对本业务条线的业务连续性管理队伍建设，建立了适应本业务条线的业务连续性日常管理和应急管理框架以及组织和职责。

（4）逐步从制度化、工具化和自动化层面完善业务连续性方面的建设

华润银行信息科技部为日常管理阶段保证业务连续性体系的有效性和应急阶段保证应急预案执行的高效性，已经从制度层面建立了完整的组织职责、规范的预案体系、标准的应急处置流程以及普适性的标准作业流程（SOP）；同时尝试通过业务连续性工具部署，实现预案管理和维护的标准化、业务连续性体系PDCA维护的规范化以及应急预案启动和执行的科学、规范和高效；部署自动化工具提升IT应急和灾难恢复工作的规范性和高效性；逐步实现从事

件监测、预警、故障定位和应急恢复的自动化。制度化、工具化和自动化工具的部署为银行业务连续性体系的有效落地奠定了基础。

（5）将连续性管理纳入日常生产运维管理体系

由于在银行业 IT 服务连续性体系建设中，IT 服务连续性和 IT 应急管理属于投资最大、最为重要的组成部分；同时 IT 服务连续性和应急管理与日常生产运维管理在 IT 系统、工具建设、人员组织和一些服务流程层面都具有很强的相关性；而且保证业务持续也是日常运维管理工作的重要服务目标；所以华润银行信息科技部已经开始把业务连续性管理纳入日常运维管理体系中，从而实现业务连续性与日常生产运维工作的融合管理。将业务连续性管理纳入日常生产运维管理体系，可以实现生产和灾备系统的统一运维管理、工具部署的复用、运维团队成员的复用，同时保障从事件的预防、监测、预警、应急响应、故障定位、应急恢复和善后等工作能够高效、顺畅。

2. IT 服务连续性管理发展历程

华润银行信息科技部的 IT 服务连续性管理的发展历程，大约经历了 3 个主要的建设阶段，分别是“从无到有”“逐步完善”和“健全达标”，同时，IT 服务连续性管理是一项长期推动执行的基本工作。

（1）“从无到有”阶段：2011 年至 2012 年

2011 年以前，华润银行信息科技部仅有一套相对完整的生产环境作为 IT 服务的保障，基本重要系统通过本地高可用方式搭建，部分系统仍然采用冷备等原始技术来实现 IT 服务连续性保障，这种技术架构仅能应对一般性的设备故障，对于基础环境风险、数据中心级风险根本无法保障服务的连续性。该阶段 IT 连续性管理的主要工作仅仅突出以本地应急切换为主，具体包括：

① 系统架构上实现双机备份；

② 紧急情况的故障切换恢复；

③ 硬件资源的紧急更换；

④ 数据定期备份和备份数据的有效验证。

这个阶段早期的 IT 服务连续性保障基本仅限于科技条线，特别是运维中心的技术能力、设备自身的可靠性等“靠天吃饭”，尚未真正形成 IT 服务连续性管理体系。2011 年，随着业务战略调整和监管要求的明确，华润银行信息科技部启动了新核心系统建设，开展了IT服务连续性规划工作，通过风险分析、业务影响分析、整体IT服务连续性策略制定等基础工作，并启动“两地三中心”的数据中心建设，在机房层面开始实现IT服务连续性的物理环境，形成了生产中心、同城应用级灾备中心、异地数据级灾备中心的灾备架构，核心系统、柜面系统等重要的账务系统、渠道系统等直接纳入“两地三中心”的保障体系中，同时进行相关恢复预案制定，实现了从无到有的阶段性建设。

（2）“逐步完善”：2013年至2014年

随着业务的快速发展，更多的系统纳入到“两地三中心”的IT服务连续性保障体系中，预案场景同步进行增加，电子渠道、产品类系统都实现跨中心的连续性保障，网银系统实现了应用级两中心双活的更高阶保障。单一系统的灾难场景预案开始建设，该阶段工作主要包括：

① 更多重要系统纳入灾备建设体系；

② 重要的渠道系统通过负载均衡等技术实现两中心双活；

③ 基于单一系统的恢复预案制定执行。

（3）“健全达标”：2014年至今

随着新生产系统的大量投产上线，华润银行信息科技部的同城灾备建设范围进一步扩大，重要信息系统全部纳入同城应用级灾备建设范围，灾备系统相对健全，实现监管合规的要求，且具备实战切换的能力，开始进行以实战演练为目标的演练机制对IT服务连续性管理进行验证，该阶段工作主要包括：

① 重要系统全部纳入灾备建设体系；

② 进行单一系统灾难场景的真实切换演练，验证技术方案的可行性、人员应急技术保障能力，预案组织流程的合理性；

③ 容灾技术调整更新和恢复预案持续维护更新。

16.3 管理要求

1. 角色和职责

华润银行信息科技部IT服务连续性组织和作为全行业务连续性管理的技

术执行部门，负责将业务连续性目标落实的技术管理领域，其组织架构和职责如下。

IT 服务连续性组织是 IT 应急管理体系的支撑保障和连续性管理体系建设的关键要素，也是推动整个服务连续性和应急体系建立、应用、更新的执行主体。有效的组织是保障 IT 服务连续性管理工作得以成功开展、有效管理、积极推动以及 IT 服务中断场景下及时应急响应和处置的基本保障，是为 IT 服务连续性管理和组织关键业务持续目标而设立的。

华润银行信息科技部 IT 服务连续性管理组织根据其工作目标和工作机制分为日常管理组织和场景化应急处置组织。

（1）日常管理组织

① 组织建制

华润银行信息科技部根据自身的组织机构特点和人力资源配置情况，设立 IT 服务连续性管理组织，由银行信息科技部管理委员会和业务连续性管理委员会统一授权下进行建制；建立由银行高层管理者 CIO、信息科技部门负责人、各关键业务条线负责人和风险管理部门负责人组成的信息科技管理领导小组，负责明确 IT 服务连续性策略、提供保障资源支持、评估整体管理工作。同时，为了日常管理组织的有效运转，通常还在领导小组下设一个日常执行机构（IT 服务连续性管理办公室），由信息科技部门下运维中心技术规划岗、基础架构团队长、信息安全团队成员和风险管理部门成员构成，负责推进管理体系的日常运行，统筹协调、落实各项连续性计划、应急场景演练、应急预案修订、培训宣导和跨部门联络等工作。日常管理办公室为确保连续性管理体系有效融入正常的生产工作环境，采用演练等手段锻炼人员能力和验证应急处置切实有效。

② 组织职责

华润银行信息科技部 IT 服务连续性日常管理组织是一个虚拟的常设性机构，其职责是负责 IT 服务连续性管理体系的建设和体系的 PDCA 管理，组织 IT 应急演练和培训，保障管理体系的长期有效。

华润银行信息科技部信息技术管理委员授权下设立的 IT 应急管理领导小组是银行 IT 服务连续性管理领域的最高决策机构，其主要职责包括：制定并定期审查和监督执行 IT 服务连续性管理体系的政策、程序；负责 IT 服务连续性管理体系建设的资金和人员保障；明确各部门业务的 IT 应急管理职责，审批重要业务恢复目标和恢复策略，督促各部门履行管理职责，确保 IT 服务连续性管理体系正常运行；确保配置足够的资源保障 IT 服务连续性管理的实施；审批应急演练计划。

IT 服务连续性管理办公室是在领导小组的领导下日常主要负责 IT 服务连续性管理体系 PDCA 管理的执行机构；其承担推进 IT 服务连续性管理体系的日常运行，统筹协调、落实各项应急预案的更新维护，组织应急演练的准备、实施和总结，培训宣导，跨部门联络，和协同风险管理部、审计部进行 IT 风险评估和审计等工作。

信息科技部门是 IT 服务连续性管理的执行和保障部门以及应急资源、应急预案建设和管理的主要部门，其主要职责包括：构建高可用的 IT 技术架构标准、制定信息系统相关应急预案；负责应急资源的建设和维护；协助进行风险及业务影响分析；组织 IT 应急预案演练。技术组由信息科技部部门系统运维负责人和相关技术人员组成。

各业务条线部门为 IT 服务连续性管理体系建设和维护的支持部门，其主要职责包括：协助实施风险评估、业务影响分析；确定 IT 应急状态下重要业务恢复目标和恢复策略；明晰与信息科技部门在 IT 应急状态下的接口机制；参与相关应急预案的审阅和修订。针对归口管理业务条线，组织相关下属部门或单位开展全行性及其他层级的 IT 应急预案演练。业务组由各业务条线部门接口人及受指派的业务人员组成。

办公室也是 IT 服务连续性管理体系建设和维护的支持保障部门，其主要职责包括：明晰与信息科技部门在 IT 应急状态下的接口机制；参与相关应急预案的审阅和修订；保障对内、对外应急沟通渠道和措施的有效性；IT 应急管理支持保障部门同样包括安全保卫部、人力资源部等，为 IT 应急日常管理提供人力、物力、财力以及安全保障和法律咨询。保障组由办公室、行政安保部、人力资源部和财务部门的接口人组成。

信息科技部门的信息安全管理团队、风险管理部门和审计部门负责并定期开展全行 IT 服务连续管理体系的审计工作。

（2）场景化 IT 应急处置组织

① 组织建制

IT 服务连续性管理，一方面要实现有效减少服务中断事件的方式；另一方面华润银行信息科技部通过提升在突发事件发生时 IT 应急管理的应急响应、决策和处置效率，建立相应的场景化 IT 应急处置组织可以更好地保证应急组织的适应性、匹配性。场景化 IT 应急处置组织是非常设性机构，在不同类型和级别的 IT 事件时其组织形式和成员配置会略有不同，角色和职能在相关场景的应急预案中进行定义，成员角色遵守应急预案的规定进行日常常规工作职能转变应急组织的角色和职能，履行应急处置工作的相应职责，以便实现快速应急、快速恢复，尽可能降低损失和影响。

华润银行信息科技部场景化 IT 应急处置组织依据工作内容和分工职责通常包括应急决策组、应急指挥组、应急技术组、应急业务组、应急保障组和应急联络组。应急决策组是突发事件应急处置的决策者；应急指挥组是突发事件应急处置过程的实施者和指挥者；应急技术组是事件应急处置的执行者；应急业务组是协同 IT 应急处置的配合者和支持者；应急保障组负责事件应急处置过程中的资源保障和资源协调；应急联络组负责应急响应和处置过程中协同管理和公关联络。华润银行信息科技部场景化 IT 应急处置组织的架构如图 16-1 所示。

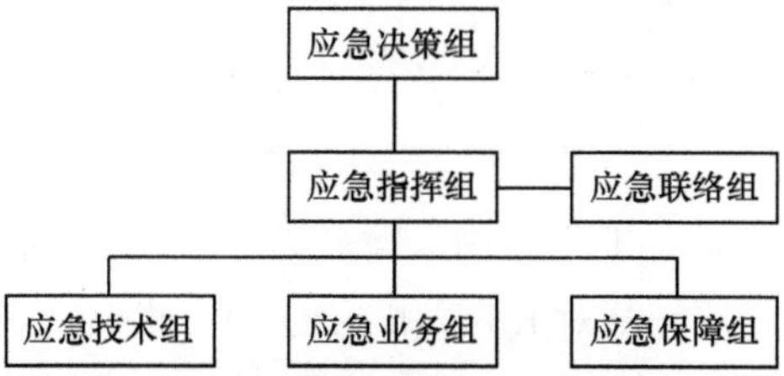

图 16-1 华润银行信息科技部场景化 IT 应急处置组织架构

② 组织职责

应急决策组：是场景化预案中 IT 应急处置过程中的最高决策者，负责决策和授权预案的执行；决策和协调事件处理过程中的重大事宜，如媒体信息发布、抢救和抢修、人力资源调度、后勤保障、负责向监管部门沟通等。

应急指挥组：负责组织损害情况评估和事件等级判断，并向领导小组提出突发事件处置和决策建议；执行突发事件处置活动中现场的应急指挥和组织协调，督导应急处置实施；向领导小组汇报事件情况，并贯彻领导小组的应急处置决策和部署；评估应急处置及灾难恢复工作中的每个阶段性的工作成效情况，并及时向领导小组汇报。

应急技术组：进行现场事件评估，确定事件的影响程度和持续时间；撰写事件评估报告，向指挥小组提出应急及灾难恢复方案建议；根据预案负责落实处置方案，进行应急处置工作；突发事件情况下，按照IT应急预案定义的操作规程和标准操作规范，负责应急处置技术工作；负责协调集成商、合作伙伴、设备供应商的技术资源；配合记录关键系统的业务恢复过程，及时向指挥小组报告恢复结果。

应急业务组：配合应急技术组对突发事件进行业务影响分析和评估，确定事件对业务的影响程度和持续时间；负责IT应急处置过程中需要进行业务验证的工作。

应急保障组：为突发事件处置工作所需要的各种资源提供后勤保障；负责相关人员的食宿、交通；建立与电力、通信、公安和消防等相关外部机构的应急协调机制和应急联动机制；协助保障组织和相关人员的人身安全；协助保护组织财产不受非法侵害；做好秩序维护、安全保障、法律咨询和支援工作。

应急联络组：协助应急情况下的人员集结工作；指挥协调突发事件下相关公关工作；根据领导小组和指挥小组的意见和指令，组织与媒体的联络及公关工作。

2. 过程环节

（1）IT服务连续性管理需求分析

由于银行业务与IT的高度融合和严重依赖以及银行业务的自身特殊性和特征，IT高可用保障是最为重要的组成部分。银行IT高可用性保障的一个重要特征是对RTO和RPO的要求很高，而且具有强制的行业监管要求和自身风险管理的诉求。华润银行信息科技部IT服务连续性更关注业务连续性和高效性，因此，信息科技应急管理的建设和维护就显得尤为重要。

IT服务连续性管理需求关注银行的业务活动和流程得以持续，应急管理关注信息系统突发事件，信息科技应急管理的目的是保障业务连续性。为保障银行组织业务活动的持续，需要理解组织、开展业务影响分析、识别关键业务价值链，获取组织认可的最小业务持续目标（MBCO）；IT服务连续性管理更加关注的业务连续性管理目标如何得以实现，同样需要理解组织、开展业务影响分析、识别关键业务价值链，获取组织认可的MBCO，以及MBCO与IT系统之间的映射关系，以便确认信息科技应急管理的关键目标。

信息科技应急管理在业务连续性领域的实践，主要是在信息系统生命周期管理过程中，采用连续性管理的视角和方法来进行 IT 服务连续性管理体系的规划和建设；建设全面覆盖了预防阶段、应急响应阶段和应急处置阶段的内容。

信息科技应急管理的内容同样覆盖了应急组织、应急预案、应急系统和应急保障资源等。应急技术能力建设在 IT 应急系统建设上是重点，本地应急通常是针对日常 IT 故障的首选措施。图 16-2 所示为提升信息系统持续运行能力而进行的建设实践。从本地应急开始，通过灾难备份、大应急和多活中心应急等阶段，逐步走向融合应急。

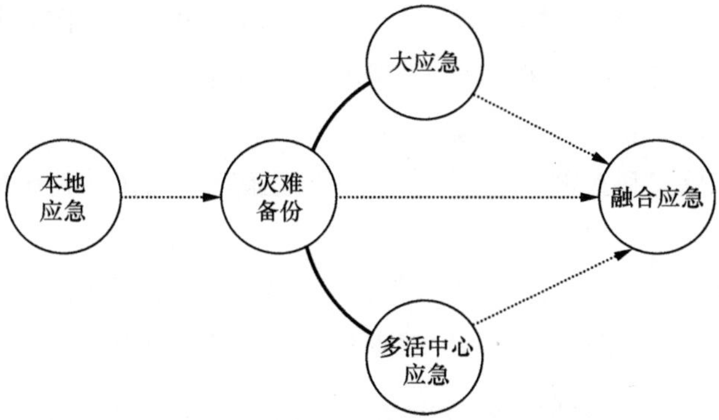

图 16-2 华润银行信息科技部信息系统持续运行能力建设

① 本地应急

a. 演进关注：生产维护中的本地应急。

b. 驱动因素：业务持续性要求不高、本地技术故障、基础设施局部故障。

② 灾难备份

a. 演进关注：建立本地或异地的灾备系统作为对重大灾难的应急，灾备系统专项管理或外包，定期演练。

b. 驱动因素：保障业务连续运行非常重要，灾备建设已成为业务发展的必要条件。

③ 大应急

a. 演进关注：灾备概念消失，数据中心都是生产中心，只是应用的部署存在差异。

b. 驱动因素：业务竞争要求业务系统的快速交付和部署，新技术及建设成本的进一步降低，满足 IT 更高的交付能力建设。

④ 多活中心应急

a. 演进关注：管理上消除灾备和生产的隔离，生产灾备一体化管理。

b. 驱动因素：需要高效的管理满足更迅速生产恢复需求，自动化技术成熟成为动力。

⑤ 融合应急

a. 演进关注：将应急、灾备与资源跨中心调度、应用跨中心迅速自动部署整合联动。

b. 驱动因素：新技术发展使得资源融合和透明；资源按业务需求和服务等级自动调配；约束规则保障任何业务均衡地域部署。

（2）IT 服务连续性管理策略制定

华润银行信息科技部 IT 服务连续性管理策略是为了达到连续性需求目标而定义的应对措施，它包含实现的手段、方法和可选的方案。应急策略是基于自身对于应急恢复需求确切了解的基础上做出的，指导整个应急处置过程的实施，从应急响应到应急恢复阶段，并对应于不同的事件场景，包含了相应的处置方案的实现步骤和实现方法。

应急处置的最终目标不仅是恢复信息系统，最为关键的是保障业务运作的连续。信息系统是业务运作的服务保证和支持系统，因此在考虑 IT 应急策略时应当全面考虑本组织的业务特点和行业、法律要求，保证制定的应急策略能够经得起时间和意外事件的考验。针对业务特点通常考虑以下情况，诸如服务用户数量、服务用户分布、提供服务的类型和周期、用户取得服务的方式和频度、服务的关键度、服务承担的法律义务等。

可参照 IT 风险分析的结果，结合组织对风险容忍度和策略，应急管理应对的风险可以简要分成“高频低损”和“低频高损”两大类，并在此基础上定义不同的处置策略。

（3）IT 服务连续性计划制订

在制定 IT 连续性管理策略的过程中，须导入业务连续性的需求分析结果，确定支持关键业务运营的重要信息系统范围，并在此基础上定义突发事件的分类和分级。针对不同的事件级别，确定不同的应急恢复要求和目标，包括恢复的优先级、恢复的时间目标要求、恢复的数据完整性要求、恢复的处理能力要求等。根据以上要求制定相应的 IT 应急策略，应急策略针对的风险场景应清晰明确，必须定义到不同系统在不同事件场景下的处置策略。策略的内容包括采取什么样的技术方案和管理手段来满足以上恢复需求目标，与应急组织的接口的定义、应急资源的获取以及可恢复到什么样的程度等。

应急预案定义 IT 应急处置过程中所需的任务、行动、数据和资源的文件，应用于响应和处置组织面临的各类突发事件。应急预案在突发事件被发现开始启用直到所有信息系统被完全恢复为止；应急预案回答事件发生时谁应该在哪里应该做什么，如何尽快响应和处置被中断的业务或信息系统的运行，以及在事件结束后如何将信息系统恢复到正常状态。应急预案是信息科技应急管理工作的主体，通过应急预案的开发、培训和演练可以将信息科技应急管理的各项工作有机地融合起来，也是检验各项工作机制有效性的重要手段。

应急预案用于指导华润银行信息科技部在突发事件发生时如何有效、正确和及时进行响应和紧急处置行动，防止或减弱事件对业务运作造成影响。为了防范突发事件对自身业务的损害，需要事先进行准备，并实时更新维护，以保证关键业务的连续运作。

应急预案的开发不是一个文档编写的过程，而是对评估分析结果和策略与具体技术实现方案的有机结合。图 16-3 所示为应急预案开发的主要流程步骤，其中，预案是以前期评估规划、需求目标和应急策略作为前提和依据，并以具体 IT 技术实现为基础来细化相关的内容。

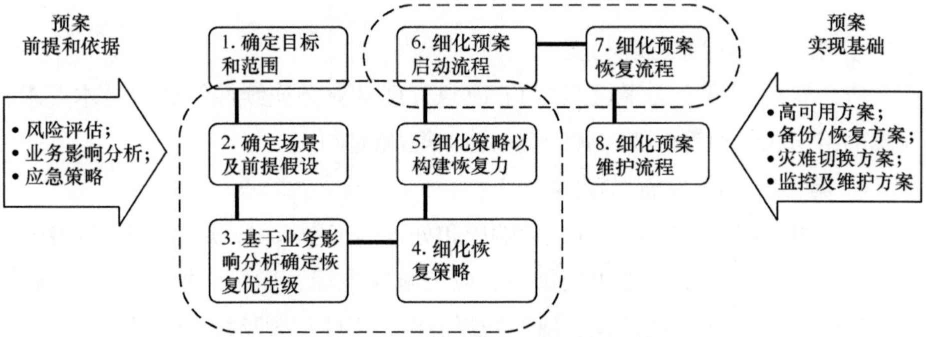

图 16-3 华润银行信息科技部应急预案建设

分层级预案体系框架

以一套应急预案覆盖所有风险场景的做法，容易出现应急参与者权限和职责不明、预案内容冗长、不易操作等情况，无法满足 IT 应急管理体系高效运作的需要。

建立分层的预案体系框架，可有效保证预案的完整性、实用性、易用性和可操作性。分层级的预案框架通常覆盖组织应急管理制度、IT 应急总预案、各类专项（场景）预案、标准应急处置操作手册（SOP）和各种应急工具和模板，具体如图 16-4 所示。

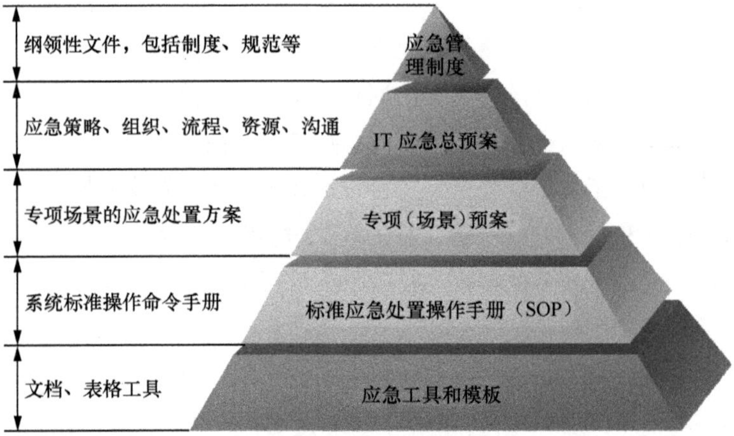

图 16-4 华润银行信息科技部应急预案体系框架

应急预案体系分为五级，根据不同的突发事件场景，多层级预案可以协同使用。

① 第一级：应急管理制度

应急管理制度定义了组织在 IT 应急管理及业务连续性领域的基本要求，基本的组织职责和管理要求属于纲领性、规范性文件。

② 第二级：IT 应急总预案

第二级预案用于突发事件应急响应和处置的工作指引，规定了应急组织职责、事件分级分类、应急决策策略、应急响应流程、通知汇报策略、业务与 IT 配合策略、损害评估流程、事件升级流程、事件预警及宣告流程等。

③ 第三级：专项（场景）预案

已知场景预案——对于已经具备成熟应对策略和流程的突发事件场景，定义了对应的应急处置组织、IT 恢复流程和步骤及恢复过程各相关岗位的职责及配合要求；定义了各处置过程所必须依照的操作手册；定义了与业务部门所需的配合操作指引。

未知场景预案——对于尚未具备成熟应对策略和流程的突发事件场景，定义了通用应急响应流程、损害评估流程、应急处置策略，以及是否具备启动应急系统的判断标准；定义了未知场景下，IT 恢复和最小保全策略。

④ 第四级：标准应急处置操作手册（SOP）

为各个信息系统的应急处置，提供命令级的应急处置步骤和指令，是 IT 应急处置过程的操作依据。

⑤ 第五级：应急工具和模板

应急工具和模板涵盖规定了应急响应和处置过程的相关记录表格、工具、文档模板。

（4）IT 服务连续性计划实施

华润银行信息科技部根据信息系统建设和管理的基本现状，IT 服务连续性计划建设和有效保障包括：高可用 / 双活的技术架构、有效的备份系统和备份中心、合格的运维支持人员、可靠的应急通信手段、全面的后勤保障和稳定的第三方支持。

① 高可用 / 双活的技术架构

随着科技进步和 IT 产品对自身稳定的提高，该技术架构包括华润银行信息科技部在内的金融企业在关注 IT 设备本身冗余架构的安全机制基础上，为更好地避免因设备自身原因造成过多应急事件，更好地保障业务运营的连续性，通过技术架构进行高可用 / 双活的应急资源保障，通过设定信息系统的可用性目标、进行高可用设计、制定标准化的高可用架构，持续的高可用维护和改进，实现基于技术层面的应急资源保障，高可用 / 双活的技术架构应急保障资源，驱动应急管理工作向事前延伸，有效地减少突发事件的发生概率。

② 有效的备份系统和备份中心

为提升信息系统面对的突发事件情况下的可用性，可以通过生产环节架构优化、运维管理标准化等方式来实现，但针对极端环境下，信息系统运行的场所、物理环境发生严重的灾难事件，要保证生产关键业务的持续运行，该类事件需要通过建设有效的备份中心、备份系统等应急资源来实现最佳的处置工作。在备份中心和备份系统的建设方面，必须明确这部分应急资源的职能定位、应急需求以及和生产资源的配比，同时，应该采用标准化、制度化的运维管理和先进成熟的技术手段来保证备份系统、备份中心和生产环境在数据上的一致性和完整性，确保该部分应急资源在应急状态下真实有效。近年来，随着技术进步和管理工具优化，为实现应急资源利用的最大化和有效承担生产压力，中小银行的备份中心和备份系统这部分应急资源，有效地扩展到高可用保障和双活系统（中心），通过一体化的运维管理，实现应急资源生产化的保障。

③ 合格的运维支持人员

人力资源的保障是 IT 服务连续保障措施中的一项重要工作内容。在应急响应工作中，有合格的运维支持人员满足应急工作需要，应急过程中应急资源应遵守相关预案的定义，在应急指挥统一协调和安排落实相关工作职责。应加强信息系统突发事件应急技术支持队伍的建设，关键技术领域和岗位设置合理的 A、B 角色，满足突发事件处置的人员需求。另外，通过各种应急管理与应急技术的培训和应急演练不断提高应急人员的业务素质、技术水平和应急处置能力。针对中小银行自身的人力资源配置情况，应将外部的服务商加入应急事件技术支持的内容，保证外部支持人员在应急事件发生时能够及时响应和提供必要的协助，参与事件损害评估、系统抢修及系统切换等工作。日常工作中应与外部服务商保持沟通，逐步建立应对各种信息系统突发事件的内外部应急团队，实现运维支持人员在应急资源方面的保障目标。

④ 可靠的应急通信手段

可靠的应急通信手段，是保障突发事件能够得到及时应急处置的基础，也是 IT 服务连续性保障的关键因素。为保证这部分应急资源的可靠，华润银行信息科技部建立科学、合理的通知汇报流程，建设基于预案的通知汇报树。应急期间，指挥、通信联络和信息交换的渠道必须得到保证，可以根据不同的场景选择最优的通信方式，包括但不限于电话、手机、区域对讲设备、传真、电子邮件等，有关应急联系的手机应保持 24 小时开机状态。在事件的应急响应和处置期间，需要按照规定的沟通路径在信息系统应急响应组织成员之间进行沟通，以保证通信渠道畅通，避免信息通道拥堵。

⑤ 全面的后勤保障

在 IT 服务连续性建设实施过程，同时应做好信息系统应急响应后勤保障工作，确保连续性工作的顺利开展。后勤保障主要包括：应急人员食宿、交通的安排、应急物资的运输、应急办公环境的提供和管理、全面的后勤保障应急资源建设，需要一定的财务支持，努力做到事前准备、事发可用，为整体应急提供必要保障。

⑥ 稳定的第三方支持

由于华润银行信息科技部不管是在信息系统建设，还是在日常运维管理层面都对第三方供应商存在比较大的依赖关系；而且应急保障资源的配置也是采用动态预储备的管理机制；所以在发生突发事件时，第三方服务商有效的技术支持将会对组织的 IT 应急处置工作有比较大的帮助。

在日常工作中与主要的软件、设备和技术服务商建立第三方支持关系，通常包括购买维保服务、应急支持服务和备品备件服务等合同或约定方式，建立稳定的支持关系。把第三方服务商支持纳入了应急保障资源，需要应急日常管理组织对第三方支持进行跟踪和维护，保障其在应急状态下的响应时间和技术能力。

① 就绪的应急指挥中心（ECC）

应急指挥中心（ECC，Emergency Command Center）是突发事件应急指挥和执行团队管理及控制应急处置活动的指挥中心，为提高应急处置效率设置的应急指挥和快速应急处置场所，有别于生产系统运行维护的场地，通常可以根据突发事件、人员集结地点、资源支撑情况进行灵活选择，终极目标是保障指挥和执行团队能够充分沟通和及时协同，在极端灾难场景下，甚至可以启用灾备中心的应急指挥中心进行整体指挥和处置调度。

当突发事件发生时，无论生产环境是否可用，都需要设置临时的指挥中心，作为快速应急实施人员进行故障分析、应急操作、运行监控的场地，同时方便相关人员集结和召开会议，分析事件损失和决定是否启动应急预案，以及指挥应急处置工作的具体执行。

② 多场景的应急演练

建设应急资源、制定应急预案，最终的目的是希望一旦发生突发事件时，可以快速进行应急响应处置，恢复正常的系统运行状态，并保持业务持续运行。因此，如何检验和确保应急资源的有效性、如何检验和确保应急预案的有效性、如何确保相应的应急预案可以顺利地由应急组织执行和运作，成为华润银行信息科技部建立应急资源和应急预案后最为关注的问题。

检验应急资源和应急预案的有效性，演练是一个重要的手段和方法。应急演练和测试是对突发事件应急处置过程的模拟，主要目的是提高突发事件的应急响应能力，以便在将来真正发生可能危及信息系统正常运行，造成或可能造成信息系统服务中断的事件时，能够按照预先安排的组织分工、处理流程和技术手段，尽量避免或降低突发事件造成的危害和影响。

图 16-5 所示是华润银行信息科技部基于不同场景和策略下各种类型的应急演练。

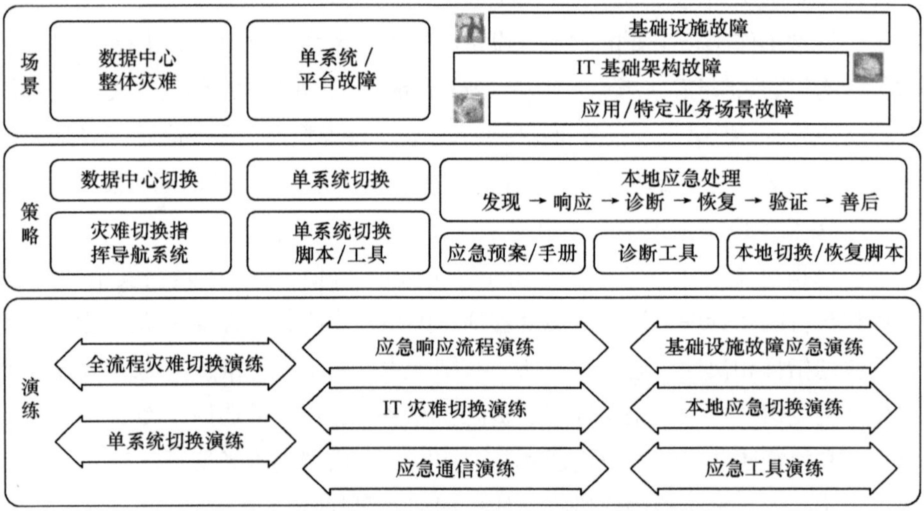

图 16-5　华润银行信息科技部应急演练类型说明

华润银行信息科技部的演练还着重对于技术实现方案的测试和验证，结合人员、流程、资源等方面，形成完整的演练体系。演练目标包括以下几个方面：

a. 提高相关人员的安全意识；

b. 掌握演练的组织和管理方法；

c. 检验 IT 应急保障资源的有效性和可恢复能力；

d. 检验应急预案的可用性和有效性；

e. 检验和提高各个应急团队的工作能力；

f. 各个应急团队对应急响应流程和应急处置任务的掌握程度；

g. 各个部门和各个响应团队的相互配合和组织协调情况。

不同的演练侧重不同目标，并且采取循序渐进、分阶段的方式进行。在演练的过程中不断测试和完善应急工作中的各个环节，最终达到对整个应急流程的测试和完善应急管理工作中应根据演练目标的安排和阶段性工作的要求。

培训和宣讲是保证华润银行信息科技部IT服务连续性管理体系长期有效和高效应用的必不可少的手段，也是管理体系建设的重要要素之一。

通过对应急管理领域的相关知识培训和宣讲，可帮助组织相关成员加强对信息科技风险的认识；帮助组织完善应急组织；提升应急组织成员的应急处置的能力和效率；同样通过培训和宣讲可以帮助组织完善应急预案，提升应急预案执行的效果。

应急管理培训和宣讲的内容如图16-6所示，主要包括：行业法律法规和监管要求、组织应急策略、应急及业务连续性管理制度、IT应急总预案（包括定义的应急组织、应急保障资源、应急响应及处置流程、沟通方式渠道），场景或专项应急预案、标准操作技术规范（SOP），以及在应急响应及处置工作中的经验和工具模板等。

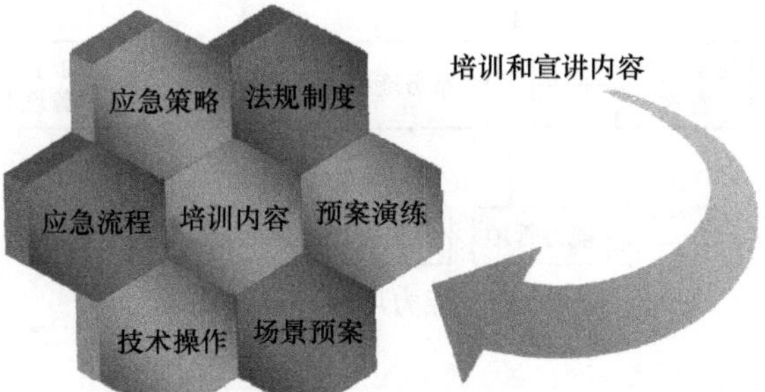

图16-6 华润银行信息科技部应急管理培训和宣讲

（5）IT服务连续性回顾与确认

华润银行信息科技部针对IT服务连续性管理工作持续有效保障方面，结合技术进步，管理水平提升，外部要求的更新，每年对技术保障手段、管理能力、预案有效性、人员技能、服务连续性保障效果等方面进行回顾分析，确认IT 服务连续性管理，并根据分析的结论有计划地进行调整，确保 IT 服务连续性持续有效。

3. IT 服务连续性管理的触发、输入与输出

（1）触发

IT 服务连续性管理关系到企业生存根本的能力项，通常情况下由内部组织的业务战略和外部管理要求而触发。

（2）输入

输入包括外部管理机构要求，组织内部的业务影响分析，风险分析，服务级别管理要求。

（3）输出

输出包括 IT 服务连续性计划，IT 服务连续性应急预案，IT 服务连续性演练计划，演练报告，以及各类故障应对方案。

4. 能力项接口

能力项接口包括 IT 服务连续性管理和战略管理、风险管理、合规管理等众多能力项有流程接口，具体如图 16-7 所示。

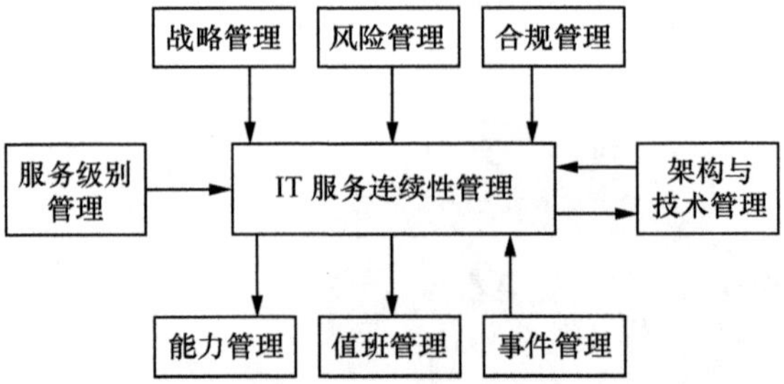

图 16-7 能力项接口具体内容

（1）战略管理

战略管理的业务连续性要求作为连续性管理目标。

（2）风险管理

风险评估中涉及服务连续性的风险可输出至 IT 服务连续性管理流程，以协助服务连续性流程制定防范措施和连续性预案，预防突发事件的发生，保障

服务的连续性。

（3）合规管理

合规管理要求作为 IT 服务连续性管理必须到达的管理底线。

（4）能力管理

IT 服务连续性管理实现过程需要能力管理提供足够的支持保障。

（5）值班管理

值班管理中必须满足能够及时响应和处置 IT 服务连续性保障目标。

（6）事件管理

事件性质为影响到 IT 服务连续性的突发事件，需要通过启动 IT 服务连续性管理的应急预案进行处置。

（7）服务级别管理

服务级别管理将服务水平协议提供 IT 连续性管理落实。IT 连续性管理流程定义的 RTO/RPO 等连续性指标作为服务级别管理的重要内容。

（8）架构与技术管理

IT 服务连续性管理要求的目标，必须在一定的技术架构支撑下保证，技术架构的更新换代可以有效提升连续性能力。

16.4 后续改进

随着银行业务和信息技术发展的融合，信息科技已经支撑着华润银行信息科技部全部业务的运营，信息系统支持的业务已成为一种核心竞争力。IT 服务连续性管理是银行信息科技风险管理体系和 IT 发展战略的重要组成部分，是有效应对运营过程中的 IT 风险，保障关键业务连续性，提升核心竞争力的内在需求，也是监管部门的重点监管内容，越来越受到华润银行信息科技部的重视。

基于历史上的信息系统突发事件和同业重大信息系统突发事件的经验教训，华润银行信息科技部在面对科技团队建制不够完善、人员能力存在不足、第三方支持能力有待提高、连续性方面科技投入不太富裕的情况下，应急资源、人力保障、预案场景丰富、演练频度等方面存在不足。

华润银行信息科技部后续在 IT 服务连续性管理方面重点在以下方面加以完善。

1. 规范组织管理和预案管理

建立以科技中心为主体，覆盖应用运维、系统网络、环境动力和软件开发四大业务领域的风险管理基线和红线；同时进一步明晰相关岗位在信息系统突发事件状态下的职责分工。在科技队伍人员相对紧缺的情况下，建立了 DBA、存储管理员等主要应急岗位成员的 A/B 角机制；通过体制内的激励和考核，增强主人翁意识，并强化风险意识和责任意识。

以行业监管为基线，从组织、人员、技术、管理和文化上健全和完善信息科技的安全管理工作，特别是有丰富针对性强的突发事件场景专项场景预案、操作流程和 SOP 手册。通过建立以信息科技为基础的业务连续性体系，规范应对突发事件的处理流程，完善了科技部门与业务条线的协调工作机制；并通过制度化、常态化和实战化的演练验证了组织、流程和资源的有效性。

2. 高可用技术及运维工具部署

银行基础业务、中间业务和增值业务的开展都严重依赖信息科技的支撑，几乎所有业务数据的生命周期管理，包括产生、传递、保持和销毁都是在信息科技系统中完成的，所以技术架构的规划、建设直接关系到信息科技系统的可靠性、可用性和安全性。未来的基本思路是，在技术上可以规避的风险采用技术手段解决，尽可能减少不必要的人为判断和操作。

3. 连续性管理体系工具化落地

未来华润银行信息科技部计划通过部署 IT 应急及业务连续性工具和配合实施 IT 服务连续性管理工作；提升面临突发事件时的应急响应和决策效率，可以有效地对应急处置执行过程进行控制。

通过 IT 应急及业务连续性工具来实现预案模板和管理标准化，标准化操作规范（SOP）、规范场景化的应急组织和职责，标准化 IT 应急事件的响应流程，增强应急响应阶段的场景精确匹配，强化对 IT 应急处置和恢复工作的过程控制，提升组织在应急状态下的沟通和协同的效果。同时采用 IT 应急及业务连续性工具规范信息系统应急日常管理的要求、规范管理过程以及规范考核标准，从而达到 IT 应急日常管理的全面性、提升日常管理的效率，最大限度地保证连续性管理体系的长期有效的目标。

16.5 小结

以上是华润银行信息科技部的 IT 服务连续性管理的案例介绍。作为一家中小型银行，该银行在有限的资源内，通过加强预案制定、落实应急演练等方式，实现了 IT 服务连续性管理的有效落地，其实施效果也得到了验证。

连续性管理的建设和优化是一个长期的过程，需要资源的持续投入，也需要领导的持续关注。而一旦得以落实，其带来的收益是相当可观的。在 IT 高速发展的今天，连续性管理效果已经成了组织运维能力的直接体现，是保障 IT 业务的重中之重。

第 17 章

容量管理——招商银行数据中心

提到容量管理，很多人会首先联想到“阈值”“告警”和“监控”等术语，继而联想到服务器、网络等资源。一言概之，容量管理的目标为“够用就好”，但在日常工作中经常会遇到两类问题：一类是容量的拮据，当前提供的资源只能满足最基本的业务需求，一旦出现突发情况就会因容量问题导致业务中断，如某组织某业务服务器的内存平均使用率已经超过 85%，每天发生几万起对应的告警信息；另一类是容量的见余，提供的资源已经远远超过业务需求，如某组织的业务服务器的 CPU 使用率在高峰期也不超过 15%。

从管理的角度来看，不希望这两种问题的出现。因此，作为衍生于 GB/T 24405.1（ISO20000）标准中能力管理流程的能力项，容量管理能够帮助组织以合理的成本实现并维持支持他们的业务所需的 IT 服务容量要求。近年来随着信息化建设的不断开展，各组织对容量的需求也在不断地加深。如何在科学、合理地使用有限资源的前提下，落实容量管理，满足业务的需求，首先需要确定的是容量管理的目标和范围。

按照通用的理解，容量管理的范围需要包括：

① 房屋建筑及物理空间；

② 基础设施；

③ 硬件，包括 PC、小型机、大型机等；

④ 网络设备，包括 LAN、WAN、网桥、路由器、交换机等；

⑤ 外围设备，包括存储设备、打印机等；

⑥ 应用系统，包括专业系统、操作系统等。

从某种程度上讲，人员也是人力资源的一部分。但在成熟度标准中，对人员的管理归属于人力资源管理。因此，本节将不涉及该部分。

容量管理的目标

确保成本合理的资源容量符合当前与未来业务和服务容量的需要。

容量管理的本质是平衡，既是成本和所需资源之间的平衡，也是 IT 服务能力与当前及未来业务需要的平衡。而为了实现这些平衡，一个有效的容量需求分析是必不可少的。与可用性需求分析不同的是，客户、业务部门和外部监管机构一般不会有直接对容量的要求。所以组织的容量需求分析的实施一般是基于自身对容量的理解和对当前性能与资源的归纳统计。

容量管理的关键活动与管理要求如下

（1）容量需求分析：应确定容量需求，确定容量管理目标

① 应收集、分析容量需求；

② 应基于性能分析与资源评估结果，结合容量需求，预测未来资源需求，确定容量管理目标。

（2）容量计划制订：应设计制订容量计划

① 应制定容量中长期规划，并按计划时间间隔，每年至少制订一次容量计划；

② 宜引入科学的容量预测手段，构建性能与容量评估分析模型，对性能与容量进行分析和预测。

（3）资源配置与性能分析：应按照容量计划执行资源分配并持续分析性能

① 应为计划内的容量需求组织和分配资源，并根据资源状况为计划外容量需求分配资源；

② 应对性能进行监视、阈值检测、分析和调整，并实施与性能和容量有关的变更。

（4）资源报告与容量回顾：应监控并报告资源状态，回顾容量管理效果

① 应报告、评估和计量资源当前的性能与使用状况，梳理与评估可用资源；

② 应按计划时间间隔，每年至少对容量计划的执行情况进行一次回顾。

一个客观、合理和准确的容量需求分析结果，将为容量计划的制定带来极大的便利。容量计划除了每年制订一次年度容量计划之外，还应该有个长期规划，并与组织的战略发展规划紧密衔接。以通信行业为例，当前已经进入了4G通信平稳增长期，在可预期的未来，2G和3G网络的衰退，5G网络的试用都将对容量资源的投入和性能的需求带来较大的影响。

与可用性管理计划类似，年度容量计划是一个组织本年度容量管理的整体计划，除了业务预期、服务现状、资源情况汇总等内容外，还应该包括与容量改进相关的容量措施计划。在组织内部需要对年度容量计划有一定比较正式的

汇报和评审过程，以确保其内容相对准确和合理的同时，传达组织高层对容量管理的意识，提升相关人员的认知。

在年度容量计划的执行过程中，一方面要按照计划落实容量措施，确保资源的提供和使用符合预期；另一方面要对性能状态和容量的使用情况进行监控，并动态地进行分析和调整，必要时，需要通过变更落实相应的调整。

另外，定期的总结和报告也是必不可少的。报告的内容应包括当前的性能情况、资源的使用情况、容量异常的问题通报和容量措施的进展。报告应至少通报至组织层面的领导，并在必要时通报给关键干系人。与年度容量计划对应的是年度容量总结，这是对当年容量整体情况的总结和汇总，也是下一年度容量计划的重要输入。

以上是对容量管理的一个简要分析。下面将以招商银行数据中心（以下简称 “招行数据中心”）的容量管理为案例做一个简要分享。

17.1 关键控制点

招行数据中心的容量管理得到了全体人员的重视和参与，是中心的关键能力项之一，其有效运转的关键控制点包括了严格的容量评估、准确的容量规划和深入的容量总结。

1. 严格的容量评估

招行数据中心将容量评估视为容量管理的基础，要求各室组及至中心层面的评估全面、深入和准确。基于容量评估结果形成的容量评估报告和资源评估报告，也是能力项管理的重要成果之一。

2. 准确的容量规划

基于深入准确的容量评估，招行数据中心的容量规划既包括了中心的战略规划，也包括了年度容量计划，不但明确资源需求，也明确了对相应的容量措施的计划，为容量工作的展开提供了指导。

3. 深入的容量总结

招行数据中心对容量管理的监视和总结保持着足够的重视和投入，通过容量管理月报、容量措施跟进等方式，确保对容量的总结深入且完善，从而确保容量规划得以切实落地。

17.2 案例概述

1. 招行数据中心的容量管理现状

招行数据中心的容量管理流程自 2011 年建设成立，经过多年的改进与优化，形成了当前以容量性能月度报告为核心和集中体现，以容量需求申请和满足、容量计划、资源评估和容量性能评估四大重点工作为重点管控的能力项。其中，前两项是以子流程的形式落实在日常工作中的。招行数据中心的容量管理具备以下特点。

（1）容量规划要求严格

招行数据中心在对资源进行梳理后，明确资源类型，理清资源层次，形成自下而上的规划基础，并对容量规划的偏差有明确的要求。

（2）容量和性能评估深入有效

① 容量和性能的评估由服务经理主导主责。服务经理作为招行数据中心中与业务部门直接接口的人员，不但了解自身的容量情况，也能够第一时间获取客户需求。在评估过程中，各系统管理员也会充分参与。

② 以应用视角进行评估。招行数据中心以应用为视角，从单位时间交易量、交易时间和性能指标与参数三个维度，对容量和性能进行评估。

③ 容量和性能评估指标种类齐全。相关的评估指标除核心设备、存储和服务器等设备的 CPU 和内存使用率外，还包括了电力负载率、高空负载率、UPS 负载率、存储吞吐率、网络专线使用率、服务器规模及使用率等。

④ 建立了评估模型并得到了有效使用。当前已经明确的评估模型应用场景包括性能估算、宕机风险预测、资源配置和性能优化等。

⑤ 已建立了性能容量的自动化评估工具。

（3）容量管理月报内容丰富

作为容量管理成果的核心体现的容量管理月报，其内容覆盖了各核心系统的容量性能、基础设施性能、机房资源状况、容量引发事件情况、相关容量措施的执行情况和主动发现问题的整改等内容。

招行数据中心对容量管理的重视，体现在容量评估的严谨、容量规划的准确、容量措施的受控实施、容量申请的严格控制。造成如此管理颗粒度的原因，有一部分是客观限制。

2. 招行数据中心的容量管理发展历程

招行数据中心的容量管理能力项正式建立于 2011 年。在此之前，对容量进行的管理是以一些零散的活动来体现的，比如说对容量的计划，容量使用情况的统计和容量监控的实施等。而决定建立容量管理流程的原因主要有以下 3 点。

① 由于中心建设较早，2011 年前后，空间、电力等方面的资源受客观原因已经相形见绌，而分中心仍在建设中，尚无法挑起大梁。

② 招商银行的各项业务进入高速增长期，对资源的需求日益加重，而一旦没有做好容量计划并采取对应的措施，后续的运维及其资源的申请将事倍功半。

③ 适时以“春节红包”和“双十一”等为代表的一系列新兴的活动所带来的波动极大的交易量曲线，对各业务系统的容量带来极大的挑战，为此必须要加强相对应的管理。

从 2011 年流程建设以来，招行数据中心的容量管理可以说经历了 3 个阶段，分别是初始阶段的“流程建立”、深化阶段的“流程固化”和优化阶段的“流程精细化”。下面将对这 3 个阶段逐一进行说明。

（1）“流程建立”

招行数据中心的容量管理流程文件名为《能力管理流程》。在正式发布的第一版中，基于当时实际执行的容量管理活动，明确了包括资源规划、资源申请和分配、运维和回收四个阶段的关键活动；同时明确了容量计划的制定要求，容量需求如何申请，资源评估和性能应该如何评估等方面的内容。部分关键活动如下。

① 明确容量计划内容，如满足服务级别的要求，明确当前和预测的业务需求及其潜在冲击等。

② 明确资源与性能评估要求，制定模板，建立审批和发布流程。

③ 建立资源池，监控资源的日常使用数据，并实时统计相关数据。

容量管理能力项框架的建设是一步到位的。尽管后续完成了多次的改进和优化，但整体管理要求未再做大的调整。

（2）“流程固化”

在本阶段，对容量管理的过程采取了以下调整。

① 进一步细化容量管理月报模板，并明确了以月报作为核心和体现的管理思路。

② 明确容量管理的四大模块：容量规划、容量需求管理、容量性能评估和资源评估，明确各个模块的主要活动及管理要求。

③ 实现容量管理的常态化运行，确保各项关键活动的切实和有效落地。

④ 优化考核规则，明确月度考核加年度考核的考核规则，并调整考核项。

（3）“流程精细化”

在本阶段，围绕着如何进一步发挥容量管理的效用和效果，招行数据中心采取了一系列促进容量管理精细化的措施，具体如下。

① 容量评估模型调整。在设备层面从前置机、应用服务器、数据库服务器、网关服务器等多个角度；在技术层面从垂直架构和水平架构；在视角方面从应用的视角实施相应的容量和性能评估；尽可能地提升评估的准确性。

② 评估指标进一步细化，形成了上文中所描述的评估指标。

③ 加强对与容量相关的问题管理。通过明确容量问题责任机制，加强问题的跟进和汇报等方式，确保容量相关问题的切实解决。

④ 加强对容量相关措施的跟进。

通过对容量管理各项活动的不断优化，招行数据中心范围内与容量相关的事态基本上均得到了有效的控制。为此，招行数据中心也付出了大量的人力成本。在 2016 年的成熟度第三方评价中，容量管理的得分达到 4.21 分，在 33 个能力项中也名列前茅。那么，招行数据中心的容量究竟是如何管理的呢，下面将进行简单的说明。

17.3 管理要求

1. 角色和职责

容量管理的能力项负责人定义为容量经理。容量经理的职责分为两大部分，其一为对流程的设计和改进；其二为对能力项中的各项关键活动的监管和主导实施。容量经理的各项职责中，与流程相关的职责包括：

① 负责流程的设计、实施、培训、指导；

② 监督、回顾流程执行情况，并对流程进行质量控制；

③ 收集汇总流程信息，编制管理报告，发现流程中存在的问题，提出改进建议，制订并落实改进计划。

与流程中各项关键活动相关的职责包括：

① 统筹制订年度容量计划；

② 定期回顾分析能力状况，滚动更新年度容量计划；

③ 组织重大的能力管理活动，评估数据中心的能力现状；

④ 制订能力考核指标，完成流程考核。

除容量经理，其他相关的角色及其职责见表 17-1。

表 17-1　招行数据中心容量管理执行人角色职责说明

角色	职责描述
能力管理员	1. 对软硬件资源、业务系统的相关平台进行能力的趋势分析和评估； 2. 协助能力经理完成各项能力管理工作； 3. 审核、分配和实施资源分配方案； 4. 收集、分析、跟踪或协助处理能力相关问题； 5. 制定资源和性能的衡量指标； 6. 组织能力差距分析和改进计划
服务经理	负责完成 TOP30 系统的性能评估报告
平台经理	1. 审核由本室组内能力管理员创建或更新的年度容量计划； 2. 审核由本室组内能力管理员提出的资源分配方案； 3. 审核由本室组内能力管理员提出的资源评估报告； 4. 审核由本室组内能力管理员提出的资源性能报告
数据中心管理层	1. 审批和指导年度容量计划制订，确保满足当前和未来服务运作需要的资源； 2. 审批资源评估报告和性能评估报告，参与由能力经理组织不定期的年度容量计划或者容量性能问题分析，作为最终仲裁人确定规划结论
服务交付管理小组	1. 负责服务交付流程输出的质量评审； 2. 负责运行月报的整理和汇报； 3. 负责服务交付流程的流程推广和考核

在这些角色中，服务经理和服务交付管理小组成员一般由各室组中专业运维人员担任，他们一般会参与整个服务产品的生命周期，对包括容量在内的所负责的产品的非功能需求的落地和运维起到关键性的作用。

容量管理员作为各室组的容量管理活动接口人，承担了本室组的与容量相关的管理活动的落实。这些容量管理活动，一般由容量经理指派给容量管理员，再由容量管理员在本室组内沟通协调，组织完成。

2. 过程环节

从整体上讲，容量管理的关键活动分为资源规划、资源申请和分配、运维和回收四个阶段。各阶段的简要说明如图 17-1 所示。

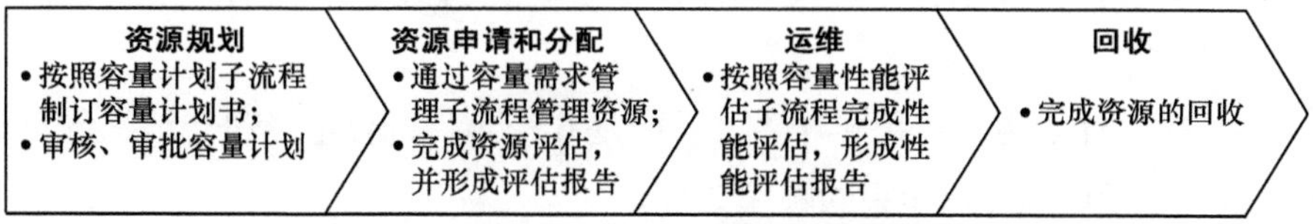

图 17-1　招行数据中心容量管理主要环节

（1）资源规划

① 发起年度容量计划工作：一般由容量经理组织发起年度容量管理计划的编制工作，并发送至各室组容量管理员。

② 室组容量计划编制：各室组管理员编制本室组的年度容量计划，并报至各平台经理审核。

③ 中心容量计划编制：由容量经理汇总各室组容量计划，完成招行数据中心年度容量计划的编制，待审批后在中心内部发布。每年年中时，容量经理将组织各室组管理员回顾和更新容量计划。

（2）资源申请和分配

① 容量调整：当各平台、系统存在容量调整的需求时，由容量管理员按照容量需求管理子流程，完成容量的新增、申请、分配和回收等方面的资源管理操作。

② 资源评估：容量管理员一般以月度为单位，完成本室组的资源评估报告。在经各平台经理审核后，容量经理编制中心的资源评估报告，并在中心发布。有时候，招行数据中心管理层会发布专项的性能评估任务，如有重大变更实施时，也会有容量经理组织各容量管理员落实。

（3）容量运维

性能评估：容量管理员在进行资源评估的同时，也会完成性能的评估。虽然资源评估和性能评估的内容不同，但实施方式和频度相同，在此不再赘述。

3. 容量管理的触发、输入和输出

（1）触发

与可用性管理类似，招行数据中心的容量管理的触发也分为主动式触发和被动式触发。其中的主动式触发，一般由时间触发，即定时按计划完成容量管理活动。

容量管理活动的主动式触发如下。

- 容量计划编制：一般每年的 12 月，容量经理会发起下一年度容量计划的编制工作。
- 容量计划更新：每年年中，一般是 6 ~ 7 月，容量经理会组织各容量管理员对容量计划进行年中回顾和更新。
- 容量管理月报的编制：每月容量经理会组织各容量管理员编制容量管理月报，并在招行数据中心的月度例会上汇报。
- 资源评估报告和性能评估报告的编制。

容量管理活动的被动式触发如下。

- 发生了与容量相关的事件。
- 实施了重大变更和重要变更。
- 业务部门有新的需求，导致 SLA 等内容需要调整。
- 有新的容量需求，需要对现有容量进行调整。
- 建立容量问题，并保持跟进。
- 按照容量管理子流程，落实容量的调整。

（2）输入

招行数据中心容量管理的输入包括：

- 服务级别协议；
- 业务能力需求；
- 可用性计划和连续性计划；
- 重大变更和重要变更；

- 与容量相关的事件；
- 与容量相关的监控记录。

（3）输出

招行数据中心容量管理的输出包括：

- 年度容量计划；
- 资源评估报告；
- 性能评估报告；
- 资源池更新；
- 性能数据库。

4. 能力项接口

与容量管理有直接接口关系的能力项如下。

（1）架构与技术管理

对容量的需求管理，评估实施等活动，都充分结合招行数据中心的技术架构，从而尽可能确保相关计划和评估的准确性。

（2）关系管理

对于容量的需求，除了来自于招行数据中心自身的评估之外，业务部门和开发部门有时候也会直接提出容量需求。

（3）事件管理

对于招行数据中心发生的事件，经评估与容量相关的，需要从容量管理的角度予以关注。具体包括：从容量的角度对事件进行分析，事件纳入容量管理月报中通报，并对该事件后续的整改措施进行跟踪。

（4）变更管理

部分容量措施涉及变更，从变更的角度需要建立相应的关联。

（5）监控 / 值班管理

招行数据中心值班人员在进行值班时，一项重要的工作就是对各组件的容量进行监控，并对因容量引发的告警采取必要的响应。

5. 其他管理要求

（1）容量需求管理要求

针对容量需求的管理，招行数据中心建立了容量需求管理子流程。该流程共分为新增容量资源、创建容量需求和资源回收。该子流程的各项管理要求如下。

① 新增容量资源

a. 应由能力管理员提交新增容量资源的申请。在提交时，选择正确的资源池数据，触发资源池的数据维护；

b. 若有基础设施的需求，如设备上架对电力、网络和存储的资源需求，在新增容量资源任务单后，提交创建容量需求单。

② 创建容量需求

a. 能力管理员在分配周期启动前，填写创建容量需求单，依据资源需求类型（单资源和套餐资源），填写容量需求列表；

b. 资源处理组能力管理员初步审核容量需求列表，检查是否是计划内需求、是否是紧急需求，根据资源池现状判断是否可以满足需求；

c. 相关需求在审批通过后，由处理组根据需求，确定资源分配方案并实施分配，必要时将批量实施资源分配；

d. 需求方接收资源后，对创建容量需求单的完成情况进行验收并提交客户满意度，关闭容量需求单。

③ 资源回收

一般由系统相关组主导资源回收过程，遵循变更流程的要求，控制好回收过程的风险，安全回收。

（2）容量和性能评估要求

在当前的应用视角的评估方法中，3 个评估维度分别为单位时间交易量、交易时间和性能指标 / 参数。这 3 个评估之前的关联关系如图 17-2 所示。

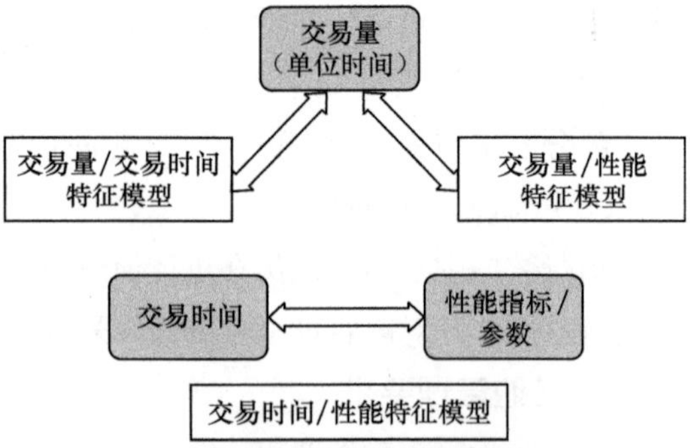

图 17-2 招行数据中心基于应用视角的容量和性能评估

① 交易量 / 交易时间特征模型：设定交易量与交易时间的临界值。当单位时间内的交易量达到临界值时，表明单笔交易时间开始变慢；反之，当单笔交易时间达到临界值时，表明交易开

始堆积。

② 交易量/性能特征模型：设定交易量的临界值,并明确性能指标和参数。当单位时间内的交易量达到临界值时，表明性能指标受到影响，成为短板；反之，当性能参数达到临界值时，表明交易开始堆积。另外需要说明的是，交易量和配置参数的相互影响量化关系。

③ 交易时间/性能特征模型：设定交易时间的临界值，并明确性能指标和参数。当单笔交易时间达到临界值时，表明性能指标受到影响，成为短板；反之，当性能参数达到临界值时，表明交易时间开始变慢。

实际上，单位时间的交易量、交易时间和性能指标参数三个维度是相辅相成的，牵一发而动全身。

（3）评估模型应用场景要求

① 应用场景一：性能估算

a. 生产系统可支撑的最大每秒交易量：根据系统的硬件配置，以及单位处理能力，可得出在硬件不超过阈值时可以支撑的最大每秒交易量。

b. 预测系统的性能表现：可得到系统的处理能力每秒交易量与资源的变化曲线，以及该硬件条件下，还可支撑多少每秒交易量，剩余多少。

c. 业务突变情况下预测系统的性能表现，压力测试下的性能表现模型可以预测业务不间断促销的性能表现。

② 应用场景二：宕机风险预测

a. 预测生产系统的性能瓶颈：根据木桶原则，可评估服务器的资源消耗最多，从而成为系统的性能瓶颈；可根据性能优化或调整硬件配置等措施解决系统潜在的性能瓶颈等问题。

b. 生产系统宕机风险预测：可预测在某台服务器或网络区域性宕机后，对系统整体处理能力的影响。

③ 应用场景三：容量规划、合理资源配置

a. 在预测系统的性能表现的前提下，获取可支撑的最大 TPS，剩余空间和预计业务增长进行比较从而确定扩容的时间和需求大小。

b. 整套系统各节点支撑的最大 TPS 排序后，可得到系统的短板以及其他节点的剩余能力。剩余部分的能力，理论上是可以节约的资源，整套系统中各节点的能力一致性越好，对于资源的利用会越好。

④ 应用场景四：性能优化

a. 按交易类型单笔消耗的 CPU 资源进行排序，得到性能优化的交易类型及其优化空间大小。

b. 按交易类型单笔响应时间进行排序，得到效率提升的交易类型及其优化空间。

c. 按业务全流程端到端的响应时间分布特征比较，得到效率有待提升的端及其优化空间。

（4）资源评估报告内容要求

资源评估报告有些类似于各室组对本室组业务范围内的资源的统计汇总，以网络的资源评估报告为例，其内容要求如下。

➢ 网络资源统计：需要统计和记录的信息包括资源类型、所在机房、所在业务分区、资源总量、未分配量、计划分配量、实际分配量、未来需求、资源分配率和分配率关注阈值等信息。

➢ 资源趋势分析：当月需求占比趋势；未来需求占比趋势；批量分配率趋势；预测可供使用多少个月。

（5）性能评估报告内容要求

性能评估报告由各室组独立完成，其需要报告的内容也根据业务的不同有一定的差别。以服务器的性能评估报告为例，其内容要求如下。

① 重大容量工作执行与部署

a. 本月工作计划完成情况；

b. 近期工作进展；

c. 下一步工作计划。

② 服务器性能分析

a. 服务器 CPU 性能分析：CPU 使用率整体统计明细，CPU 使用率最高的若干台服务器，CPU 使用率增长最快的若干台服务器，重点服务器 CPU 使用情况统计等。

b. 服务器内存性能分析：内存使用率整体统计明细，内存使用率最高的若干台服务器，内存使用率增长最快的若干台服务器，重点服务器的内存使用情况统计等。

③ 结论与改进

a. 本月性能评估整体结论；

b. 性能问题描述；

c. 历史容量问题跟进。

由此可见，资源评估报告关注的是资源的使用情况、趋势分析和未来需求预估；性能评估报告关注对资源使用和业务满足的管理情况，是在与资源相关的数据的基础上进行的分析。

（6）年度容量计划制定要求

年度容量计划在制定过程中，应遵循以下要求。

➢ 容量经理发起的要求各资源的容量管理员制订的年度容量计划，应充分遵循业务需求、项目预算和战略三年规划等要求。

➢ 容量管理在制定过程中，应遵循自下而上的原则。容量所涉及的资源类型和层次如图 17-3 所示。

➢ 年度容量计划由各室组自动执行，运行调度室将对运行结果进行必要的培训、协调和督导。年中时，容量经理将组织各室组完成容量计划的修订。

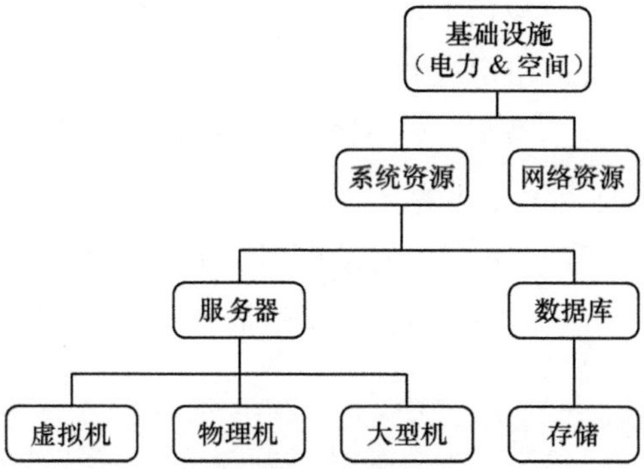

图 17-3 招行数据中心容量管理资源层次说明

（7）容量管理月报要求

整体上，容量管理月报的内容分为三大模块，分别是应用系统性能、基础平台性能和机房资源状况。其中，在应用系统性能中将核心系统的实际情况单独列明。容量管理月报的内容如下。

① 核心系统性能数据

a. CPU 使用率，包括全天均值、上午均值、上午峰值、下午均值、下午峰值；

b. 交易笔数：每月日平均交易笔数，每月日峰值交易笔数；

c. 存储：磁盘空间占用率、磁盘 I/O 响应时间的平均最大值、峰值和批处理峰值；

d. CPU 增长情况；

e. 上述数据的近一年趋势。

② 基础设施性能

由于招行数据中心已经具备了“双活”的能力，因此在基础设施性能方面，将同时对两个中心的情况进行通报。具体内容包括：

a. 广域网链路流量；

b. 局域网吞吐量，包括业务区域内部及之间的数据吞吐量，及两个中心之间的数据吞吐量；

c. 与基础设施相关的存储，及近一年趋势。

③ 机房资源

a. 招行数据中心整体和各用电分区的电力使用情况，以及当年电力规划情况的跟踪；

b. 机房 UPS；

c. 机房空调；

d. 存储、虚拟机和物理机等包括内存、CPU、磁盘等的使用情况统计，以及当年规划情况的跟踪。

④ 由容量引发的可用性事件的通报

⑤ 相关容量措施的进展通报

17.4 容量管理考核

招行数据中心对容量需求管理、容量计划、资源评估和容量性能评估这四项工作进行重点管控，因此对于容量管理的考核，直接通过这四项体现。

1. 考核公式

容量考核积分得分 = 年度容量计划（10%）+ 计划外需求或容量需求单的及时性（20%）+ 紧急需求（20%）+ 资源评估和性能评估的及时性（10%）+ 容量性能问题提出（40%）

2. 考核说明

- 容量管理按月度进行考核，考核结果纳入当月的各室组月度考核结果中。
- 年度容量计划考核是否及时完成，年度容量计划在年度 6 月份和 12 月份的第一天发起，在当月提交审核为按时完成，得满分，否则不得分；延迟到 7 月份或下年度 1 月份提交，当月积分减半；年度其他月份，除未提交年度容量计划外的所有室组，均得满分。
- 计划外需求或容量需求单的及时性考核：需求是否在年初的能力规划中予以明确。其中前者的计算公式为能力规划中当月的容量需求单数量与该月实际容量需求总数的比值；而后者的计算公式为当月及时关闭的容量需求单与实际的容量需求单总量的比值。需要说明的是，如果当月无容量需求单，则该项得满分。
- 紧急需求考核：其判断依据为容量需求是否提前提交。其计算公式为考核当月非紧急提交的需求数量与当月提交容量需求总数的比值。若当月无容量需求单，则该项同样得满分。
- 资源评估和性能评估的及时性，按要求规定各室组需完成的资源评估和性能评估，超时完成 1 单，扣对应分数，扣完为止。对于各室组资源评估和性能评估的任务单数量的差异，在年度考核中也予以考虑。
- 月度容量性能评估后提出的问题数量，按每提交一个问题得到相应的分数。提交满 4 个问题，并按时高质量的完成，该项得满分。
- 时效性以 ITIL 系统中记录的时间为准。

17.5 容量管理工具简介

1. 性能容量自动化评估工具

该工具是由招行数据中心自行开发的用于对当前各业务系统的性能与容量状态的自动化评估工具。该工具的主要功能如图 17-4 所示。

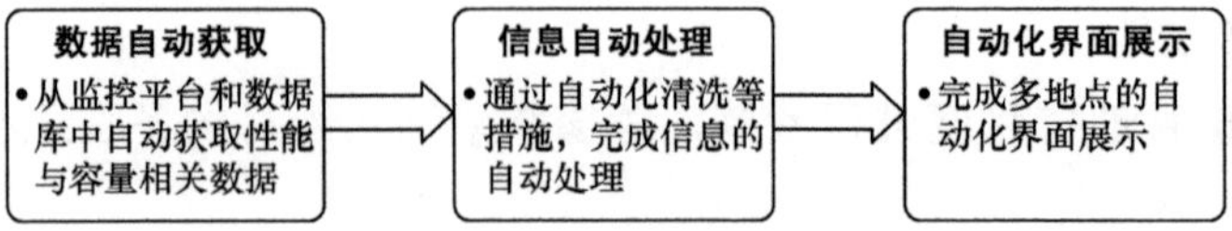

图 17-4 招行数据中心性能容量自动化评估工具

2. ITIL 系统容量管理模块

ITIL 系统的容量管理模块中，针对容量管理等四项重点工作均建立了对应的子模块。以资源评估子流程为例，其电子流如图 17-5 所示。

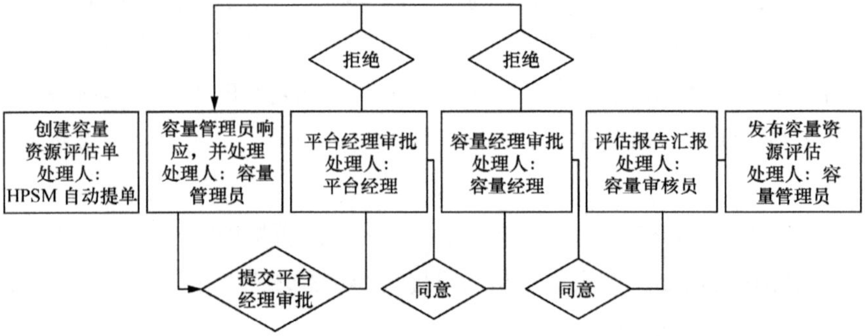

图 17-5 招行数据中心资源评估子流程电子流

从流程角度，为了确保资源评估的准确、及时和有效，在全电子流中共设定了 3 个质控环节，分别是：

- 第一次质控由容量管理员完成，关注容量资源评估的要素是否完善；
- 第二次质控由平台经理完成，关注容量资源评估是否满足要求；
- 第三次质控由容量经理完成，关注容量资源评估的完整性与及时性。

原则上，容量审核员也需要参与质控，以关注容量资源评估考核指标是否满足要求。

对于整体流程及各子流程的电子流环节，限于篇幅所限，这里不再展开。

17.6 后续改进

尽管容量管理在招行数据中心已经推进多年，各项活动得到了常态化运行，但其整体上还存在着不足，具体如下。

1. 容量管理相关的汇报材料有待进一步简化

在容量管理相关的材料尤其是月报中将各项与容量相关的指标进行了非常详细的通报，而招行 IT 业务的复杂性和大量的数量导致了容量管理月报的篇幅越来越长。而这样的篇幅，很难在第一时间使阅读者尤其是领导快速抓住重点，从而影响汇报的质量。

有鉴于此，容量经理着手对容量管理月报进行大范围的"瘦身"，使容量管理月报只关注"关键业务""关键系统"和"关键指标"。在保证汇报质量基本保持不变的前提下，管理月报的篇幅减少至之前的三分之一。同时，将非关键但有必要的内容移入月报的附录中，以备不时之需。

2. 容量管理相关活动的及时性有待进一步加强

容量管理中的部分关键活动，如月度的数据汇总等，依赖于容量管理员的大量工作，完成这些工作所需要的时间又会与这些人员自身的工作时间相冲突。因此，有时候容量管理活动会有一定的滞后。

对此，容量经理一方面会及时提醒容量管理员按时完成工作，同时也会安排人员给予协助，共同确保容量管理活动按计划完成。

17.7 小结

作为招行数据中心关键能力项的容量管理，在建立伊始就受到中心领导的重视。通过多年的持续改进，已经形成了当前的以容量管理月报为核心，以容量需求管理、容量计划、资源评估和容量性能评估为重点工作，覆盖了从容量需求提出经容量和性能评估、容量措施制定、资源调配到容量汇报的管理机制，提升了中心人员的意识，在管理的效率和效果之间找到了平衡。

当前快速增长的 IT 业务为容量管理带来更大的挑战，未来招行数据中心也将持续地投入资源，确保容量管理为中心的发展提供更加牢固的支撑。

第 18 章

供应商管理——中国农业银行数据中心

在当前 IT 业务越来越复杂的今天，供应商对于组织的作用也愈发重要。合格的供应商管理，能够使得组织以最低的成本获得满足质量和数量要求的产品或服务。成熟度标准中的供应商管理源自于 ISO20000 和 ISO27001 标准，并在这两个标准的基础上，增加了供应商策略制定和供应商采购管理要求，细化了对供应商的日常管理和评价要求。成熟度标准中的供应商管理要求有以下两个特点：

➢ 明确供应商角色、职责、服务范围及约定的服务水平；

➢ 强化对供应商提供服务的管理与监督，确保其满足服务级别协议合同的要求，并确保其为数据中心提供高质量的无缝服务。

供应商管理的目标

规范供应商管理，确保供应商向数据中心提供优质的外部技术资源和支持。

在进行供应商管理之前，需要明确管理的范围和职责划分。数据中心是完整组织的一个部门，在整个供应商管理流程中，不承担或者部分承担前期供应商的选择与采购工作，也不承担付款工作。因为，供应商管理在运转之前，需要明确数据中心在整体流程中具体的管理范围和对应的职责。

对供应商进行有效管理的一个重要因素是，日常交付管理和日常评价的实施。有些组织在实施过程中，只明确了供应商的整体交付，而对日常交付缺乏相应的管理要求和评价细则，这样会造成供应商交付逾期的风险大大增加。供应商的日常管理往往需要设置专门的供应商管理岗，牵头落实日常管理工作。

供应商管理的关键活动与管理要求如下

（1）供应商管理策略制定：应制定供应商管理策略，包括但不限于供应商的选择、沟通、考核和淘汰机制

（2）供应商选择与采购：应确定外部资源采购需求，实施供应商选择和采购

① 应综合分析和确定外部资源需求，分析内容宜包括申请内容、使用范围、必要性以及资源数量；

② 应对备选供应商执行尽职调查和风险分析；

③ 应确定采购方法，建立评估标准选择供应商并签订合同，评估标准宜包括服务、能力、质量和成本。

（3）供应商日常管理：应基于合同实施供应商日常管理

① 应设置供应商服务和合同分类，并形成供应商与合同清单；

② 应管理并控制供应商服务和产品的运营和交付，管理供应商关系；

③ 应明确供应商管理的信息安全要求，并与供应商签署相关安全协议。

（4）供应商评价：应定期组织供应商评价

① 供应商评价结果作为依据，宜为后续供应商准入标准的修订、供应商禁用名单的调整，以及后续项目备选供应商推荐提供参考；

② 应按计划时间间隔，每年至少进行一次供应商评价，并根据评价结果持续改进。

下面将以中国农业银行数据中心（以下简称“农行数据中心”）的供应商管理为案例，将农行数据中心供应商管理能力项的管理要求、发展历程和关键控制点进行简要分享。

18.1 关键控制点

整个供应商管理经历供应商选择→合同签订→供应商日常监督→供应商服务回顾→持续改进→服务交接。数据中心的供应商管理流程的管理范围始于供应商日常监督，到供应商服务交接结束（不包含供应商选择与合同签订）。目前，供应商管理得以有效运行的关键控制点为供应商管理策略制定与选择、供应商日常管理、供应商评价。

1. 供应商管理策略制定和选择

制定供应商管理策略，包括但不限于供应商的选择、沟通、考核和淘汰机制。确定外部资源采购需求，包括综合分析和确定外部资源需求，分析内容包括申请内容、使用范围、必要性以及资源数量，对备选供应商执行尽职调查和风险分析。供应商管理要求分别在《中国农业银行外购科技生产类信息化产品技术准入管理规程》《中国农业银行科技外包管理实施细则》《中国农业银行集中采购管理办法》《中国农业银行集中采购尽职监督工作实施细则》和《中国农业银行生产运维操作指南》等规章制度中体现。具体的《采购技术及服务需求书》中对供应商人员资质、职责、规范等给予了明确要求。

2. 供应商日常管理

基于合同实施供应商日常管理，包括设置供应服务和合同分类，并形成供应商与合同清单；管理并控制供应商服务和产品的运营和交付，管理供应商关系；明确供应商管理的信息安全要求，并与供应商签署相关安全协议。

3. 供应商评价

定期组织供应商评价，供应商评价结果作为依据为后续供应商准入标准的修订、供应商禁用名单的调整，以及后续项目备选供应商推荐提供参考；按计划时间间隔进行供应商评价，并根据评价结果持续改进。

18.2 案例概述

1. 农行数据中心的供应商管理现状

农行数据中心于 2008 年启动 ISO20000 标准化建设以来，供应商管理就建立起了比较完整的管理流程和考核评价机制。目前，农行数据中心的供应商管理具备以下特点。

（1）中心领导直接参与

供应商管理在农行数据中心受到了中心领导的高度重视。除管理要求的提出外，中心领导还负责审核、审批合同变更 / 终止，审核服务商服务评价报告、服务管理报告并提出供应商服务改进的要求，切实发挥了领导带头作用。

（2）组建供应商管理和执行团队

由中心环境设备部负责人、综合管理部行政综合负责人和使用供应商的部门选派骨干组建，根据数据中心的统一安排，完成管理并维护供应商信息、管理并维护供应商管理计划、跟踪并回顾供应商服务、监督供应商服务改进和供应商绩效考评等全流程事项。

（3）有力的工具支撑

在农业银行资产管理系统 EAM 上集成了实物资产的全生命周期管理，管理范围包括固定资产、低值易耗、租赁资产等，支持资产的条线管理，作为后勤保障综合平台的重要组成部分。

可以说，农行数据中心的供应商管理是一个既规范又复杂的能力项。言其规范，是因为该能力项的流程很清晰，线上管理所有工作任务流预定制，线下管理对供应商进行日常跟踪检查并定期召开供应商服务回顾会议；言其复杂，是因为供应商管理涉及的人员和部门众多，总行科技与产品管理局、采购中心、数据中心采购部门、使用供应商的部门和硬件、软件、服务各供应商都会参与其中，包括供应商管理的策划阶段、监督及回顾阶段、持续改进阶段和服务变更与交接阶段，任何一个流程出现差错都可能影响到数据中心安全可靠的运行，产生全局性的影响。

2. 农行数据中心的供应商管理现状及发展历程

农行数据中心 ISO20000 体系自 2009 年建立以来，形成了一套标准化的 IT 服务管理体系。经过七年多的实践积累和持续优化，农行供应商管理工作已渐成体系并逐步规范化，供应商管理各项流程有章可循，运转顺畅，供应商管理相关单位权责分工明确，保障了供应商管理各层面的科学、规范和高效。

在制度与办法上，农行数据中心先后于 2010 年发布了《中国农业银行采购项目供应商监督考核评价管理办法》和 2014 年发布的《数据中心供应商服务管理实施细则》经过后期修订发布为《中国农业银行数据中心供应商服务管理工作手册》。

供应商管理作为农业银行资产管理系统（以下简称“EAM”）的一部分，该系统从 2010 年 8 月开始启动业务咨询，同年 10 月科技开发团队参与业务需求研制工作，2011 年 2 月开始进行需求分析和开发工作，同年 11 月完成系统开发、测试和演练并上线试运行。2015 年年底，中心陆续启用文档服务器将供应商管理所涉及的相关文件、报告及记录进行整合，利用 FTP 工具上传辖内的供应商管理相关文件、报告及记录到文档服务器的各分类项目中，实现了供应商管理文档的电子化操作。

18.3 管理要求

1. 角色和职责

农行数据中心供应商管理的角色职责见表 18-1。

表 18-1　农行数据中心供应商管理角色职责说明

角色	描述	负责人 / 组织 / 团队
管理层	1. 负责审核、审批合同变更 / 终止； 2. 审核服务商服务评价报告、服务管理报告； 3. 提出供应商服务改进的要求	分管中心领导
供应商管理经理	1. 汇总（收集）流程执行的改进要点，协调改进计划的执行； 2. 负责流程的推广和培训； 3. 负责流程整体执行过程的监控、沟通和协调； 4. 组织流程的调整和优化； 5. 组织供应商服务回顾与评价； 6. 定期与合同管理部门沟通，汇总（收集）供应商信息变更情况（包括新增、减少、公司名称变更等信息），核对各部门供应商信息列表更新情况； 7. 汇总各专业供应商服务评价报告，撰写供应商管理报告，提出服务改进建议	供应商管理牵头部门（环境设备部、行政综合部门）负责人
供应商执行经理	1. 跟踪供应商服务的情况； 2. 组织本专业人员与供应商进行服务回顾，确保供应商信息列表内每家供应商都有专人监督考核； 3. 组织本专业供应商服务水平的评估，按照合同要求对供应商服务内容进行绩效考评； 4. 编写供应商服务评价报告，提出服务改进建议	供应商管理责任部门选派
供应商管理员	1. 收集各专业供应商信息，制定并维护供应商信息列表； 2. 跟踪并记录所负责供应商日常服务及改进服务情况； 3. 负责检查、核对供应商服务记录、人员考勤记录，确保记录内容完整、真实； 4. 负责定期补充、更新《数据中心第三方维保人员信息表》； 5. 负责供应商服务移交工作等	供应商管理责任部门选派

2. 过程环节

供应商管理流程主要包括策划阶段、监督及回顾阶段、持续改进阶段和服务变更与交接阶段，具体流程如图 18-1 所示。

（1）制定与维护供应商档案及信息

① 供应商管理员负责从供应商合同中汇总供应商资料（或从供应商获得相关信息），形成《供应商档案》。

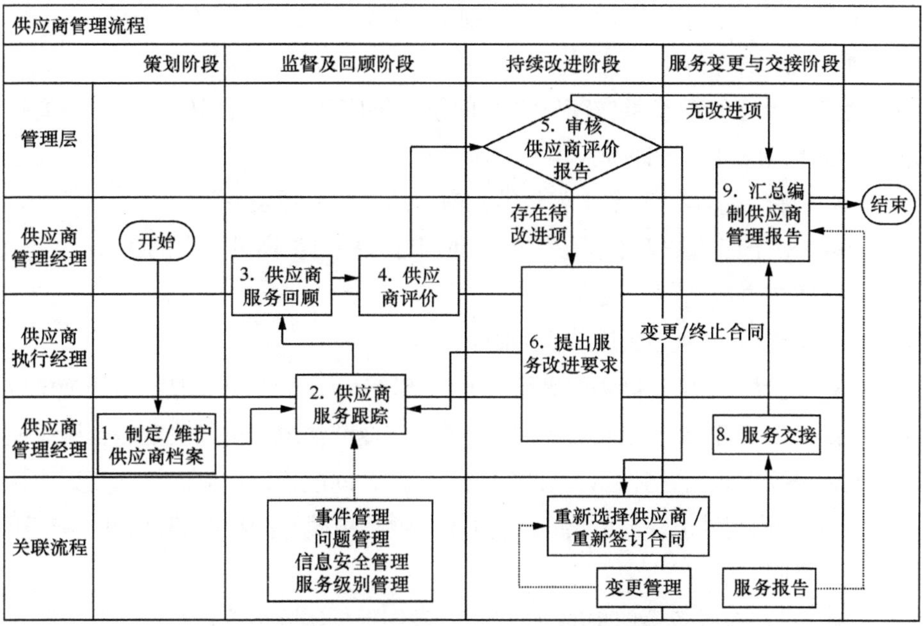

图 18-1 农行数据中心供应商管理流程

② 如有重新选择供应商或对现有供应商合同变更的情况，则更新《供应商档案》。

（2）供应商服务跟踪

① 供应商管理员按《供应商档案》对供应商服务进行日常跟踪检查；对重大供应商、问题处理涉及的供应商服务进行专项跟踪检查；对信息安全中涉及对供应商的要求，对供应商进行跟踪。

② 供应商执行经理对供应商日常服务情况进行监督，并按需协调必要的资源。

（3）供应商服务回顾

① 供应商执行经理与供应商管理经理按照计划的时间间隔定期召集相关人员召开供应商服务水平回顾会议。

② 供应商经理在需要时通知服务级别经理参与供应商服务回顾会议，对供应商支持合同进行回顾。

③ 供应商执行经理根据供应商日常服务跟踪记录，回顾服务履行情况。

④ 如有分包商，则定期与主供应商依据本流程对分包商的服务进行回顾。

（4）供应商评价

供应商执行经理及供应商管理经理根据供应商评价指标体系给供应商打分，形成《供应商服务评价报告》。

- 评价内容参照《SLA 与供应商合同对应关系表》；
- 对于评估结果不理想的供应商，可以提出更换供应商的建议。

（5）审核供应商评价报告

管理层审核《供应商服务评价报告》。

- 对供应商的合同需要进行变更、正常终止、提前终止的情况及更换供应商的建议，由管理层审核确认后，向相关部门提交信息，由其决定是否继续使用或重新选择供应商，并签订新的供应商服务合同或签订供应商合同变更协议（对于数据中心可直接采购的部分，由数据中心相关部门组织签订新的 / 变更的供应商合同 / 协议）。
- 对存在服务不理想的供应商，管理层根据实际情况对其提出服务改进要求。

（6）提出服务改进要求

① 对于存在待改进项的供应商，根据供应商服务评价报告中的待改进项、改进建议，提出供应商服务改进要求。

② 供应商管理员将服务改进建议反馈给供应商并要督促其按要求改进服务。

③ 对于被要求改进服务的供应商，供应商管理员需要跟踪服务改进的实施情况，并对改进效果进行回顾评价。

（7）重新选择供应商 / 重新签订合同

① 供应商执行经理、供应商管理经理将合同到期或需要合同变更的情况上报管理层审核。

② 如果需要重新选择供应商或变更供应商合同内容，则供应商管理经理将供应商选择建议或合同变更需求提交给总行相关部门。

③ 供应商重新选择所产生的合同 / 供应商信息的变更或服务级别协议有变更，变更的过程受变更管理流程控制，变更完毕后的供应商及合同信息需反馈到步骤 1，由供应商管理员负责更新供应商相关信息列表。

（8）服务交接

① 对于合同到期或提前终止合同的供应商，供应商管理员负责处理服务交接的工作。

② 对于新的供应商，供应商管理员负责交待相关事务。

- 收到供应商变更通知及合同后，组织相关人员整理需要让新供应商了解掌握的信息及需要其提供的信息，包括与供应商相关的工作流程、联系人接口、保密协议、服务报告列表等。
- 组织与新供应商开会沟通注意事项，制定或回顾相关的流程、报告提交周期、回顾会议召开周期等事宜。

（9）汇总编制供应商管理报告

① 供应商执行经理定期编制本专业供应商管理报告。

② 供应商管理经理定期汇总编制供应商管理流程的报告。

3. 供应商管理的触发、输入与输出

（1）触发

农行数据中心的供应商管理作为日常工作标准流程之一，在日常的工作中，供应商日常监督、供应商服务回顾、持续改进和供应商服务交接这几个过程都是供应商管理的触发内容。

（2）输入

供应商管理的输入为来自总行科技与产品管理局、采购中心和中心采购部门的合同信息，来自供应商的供应商信息和来自服务级别管理流程的服务级别协议等。

（3）输出

供应商管理的输出为提供给总行科技与产品管理局、采购中心和中心采购部门的供应商服务评价报告，提供给配置管理数据库的供应商档案和提供给供应商执行经理的供应商回顾会议纪要等。

4. 能力项接口

农行数据中心的供应商管理与其他能力项的接口关系如图 18-2 所示。

（1）事件 / 问题管理流程

事件 / 问题管理流程中涉及供应商参与解决的供应商问题作为评价供应商

服务质量的重要依据。

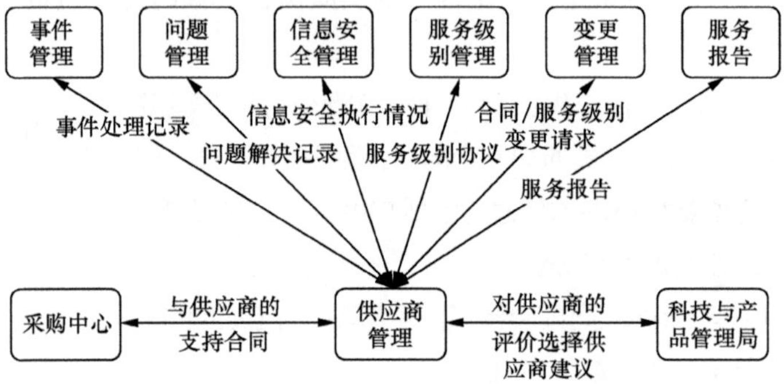

图 18-2　农行数据中心供应商管理能力项接口

（2）信息安全管理流程

信息安全管理流程中对供应商安全要求作为供应商日常管理的内容和要求之一输入本流程，本流程需按信息安全的相关要求对供应商日常工作进行监督和跟踪。

（3）服务级别管理流程

供应商管理流程与服务级别管理流程有着密切的联系。数据中心与供应商签订的合同必须以匹配服务级别协议为出发点以达到提供高质量无缝服务的目的。

（4）变更管理流程

变更可能引起合同和服务级别的调整，服务变更与交接可能需要触发变更管理流程。通过明确服务变更与交接的注意事项，做好合同到期或者提前终止和新增合同的供应商管理，保证供应商服务管理的连续性。供应商管理流程将供应商与相关的变更关联，提供信息协助变更管理流程对变更进行分析、回顾。变更内容涉及基础软硬件资源与供应商管理相关联。供应商档案信息发生变动时，通过变更管理流程及时更新、发布、确保档案信息完备、准确。

（5）服务报告流程

服务报告流程主要负责根据供应商管理日常记录的数据生成所需的服务报告，包括定期向管理层汇报的服务报告、管理报告、服务改进计划相关报告。服务报告流程将其输出的报告按时提交给报告审批人进行审批并及时将各类报告分发给相关人员，供应商管理流程所记录日常工作产生的数据，为服务报告流程提供支持，确保其可采集到编制报告需要的准确数据。

5. 其他管理要求或控制点

供应商管理的运作，需要有供应商管理策略制定机制、供应商选择与采购机制、供应商日常管理机制和供应商评价机制。

（1）供应商管理策略制定机制

供应商管理策略制定机制主要是通过制定包括供应商的选择、沟通、考核和淘汰机制的管理策略。目前，数据中心制定的供应商管理策略包括：

① 管理并维护供应商信息；

② 管理并维护供应商管理计划；

③ 跟踪并回顾供应商服务；

④ 监督供应商服务改进；

⑤ 供应商绩效考评等。

（2）供应商选择与采购机制

数据中心不参与供应商的选择，供应商选择和合同签订遵循集中采购相关要求执行。评估标准和采购方法由采购中心 / 科技与产品管理局制定，提交项目技术需求书包含选型建议说明。预算金额 1000 万元及以上采用公开入围方式，其他直接推荐。

（3）供应商日常管理机制

按照《SLA 与供应商合同对应关系表》中的要求选择供应商并签订合同，并基于合同实施供应商日常管理，以匹配服务级别协议。

供应商管理员管理并控制供应商服务和产品的运营和交付，负责从供应商合同中汇总供应商资料，形成或更新《供应商档案》，并按《供应商档案》对供应商服务进行日常跟踪检查；对重大事件、问题处理涉及的供应商服务进行专项跟踪检查；按信息安全中涉及对供应商的要求，对供应商进行跟踪。

供应商执行经理对供应商日常服务情况进行监督，并按需协调必要的资源。

信息安全管理流程中是对供应商安全要求作为供应商日常管理的内容和要求，对于供应商的信息安全管理，参照信息安全管理体系的有关文件要求执行对供应商日常工作进行监督和跟踪，并与供应商签署配套的安全保密协议。

（4）供应商沟通评价机制

通过供应商沟通评价，并以供应商评价结果作为依据，为后续供应商准入标准的修订、供应商禁用名单的调整以及后续项目备选供应商推荐提供参考。

供应商执行经理、供应商管理经理负责组织供应商的沟通、回顾与评价。按季度对供应商服务水平进行沟通与评价，并对供应商管理流程的执行情况进行汇总、分析。每半年召开供应商服务水平回顾会议，根据供应商日常服务跟踪记录，回顾服务履行情况和供应商评价指标体系给供应商打分形成《供应商服务评价报告》。对于存在服务评估结果不理想的供应商，根据实际情况与其沟通并提出服务改进要求或提出更换供应商的建议。

18.4 供应商考核

1. 供应商考核指标设置

（1）供应商交付质量

产品技术与服务需求书中的实施、维保服务工作说明书规定了服务人员资质和质量、安装及调试服务、兼容性、稳定运行、远程支持、现场服务、维修运输、升级支持、巡检服务、技术支持、文档交付等要求。另外，根据到货验收报告对交付产品进行验收。

（2）供应商交付效率

产品技术与服务需求书中的实施，维保服务工作说明书对交货、紧急现场救援服务、备品备件明确了更换时间要求。

（3）供应商及人员现场合规情况

供应商管理员跟踪并记录所负责供应商日常服务及改进服务情况，检查、核对供应商服务记录、人员考勤记录。供应商执行经理跟踪供应商服务的情况。

2. 评分指标表

考核评价内容根据产品不同分类制定，主体包括通用考核评价指标（定量指标）和综合评价指标（定性指标）两部分组成，见表 18-2 至表 18-4。

表 18-2　农行数据中心硬件供应商评价指标说明

序号	评分指标	考核内容
1	准时交货	是否按照约定的标的物、数量、配置、时间和地点交货，交付货物是否完好，交货准备工作是否完备
2	安装培训	是否按合同约定进行产品安装、培训工作，安装培训质量是否达到应用要求，是否上门安装，是否积极配合验收
3	产品质量	产品性能是否满足业务应用要求，产品自身原因引起的故障频度，产品缺陷情况
4	专职人员服务水平	驻场人员或专职技术服务人员技术水平、服务的规范性（服务相关预防性安全措施、操作的规范性、遵守数据中心规定情况等）及按合同约定完成工作内容
5	维护服务质量	通信是否通畅，技术服务人员有效响应时间，故障解决时间与解决效率，故障排除质量（如故障排除后产品性能有无下降、是否引发其他问题）
6	问题处理	是否对故障或问题原因进行有效分析、对产品缺陷问题给予有效解决，同样的问题或故障是否重复出现
7	备品备件	备品备件的完备性，备件质量，备件到场时间
8	定期维护	按照合同约定定期进行巡检、维护保养并出具相关服务报告，及时发现问题并排除情况
9	服务灵活性	满足客户特殊服务需求情况，如：特定时段服务等级短时提升，特殊时点服务保障，对用户使用产品提出有效、合理的建议等协助性服务
10	服务改进	对用户提出的服务改进要求、改进建议落实情况

表 18-3　农行数据中心软件供应商评价指标说明

序号	评分指标	考核内容
1	准时交货	按照约定的标的物、数量、时间和地点交付情况，交付软件完整性
2	安装技术培训	按合同约定进行产品安装、技术培训工作情况，安装培训质量；配合验收工作情况
3	产品质量	按合同约定的产品性能状况，软件产品运行情况
4	专职人员服务水平	技术服务人员技术水平、服务的规范性（服务相关预防性安全措施、操作的规范性、遵守数据中心规定情况等）及按合同约定完成工作内容
5	技术支持	通信是否通畅，技术服务人员有效响应时间，排障服务质量（如故障排除时间、排除后产品性能有无下降，是否引发其他问题）

（续表）

序号	评分指标	考核内容
6	问题处理	是否对软件产品问题进行有效分析、对产品缺陷问题给予有效解决，同样的问题或故障是否重复出现
7	产品升级	按照合同约定进行产品升级，对所提供产品实行优化、完善性升级，针对产品缺陷升级，升级策略、方案、效果
8	服务灵活性	满足客户特殊服务需求情况，如：特定时段服务等级短时提升，特殊时点服务保障，协助性服务等
9	主动服务	能够满足业务需求，主动提供更优的产品或系统、适合数据中心业界领先的技术和方案，对用户使用产品提出有效、合理的建议，对用户提出的问题能给予有效解答等情况
10	服务改进	对用户提出的服务改进要求、改进建议落实情况

表 18-4　农行数据中心服务提供商评价指标说明

序号	评分指标	考核内容
1	服务交付	服务交付情况，如服务各阶段或周期性服务交付时间、交付内容、交付质量
2	技术培训	按合同约定进行相关培训情况，如培训的时间、方式、人数、效果等
3	产品质量	服务中所使用的产品、材料的质量
4	专职人员服务水平	驻场人员或专职技术服务人员技术水平、服务的规范性（服务相关预防性安全措施、操作的规范性、遵守数据中心规定情况等）及按合同约定完成工作内容
5	维护服务质量	通信是否通畅，技术服务人员有效响应时间，故障解决时间与解决效率，故障排除质量（如故障排除后产品性能有无下降，是否引发其他问题）
6	问题处理	及时分析定位问题原因，对服务对应产品缺陷的解决方案及解决时间，同样的问题或故障是否重复出现
7	产品升级	按照合同约定进行产品升级，对所提供服务产品实行优化、完善性升级，针对产品缺陷升级，升级策略、方案、效果
8	备品备件	备品备件及相关维护工具的完备性、质量和到场时间
9	服务灵活性	满足客户特殊服务需求情况，如特定时段服务等级短时提升，特殊时点服务保障，对用户使用产品提出有效、合理的建议等协助性服务
10	服务改进	对用户提出的服务改进要求、改进建议落实情况

3. 供应商服务考核

农行数据中心的供应商服务考核关键指标绩效见表 18-5。

表 18-5 供应商服务考核关键指标绩效

绩效指标	目标值	衡量方式	报告周期	负责人
供应商服务评价合格率	90%	$\frac{\text{评分合格的供应商数量}}{\text{供应商总数}}\times 100\%$	每季度	供应商流程经理

18.5 供应商管理工具介绍

供应商管理在 EAM 中主要体现为供应商管理和品牌管理两部分，EAM 作为后勤保障综合平台的重要组成部分，涵盖实物资产的全生命周期管理，管理范围包括固定资产、低值易耗、租赁资产等，支持资产的条线管理。

1. 基本功能

（1）固定资产与重要低耗管理

➢ 合同管理

合同管理中合同种类包括普通、框架和跟单，其中，框架合同是一个预签订的合同，起到对普通合同进行价格指导和约束的功能；普通合同可以选择框架合同导入信息，节省工作量，也可以选择自行录入全部信息；跟单合同为普通合同的跟单新购合同，实物资产类别小于或等于普通合同，数量信息可以不一致，其他信息均与选择跟单的普通合同一致。选择合同种类后，须选择合同的类型，合同的类型分为新购、维保、租赁、续租和扩容。其中，除维保、续租和扩容合同以及所有合同的服务类标的物外，所有的合同资产均要进行实物资产入库。

➢ 分配管理

本交易为各级负责实物资产分配的实物资产管理员使用，其功能为在 EAM 系统中录入实物资产的分配单信息，如有相关文档可通过上传附件到系统。

➢ 入库管理

本功能由各级负责入库单录入的专业资产管理员或者实物资产管理员使

用，其功能为在 EAM 系统中录入或上传涉及实物资产的普通入库单信息及相关文档。

➢ 验收管理

验收管理适用于采购履约阶段实物资产的验收记录。实物资产管理员通过系统生成验收报告，录入验收信息并上传相关附件。

➢ 报账管理

本交易为各级负责对资产进行报账的实物资产管理员使用，其功能为 EAM 系统中录入或上传涉及报账单信息及相关文档。

➢ 支付登记管理

支付登记管理适用于采购履约阶段支付过程的记录。实物资产管理员录入支付审批单和明细表，系统自动生成支付通知单。实物资产管理员也可打印支付通知单用于申请支付。

➢ 调拨管理

本功能为各级负责调拨单录入的实物资产管理员使用，其功能为在 EAM 系统中录入或上传涉及所属机构的实物资产调拨单信息及相关文档。

➢ 领用管理

本交易为各级负责领用单录入的实物资产管理员使用，其功能为在 EAM 系统中录入领用单基本信息、新增明晰、修改明细、删除明细、上传涉及实物资产的领用单信息的相关文档。

➢ 借用管理

本交易为各级负责借用单录入的实物资产管理员使用，其功能为在 EAM 系统中录入借用单基本信息、新增明晰、删除明细、上传涉及实物资产的借用单信息的相关文档。

➢ 归还管理

本交易为各级负责借用归还单录入的实物资产管理员使用，其功能为在 EAM 系统中录入借用归还单基本信息、新增明晰、删除明细、上传涉及实物资产的借用归还单信息的相关文档。

➢ 遗失管理

本交易为各级负责遗失单录入的实物资产管理员使用，其功能为在 EAM

系统中录入或上传遗失单信息的相关文档。

➢ 闲置管理

本交易为各级负责闲置单录入的实物资产管理员使用，其功能为在 EAM 系统中录入或上传涉及实物资产的闲置单信息的相关文档。

➢ 维修管理

本交易为各级负责维修置单录入的实物资产管理员使用，其功能为在 EAM 系统中录入或上传维修单信息的相关文档。

➢ 转移管理

本交易为各级负责转移单录入的实物资产管理员使用，其功能为在 EAM 系统中录入转移单基本信息、新增明晰、删除明细，明细即实物资产。

➢ 核对管理

本交易为全行资产管理员与专业资产管理员使用，其功能为对 EAM 资产清单和财务管理信息系统（FMIS）资产清单进行对比，生成和管理资产对应关系差异。FMIS 系统负责实物资产的会计核算及费用核算（报账工作）等价值管理。

➢ 中间状态管理

本交易为各级负责实物资产查询的实物资产管理员使用，其功能为在 EAM 系统中查询机构内处于中间状态的实物资产信息。

➢ 综合查询

本交易为各级负责的实物资产管理员使用，其功能为在 EAM 系统中查询实物资产信息。

➢ 报废管理

通过电子表单对待报废固定资产进行报废填报，并根据单据状态自动维护实物资产卡片信息。

➢ 处置管理

本交易为各级负责处置单录入的资产运营岗人员使用，其功能为在 EAM 系统中录入或上传涉及实物资产的处置单信息及相关文档。

（2）一般低耗及办公用品管理

➢ 一般低耗入库管理

本交易为各级负责一般低耗入库的实物资产管理员使用，其功能为在EAM系统中实物资产一般低耗入库单信息及相关文档与管理。

- 一般低耗出库管理

对实物资产一般低耗出库单信息及其相关文档进行电子化记录与管理。

- 一般低耗调拨管理

对一般低耗调拨单信息及其相关文档进行电子化记录与管理。

- 一般低耗查询

对调出所属机构的一般低耗信息进行查询。

- 办公用品入库管理

本交易为各级负责办公用品入库的实物资产管理员使用，其功能为在EAM系统中实物资产办公用品入库单信息及相关文档与管理。

- 办公用品出库管理

本交易对实物资产办公用品出库单信息及其相关文档进行电子化记录与管理。

- 办公用品调拨管理

本交易对办公用品调拨单信息及其相关文档进行电子化记录与管理。

2. 扩展功能

EAM系统的其他功能包括了信息维护管理（机构管理、员工管理、用户管理、角色管理、数据字典管理、供应商管理），成本分析及报表管理（综合统计报表查询、流程操作明细查询、合同统计支付查询、专项统计指标查询），其他辅助功能（个人工作台管理、预警管理、公告管理、标签卡片管理、实物资产管理、在线用户管理），数据补录（合同管理、实物资产卡片管理、一般低耗管理、办公用品管理、实物资产配置管理、实物资产合同关联管理、补录主键批量预留）。

18.6 后续改进

尽管农行数据中心经过多年的不断努力，在供应商管理方面积累的较为丰富的实际工作经验和多项有力管理措施，供应商管理规范性和有效性得到不断提升，但还存在部分薄弱环节，这主要存在以下两个方面的不足。

① 目前主要就外包服务项目执行完整且严格的尽职调查和风险分析，除此项目外的风险评估完整性包含外包风险、风险控制措施有效性。

② 对供应商日常工作按信息安全的相关要求进行监督和跟踪，是参照信息安全管理体系的有关文件执行，在供应商及人员现场服务的信息安全合规上缺乏明确要求，在供应商管理能力项中也没有明确的信息安全要求。

对此，农行数据中心从信息安全和控制风险两个方面加强供应商管理机制，并计划在 EAM 管理平台上进一步丰富上述两个管理模块，提升供应商管理的进一步合规性和自动化水平。

18.7 小结

以上是对农行数据中心供应商管理的一个简要介绍。

农行数据中心正致力于加强管理机制与实际工作的契合度，通过供应商管理制度进一步完善，系统工具进一步优化，后续还将进一步加强供应商管理工作，建立更加科学的供应商分类分级管理机制，不断提升供应商管理的精细化水平和管理效率。

第19章

信息安全管理——国家开发银行信息科技局数据运行中心

19.1 关键控制点

信息安全都是一个广泛的概念，在数据中心，信息安全是指“信息系统（包括硬件、软件、数据、人、物理环境及其基础设施）受到保护，不受偶然的或者恶意的原因而遭到破坏、更改、泄露，系统连续可靠正常地运行，信息服务不中断，最终实现业务连续性”。信息安全管理是数据中心服务能力中最贴近组织核心价值的能力，也是最受组织层面管理者关注的核心能力之一。

成熟度标准中信息安全管理能力项，源自于ISO20000标准中的信息安全管理流程，关注的是通过风险评估识别现状，从而制定信息安全策略，并以此制定相应的信息安全控制措施。随着国家对信息安全的愈发重视，以及ISO27001标准的逐渐普及，基于体系融合的思路，越来越多的数据中心按照ISO27001标准要求建立并管理信息安全，从而使得管理的范围更完整，措施更规范，效果更深入，收益更明显。

信息安全管理的目标

针对信息资产在运行环境中所面临的风险，制定信息安全策略和措施，将风险减少至可接受的程度，从而保障信息的可用性、保密性和完整性。

无论是ISO27001标准还是成熟度标准中的信息安全管理，其核心思路都是对信息安全风险的有效控制。这种有效的控制，来自于明确的信息安全目标，清晰的风险评估，完整的控制措施制定和行之有效的监控与回顾机制。

1. 明确的信息安全目标

一个有效的信息安全管理目标，应该是符合“SMART原则”的，需要明确“要做什么”“要什么资源”“由谁负责”“什么时候完成”和“如何评价结果”等特性。一般而言，信息安全目标可包括信息安全基线设置及监督、信息安全检查、信息安全事件、信息安全工具和信息安全培训等方面的内容。信息安全目标的设置，直接决定了信息安全有效性测量的依据。

2. 清晰的风险评估

目前业界通用的风险评估方法论，是一个环境构建、风险识别、风险分析和风险评价的流程。信息安全管理保护的对象是信息资产，需要对信息资产进行识别和有针对性地开展信息安全风险评估，即对信息资产进行识别和统计并确定资产安全管理的责任人，并通过对资产面临的威胁、脆弱点，进行识别和统计，完成对资产风险的评估定级，从而确定信息安全风险以及所需要的措施和技术手段。

信息安全管理的关键活动与管理要求如下

（1）信息安全管理策略确定

① 应根据信息安全管理整体要求，确定信息安全管理对象范围、要求、方针及策略；

② 发生重大安全事件或内外部环境发生重大变化时，应调整信息安全管理策略及措施。

（2）信息安全管理需求识别

应基于信息安全管理要求和策略，分析内外部环境、合规要求、管理需求、信息安全风险评估结果等，识别信息安全管理需求。

（3）信息安全管理措施制定

应根据识别的需求制定信息安全管理措施，包括但不限于访问控制措施、物理安全措施、系统安全措施、网络安全措施、应用安全措施、数据安全措施。

（4）信息安全管理监视与回顾

① 应监视并管理所有的安全违规和重大安全故障；

② 应按计划时间间隔，每年对信息安全管理落实情况至少进行一次回顾。

3. 完整的控制措施制定

通过风险评估对风险进行识别与评价后，须确定合适的控制措施，对风险实施处理和控制，把风险降低到组织可以接受的程度。控制措施一般通过具体的规范和指南等三级文档进行定义，通过四级执行记录表格进行控制。信息安全工作要发挥其应有的作用，应将措施落实到信息系统规划、建设、开发、运行与维护的全生命周期中，信息安全应与系统同步规划、同步建设、同步运行。

信息安全工作应深入贯彻到每一个层面，包括数据层、应用层、系统层、网络层、物理层等；信息安全工作应落实到安全防御的每一个环节，包括信息安全的预防、监控、响应、紧急恢复、事后处理等。

4. 监控与回顾机制

信息安全管理应建立健全信息安全监视和审计制度，明确各级、各岗位的信息安全责任。通过监控、回顾、审计、持续改进等方法，保证安全事件的及时处置、信息安全措施的有效执行、信息安全体系的优化演进。

下面将以国家开发银行信息科技局数据运行中心（以下简称“国开行数据中心”）的信息安全管理为案例，将管理要求、发展历程和关键控制点做一个简要分享。

19.2 案例概述

1. 国开行数据中心的信息安全管理现状

国开行信息安全工作开展分为两个层面，第一个层面是全行层面的，主要由信息科技局安全相关处室负责，该部门的主要职责是信息安全方针政策的制定：负责制定全行信息安全专项规划并组织实施；负责制定重大项目信息安全方案；负责对全行信息安全工作的指导、监督和检查；负责全行信息技术风险管理，组织信息技术灾备演练，处理重大突发应急事件；负责信息安全基础设施业务需求和应用管理。第二个层面是数据中心层面的，由数据中心信息安全相关处室负责，该部门主要完成数据中心范围内的信息安全，参与信息安全管理，落实中心内的信息安全管理措施，负责信息安全类基础的建设和运维。

基于以上职责分工和部门设置，国开行数据中心以信息科技局为对象范围开展了 ISO27001 达标工作，对信息安全工作进行了一个全面的达标检测；以数据中心为对象范围开展了 ISO20000 达标工作，对数据中心落实信息安全管理措施的情况进行了达标检测；遵循全行统一信息安全管理体系要求，按照数据中心信息安全风险管理流程，由信息安全流程管理员整体推动和落实，由安全管理员具体实施和反馈。

国开行数据中心的信息安全管理发展到目前，主要包含以下特点。

（1）体系完整，有法可依

国开行数据中心的信息安全管理完全遵循国开行的信息安全管理体系，该体系是由行方领导主导，信息科技局相关安全处室根据实际安全需求、策略方针、法规标准，制定编写的体系文档。体系文档分为四级，包括了安全方针、信息安全组织、人力资源安全、资产管理、访问控制、密码学、物理和环境安全、操作安全、通信安全、信息系统获取开发维护、供应关系、信息安全事件管理、业务连续性管理、符合性共 14 个管理域，35 个控制目标，114 项控制项目的体系文档，为数据中心信息安全管理工作提供了有效依据。

（2）组织完备，职责清晰

全行层面的信息安全管理组织主要包括 5 个小组，分别是信息安全委员会、信息安全管理小组、信息安全工作小组、信息安全监督组织和外部信息安全支持组织。5 个小组分别负责信息安全管理工作的决策指导、推行管理、具体实施、审查监督及外部支持工作。按人员角色分类，人员可以划分为信息安全管理角色、技术人员类角色和一般用户角色，并详细定义了各类人员角色的信息安全职责。

国开行数据中心主要负责落实信息安全措施，对应设立了信息安全主管、信息安全管理流程经理以及各处配备了信息安全管理员，并将技术人员类角色细分为系统管理员、网络管理员、数据库管理员、应用管理员，负责根据安全基线要求对所负责的 IT 设施进行配置和管理、对安全风险进行评估等信息安全具体工作。

（3）风险评估，迭代优化

风险评估是风险管理的基础，是组织确定信息安全要求的重要途径之一，也是信息安全管理体系建立初期和后期改进的重要数据来源。国开行数据中心以风险评估作为数据中心信息安全管理流程的核心推动力，通过周期性的风险评估工作对信息资产进行识别，对信息风险点进行评估和统计，并对相应的安全措进行制定和更新。然后对安全措施的实施情况进行追踪回顾，逐步减少信息安全风险内容，降低安全风险程度。

（4）审计监管，落实到位

国开行数据中心配合审计小组定期开展信息安全审计工作，包括文件审核、现场观察、人员访谈、技术检测等方式，对信息安全体系实施过程中涉及的相关规范文档、过程记录文档、安全操作情况、管理活动情况、职责范围认知、安全意识、安全配置、漏洞存在情况进行审计，根据不符合程度提出整改意见。通过审计监管活动，落实信息安全管理工作。

2. 国开行数据中心的信息安全管理的发展

国开行数据中心信息安全管理工作目前对照全行信息安全体系要求，按照各处室负责管理的系统作为信息安全管理角色，在未来数据中心建设中将对应的安全管理职责进行整合，增强信息安全管理的专业性，并根据数据中心特点，专门对口开展信息安全风险评估，信息安全事件的处置以及信息安全培训，以达到信息安全措施的落地工作。

19.3 管理要求

1. 角色和职责

根据国开行数据中心风险评估工作的具体内容，信息安全管理的角色可以分为信息安全主管、信息安全流程经理、数据中心各处室安全管理员等角色，具体如图 19-1 所示。

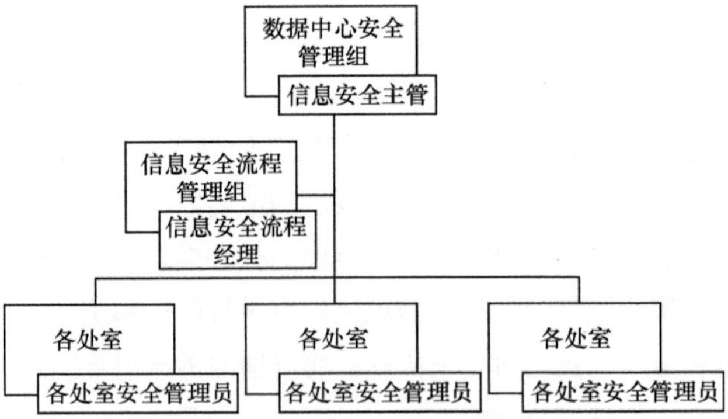

图 19-1 国开行数据中心信息安全角色

➢ 国开行数据中心信息安全主管，主要由数据中心领导及各处负责人组成，负责本处室风险评估工作计划、评估报告及安全措施的审批工作，负责信息安全处置工作及结果的审核工作。

➢ 国开行数据中心信息安全流程经理，由专人进行承担，负责信息安全管理流程的设计、监督等工作。

➢ 国开行数据中心各处室信息安全管理员，由各运维处室的核心人员组成，对本处室所负责业务的信息资产安全负责，负责组织对应人员按照场景对风险进行评估、措施选择、实施安全措施、向流程管理员汇报工作进度，配合管理小组的检查工作。

各角色的具体职责见表 19-1。

表 19-1 国开行数据中心信息安全角色职责说明

角色	职责说明	负责人 / 组织 / 团队
信息安全主管	信息安全主管是数据中心信息安全的主要责任人，负责对整个数据中心信息安全工作的统筹管理工作； 负责信息安全策略及年度计划的制订； 负责本处室信息资源的识别确认； 负责对本处室信息安全风险评估计划、评估结果及处置情况进行确认； 负责对本处室的信息安全事件处置情况进行确认，组织对重大信息安全事件进行处置； 负责对年度信息安全管理工作进行回顾并提出改进建议； 负责组织本处室人员参加相应的信息安全培训	分管中心领导及各处室负责人
信息安全流程经理	负责信息安全管理流程的设计、监督等工作； 负责本管理规程及相关附件的设计、实施、培训、指导； 监督、回顾本管理规程相关要求执行情况； 收集、汇总、分析本管理规程相关要求和流程执行信息，发现存在的问题，提出改进建议，制订并落实改进计划	ISO20000 指定流程经理
信息安全管理员	负责对本处室管理的硬件、软件及应用系统的具体管理工作； 负责所在机构与信息安全相关工作的具体实施和有关信息安全问题的处理； 直接参与风险评估、安全制度规范编制与维护、安全检查、安全项目等主要信息安全工作； 根据信息安全需求、信息安全事件的处理情况，对信息安全检测的结果提出信息安全整改意见，上报信息安全工作小组	各处室指定的专门人员

2. 管理策略

国开行数据中心开展信息安全管理的策略是完全按照全行层面的信息安全方针和信息安全管理目标所制定的。

➢ 国开行数据中心根据全行信息安全方针和管理目标，建立信息安全风险评估方法和风险接受的准则，且每年组织一次信息安全风险评估。风险评估具体包括风险识别、风险赋值、风险定级等活动。如出现重大变化，如信息安全方针变化、发生重大信息安全事件、服务级别要求发生变化等情况，应临时增加风险评估的次数。

➢ 风险接受准则：风险评估值高于 9 的风险必须采取措施处置。

➢ 国开行数据中心针对风险评估中识别的风险制定相应的处置计划，确定需采取的风险处置措施，经审批后组织相关人员执行和跟踪处置计划。

➢ 所有被识别和评估的风险均应被处置，处置过程应记录到《信息科技局数据中心信息安全风险管理表》中。

➢ 信息安全流程经理应定期组织信息安全管理员评估信息安全控制措施的有效性，以识别改进的机会，并提出改进建议。

➢ 国开行数据中心定期实施信息安全管理内部审核，信息安全内审与 IT 服务管理体系内审整合实施。

➢ 信息安全事件的处理、报告、分析和总结等依据本管理体系的事件管理相关要求处置。

3. 工作机制

由于传统的资产价值、脆弱性、威胁性的评估方式难以落地，国开行数据中心采用了基于场景的评估机制。风险评估具体包括风险识别、风险赋值、风险定级等活动。结合对信息安全风险的定义、在评估活动中按不同服务级别进行，并采取“风险场景—影响度—可能性”的方法来计算和评价风险，并制定处置措施。具体执行步骤如下：

➢ 识别各服务面临的各种信息安全风险场景；

➢ 分析各种风险场景发生的可能性，并对可能性进行赋值；

➢ 分析各种风险场景对系统或服务造成的影响，并对影响度进行赋值；

➢ 按场景对风险进行赋值计算，风险赋值 = 可能性赋值 × 影响度赋值；

➢ 根据风险赋值的大小，对风险的优先级进行定义；

➢ 根据风险风险接受准则，高级别风险原则上必须处置；中、低级别风险处置与否由部门决策。

（1）风险场景

国开行数据中心设定的风险场景包括：

➢ 支撑服务的系统软件（应用软件、系统软件等）自身故障；

➢ 支撑服务的系统硬件（服务器、存储设备、网络设备等）自身故障；

➢ 网络偷听、身份认证破解；

➢ 网络漏洞攻击；

➢ 系统漏洞攻击；

➢ 拒绝服务攻击（DoS）；

➢ 病毒恶意代码蔓延；

➢ 机房环境、设备设施被非授权访问；

➢ 支撑服务的系统设备、设施、线路、存储介质遭受盗窃、破坏；

➢ 支撑服务的系统设备、设施、线路、存储介质资源不足；

➢ 人为恶意篡改、伪造电子数据（针对已授权人员）；

➢ 人为尝试非授权访问电子数据（针对未授权人员，如口令猜测、使用他人账号、使用过期账号等）；

➢ 人为误操作、操作不规范；

➢ 运维流程制度设计不可行、不完整（如事件、变更等）；

➢ 滥用网络扫描、审计或其他可能造成系统服务中断的工具；

➢ 人员职责界定不清；

➢ 人员法律意识、安全意识不足；

➢ 人员技术能力、数量配置不足；

➢ 外部社会工程学攻击（受到外部人员引诱、胁迫、欺骗，或者内部信息被外部人员搜集）；

➢ 供方无法正常履行合同义务或安全协议。

（2）可能性赋值

风险场景发生可能性的赋值见表19-2。

表 19-2　国开行数据中心风险场景可能性赋值说明

级别	取值	描述
高	5	从风险的驱动因素来看，该风险极有可能会发生，如： 曾经发生多次（平均每年 2 次以上）； 曾经偶尔发生（平均每年 2 次以下），但发生频率呈上升趋势
中	3	从风险的驱动因素来看，该风险较有可能会发生，如： 曾经偶尔发生（平均每年 2 次以下）； 虽然尚未发生过，但无法保证其不会发生
低	1	从风险的驱动因素来看，该风险发生的可能性较小； 过去极少发生（如历史上不超过 1 次），且以后也几乎不会发生

（3）影响度赋值

风险发生影响度赋值见表 19-3。

表 19-3　国开行数据中心风险发生影响度赋值说明

级别	取值	描述
高	5	风险发生后，现有安全控制措施无法有效应对，对该服务的重要、敏感信息具有严重损害，面临着监管压力、客户压力和舆论压力
中	3	风险发生后，现有安全控制措施可以适当发挥作用，对该服务的重要、敏感信息具有一定损害，但相对可控
低	1	风险发生后，现有安全控制措施基本可以应对，对该服务的重要、敏感信息的损害较小

（4）计算公式

国开行数据中心按照场景进行赋值计算，风险赋值的计算公式如下所示：

$$风险赋值=可能性赋值 \times 影响度赋值$$

4. 过程环节

从流程的角度来看，国开行数据中心的信息安全管理是一个风险管理的过程，主要环节包括风险评估、风险识别、风险处置、风险总结和流程文档输出等环节。风险管理的流程如图 19-2 所示。

（1）制订风险评估计划

按照信息安全管理流程的要求，每年开展一次信息安全风险评估及处置工

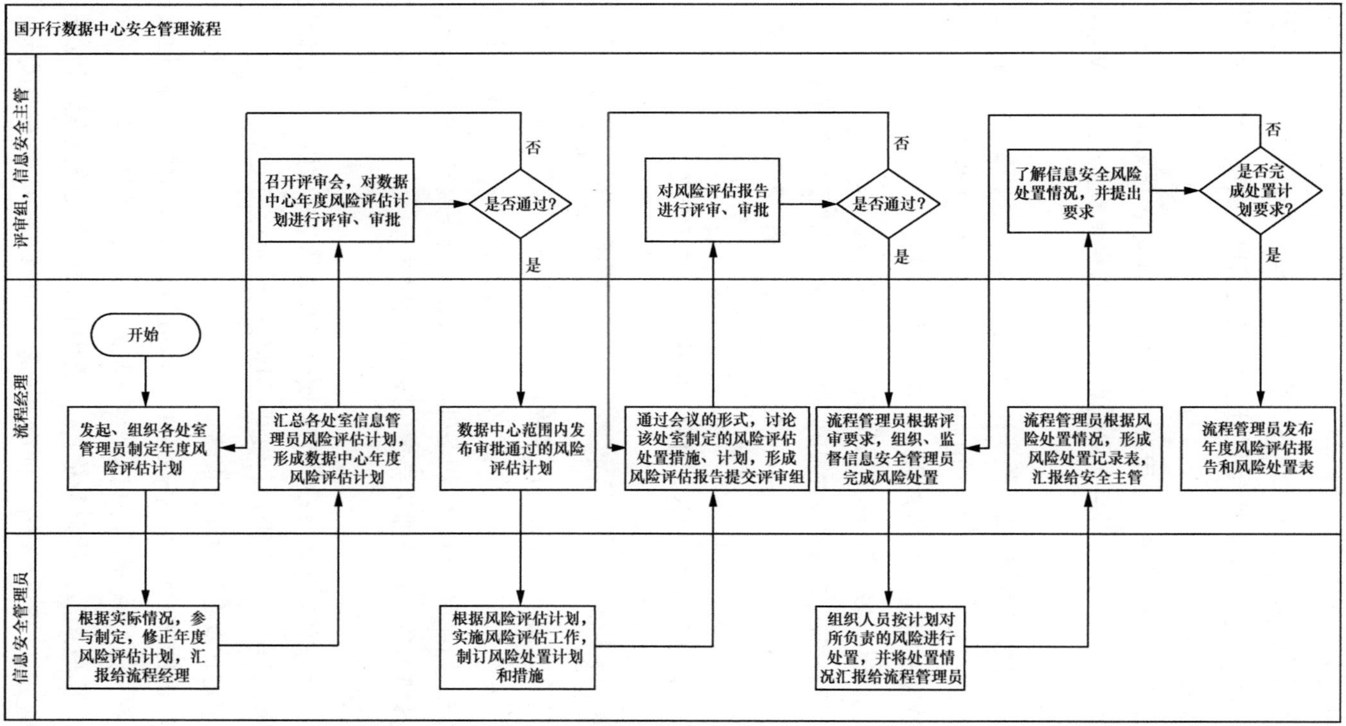

图 19-2　国开行数据中心信息安全管理流程

作。由信息安全管理流程经理于年初召集各处信息安全管理员，通过召开会议的形式，讨论分析本年度信息安全风险评估，按照各处的信息资产责任进行风险评估分工，并统筹安排信息安全风险评估进度，制定信息安全年度风险评估计划。

（2）发布风险评估计划

该计划报告给流程评审会审批，各处室信息安全主管对该计划进行评审，并提出修改意见。审批通过后，由信息安全流程经理在数据中心发布。

（3）实施风险评估

信息安全风险评估包括风险识别、风险赋值、风险定级等活动。结合对信息安全风险的定义，在评估活动中可按不同信息系统分别进行，并采取“风险场景—影响度—可能性”的方法来计算和评价风险，即：

- 识别各信息系统面临的各种信息安全风险场景；
- 分析各种风险场景发生的可能性，并对可能性进行赋值；
- 分析各种风险场景对系统或服务造成的影响，并对影响度进行赋值；
- 按场景对风险进行赋值计算，风险赋值 = 可能性赋值 × 影响度赋值；
- 根据风险赋值的大小，对风险的优先级进行定义。

（4）提交风险评估报告

各处室信息安全管理员根据信息安全风险评估执行情况，上报本处室信息安全主管风险评估情况，并形成风险评估报告和《风险处置表》中的风险处置计划。信息安全管理流程经理汇总各处提交的情况，将风险评估报告提交评审组进行评审。如评审通过，组织各处室信息管理员开展风险处置工作；如评审未通过，继续组织信息管理员完善风险评估工作。

（5）风险处置

各处室信息安全管理员根据信息安全风险处置表中的风险处置计划，组织本处室开展风险处置，需要进行变更等操作的进入到变更流程。

（6）审定、发布风险评估报告

在年底根据评估计划，各处室将风险处置情况填写到《风险处置表》中，并对处置效果进行说明，信息安全流程经理汇总数据中心信息安全风险评估及处置表，形成风险评估记录总表。风险评估报告提交给流程评审会进行评审，由各处信息安全主管进行评审。评审通过后将向全数据中心发布该风险评估报告。

（7）信息安全风险总结

在年底进行信息安全流程总结时，各处室信息安全管理员要通过填写信息安全风险处置表，报告各风险处置实际执行情况，并在国开行数据中心年度 IT 服务报告中加以总结报告，回顾整个年度的信息安全风险评估、风险处置情况以及安全事件处置等工作环节，提出相应的改进建议。

（8）流程文档输出

国开行数据中心的信息安全文档如下。

➢ 风险评估计划：阐述风险评估的范围、目标、组织机构、评估过程、所需资源、形成的评估结果。

➢ 信息资产识别清单：根据在风险评估程序文件中规定的资产分类方法进行资产的识别，并形成信息资产识别清单，清单中应明确各资产的负责人 / 部门。

➢ 场景参考列表：根据评估对象、环境等因素，形成威胁的分类方法及具体的威胁列表，为风险评估提供支持。

➢ 风险评估记录：根据组织的风险评估程序文件，记录对重要信息资产的风险评估过程，包括脆弱性、威胁的赋值，已有安全控制措施的确认，风险值的计算与等级划分。

➢ 风险评估报告：风险评估报告应对整个风险评估过程进行总结，说明组织的风险状况及残余风险状况以及后续工作安排等。

➢ 年度 IT 服务报告：总结回顾整个年度的信息安全风险评估、风险处置以及安全事件处置等工作环节，提出相应的改进建议。

5. 能力项接口

国开行数据中心的信息安全管理与其他能力项的接口关系如图 19-3 所示。

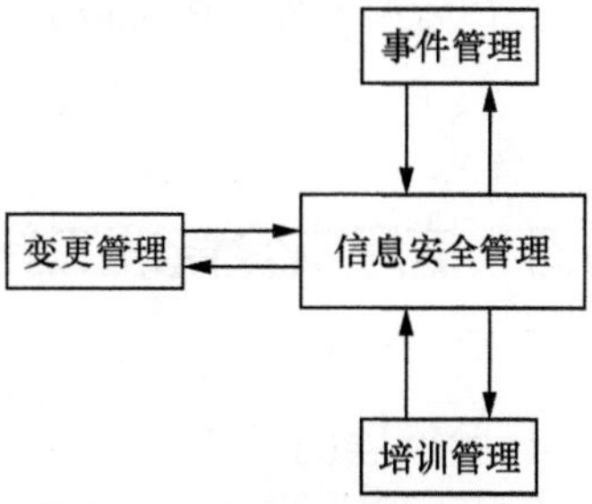

图 19-3 国开行数据中心信息安全管理能力项接口

（1）事件管理

信息安全管理中一个很重要的部分就是对安全事件的处理，在事件流程中，对安全事件进行了专门的定义，并设置了专门的流程。

➢ 安全事件定义：分为 4 个一级类

别，分别为恶意代码事件、网络攻击事件、信息破坏事件和物理与环境安全事件。在这 4 个一级事件基础上定义了 21 个二级类别。

➢ 安全事件流程：当事件受理人接到事件单后，根据定义判断为安全事件，按照安全事件流程，安全事件传递给本处信息安全管理员进行核实并处置，如处置完毕则提交本处信息安全主管，并由主管关闭事件单。如判断该安全事件较为严重，则上升为本处信息安全主管处置。

➢ 安全事件统计分析：每月的事件统计中，将安全事件作为一个专门项进行统计，由事件流程经理将统计结果提交给信息安全流程经理进行分析，并将分析结果写入月运行报告中，最后统一汇总在年度 IT 服务报告中。

（2）培训管理

在全行层面的信息安全体系中对全员的信息安全培训提出了具体要求，国开行数据中心在参加全员培训的同时，要提升人员安全意识，保证自身信息安全风险评估和改进工作的顺利进行。定期参加由科技局相关安全处室对不同安全角色人员开展的相关安全培训，如网络安全渗透技术专项培训、网络安全法解读专项培训、信息安全等级保护专题培训，同时还开展外包人员信息安全培训。

19.4 信息安全审计

国开行数据中心作为重要信息系统运行所在地，定期接受信息安全方面的审计与等级保护评测工作，根据评测情况及反馈的结果，制订整改计划加以实施，并在后续的评测中加以验证。

19.5 信息安全管理工具简介

1. 全行层面

根据国开行信息安全职责分工，全行层面的信息安全风险评估、系统漏洞扫描以及针对外网系统开展的渗透测试的安全技术工作由负责全行信息安全管理的科技局相关安全处室组织实施，利用各种专业工具开展信息安全评测。国开行数据中心派人深度参与以上工作，并根据以上工作报告，开展风险加固工作。

2. 数据中心层面

目前，在流程方面开展的信息安全风险评估工作，采用数据中心统一服务平台，以任务工单的形式向各处室信息管理员派发风险评估任务，并具有阶段提醒功能。在安全技术手段上，数据中心在网络边界配备了防火墙和入侵检测系统，定期进行安全信息的报告，对人员入网采用了网络安全准入工具，控制人员入网。应用系统采用统一授权系统和特权账号管理系统对系统的访问进行控制。该工作还包括为邮件系统安装了反垃圾邮件网关系统，对垃圾邮件进行安全监测。这些安全工具的部署与实施，为数据中心的运行提供了安全稳定运行的环境。

19.6 后续改进

在数据中心执行信息安全管理的过程中，还存在以下不足，需进一步地改进。

- 信息安全风险场景还需要进一步地归纳总结，增强信息安全风险评估及处置针对性。
- 虽然数据中心具有信息安全管理机制和流程，但因未配备专职的处室和人员，与全行层面的信息安全工作结合度还需要进一步加强，形成联动机制。
- 信息安全人员的专业技术水平还不够，需开展专业培训，增强数据运行中心信息安全员的信息安全管理能力，积极参加信息安全培训，提高信息安全评估能力。

19.7 小结

以上是国开行数据中心信息安全管理的一个简要介绍。通过安全政策、管理流程、人员培训以及安全事件处置等环节的执行，国开行数据中心信息安全方面有了较大的提高，具体表现在以下 4 个方面。

- 信息安全作为数据中心运行的一个专项任务，已建立了有效的流程机制，并在数据中心 IT 统一服务流程中执行。
- 信息安全风险评估工作做到数据中心全覆盖，所有数据中心内的信息资产均纳入信息安全风险评估对象中，做到全面。
- 对评估出的风险各单位均非常重视，纳入年度风险重点整改事项中，达到了风险管理的效果。
- 通过信息安全各岗位人员的执行和对数据中心全员的信息安全培训，安全意识有了极大的提高。

信息安全工作永无止境，只有不断地积累信息安全管理经验，提高信息安全管理技术，增强全员安全意识，才能更好地完成数据中心信息安全工作。

第 20 章

安健环管理——中国石油数据中心（昌平）

安健环是安全、健康和环保这 3 个名词的简写，通过建立系统化的预防管理机制，彻底消除各种事故、环境和职业病隐患，以便最大限度地减少事故、环境污染和职业病的发生，从而达到改善组织安全、环境与健康业绩的管理方法。

随着企业自用数据中心（IDC）占比逐年增加，在数据中心的组成部分中，计算机场站（机房）、机房基础设施、人员以及相应的规章制度都需要花费更多的精力在安健环管理能力项方面。安健环管理是数据中心服务能力成熟度运营保障能力域的基础，只有组织保持在安全、健康与环保的基础上，才能更进一步地考虑提升组织、协调和管理数据中心资源。

安健环管理的目标

针对物理环境制定安健环管理策略，实施处置措施，实现人员、环境等方面的保障，避免重大环境或人员伤害事故。

在大型数据中心的管理中，战略管理层需要对安健环风险有清晰的认知并达成共识，对待物理环境中存在的人员伤害、财产损失、环境影响及社会影响（如高低压电器设备操作给运维人员带来的人身伤害；机房火灾事故给业务连续性及建筑物造成的破坏性损失；机房噪声给运维人员带来的听力及情绪影响、环境有害气体对基础设施的寿命影响、电磁辐射对信号的干扰等）风险的态度应以人为本，预防为主，在组织内部全员参与、持续改进，才能使安健环管理行之有效。

安健环管理根据战略管理目标可以由职能部门组织开展，也可以在数据中心运营部门开展。安健环管理的活动和要求能够融入成熟度的各个能力项中，并具体体现。

虽然安健环管理侧重于对于物理环境的管理，但从成熟度的角度来看，仍然希望不同规模以及不同成熟度级别的数据中心能够充分考虑安健环管理，并根据组织特征制定管理策略。

安健环管理过程中主要难点和精力多在于提高意识、提前预防，措施执行过程较为通用，因此在成熟度标准中安健环管理措施实施这项关键活动重点强调了强化意识、贯彻理念、经验分享、隐患识别、定期沟通。

下面将以中国石油数据中心（昌平）（以下简称“中石油数据中心”）的安健环管理为案例，把中石油数据中心安健环管理能力项的管理要求、关键控制点做简要分享，希望能够与读者产生共鸣，引发更多的思考。

安健环管理的关键活动与管理要求如下

（1）安建环管理策略确定

① 应根据数据中心整体要求，确定安健环管理对象、范围、要求、方针及策略；

② 发生重大安全事件或者内外部环境发生重大变化时，应调整安健环管理策略及措施；

③ 应提供必要的人、财、物支持安健环管理。

（2）安健环管理需求识别

应基于安健环管理要求和策略，分析内外部环境、合规要求、管理需求、风险评估结果等，以保证相关方职业健康和安全为目标识别管理需求。

（3）安健环管理措施制定

应根据识别的需求，制定安健环管理措施，包括但不限于人身安全管理措施、职业健康管理措施、物理环境管理措施、基础设施管理措施。

（4）安健环管理措施实施

应对制定的措施予以落实，并通过强化意识、贯彻理念、经验分享、隐患识别、定期沟通等方式加强管控效果。

（5）安健环管理监视与回顾

① 按计划时间间隔组织安健环实施情况检查，回顾管控有效性，并进行必要的改进；

② 按计划时间间隔，每年至少对安健环管理落实情况进行一次回顾。

20.1 关键控制点

为确保安健环管理得以有效运行，中石油数据中心在满足中石油集团要求的基础上，结合自身特色，归纳总结了一条有效的管理方式，其关键控制点为明确的安健环管理要求和有效的安健环需求识别。

1. 明确的安健环管理要求

中石油数据中心的安健环管理要求源自于中石油集团的安健环管理体系的要求。在贯彻执行集团要求的基础上，通过明确安健环方针，制定安健环目标，形成安健环价值观，营造安健环氛围，充分识别安健环管理要求，为整个能力项的有效落实奠定基础。

2. 有效的安健环需求识别

中石油数据中心为确保安健环需求识别的有效性采取了多项措施，如安健环隐患识别和风险评价活动等。风险评价活动在明确发生概率的前提下，通过人员伤害、财产损失、环境影响和社会影响 4 个维度对安健环风险进行识别，并通过相应的措施确保风险得以有效控制，从而促进了能力项目标的达成。

20.2 案例概述

1. 中石油数据中心的安健环管理现状

中石油数据中心在 2014 年 6 月投产之初，即对中石油集团公司的安健环管理体系进行了贯彻执行。该管理体系由 7 个一级要素组成，包括领导和承诺，安健环方针，策划和风险管理，组织结构、职责、资源和文件，实施和运行，检查和纠正措施，管理评审。中国石油集团公司的安健环管理是由职能部门组织开展、领导和承诺。安健环方针以及管理评审 3 个一级要素方面，中石油数据中心遵照职能部门管理要求执行，中石油数据中心将组织结构、职责、资源和文件作为支撑，将策划和风险管理、实施和运行、检查和纠正措施这 3 个一级要素作为运营保障的关键控制点，以达到安全稳定运行的目的。

随着数据中心业务的逐步展开，安健环管理在数据中心的应用实践经验愈加丰富，逐步形成了有数据中心特色、较完善的安健环管理体系，具体如下。

（1）一体化的运营管理体系

中石油数据中心安健环管理的目标是追求零伤害、零污染、零事故，保障数据中心安全、稳定运行。中石油数据中心将安健环管理要素与 ISO20000、ISO27001 等管理体系有机结合，在保证安健环管理关键活动得以落实的基础上，将其关键控制点融入现有体系，最大化地减少业务复杂度，尽可能推行轻量的一体化运营管理体系。

（2）全员参与，属地责任

安健环管理对中石油数据中心进行了属地划分，全员参与风险识别与过程监督，提供了安健环管理大部分的日常输入。根据无死角的属地划分，数据中心逐一落实属地责任人，明确安健环管理措施制定及实施活动的负责人。通过监视和回顾，形成闭环管理。

（3）安全一票否决制

中石油数据中心的安健环管理受到领导层的高度重视，数据中心主管领导为安健环管理工作的第一责任人，认可安健环管理在运营管理过程中的红线地位，赋予安健环管理一票否决的权利。

中石油数据中心始终以安全生产为中心，紧密围绕“以人为本、预防为主、全员责任、持续改进”的安健环方针和“零事故、零伤害、零污染”的“三零”目标，贯彻执行集团公司的安健环管理体系，加强现场安全管理，开展相关安健环活动，形成了安全核心价值观，营造了安全氛围。目前的安健环建设整体处于从“严格监督”阶段向“自主管理”阶段转变的重要时期。

2. 中石油集团的安健环建设历程

中石油数据中心在安健环管理过程中从被动执行到主动完善，经历了不同服务理念的冲突与碰撞，不断深入思考价值与安全的平衡，终于在安健环管理的道路上迈出了坚实的脚步，主要阶段如下。

（1）2014—2015 年被动执行阶段

由于数据中心处于建设转运维的过渡期，大多数资源投入到平稳过渡工作中，安健环管理投入资源有限；并且数据中心物理环境管理经验不足，对安健环风险的评估还不够完整。因此，这个阶段安健环管理方式为根据集团管理要求被动执行。

（2）2015 年至今主动完善阶段

随着数据中心管理规范化、标准化的目标指引，全面开展体系内外部审核，通过多种途径发现安健环管理的不足，开始从数据中心视角主动完善安健环管理内容。

20.3 管理要求

1. 角色和职责

中石油数据中心的安健环管理实行“全员责任制”。中心领导是安健环管理工作的第一责任人，安健环管理小组由中心领导、各团队主要负责人、关键岗位专业工程师及专职安健环管理人员组成，负责安健环管理体系的运行控制。安健环管理的组织架构如图 20-1 所示。

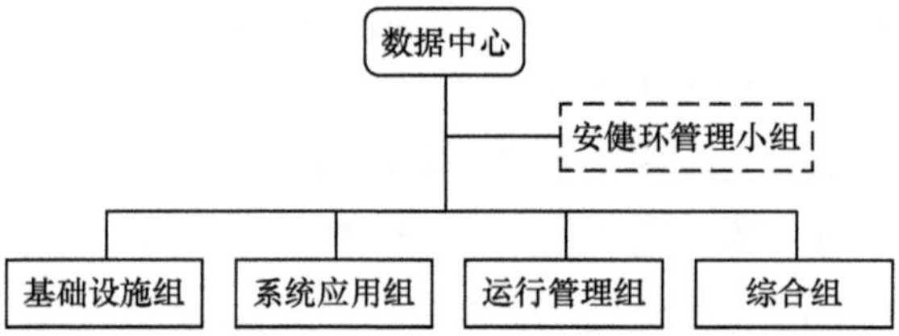

图 20-1　中石油数据中心安健环管理的组织架构

相关角色职责如下。

（1）中心领导

a. 负责数据中心的整体安健环工作；

b. 主持宣传贯彻国家、地方政府和上级的有关法律、法规；

c. 审定数据中心的安健环管理文件及计划，审定安健环管理措施；

d. 提供必要的资源，以保障安健环管理活动顺畅执行；

e. 鼓励员工积极参与安健环活动，构建良好的安健环文化；

f. 接受安健环管理事故报告、总结回顾报告；

g. 负责主持召开数据中心的安健环管理小组会议，研究、解决安健环工作的重大事项；

h. 对中石油数据中心内关键装置与要害部位检查到位；

i. 及时、如实报告 HSSE 事故。

（2）安健环管理小组

a. 负责建立安健环管理体系，并推进体系落实；

b. 宣传贯彻国家、上级部门及中石油数据中心的安健环方针、政策、法规和规定；

c. 评审数据中心的安健环管理文件及计划，评审安健环管理措施；

d. 分析数据中心安健环形势，组织对重大安健环事项进行讨论；

e. 监控安健环管理体系在中石油数据中心的运行情况；

f. 组织事件的调查处置工作；

g. 审核安健环奖惩决定；

h. 完成关键装置与要害部位检查，对数据中心的安健环管理合规性进行评价。

（3）安健环管理人员

a. 梳理与数据中心相关的国家、地方政府和上级的有关法律法规；

b. 负责组织制定目标，组织数据中心的实施与保持，贯彻落实安健环承诺、方针、政策，组织安健环管理体系运行情况的回顾与总结；

c. 负责安健环管理的培训及现场管理；

d. 组织完善与数据中心安健环管理相关的规章制度和操作规程；

e. 组织制定并实施部门安健环教育和培训计划。

（4）一般员工

a. 贯彻执行国家、当地和企业的法律法规、政策和标准；

b. 遵守安健环承诺，对本岗位的安全作业负直接责任；

c. 积极参加各种安健环活动及教育培训；

d. 熟知本岗位的主要风险并掌握其控制措施；

e. 执行应急处置措施。

2. 过程环节

中石油数据中心的安健环管理体系中的管理过程包括安建环管理策略确定、管理需求识别、管理措施制定、管理措施实施及管理监视与回顾五个环节，各环节的主要工作如图 20-2 所示。

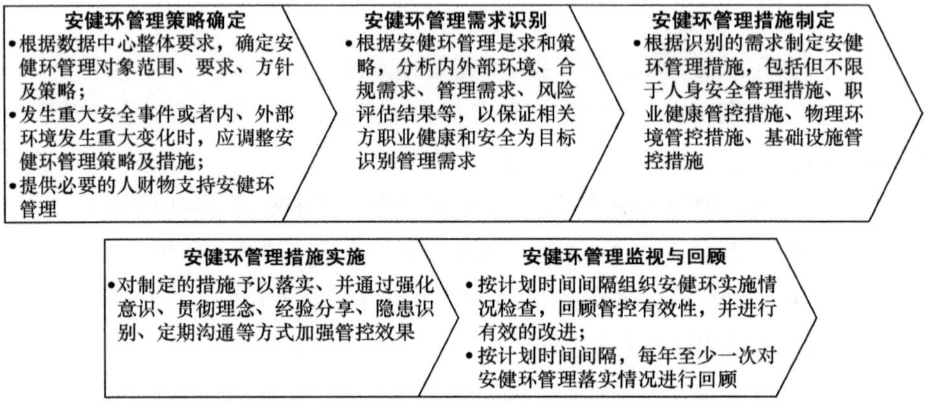

图 20-2　中石油数据中心安健环管理主要环节简述

（1）安健环管理策略确定

中石油数据中心管理范围：机房基础设施（电力、空调、安防、综合布线）、物理资源（网络、服务器、存储）、虚拟资源池（网络资源、计算资源、存储资源）。根据管理范围及运营目标确定如下策略。

➢ 安健环管理方针：以人为本、预防为主、全员责任、持续改进。

➢ 管理目标：零伤害、零污染、安全稳定运行。

➢ 管理要求：全面贯彻执行安全优先政策、安保政策、药物酒精政策、吸烟政策、培训政策和健康政策。

（2）安健环管理需求识别

① 需求来源

a. 依据数据中心领导安全责任书中的目标和指标确定；

b. 每年进行安健环隐患识别、风险评价活动，并形成年度风险评价报告，在各项活动实施过程中同时对安健环隐患进行动态随机识别及评价；

c. 新、改、扩建项目，在项目实施前组织制定项目安健环目标时确定需求；

d. 现行的法律法规和其他要求更新或外界条件发生变化时，同时更新管理需求。

② 需求识别活动要求

持续开展需求辨识，及时进行风险评价，并制定和实施有效的控制措施，确保将生产经营活动中的能够控制或能够施加影响的安健环风险控制在可接受的范围。

③ 需求识别方式

a. 随机识别处置程序

- 员工识别出隐患后，使用“HSE 随手拍”进行上报。现场需要立即采取控制措施的（如人员不安全行为或物的不安全状态随时可能引发事故或事件），隐患发现人应立即告知现场人员，现场人员应停止相关活动，并采取现场临时控制措施。属地负责人应及时添加整改建议和要求，组织或指派专人组织实施隐患整改及跟踪验证。
- 安健环管理员每周更新上报的隐患信息、评价信息和整改信息等。

b. 集中识别的处置程序

- 安健环管理体系建立和修订时，应确定风险等级，编制和发布初始风险评价报告。
- 每年组织开展集中识别、风险评价活动，编制、修订《年度初始风险评估报告》，补充新增隐患，修改通过控制降低的风险等级。
- 作业内容涉及维护维修、操作的项目组，应在项目启动前编制项目初始风险评价报告，评价和确定风险等级。

④ 需求识别评价方法

风险评价矩阵是数据中心安健环管理需求识别评价中的一种有效方法。风险评价矩阵如图 20-3 所示。

（3）安健环管理措施制定

➢ 在符合国家法律法规、集团公司规定、要求，并满足内部需要的基础上，建立安健环管理制度体系；

➢ 建立健全覆盖全部生产操作活动的操作规程（包括电力系统、空调系统及数据中心安保系统等操作维护规程）；

➢ 聘请专业的测试公司，每年对机房接地系统和环境噪声进行检测；

➢ 为规范职业健康管理工作，保护员工健康，规定每年为职工提供健康体检；

➢ 开展生产作业活动安全危害因素辨识，建立相应清单并动态更新，进行管理活动梳理和管理风险分析。

风险后果					发生的概率				
后果严重程度	人员伤害	财产损失	环境影响	社会影响	A 从未发生过	B 在本行业发生过	C 公司内曾经发生过	D 公司三年内发生过	E 公司每年都发生
1	轻微伤害事件	<1 万元	环境影响较小，采取简单的措施即可恢复	在公司范围内造成影响	A1	B1	C1	D1	E1
2	轻伤	≥1 万，<5 万元	影响较小，需要采用一定的技术手段或资源才能恢复	在东方地球物理公司和所在社区范围内，造成影响	A2	B2	C2	D2	E2
3	重伤	≥5 万元，<20 万元	环境污染或损坏，对员工和作业域造成影响，需要采用一定的技术手段或资源才能控制或恢复	在集团公司和所在城市造成影响	A3	B3	C3	D3	E3
4	1～2 人死亡	≥20 万元,<100 万元	环境污染或损坏，对员工和作业区域造成较大影响，需要采用专门的技术或资源才能控制或恢复	在国内行业内造成影响	A4	B4	C4	D4	E4
5	3 人以上死亡	≥100 万元	环境污染或损坏，对周边公众和作业区域以外的环境造成重大影响	在国内、国际上造成影响	A5	B5	C5	D5	E5

注：1. ▥区域为高风险，▧区域为中风险，▨区域为低风险；2. 人员伤害、财产损失、环境影响、社会影响；
3. 风险等级为高时，必须采取控制措施，否则不得进行相应的活动或作业；风险等级为中时，应采取控制措施，持续加强监督管理；风险等级为低时，要严格按照操作规程进行工作

图 20-3 中石油数据中心安健环风险评价矩阵说明

一般而言，安健环管理措施分为两类，分别为现场临时控制措施与纠正和预防措施。前者指采取现场控制措施对隐患进行及时控制，如利用目视化标识、暂停活动等方式，以防止现场发生 HSSE 事故、事件。后者指为了从根源治理存在的隐患或防止类似隐患重复出现所制定的控制措施，内容一般包括责任人、所需资源、时限、完成质量要求、验证人和验证时间等。

（4）安健环管理措施实施

① 设备设施完整有效性

a. 建立关键设备设施台账，实施动态管理。

- 特种设备管理。
- 设备的安全附件，按照产品使用说明书中规定的检查周期、检查方式方法和维护保养要求进行定期的检查和维护。
- 应急设备设施明确存放和使用位置，做好定期检查记录，对于有保质期要求的应急设备设施应定期进行更换。
- 检测、监测的工器具按照工器具使用说明书的要求进行定期校准或维护。
- 安全防护设备设施定期检查其防护能力是否满足要求。

b. 为生产经营活动提供满足生产和生活需要，符合法律、法规、标准的设施。

c. 制定专人负责日常使用中的管理、保养、检查、检测，并保存相关的检查、检测记录。设施存在安全隐患或进行整体改造时，按要求执行。

d. 租赁使用的设备设施，在租赁前应现场查看和验收其完整有效性及相应资质，签订租赁合同，并在合同中明确保养、检查和检测的责任方。

e. 对设备设施的技术改造、非原件替换、小改小革等变更，应对变更后的危害因素进行辨识，风险进行评价，必要时应制定控制措施。

f. 对设备设施的改造、维修和报废等过程的运行情况定期进行评审，并保留记录。

② 承包商和（或）供应商

中石油数据中心参与了对承包商和供应商准入与审批、进场、培训、过程管理及其考核与评价。

a. 一般情况下，对工程技术类承包商实施管理的程序如下。

- 从合格承包商名录中选择适合的承包商，或要求承包商办理市场准入资质。
- 查验选用的承包商相应企业和人员资质，审阅技术方案及其近三年的安健环管理业绩、安健环管理规章制度和操作规程、应急处置预案等。
- 与承包商签订的合同中有明确的安健环管理条款，或单独签订安健环管理合同或协议。
- 组织对进场的承包商人员进行技术交底、风险告知、操作规程、应急处置预案或程序等内容培训。
- 验收承包商进场的设备、工器具和劳动保护、防护用品用具是否符合安健环管理要求。
- 承包商各层级安健环管理职责明晰，现场按要求配备安健环管理人员，负责施工现场的日常管理工作。
- 组织对施工现场进行安健环管理检查和督导，制止违章行为，督导问题整改和隐患治理，特殊情况，可勒令停工整改，可按合同要求对承包商进行奖励或处罚。
- 施工结束后，数据中心对承包商的安健环管理绩效进行评价并报供应商管理部门。

b. 对技术服务类承包商按照以下要求管理。

- 对进入数据中心属地的承包商人员，由数据中心进行安健环管理提示。
- 日常工作中，承包商人员与数据中心员工执行统一的安健环管理标准。
- 承包商人员在数据中心属地的安健环表现纳入到承包商的安健环管理绩效考核中。

③ 作业许可

中石油数据中心对由国家安全生产监督管理部门规定的特种作业施行作业许可管理。数据中心常见的几种需要进行作业许可管理的操作有：动火作业（如电焊）、临时用电作业、进入受限空间作业（如地板下）、高处作业（2 米以上）。

a. 申请、批准和实施。

- 作业前，申请人应组织开展风险评估，制定并落实安全措施，填写作业许可证并准备好相关资料，提出申请，资料包括但不限于：作业许可证、相关附图、风险评估结果、安全作业方案。

- 申请人应实地参与作业许可所涉及的所有工作，否则作业许可证不能被批准。当作业许可证涉及多个负责人时，涉及的负责人均应在作业许可证上签字确认。
- 风险评估采用工作安全分析的方法，由作业方和属地方共同完成。
- 通过工作安全分析确定的风险，均应在作业方案中提出相应的控制措施，作业相关方应严格按照作业方案落实风险控制措施。需要系统隔离时，应进行系统隔离、吹扫和置换，交叉作业时，应进行区域隔离。
- 作业许可证批准前，凡是可能存在缺氧、富氧、有毒有害气体、易燃易爆气体和粉尘的作业，都应进行气体或粉尘浓度检测，并确认检测结果合格，同时，在作业方案中注明工作期间的检测时间和频次。
- 凡是涉及有毒有害、易燃易爆等作业场所的作业，数据中心均应配备适用的个人防护装备。
- 作业许可证应由有权提供、调配、协调风险控制资源的直线管理人员审批，也可由其授权人审批。授权审批的，要保留授权证明材料。作业许可批准人通常是业务主管领导。
- 收到申请人的作业许可申请后，批准人应组织申请人及相关人员集中对许可内容进行书面审查，并记录审查结论。
- 书面审查通过后，所有参加书面审查的人员均应到工作区域进行现场核查，确认各项安全措施的落实情况。
- 许可证书面审查和现场核查通过之后，作业许可批准人或其授权人、申请人和相关各方在作业许可证上签字，作业许可生效，现场可以开始作业。
- 作业许可证的有效期限一般不超过一个班次。经书面审查和现场核查，若作业各方一致同意增加作业时间，则共同确定作业许可证有效期限和延期次数。
- 书面审查或现场核查未通过，批准人应提出整改意见，申请人应重新提交一份带有对该问题解决方案的申请。
- 作业或监护等现场关键人员发生变更，须经批准人、申请人和相关各方的批准方可作业。

- 作业人员作业前应接受相关安全培训，严格按照作业方案进行工作。安全措施未落实，作业人员有权拒绝作业；作业中出现异常情况，立即停止作业，并及时向作业项目负责人报告。
- 作业现场监护人员负责对作业人员进行安全监护，及时纠正作业人员的不安全行为，发现安全措施不完善或其他异常情况，应立即制止作业。
- 批准人无法在现场对作业进行监管的，应安排专门的监管人员实时进行现场监督。现场监管人员确有事情离开现场时，应有符合监管条件的替代人员履行监管职责，并要保留相关记录。

b. 取消、延期和关闭。

- 发生下列任何一种情况，各方均有责任立即终止作业，通知相关方，报告批准人，并取消作业许可证。
  - 作业环境、地点和条件发生变化；
  - 作业内容发生改变；
  - 实际作业与作业计划发生重大偏离；
  - 出现重大违章或安全措施未落实；
  - 发现重大安全隐患。
- 紧急情况、已发出紧急撤离信号或发生事故。
- 一份作业许可证控制多种类型作业时，若其中任何一项作业因上述原因被停止，其他相关作业应同时停止，本作业许可证及其他项所有许可证也同时取消。
- 取消的作业许可证应立即收回，并注明取消原因，经提出人和批准人在许可证上签字后，由批准方存档。需要继续作业的，应重新办理作业许可证。
- 在作业许可证有效期内没有完成工作，可申请延期，单次延期不得超过1个班次。许可证未经申请人和批准人签字，不得延期。
- 在规定的延期次数内没有完成作业，自作业许可生效起超过24小时（自然时间）的，必须重新办理作业许可。
- 作业完成，作业许可申请人、批准人和相关方在现场验收合格并签字后，方可关闭作业许可。

（5）安健环管理监视与回顾

➢ 安健环管理小组每月组织开展一次安全检查，检查内容主要包括制度和操作程序的执行情况、风险管理运行情况、存在问题的整改及基础资料管理情况等。

➢ 安健环管理小组每月召开一次安全例会。包括：上次例会安排工作落实情况，未落实问题分析及解决方案讨论、确定，下月安全工作安排。

➢ 中心领导每年组织召开一次管理评审会议。安健环管理小组成员全员参加，对以下事项进行回顾、总结，并形成报告。报告内容包括：

a. 上一年度需改进内容的落实情况；

b. 本年度安健环工作开展成绩；

c. 各级审核和检查中暴露的问题及整改情况；

d. 隐患治理情况及存在的困难和问题；

e. 相关方安健环方面的意见和投诉；

f. 下一年度安健环工作需要改进的工作。

3. 安健环管理的触发、输入与输出

（1）触发

安健环管理的触发包括主动式触发和被动式触发。

主动式触发一般由时间触发，即定时按计划完成安健环管理活动。中石油数据中心按计划需要进行的安健环管理活动如下。

➢ 每年回顾和更新安健环管理策略：一般每年10月，由中心主管领导发起安健环管理的回顾与总结活动，对安健环管理策略回顾和更新。

➢ 每年进行安健环隐患识别、风险评价活动：每年年初组织集中开展1次安健环隐患识别及风险评价活动，形成年度风险评价报告。

➢ 每年对机房接地系统和环境噪声进行检测：每年第一季度（春季）聘请有资质的检测机构对机房内各重要设备的工作接地、保护接地、防雷接地等电位体接地的敷设、安装工艺、现况、阻值进行检测。并出具检测报告，对《整改建议书》中存在的一些问题及安全隐患安排专业工程师进行跟踪整改。每年6月对机房、设备间开展“噪声”职业病危害因素检测工作并将检测结果张贴在检测场所。

➢ 每年对员工进行健康体检：一般每年7月，中心组织员工到医疗健康检查机构进行健康体检，并将体检报告发放到员工手中，同时建立职工健康档案。

➢ 定期开展生产作业活动安全危害因素辨识：一般每月由各专业工程师组织各专业的操作人员开展本岗位作业活动的安全危害辨识活动，同时对其进行评价，并制定防范措施。

➢ 定期开展工作循环检查：要求所有的关键作业（指可能对个人或组织带来重大危害和影响的生产操作，或者与关键设备设施有关联的活动）程序每年至少分析一次、每名关键作业员工每年至少参与一次工作循环检查。一般每年年初由信息技术服务运维项目专业工程师编制年度工作循环检查计划并经项目经理批准实施。各专业工程师负责本属地的工作循环检查。

➢ 按照演练计划组织应急演练：一般每年 1 月，中心综合管理部门组织制定年度演练计划，并按照计划中确定的时间和项目组织演练。

安健环管理活动的被动触发方式包括：

➢ 发生了与安健环有关的事件、事故；
➢ 新、改、扩建项目实施前；
➢ 现行的法律法规和其他要求更新或外界条件发生变化时；
➢ 组织机构发生变更；
➢ 危害因素及主要风险发生重大变化。

（2）输入

➢ 中心的业务稳定、安全运行和人员的安全需求；
➢ 有关法律法规及相关要求；
➢ 安健环事件和问题；
➢ 风险评估和隐患识别等；
➢ 重大变更及新、改、扩建项目实施。

（3）输出

中国石油昌平数据中心安健环管理的输出包括但不限于如下内容：

➢ 《年度初始风险评估报告》；
➢ 《适用法律法规和其他要求清单》；
➢ 《安健环重点工作落实运行表》；
➢ 《年度安健环工作计划运行表》；
➢ 《安健环投入需求计划表》；

- 《关键岗位员工能力评价表》；
- 《安健环工作周报》；
- 《文件变更单》；
- 《合规性评价记录表》；
- 《不符合通知单》；
- 《会议签到表》；
- 《审核实施计划表》；
- 《会议记录》；
- 《审核报告》。

4. 主要能力项接口

安健环管理作为运营保障域的能力项，与其他能力域的其他能力项均有关联。中石油数据中心的安健环管理与其他主要能力项的接口如下。

（1）作业管理

作业许可的确认、申请、审核、审批、施工过程中的监控和管理、作业许可关闭等。

（2）变更管理

- 标准、操作程序的变更，关键岗位人员的变更。
- 新建、改建、扩建项目引起的技术变更，原辅料及介质变更，操作流程的变更，操作参数的变更等。
- 设备设施变更：设备设施的更新、改造，非原装配件的替换，临时增加的设备设施等。
- 作业环境变更。

（3）事件管理

发生的事故、事件，在规定时间内录入安健环信息系统。积极配合所在地政府和其授权或者委托有关部门组织的事故调查组进行事故调查，对发生的生产安全事件应在数据中心范围内进行共享。

（4）问题管理

对通过绩效监测、现场检查、合规性评价、安健环体系审核、管理评审以及了解相关方的检查结果、投诉或意见等方式识别和确定的不符合及体系内部审核确认的不符合，填写《不符合通知单》。不符合发生负责人组织纠正不符合并反馈整改信息，安健环管理员组织对不符合整改情况进行验证。

（5）绩效管理

中石油数据中心创造了良好的安健环文化氛围，鼓励所有员工参与安健环活动，奖励安健环业绩表现突出的员工，并将其作为员工晋升的重要依据之一。

（6）承包商和/或供应商管理

首先承包商必须提供当地政府建设主管部门发放的并在有效期内的建筑施工企业安全生产许可证书，承包商和/或供应商在提交项目实施方案时，必须同时提供安全施工方案，具体包括实施过程中风险的识别、评价及其控制方法，发生事故时的应急处置预案等。安全施工方案由专业工程师和安全管理人员进行审核，审核未通过的不能进场进行项目实施。

与承包商签订安健环协议。组织对进场的承包商人员进行安全技术交底、风险告知，进行操作规程、应急处置预案或程序等内容培训。验收承包商进场的设备、工器具和劳动保护、防护用品用具是否符合安健环的要求。负责组织对施工现场进行安健环检查和监督，制止违章行为，督导问题整改和隐患治理。如遇特殊情况，可勒令停工整改。可按合同要求对承包商进行奖励或处罚。施工结束后，对承包商的安健环绩效进行评价并报相关部门。

对技术服务类，承包商按照以下要求管理：对进入属地的承包商人员，进行安全提示；日常工作中，承包商人员与属地员工执行统一的安健环管理标准；承包商人员在属地的安健环表现纳入到本属地的安健环绩效考核中。

20.4 安健环审计

接受上级主管部门及第三方审计机构的审核，以体系要素运行情况和现场检查相结合方式进行，以此来验证安健环管理体系的有效性。

1. 审计关注点

- 适用的法律法规和其他要求；
- 管理体系文件；

➢ 管理规定等；

➢ 作业文件、规定等。

2. 审计方式

中石油数据中心的安健环审计内部审核有“集中式审核”和“分散滚动式审核”两种，根据实际需要可增加“专项审核”。

➢ 集中式审核：在规定的时间内，集中完成审核；全要素审核，覆盖所有部门。

➢ 分散滚动式审核：按部门或条款分时间段进行，每次只涉及部分部门，滚动进行；在一个审核周期内，全要素审核，覆盖所有部门。

➢ 专项审核：专业项目需要时，可进行专项审核。

3. 审计发现、通报、处罚和整改

审计发现不符合项时，将采取以下措施：

➢ 纳入审计报告；

➢ 向受审负责人下发问题不符合整改清单；

➢ 受审核负责人组织分析不符合产生的原因，制订纠正和预防措施后进行整改，及时反馈整改报告单。

20.5 安健环考核

为促进数据中心安健环“全员责任制”的落实，不断提高全员的安全生产责任意识，实现安全管理的日常化及有效性，确保各项安健环指标全面完成，制定出安健环绩效考核办法。

安健环目标和指标的考核按《安全环保责任书》的约定及绩效考核办法执行，部门按照层级负责对员工进行考核。根据不同岗位制定不同的考核内容。

安健环绩效考核内容分为三部分：

➢ 考核员工各类指标完成情况（安全责任书的指标分解）；

➢ 考核员工为数据中心整体安健环绩效所做的贡献（加分项），如发现隐患后及时上报并提出整改措施等；

➢ 考核员工是否违反中心规章制度等（减分项）。

参照安健环责任书上的分值百分比进行考核（杜绝性指标无须考核），总分为 100 分。

每季度对员工上报的安全隐患和安全经验分享通过专业的分析进行分类、评级，根据评定的结果对其进行积分或物质奖励。

20.6 安健环管理特点

➢ 践行有感领导：领导通过以身作则的良好个人安全行为，使员工真正感知到安全的重要性，感受到领导做好安全的示范性，感悟到自身做好安全的必要性。

➢ 落实直线责任：按照管理层级的设置，各层级的行政“一把手”为直线责任者，对业务范围和属地范围内的安健环负责。

➢ 实施属地管理：工作场所的人员对所管辖区域内人员（包括自己、同事、承包商员工和访客）的安全、设备设施的完好、作业过程的安全、工作环境的整洁负责任。

➢ 安健环奖惩机制：通过观察员工日常的安全行为，实施季度安健环绩效考核，其结果与员工个人的年终安全绩效奖直接挂钩。

➢ 工具支撑——互联网 +hse 管理工作新模式：构建线上线下相互融合促进的安健环管理新模式，使工作更高效、解决方案更及时、人员操作更便捷、数据更准确、管理更全面。

20.7 安健环管理工具简介

中石油数据中心现场安健环管理 App 简介：实现了数据采集、问题处理、人员管控的一体化，解决“一岗三责”（工作职责、安健环职责、数据采集职责）落地问题。安健环职责是以工具化的手段强化安健环管理的职责，明确数据中心每名员工在整个安健环管理体系中的角色定位，将各管理要素有机集成，增加体系运行的可操作性，促进数据中心运行的协调统一。

20.8 小结

中石油数据中心以“安全为核心价值观”为指导，以“安全文化建设和体系提升”为主线，以“基层部门安健环标准化建设”为载体，持续提升全员安全环保履职能力，强化现场风险的管控力度，加强安健环信息化建设，为数据中心持续稳健发展提供坚强保障。安健环体系按 PDCA 循环有效、健康运行，各要素围绕风险管理发挥积极作用，有效遏制各类事故的发生，自中石油数据中心运行以来未发生一般及以上安全生产事故。

中石油数据中心的安健环管理在体系化管理、一体化管理方面还有很大提升空间，还需要不断梳理现场工作，加快与现有管理体系的融合速度，加大数据中心一体化管理程度。

第 21 章

合规管理——中国银行数据中心

成熟度标准中的合规管理能力项源自于ISO27001标准中的符合性要求“避免违反与信息安全有关的法律、法规、规章或合同义务以及任何安全要求”。在此基础上，对合规管理的范围进一步细化，明确为外部法律法规和监管要求。对于ISO27001标准中的符合合同和规章等要求的，通过项目管理、审计管理等能力项予以明确。

> **合规管理的目标**
>
> 识别外部法律法规、监管要求对数据中心管理的必要性，合理规划并落实，从而控制潜在风险。

合规管理在组织中受到重视和实施的程度，不但依赖于组织自身的规模，还依赖于组织所处的行业。以银行业为例，各大、中、小型银行不但需要遵守税务和工商方面的法律法规，还需要遵守来自于银监会和人民银行的行政条例和各项要求。

合规管理在实施过程中的一个难点是，如何保证适用的合规要求切实得到识别，并得到必要的更新维护——在数据中心内部往往缺乏专业的法务部门或法律专业人员，而组织的法务部门的工作重心又往往不会集中在IT运维层面。这个难点的解决思路也不外乎两点：畅通的沟通渠道和明确的人员投入。其中，沟通渠道既包括了组织内部的法务部门的沟通，也包括了与业界同行、行业协会乃至监管部门的沟通。

> **合规管理的关键活动与管理要求如下**
>
> （1）合规要求识别
>
> ① 根据数据中心年度工作计划，制订对合规要求识别的计划；
>
> ② 应识别适用的法律、法规，监管单位和上级单位的合规要求等，形成要求清单。
>
> （2）合规评估与处置
>
> ① 相应法律法规、监管要求颁布或发布后，应在规定的时限进行合规要求评估，并确定合规处置措施；

> ② 应按照计划执行合规处置措施，并确认执行效果。
>
> （3）合规自查与回顾
>
> ① 应按计划或在特定时期，组织合规自查并进行改进；
>
> ② 应按计划进行合规改进措施有效性测量。

除了外部合规检查之外，组织的合规自查也是一项重要的活动。在成熟度标准中，合规管理的评估与合规自查是两项活动，但对于组织而言，为提高效率，可以将这两项活动结合实施，并通过内部审核的方式予以实现。

在合规评估或自查中发现的合规异常，需要通过合规处置措施予以解决。对此，组织需要采取必要的措施，对合规处置措施，尤其是那些需要长期解决的措施保持必要的跟进和及时的更新，并确保措施的执行效果符合预期。

下面将以中国银行数据中心（以下简称“中行数据中心”）的合规管理为案例，将中行数据中心合规管理能力项的管理要求、发展历程和关键控制点进行分享。

21.1 关键控制点

中行数据中心于 2012 年引入合规管理能力项概念，并随同 ISO 体系建设不断完善，2015 年逐渐形成了一个闭环式自我完善的流程。合规管理的关键控制点在于高层参与、监管合规库建立和总分行联动。

1. 高层参与

合规审核受到数据中心总经理室的高度关注，尤其在数据中心海外系统上收过程中，监管合规直接影响到系统投产上线进度以及系统架构设计。由于高层参与，很多监管问题得以在前期发现并改进，为数据中心海外系统的成功奠定了基础。

2. 监管合规库的建立

随着数据中心合规管理经验和知识的不断积累，国内、海外监管合规库逐渐形成了。同时，通过与外部咨询公司合作，充分利用其海外业务优势，合规库进行了进一步的完善。

3. 总分行联动

在总行“三道防线”的落实和带动下，中行数据中心需要经常与总行部门、国内及海外分行等兄弟单位联动解决具体问题。通过这种联动机制，既强化了合规要求的落地与实施，又将合规管理意识融入全行各级单位。

21.2 案例概述

1. 中行数据中心的合规管理现状

随着外部监管对于信息科技风险的高度关注，中行数据中心面临的合规压力快速增加。特别是在全球化的今天，中国银行的海外分支机构不断增加，并开始启动海外系统整合工作，使中行数据中心向全球一体化运营演进。对中行数据中心而言，这不仅仅意味着运营规模的扩大和服务对象的拓展，更是对中行数据中心合规管理工作的严峻挑战和深刻变革。

首先，海外业务的拓展使得中行数据中心需要满足的监管要求急剧增加。各国对于商业银行数据中心风险管理均有相关要求，根据收集的监管制度，在中国银行已开设海外分支机构的国家和地区，共涉及 230 余项监管制度，3500 余项监管条款。这就要求中行数据中心必须全面学习，并快速建立起满足海外分支机构所在国家或地区监管要求的运维体系。同时，各国监管关注的内容虽然相近，具有许多相同的一般性原则，但由于监管风格不同，存在大量的特殊性监管要求，甚至存在部分条款与国内监管要求存在差异的情况，给全面的监管遵循带来很大的难度。

为确保全面合规，中行数据中心建立了统一的内控框架，按照我国银监会监管指引，设置信息科技治理、信息科技风险管理、信息安全管理、信息科技运行管理、业务连续性管理、安全审计、技术标准 7 个领域 26 个子域。在此基础上，对国内监管、海外监管进行统一梳理，并结合业界标准和最佳实践，在统一的管理框架基础上进行分类、整合、映射，形成覆盖国内外监管、国际标准的监管合规信息库，规范合规风险管理工作。这使得中行数据中心能够快速、准确了解国内监管、海外不同国家监管在各运维领域上的差异。同时，与各海外分支机构建立起联动机制，由各分支机构及时报告当地监管要求变化情况，确保信息库的持续更新和完善，使其成为长效合规管理的依据。中行数据中心的合规管理框架见表 21-1。

表 21-1 中行数据中心合规管理框架

领域	子域
信息科技治理	数据中心信息科技治理
信息科技风险管理	风险评估
	风险处置
	风险监测
信息科技安全管理	信息安全策略
	信息资产管理
	人员安全
	物理和环境安全
	通信与动作管理
	访问控制
	安全事件管理
	第三方服务管理
信息科技运行管理	服务台
	故障管理
	问题管理
	变更管理
	配置管理
	性能和容量管理
	发布管理
	服务水平管理
业务连续性管理	IT 服务连续性管理
安全审计	安全审计
技术标准	物理环境
	网络通信
	系统及中间件
	应用系统

2. 中行数据中心合规管理的发展历程

合规管理在中行数据中心经历了从无到有的阶段，由最初的制度自制自管到现阶段合规审核全流程发布管理。这与数据中心不同发展阶段以及发展目标和战略息息相关。中行数据中心的合规管理有以下几个关键因素：

① 总行信息科技发展战略；

② 数据中心人员规模；

③ 信息科技资产；

④ 监管要求。

这些因素直接影响到不同阶段的流程执行情况和控制要点。现阶段，中行数据中心通过合规管理流程控制，在监管合规、安全运维、操作风险管理、制度落实等方面取得了明显成效。

21.3 管理要求

1. 角色和职责

合规管理能力项根据不同阶段任务的特性划分角色，每类角色只是在其工作阶段发挥作用，因此没有单独定义，简单归类如下。

➢ 发起人：在制度制定前或制定 / 修订过程中，发起人主要负责制度、规范、条款等的编写。发起人可以是数据中心各团队，也可以是和相关部门及团队联合的小组等。

➢ 审核人：对所提交的制度进行合规审核，主要是生产安全管理、技术管理团队等。

➢ 审批人：制度发布前的领导审批，主要包括总经理室成员、综合管理团队等。

2. 过程环节

中行数据中心的合规管理参照体系标准（过程识别、评估、处置、自查和回顾），将执行落地层面分为 3 个主要环节：制度制定、制度审核、制度审批，具体如图 21-1 所示。

➢ 制度制定：由各团队根据生产运维的需要，制定或修订本团队解释的制度、细则，明确流程和记录内容，初稿提交至合规审核。

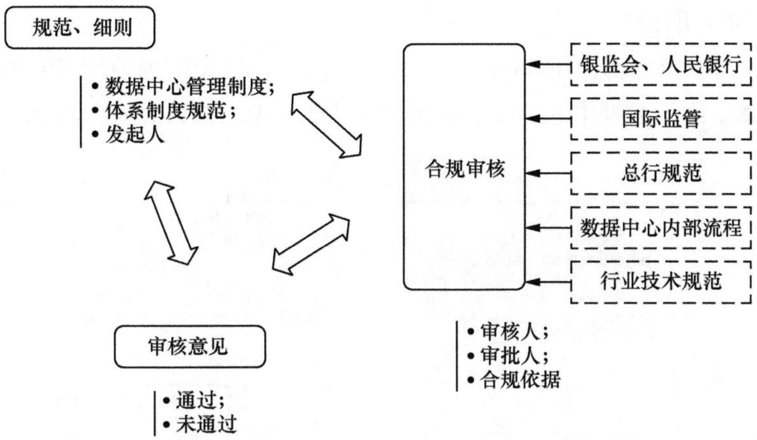

图 21-1 中行数据中心合规管理流程

➢ 制度审核：制度审核人根据合规审核能力项依据，对各团队提交审核的制度、细则进行完整审核。此阶段可能会与制度制定团队进行几轮修订。

➢ 制度审批：此阶段需要数据中心高层参与审批发布，管理者要全面了解并掌握数据中心的制度体系。

3. 合规管理的触发、输入和输出

中行数据中心合规管理的主要参考依据包括：我国银监会、人民银行针对信息系统安全运维发布的相关管理要求和指引；世界各国（中国银行设立分行所在国）监管机构发布的相关监管要求；总行发布的安全管控标准、规范及要求；数据中心内部使用的规章制度等。

① 触发条件

触发条件主要满足监管要求、行业规范变化、技术革新、体系认证、生产运维需要。

② 输入

能力项输入主要来自于各技术、管理团队制定的规范和细则。

③ 输出

通过合规审核能够发现制度中存在的监管差异项、参数设置不一致、流程控制点缺失及差异等问题，与流程制定人和相关方讨论后，进一步完善规范、细则内容。

4. 能力项接口

合规审核为组织治理域中的风险控制域，与 33 个能力项均有着相关的接口或关联。中行数据中心的合规审核与其他能力项的接口关系如图 21-2 所示。

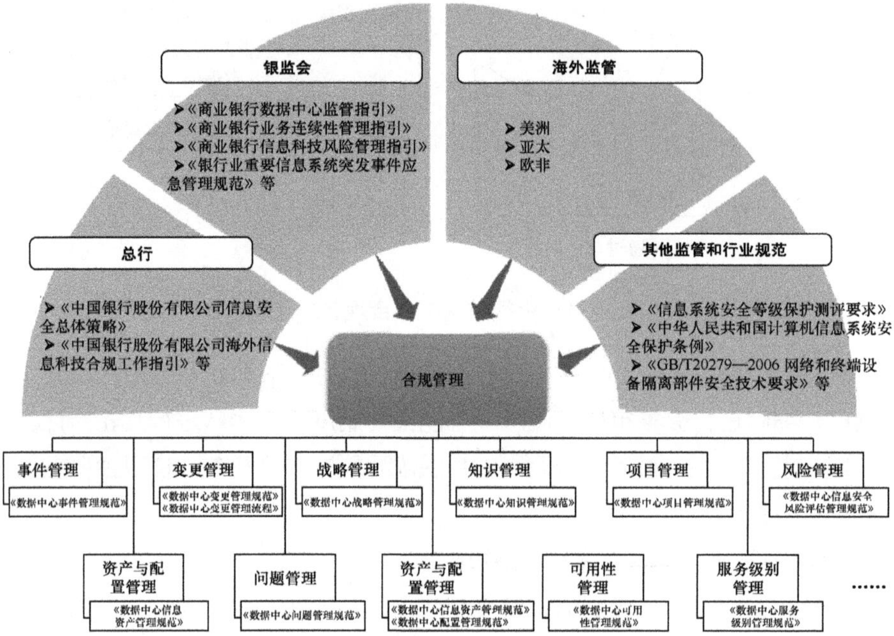

图 21-2　中行数据中心合规管理接口

合规的最大输入主要来自于总行、监管及其他各类规范。因此，合规管理的很大一部分工作是研究、总结、归纳来自各方的要求、条款以及标准。通过经验和判断，分解、落实到其他各个能力项中，所以说合规管理能力项与其他各能力项都息息相关。以下举例进行说明。

连续性的重要组成部分之一就是灾难恢复预案。以《数据中心信息系统同城灾难恢复预案》为例，为规范同城灾难应急响应和灾难恢复，确保信息系统服务连续性，达到银监会对于重要信息系统灾难恢复要求（《银行业信息系统灾难恢复管理规范》），数据中心制定了同城灾难恢复预案。此预案中涉及诸多控制点，具体可包括以下内容。

（1）RTO/RPO 恢复目标

根据信息系统业务功能、时效性的要求以及中断影响分析，总行信息系统划分为 T1-A、T1-B、T2、T3 共四个灾难恢复级别。其中，T1-A 设定为 RTO<2 小时、RPO = 0 分钟；T1-B 设定为 RTO<6 小时、RPO = 0 分钟。

（2）明确的组织架构

中行数据中心应急管理组织架构如图 21-3 所示。

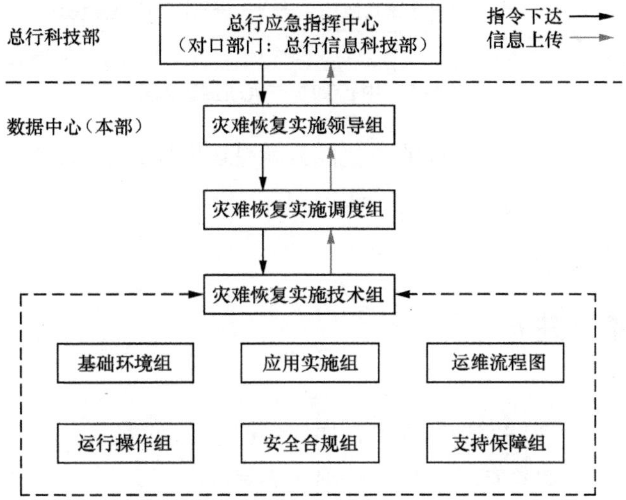

图 21-3　中行数据中心应急管理组织架构

数据中心同城灾难恢复组织在总行业务连续性管理委员会于灾难紧急状态下成立的总行应急指挥中心（对口常设部门：总行信息科技部）统一指挥下开展灾难恢复工作。

根据同城灾难恢复各阶段主要任务执行过程中的相互关系，并结合任务的特点属性，同城灾难恢复组织架构由灾难恢复实施领导组、灾难恢复实施调度组和灾难恢复实施技术组构成（以下简称领导组、调度组、技术组），领导组为同城灾难恢复的决策指挥层，调度组为同城灾难恢复的组织协调层，技术组为同城灾难恢复的技术实施与支持保障层，技术组又由基础环境组、应用实施组、运维流程组、运行操作组、安全合规组和支持保障组 6 个组组成。

（3）清晰的工作流程

信息系统同城灾难恢复任务流程分为事件告警、响应决策、灾难切换、重续运行、系统回退、恢复结束 6 个阶段，如图 21-4 所示。针对每一个阶段（流程），都细分了活动和工作步骤，明确角色职责和任务，确保发生灾难并实施切换时的高效有序。

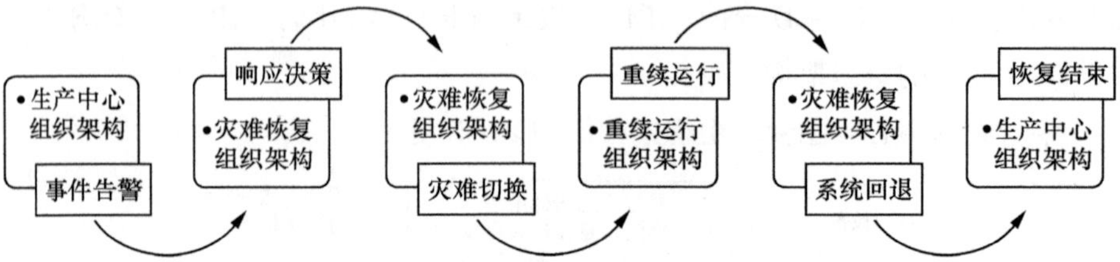

图 21-4 中行数据中心应急流程

通过以上实例，合规管理的主要任务就是识别监管要求，将其分解为控制点和管理要素，纳入实际生产运维流程和环节中。

21.4 后续改进

合规管理能力项在实施过程中，如何快速追平监管、行业及总行新规以及控制点快速落地，是今后需要进一步强化完善的方面。

21.5 小结

以上是对数据中心合规管理的一个简要介绍。实施合规管理可以给中行数据中心带来的价值如下。

➢ 监管合规。为实现监管机构要求，特别是我国银监会及海外监管差异所导致的系统风险，可以有效发现并及时规避，防范损失。

➢ 安全管控。合规管理的一个重要内容就是将安全要素融入规章制度中，是安全要求的具体体现。

➢ 持续改进。合规管理可以通过全流程控制，起到提升管理水平、完善流程质量、改进工作机制的作用。

合规管理为中行数据中心流程和制度改进起到了切实作用，是中行数据中心各流程中不可缺少的一部分。

第22章

风险管理——中国银行数据中心

按照通用的概念，风险管理是一个组织在有风险的环境中如何将风险造成的不良影响降至最低的管理过程。成熟度标准中的风险管理来源于 ISO27001 标准中关于风险评估和风险处置的描述，并在此基础上结合了 ISO31000[1]、ISO22301[2] 等国际标准，总结出的适用于数据中心的风险管理要求。

> **风险管理的目标**
>
> 通过考量不确定性及其对目标的影响，采取相应的措施，提高风险应对的效果。

风险管理的目标是全面识别数据中心工作职能范围内面临的风险，对风险进行量化分析和分级管控，将风险控制在可接受的范围内，最大限度地降低生产运营的风险。

> **风险管理的关键活动与管理要求如下**
>
> （1）风险管理范围确定
>
> 应基于内外部环境的分析，以及自身风险管理和监管要求，识别风险管理范围、对象以及与各能力项的关联。
>
> （2）风险评估：应执行风险识别、分析与评价，落实风险评估要求
>
> ① 应确定风险评估方法，明确风险接受准则；
>
> ② 应按计划时间间隔，每年至少一次实施风险评估；
>
> ③ 当内、外部重大环境变化时，应重新实施风险评估；
>
> ④ 应对数据中心的风险评估保持独立性，包括自行或者委托独立的第三方就全部范围进行独立的风险评估，不使用数据中心相关方出于某种目的而进行的评估活动来代替数据中心自身应进行的风险评估。
>
> （3）风险处置：应制定风险处置措施并落实
>
> ① 应制定风险处置措施，并评估残余风险；
>
> ② 应按照风险处置措施执行；

[1] ISO31000 风险管理——原则与指导方针。
[2] GB/T 30146-2013 / ISO22301:2012 公共安全业务连续性管理体系要求。

③ 应对风险处置措施的有效性进行测量。

（4）风险管理回顾

应按计划时间间隔，每年至少回顾一次风险处置措施的有效性和风险管理效果。

就信息安全风险管理而言，目前的方法论是从威胁性、脆弱性、可能性等几个因素对风险进行识别和评价，更倾向于管理维度。这套方法论的优点在于成熟且相对全面，适用于一个新建立信息安全风险管理的组织。但对于一个应用信息安全管理体系多年且业务范围未发生太大变化的组织，这套方法论可能存在无法发现深入的风险，尤其是技术维度上的风险。鉴于此，业界当前一些管理先进的组织，尝试将传统的风险评估与技术方面的，诸如漏洞扫描、内部审计等方式的风险评估相结合。

另外，评估方法不但要能切实达到效果，尽可能全面、准确地识别风险隐患，还需要考虑评估工作的实施难度，达到安全与效率的平衡。

风险管理的另一个关键要素是风险处置计划的实施。由于部分风险处置措施往往实施周期较长，如何确保责任人长时间保持关注，确保措施切实落地，也是一个需要关注的地方。

下文将以中国银行数据中心（以下简称“中行数据中心”）的风险管理为案例，将风险管理能力项的管理要求、发展历程和关键控制点做一个简要分享。

22.1 关键控制点

风险管理是中行数据中心的关键能力项之一，是降低生产运营风险，确保生产安全稳定运行的保障。中行数据中心已形成较为完善的风险评估方法和风险管理流程。目前，风险管理得以有效运行的关键控制点为每年定期开展风险评估、全员参与风险评估工作。

1. 每年定期开展风险评估

中行数据中心每年度定期开展风险评估工作，每年评估发现的风险数量呈逐年下降趋势，反映出通过风险管理工作的开展，中行数据中心的安全风险隐患得到了较好的识别和控制。

2. 全员参与

中行数据中心始终坚持全团队评估、全员参与风险评估过程。经过多年的持续开展，各团队已逐步认可该项工作的重要意义，安全风险意识得到提升。

22.2 案例概述

1. 中行数据中心的风险管理现状

中行数据中心于 2012 年开始建立风险管理机制，在参考国际标准和最佳实践的同时，结合运维实际特点，逐步完善风险评估方法和风险管理流程，目前已经形成了一整套成熟的管理方法和工作机制。每年度定期开展风险评估工作，始终坚持全团队评估，全员参与。经过多年的持续开展，各团队已逐步认可该项工作的重要意义，安全风险意识得到提升，主动识别并提出团队内、岗位上发现的风险，统一纳入中行数据中心的风险管理体系中，确保全面掌握风险情况，充分调度资源，统一处置和化解。每年评估发现的风险数量呈逐年下降趋势，反映出通过风险管理工作的开展，中行数据中心的安全风险隐患得到了较好的识别和控制。

2. 中行数据中心的风险管理发展历程

中行数据中心的风险管理机制的建立，大概经历了 3 个阶段。

（1）管理机制初步建立阶段：2012 年

根据 ISO20000 国际标准要求，中行数据中心于 2012 年制定信息安全风险评估规范，初步建立了固化的风险管理流程。由于 ISO20000 标准中对风险评估方法并未有太多的规定和指导，中行数据中心主要根据前期风险评估经验，梳理数据中心常用风险点，形成风险清单供各团队参考评估。这种定性评估的方法一方面，难以对风险级别进行有效评价，无法实现风险的有效分级管理；另一方面，风险清单的方式十分依赖清单制定人的个人经验，容易出现风险遗漏的情况。

（2）管理机制完善阶段：2013—2015 年

2013 年，由于信息安全管理体系建设工作的开展，中行数据中心的信息资产管理工作逐步完善，完成信息资产梳理、资产价值评估等基础性工作。在此基础上，中行数据中心根据 ISO27001 国际标准要求，对现有风险评估机制进行大幅改进，引入基于信息资产的量化风险评估方法。通过梳理各类资产的脆弱性和面临的威胁，逐类资产开展风险评估，结合资产价值、资产脆弱性等级、威胁发生可能性，综合评定风险级别，并根据风险接收准则有针对性地开展风险处置工作。虽然风险评估的科学性和全面性都得到了较大提升，但是由于中行数据中心的资产数量众多，评估效率低的问题逐渐暴露出来。

（3）管理机制持续改进阶段：2016 年至今

为了解决风险评估的效率问题，2016 年，中行数据中心又一次对风险评估方法进行改进，引入基于信息安全风险场景的评估方法。结合数据中心的实际情况，从团队职责和日常工作内容出发，设计了通用风险场景、运维视角风险场景、开发测试视角风险场景共计 64 项，将风险评估融于员工的日常工作中，使风险评估工作更为直观，更方便员工使用，在保证风险识别结果准确、全面的基础上，大幅提高风险评估工作效率。

22.3 管理要求

1. 角色和职责

中行数据中心风险管理工作是一个由上至下、全员参与的过程，涉及中行数据中心安全生产领导小组以及各个团队。安全生产领导小组的参与确保数据中心领导层对风险的知悉和全面管控；各团队的参与确保风险的充分识别和准确评估；两者之间由安全合规团队进行衔接，确保风险管理策略的切实落地和识别风险的全面客观上报，如图 22-1 所示。

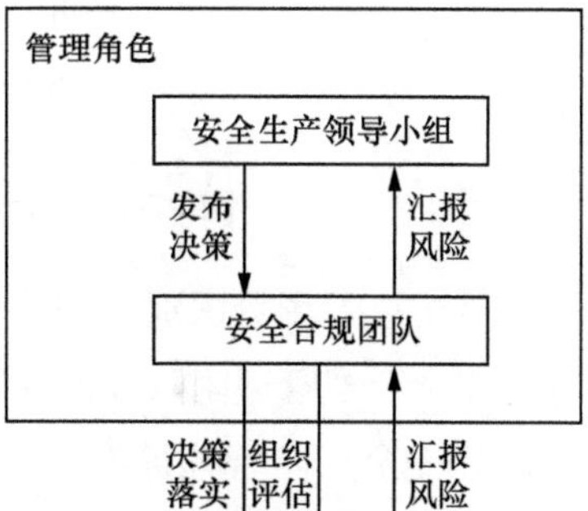

图 22-1　中行数据中心风险管理角色架构

中行数据中心风险管理职责说明详见表 22-1。

表 22-1 中行数据中心风险管理职责说明

角色	角色定位	职责说明
安全生产领导小组	风险管理工作的领导者	负责审定风险管理策略和风险评估结果，实施全面的风险防范措施，协调风险处置过程中的重大资源调整，建立持续的风险计量和监测机制
安全合规团队	风险管理工作的组织者	负责确定风险评估方法；制订风险评估计划，组织完成风险评估和风险处置工作；汇总风险评估报告及风险处置结果；检查风险评估工作执行情况
各职责团队	风险管理工作的执行者	负责根据数据中心风险评估计划执行风险评估，完成风险评估报告；对于确认由本团队处置或牵头处置的风险，明确团队主管为风险责任人，并组织制订处置计划，实施处置措施，及时向安全合规团队报告处置结果，协助持续完善风险评估工作

2. 过程环节

中行数据中心的风险管理分为风险场景识别、风险识别和分析、风险处置、风险管理监督 4 个环节，各环节的主要工作如图 22-2 所示。

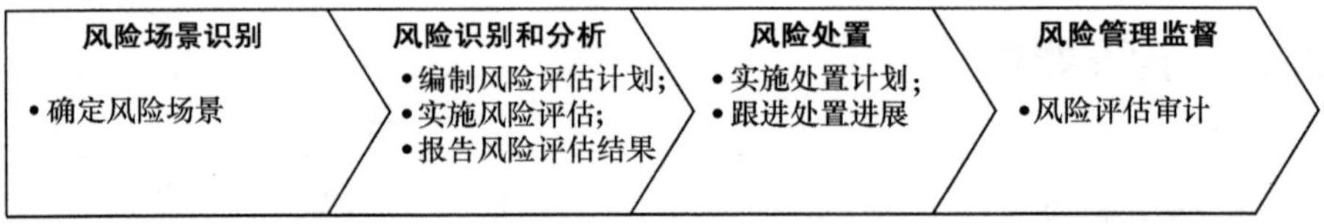

图 22-2 中行数据中心风险管理主要环节简述

（1）风险场景识别

安全合规管理团队根据外部监管机构、行内及中心风险管理相关制度、国际信息安全风险管理标准、历次内外部审计发现的问题以及历次风险评估结果，组织识别本次风险评估所使用的信息安全风险场景，确定各场景涉及包括保密性、可用性、完整性在内的信息安全特性，编制风险场景库。

（2）风险识别和分析

① 计划

安全合规团队编制风险评估计划，明确风险评估的目的、范围、方法、风险分级标准、计划采用的风险接受准则及进度安排等，统一组织开展风险评估。

各团队可根据实际运维中发生的重大安全事件、外部风险管理信息或特定风险评估要求，自行主动开展风险评估。具体工作要求与中心统一组织的风险评估要求一致，评估结果及时向安全合规团队报告。

② 等级

风险可划分为高、中、低 3 个级别。风险级别综合考虑针对风险场景的现有预防性措施，以及基于现有控制措施仍存在的风险，在此基础上对风险发生的可能性，以及风险一旦发生所造成的影响程度进行确定。可能性和影响度的具体赋值均可划分为 5 级（1 级最低、5 级最高），根据组织的风险偏好确定赋值依据。风险值则可由可能性赋值与影响度赋值相乘得出，风险值大于等于 15 可定义为高风险；风险值大于等于 9 可定义为中风险；如果可能性为 1、影响度为 5（小概率、大影响）时建议也定义为中风险；其余情况为低风险。

③ 实施

各团队根据风险评估计划安排，基于《数据中心信息安全风险评估表（模板）》，记录各风险场景的现有控制措施，识别当前控制措施下仍存在的风险，并对风险发生的可能性，以及风险一旦发生所造成的影响程度进行客观分析与赋值，综合确定风险级别。《中行数据中心信息安全风险评估表（模板）》详见表 22-2。

表 22-2　中行数据中心风险评估表示例

资产分类（一级）	资产名称	脆弱性描述	威胁及风险描述	现有控制措施	存在问题	资产价值	威胁评分	脆弱性评分	风险值	风险等级	是否处置
硬件	×× 网络区域核心交换机	设备存在单点隐患，或未经过冗余切换测试	因软硬件故障等原因，导致系统服务中断	交换机有冗余，每年进行一次冗余切换测试	无	5	5	5	125	高	是
									0	低	
									0	低	

对于不符合风险接受准则的风险，风险提出团队制订风险处置计划，明确处置具体工作措施、实施计划及风险责任人。对于处置过程涉及其他团队、部

门间协调或资源投入、经评估后无法完成处置的风险，风险提出团队或风险责任人可提出申请，并标明原因。对于未明确风险责任团队的风险，由安全合规管理团队根据团队职责初步确定责任团队。中行数据中心风险处置计划模板详见表 22-3。

表 22-3 中行数据中心风险处置计划示例

编号	风险描述	风险处置措施	资源投入	优先级	负责团队	处置时间计划	备注
1				高			
				中			
				低			

④ 报告

安全合规管理团队汇总、分析各团队风险评估结果，编制整体风险评估报告，提交安全生产领导小组审定。

（3）风险处置

风险处置可采取以下几类形式。

➢ 避免风险：通过终止进行可能产生风险的活动来规避风险。

➢ 降低风险：通过实施管理或技术控制措施降低风险产生的可能性，达到降低风险的目的。

➢ 转移风险：通过合同、保险等方式转移风险。

➢ 接受风险：不进行处置，承担风险造成损失。

各团队严格按照制订的风险处置计划实施。风险处置完成后，按照前述风险评估方法对当前控制下的残余风险进行评估，确保处置后的残余风险级别为低，满足风险接受准则，并将风险处置情况告知安全合规团队。

安全合规团队定期汇总、跟踪风险处置情况，对于未按计划完成的风险处置活动进行督办，对于长期未结、多次延期的风险，提交安全生产领导小组审定。

（4）风险管理监督

安全合规团队定期开展内部审计，对风险管理活动进行持续监督，具体如下。

➢ 根据各团队的评估报告以及反馈的风险处置情况，检查风险评估和处置工作的执行情况。

➢ 开展中心内部日常和专项审计，发现各团队风险评估中遗漏的安全风险，提出改进建议。

3. 风险管理的触发、输入与输出

（1）触发

每年按计划（一般可定为三季度）启动本年度信息安全风险评估的策划、准备等活动，开展风险评估工作，每年至少组织一次。

在下列情况中，可按需临时启动新的风险评估。

➢ 信息系统运行环境发生重大变化，包括核心系统重大调整、信息系统运行环境架构性调整等。

➢ 业务环境发生重大变化。

➢ 管理上的重大改变或者技术革新。

➢ 新的重大安全威胁、脆弱性的发现。

➢ 信息安全管理法律法规发生变化。

（2）输入

风险管理的输入包括外部监管机构、中国银行及中行数据中心风险管理相关制度、国际信息安全风险管理标准、历次内外部审计发现的问题以及历次风险评估结果。

（3）输出

风险管理的输出主要为《数据中心信息安全风险评估表》，其中包括风险识别结果、风险级别、风险处置方式和计划等信息。

4. 能力项接口

风险管理结果主要输出至服务连续性管理流程以及供方管理流程。

（1）服务连续性管理流程

风险评估中涉及服务连续性的风险可输出至服务连续性管理流程，以协助服务连续性流程制定防范措施和连续性预案，预防突发事件的发生，保障服务的连续性。

（2）供方管理流程

风险评估中涉及供方的风险可输出至供方管理流程，以协助供方管理流程

及时处理供方产品、服务的风险隐患或问题，确保供方提供的服务符合约定的交付标准和安全要求。

（3）变更管理流程

对于风险处置过程中涉及生产环境变更的措施，由风险处置团队按照变更管理流程要求进行申请、审批和实施，以防范风险处置过程中所带来的风险。

（4）相关工具

对于风险处置方法为技术工具的措施，由风险处置团队提交相应的工具需求，并按照风险处置计划推进工具的部署。

5. 其他管理要求或控制点

除了上述主要流程环节外，为确保风险管理工作的开展，还需要对以下管理要求进行明确，具体如下。

（1）风险接受准则

低级别风险为可接受的风险；中、高级别的风险如处理风险的难度和代价大于风险造成的损失，经安全生产领导小组审批后，可选择接受风险。

（2）风险场景设计

根据数据中心的工作内容，风险场景可划分为通用风险场景、运维视角风险场景、开发测试视角风险场景三大类。

通用风险场景方面，可按照工作区域与物理环境、用户账号、工作软件、终端电脑、文档资料、外部服务管理、跨团队沟通与责任、人员职责与意识等方面进行划分，设计风险场景。中行数据中心通用风险场景示例见表 22-4。

表 22-4　中行数据中心通用风险场景示例

类别	风险场景
工作区域与物理环境	缺乏针对工作终端设备（也包括线缆）的完善保护措施和维护机制，可能使得人员有机会有意或无意地破坏终端设备
	终端设备、电子介质自然老化、故障、损坏，可能导致通过该设备开展的工作信息丢失或不可访问
	工作区域存在影响人身安全、物品安全的隐患，可能导致人身伤害、物品损坏，影响工作的连续性

（续表）

类别	风险场景
工作区域与物理环境	工作区域划分及标识不合理或不清晰，门禁权限设置不合理，可能导致重要区域（如库房、档案室或其他重要办公区域）被非授权访问，设备或电子介质被盗或遗失，导致信息丢失、泄露
	重要区域（如库房、档案室或其他重要办公区域）缺乏有效的视频监控，当这些区域中存放的设备或电子介质被盗或遗失后，无法得到有效的追踪、调查
	重要区域（如库房、档案室或其他重要办公区域）可能被未经授权的人员进入，导致信息丢失、破坏、泄露
	人员、物品出入工作区域的授权流程不健全，存有重要信息的设备、介质、资料在未经合理授权的情况下被带离，导致信息丢失、破坏、泄露

运维视角场景方面，可按照应用系统及其运行环境、硬件及物理环境两个方面进行划分，设计风险场景。中行数据中心运维视角风险场景示例见表 22-5。

表 22-5　中行数据中心运维视角风险场景示例

类别	风险场景
应用系统及其运行环境	缺乏完备的变更计划、变更风险分析、变更回退计划与应急方案等，导致对生产环境的变更投产失败，影响系统可用性或数据完整性
	在运行环境（操作系统）中的维护操作缺乏完备的变更控制，可能影响系统可用性或数据完整性
	缺乏迅速有效的应急响应、故障分析、缺陷修补的机制，导致生产环境异常事件或安全漏洞隐患无法得到及时、有效的处置
	缺乏针对生产环境的管制措施，非授权人员滥用网络扫描、暴力破解等其他可能造成系统服务中断的工具，可能导致系统及信息无法正常使用
	生产环境缺乏有效的访问控制，无法阻止滥用他人账号、滥用过期账号、滥用职责范围外的权限、黑客攻击、恶意软件攻击等恶意行为，导致重要信息（如数据库数据、日志、备份数据、系统文件等）泄露、篡改或系统不可用

开发测试视角风险场景方面，可按照需求分析、设计及编码、测试、投产、维护、产品管理等方面进行划分，设计风险场景。中行数据中心开发测试视角风险场景示例见表 22-6。

表 22-6 中行数据中心开发测试视角风险场景示例

类别	风险场景
需求分析	针对防范网络偷听、拒绝服务攻击、密码口令破解、数据盗取、数据篡改、授权伪造、程序反编译等攻击行为的安全需求的识别不充分，导致应用系统发布后存在缺陷或安全漏洞
	针对性能、容量、备份等安全需求的识别不充分，导致应用系统发布后存在缺陷
	软件产品中使用了不符合国家密码管理部门检测许可的加密模块，不符合商用密码使用的相关法规的要求，可能导致系统敏感数据被窃取，或因不符合国家相关规定而遭停用
设计及开发	软件开发未识别性能、容量、防篡改、防泄密等非功能性安全需求或识别不充分，存在非功能缺陷
	软件架构、接口设计存在缺陷，导致应用系统服务中断
测试	软件测试不充分，存在未修复的缺陷，导致应用系统服务中断，或遭受攻击
运维	应用用户权限未按照最小授权原则设置，导致应用系统的非授权访问
	软件运行未开启日志，导致无法发现违规行为或系统问题

22.4 风险管理审计

中行数据中心风险管理审计工作主要包括两个方面：一是在每年度的体系内部审核中，对风险管理活动的符合性和有效性进行审核；二是通过内部审计的方式，利用日常合规检查或专项安全审计，对数据中心运维情况进行检查，发现各团队风险评估中遗漏的安全风险，提出改进建议。以下就第一个方面展开介绍，第二个方面可参见“审计管理”相关内容。

1. 审计关注点

风险管理审计主要关注以下问题。

- 数据中心是如何开展信息安全风险评估的。
- 风险接受准则是什么。
- 风险评估是否有书面的评估方法和评估残余风险。

➢ 风险是如何处置的？风险处置计划的执行和跟踪。

2. 审计方式

风险管理审计分为非现场审计和现场审计两种方式。其中前者通过调阅风险管理制度、实施计划、工作通知、各团队反馈、风险评估结果、风险评估报告等材料，检查制度内容是否完整、清晰，制度与执行是否一致；后者主要通过访谈和现场检查的方式，检查实际工作开展情况和工作的有效性。检查不仅涉及风险管理团队成员，更要针对具体的执行团队进行检查。通过随机询问的方式，关注执行团队员工对于风险评估方法的理解是否正确，是否真正开展全员风险评估工作，相关风险是否均按要求进行报告，避免风险评估工作浮于表面、流于形式。同时，在日常工作中也需要关注事件信息，分析导致事件发生的风险隐患是否被识别，如已识别，分析风险为何未上报，为何未能做好控制；如未识别，分析是否风险评估方法存在问题，并进行改进。

22.5 风险管理考核

为有效规范风险管理工作，中行数据中心设置了两项考核指标，对风险管理活动实施情况进行考核。

（1）指标 1：风险评估次数

① 指标定义：本年度内开展的风险评估次数；

② 考核方式：量化考核；

③ 考核频率：定期执行，每年度考核一次；

④ 考核阈值：1 次。

（2）指标 2：风险处置计划按计划完成率

① 指标定义：已完成的风险处置项数量 / 全部风险处置项数量；

② 考核方式：量化考核；

③ 考核频率：定期执行，每季度考核一次；

④ 考核阈值：根据中行数据中心实际情况设置，应大于 90%。

22.6 管理工具简介

由于目前管理的风险数量级不大，传统方式即可保障风险评估工作的顺畅开展，因此中行数据中心暂未部署风险评估相关管理工具。

22.7 后续改进

目前在量化风险级别时，只能根据员工经验对风险发生可能性和影响程度进行评分，缺少一套更为科学、准确的风险计量方法。这也是未来的研究方向之一。

22.8 小结

以上是对中行数据中心风险管理工作的简要介绍。各组织可以根据自身特点建立真正适用于自己的风险评估方法和机制。风险管理机制的建立和相关工作的开展只是开始，风险意识的宣传、风险文化的建设才是风险管理工作的根基，也是每个组织在风险评估管理过程中不可忽视的内容。

第 23 章

组织文化管理——中国银行数据中心

组织文化，又可称为企业文化，是以人为本的管理哲学。在现代的组织中，组织文化越来越受到重视，也发挥着越来越重要的作用。打造独具特色的组织文化，牢牢把握组织文化建设的着力点，对增强组织的向心力和凝聚力具有十分重要的意义。组织文化是一个相对宽泛的概念，属于意识形态的范畴，但它又要通过组织或人员的行为和外部形态表现出来，也正因为此，对组织文化的管理存在着投资大、见效慢，但又必不可少的特点。

组织文化管理的目标

通过对组织文化的梳理、深植和持续建设，确立组织的价值核心，为组织健康发展创造优秀的文化环境，提供有力的思想保障和行为保障。

成熟度标准中，首次提交了将组织文化作为一个流程来管理的概念，认为组织文化在物质、制度和精神等层面，明确角色职责和关键活动，通过过程方法论实现有效管理，并能够达到既定预期。

组织文化管理的关键活动与管理要求如下

（1）组织文化诉求分析

应结合内外部环境，以及数据中心愿景、使命、价值观等，分析组织文化诉求。

（2）组织文化形式和内涵的定义及回顾

① 应包括宗旨和价值观；

② 按照计划时间间隔，每年至少对组织文化管理的效果进行一次回顾，并对回顾发现的问题进行相应改进。

（3）组织文化建设

① 应根据形成的组织文化形式和内涵定义来进行组织文化建设；

② 应开展组织文化物质层建设，宜包括制定标志、规定着装、建设环境；

③ 应开展组织文化制度层建设，宜包括制定相应规章制度、行为准则；

④ 应开展组织文化精神层建设，宜包括选聘和教育员工、宣传榜样和设计传播宣传口号；

> ⑤ 应为组织文化建设提供必要的资金和人力支持；
>
> ⑥ 针对组织文化建设的相关工作要设计并实施度量，度量模型宜体现出相关方对于组织文化的满意度及组织文化建设完成情况，以度量模型形成的数据作为支撑，对组织文化建设进行调整和改进。

从组织文化管理能力项的角度上看，组织文化建设并不是单纯的集体活动，而应该是一种潜移默化的、以集体活动作为载体的灌输方式。尽管越来越多的组织已经能够意识到，并在日常工作中关注组织文化的建设，但往往存在着以下问题。

- 高大上：虽然说组织文化很多时候需要通过口号来实现，但诸如“坚决落实科学发展观”这样高大上的语言，很难引起组织人员的共鸣，体现不出组织运营管理过程中积淀出的精髓。
- 不落地：有些组织在进行文化宣传时，所明确的宣传语往往缺乏可以操作的执行文件。如一句“加强信息安全管理”，其效果就不如一句“勤锁屏”更接地气。但是，如果太接地气的话，又会出现宣传语内容过多，重点不突出的问题。因此，如何平衡也是一门需要反复思量的学问。
- 未达标：有些组织的组织文化活动，过于注重形式的丰富和现场效果的热闹，会让相关人员在嬉闹中忘掉活动的初衷。

除了上文中提到的这些问题，组织在进行文化建设时，必然面临各种各样不同的问题，而这些问题没有标准答案。下面将以中国银行数据中心的组织文化管理为案例，将中国银行数据中心组织文化管理能力项的管理要求、发展历程和关键控制点做一个简要分享。

23.1 关键控制点

组织文化管理作为组织治理域中的重要能力项，涉及数据中心全体人员，与中心整体工作开展密不可分。组织文化管理离不开良好的制度保障、明确的管理流程和完善的管理渠道。

1. 组织文化管理制度

中国银行数据中心将组织文化融入中心的规章制度中，通过规章制度保障组织文化规范落地，使组织文化理念形成标准，指导工作，深入人心。

2. 组织文化管理流程

通过规范的管理流程和明确的管理责任人，形成从上至下，分工明确的组织文化管理链条，通过组织文化连接中心管理层和广大员工，保障全中心对组织文化认识的统一性，为组织文化工作的开展提供了极大便利。

3. 组织文化管理工具

中国银行数据中心利用工会活动管理系统、微信公众号等一系列工具，协助开展、宣传组织文化活动，使活动筹备更透明、活动组织更高效、员工参与感更强、参与度更高。组织文化管理渠道的优化完善，对于组织文化管理有着至关重要的作用。

23.2 案例概述

1. 中国银行数据中心的组织文化管理现状

中国银行数据中心自 2005 年建立以来就非常重视组织文化建设，并于 2016 年启动数据中心服务能力成熟度模型，固化了在该领域的管理经验，建立了相对完整的管理流程。

与业界其他数据中心相比，中国银行数据中心的组织文化管理具备以下特点。

（1）结合中国银行企业文化和特点，明确数据中心的组织文化管理的定义和目标

中国银行数据中心认为组织文化是指组织在长期的实践活动中所形成的并且为组织成员普遍认可和遵循的具有本组织特点的使命、愿景、价值观、工作目标、信念、意识、符号、处世方式等的总和。结合中国银行的企业文化特点，明确数据中心的使命等具体如下。

① 中国银行数据中心使命：为全行提供安全、稳定、优质、高效的信息系统服务。

② 中国银行数据中心愿景：建设国际先进的数据中心。

③ 中国银行数据中心工作目标：运营风险管控有力、运维服务专业高效、基础架构先进可靠、治理机制科学完善。

④ 中国银行数据中心核心价值观：安全、责任、务实、创新。

中国银行数据中心核心价值观

安全——坚持以安全生产为第一要务；

责任——强调责任心和使命感，树立勇于担当的组织文化；坚持安全生产为硬约束，对于安全生产责任事件决不迁就，严肃问责；

务实——以严谨务实的态度开展工作，不图虚名，不务虚功，精耕细作，把工作一抓到底，落实到位；

创新——转变工作思路和理念，勇于创新工作方法，勇于攻坚克难，在确保安全生产的基础上，不断提高工作效率和科技产出能力，提升 IT 服务的价值，树立数据中心 IT 服务的品牌。

中行数据中心明确组织文化管理目标为：建设数据中心统一的组织文化，坚持以人为本、科学发展、统筹兼顾、注重实效的原则，全面落实“四统一”（统一使命，统一愿景，统一工作目标，统一核心价值观），引导和激励员工步调一致，建设国际先进数据中心。

（2）同党工团协同联动，通过形式多样的组织活动建立统一的价值观，通过丰富多彩的文化活动鼓舞士气

中国银行数据中心大力倡导“安全、责任、务实、创新”的核心价值观，着力打造党工团协同联动、努力创造风清气正的工作氛围。中国银行数据中心党总支通过党建知识竞赛、党员攻坚活动、IT 技能大赛和主题演讲比赛等多种形式，创新中国银行数据中心党建工作，通过举办丰富多彩的党日活动和学习型党组织建设活动，建设数据中心组织文化。中国银行数据中心团总支为中心青年员工提供了形式新颖的团组织活动，成立中心志愿者协会，组织员工进行相关志愿活动关心爱护青年员工，为数据中心青年员工的工作、生活提供了巨大的帮助。中国银行数据中心工会组建了多个兴趣小组，内容涵盖国学、音

乐、美术、舞蹈、体育运动等方面。在此基础上，根据年轻人的特点，自主开发了工会活动平台，以“积分秒杀”这种员工喜闻乐见的形式，组织了丰富多彩的文体活动。得益于日常化、常态化的业务活动机制，中国银行数据中心涌现出大量的文体人才，足球队、排球队长期保持行内比赛冠军席位，篮球队在行内外比赛中也屡创佳绩。中国银行数据中心员工也经常在全行大型文艺活动中担当重任。

在各类活动中，广大员工缓解了工作压力、陶冶了情操、增进了友谊。通过一系列活动，打造了和谐的“家园文化”，提升了员工的归属感和凝聚力。

（3）通过全方位的宣传营造良好氛围，有序、有力推进组织文化建设

中国银行数据中心历来高度重视文化宣传工作，通过文化宣传，凝聚共识，传递核心价值和正能量。中国银行数据中心充分搭建形式多样的企业文化平台，努力创造风清气正的工作氛围。除利用传统的板报、简报、动态电子屏等平面媒体及时报道中国银行数据中心工作动态之外，结合移动互联时代特点，建立了中国银行数据中心内部信息共享网站，开辟了微信公众号，几乎每天都有宣传报道发布，使信息传递更为快速和便捷。

同时，为充分发挥青年员工的主动性和创造性，建立了由数十名青年员工组成的记者团，以广泛的视角、开阔的思维，深入挖掘中心工作和员工生活中的新闻素材，进行了大量富有创意、风格灵活的报道，为中国银行数据中心的精神文明建设带来一抹亮色。通过上述宣传手段，中国银行数据中心营造了“爱工作，爱生活”、积极向上、创先争优的良好氛围。

2. 中国银行数据中心的组织文化管理发展历程

（1）根据党工团条线要求进行组织文化建设

中国银行数据中心自 2005 年建立以来就非常重视组织文化建设，中心大力倡导“安全、责任、务实、创新”的核心价值观，着力打造形式多样的企业文化平台：一是坚持并完善班子成员主动约谈基层员工机制，及时了解基层员工需求，推进解决员工关心的问题，进一步增强了组织凝聚力；二是中心坚持党建“与中心工作相结合、与队伍建设相结合、与文化建设相结合”的思路，把党建工作作为发挥基层党组织战斗堡垒作用的重要工作内容，通过党建持续引领中心文化建设；三是不断完善中心工会组织模式，完成中心工会改选、工

会小组设立及调整、工会平台开发等工作，不断提升中心工会组织管理成效，举办形式多样、丰富多彩的文化活动，营造健康、稳定、进取的文化氛围。

（2）固化管理流程，进入到更为规范管理阶段

2016 年 4 月，根据数据中心服务能力成熟度模型导入要求，建立组织文化管理流程，中国银行数据中心组织文化建设进入新阶段。2016 年后至今，根据实际运行经验，对流程进行优化完善，组织文化管理日趋成熟，中国银行数据中心组织文化建设成果日渐丰富。

23.3 管理要求

1. 角色和职责

组织文化管理流程涉及角色包括组织文化建设领导小组、组织文化流程负责人、组织文化流程经理、团队组织文化建设人。

- 组织文化建设领导小组：由中国银行数据中心总经理室成员组成，主要负责编制组织文化实施纲要，落实中国银行总行关于组织文化建设的工作部署，决定中国银行数据中心组织文化建设事项。
- 组织文化流程负责人：由人力资源团队主管担任，主要负责组织文化规章制度的设计、推广、监督、报告和改进。
- 组织文化流程经理：由中国银行数据中心党总支和人力资源管理团队指定人员担任，主要负责协助流程负责人完成组织文化规章制度的设计、推广、监督、报告和改进；结合内外部环境情况，分析中心组织文化需求；组织文化建设工作计划及宣传、开展组织文化活动、促进组织文化传播等事项。
- 团队组织文化建设人：由团队主管指定，主要负责组织文化建设日常工作，按照组织文化建设领导小组的要求，履行组织文化宣传工作任务。

2. 过程环节

组织文化管理的主要环节包括宣传组织文化、开展组织文化活动、促进组织文化传播和推进规章制度建设等，如图 23-1 所示。

图 23-1　中行数据中心组织文化管理流程

（1）宣传组织文化

根据中心年度工作计划，组织文化流程负责人编制组织文化建设工作计划，报组织文化领导小组批准实施。组织文化流程经理有计划开展组织文化宣传工作，宣传贯彻落实中国银行数据中心统一的战略目标、工作思路和工作方针，明确中国银行数据中心发展方向，并按总行统一要求及时报送组织文化建设工作信息，做好组织文化建设对外宣传工作。团队组织文化建设人根据数据中心的整体工作安排，负责本团队的组织文化宣传工作，营造讲诚信、讲责任、讲创新、讲奉献的良好氛围，引导广大员工自觉实践统一的组织文化。

（2）开展组织文化活动

组织文化流程负责人围绕建设统一的组织文化，开展群众性精神文明创建活动。组织文化流程经理组织开展丰富多彩的职工文化体育活动，活动方案经流程负责人、组织文化领导小组批准后实施。团队组织文化建设人配合流程经理开展各项文体活动，不断满足广大员工日益增长的精神文化需求。

（3）促进组织文化传播

组织文化流程负责人推进组织文化环境建设，经组织文化领导小组批准，在办公、会议、生产运维等场所，弘扬中国银行数据中心组织文化，营造良好的文化氛围。

（4）推进规章制度建设

组织文化流程负责人把中国银行数据中心统一的组织文化融入工作标准和规章制度中，贯彻执行中国银行数据中心统一的管理标准、技术标准和工作标准。

3. 组织文化管理的触发、输入与输出

（1）触发

组织文化流程经理按照中心年度工作计划，特别结合党工团年度计划，组织文化建设工作的宣传。

（2）输入

组织文化建设工作信息，如党总支年度工作计划，团总支年度工作计划，中心年度工作要点中组织文化相关工作等。

（3）输出

各项工作方案、宣传方案和宣传材料，包括展板、演示文稿等。

23.4 组织文化管理工具简介

为规范工会管理流程，提高工会工作效率，更好地为员工服务，中国银行数据中心开发工会活动管理系统，如图 23-2 所示，协助中心工会组织丰富多彩的活动，使活动组织更高效、员工参与度更高，使工会费用使用更规范、更透明。

图 23-2 中行数据中心工会管理平台界面

平台功能包括：

➢ 兴趣小组长线上发布活动内容，员工在线报名并自动统计报名情况，提高工作效率；

- 兴趣小组集中管理，活动动态公开展示且长久保存；
- 费用报销线上审批留存，年度财务及活动信息一键结算归档，管理流程更加规范化、透明化；
- 志愿者管理模块，有效支持了工会志愿者招募、管理、活动报名等任务；
- 用户意见反馈、活动计划意向采集以及综合调查等多种渠道收集员工喜好及意见，保障活动质量；
- 活动报名实行自动排队补位机制，保证活动报名的公平性并且提高资源利用率。

23.5 后续改进

目前中国银行数据中心的组织文化管理日渐成熟，管理模式日益完善，但还需要进一步通过组织文化管理提升组织活力，创新组织文化管理新方式。

23.6 小结

以上是对中国银行数据中心组织文化管理案例的简单介绍，中国银行数据中心通过多种形式的宣传活动，建立部门门户网站、开辟公众号、组建记者团队，在企业组织文化建设方面取得了巨大进步。未来将继续对中心各类创新项目做好宣传和展示工作，鼓励员工在外部期刊发表研究成果、申报专利。扎实履行“两个责任”，深入开展“两学一做”学习教育，充分发挥党员先锋模范作用，打造一支“党性过硬、技术过硬、素质过硬”的党员队伍，实现党建与中心重点工作、队伍建设和文化建设深度融合，持续提升中国银行数据中心创新力和战斗力。